西方主流教科书错了！

郭荣星 著

世界文明新史

上

A NEW HISTORY OF
CIVILIZATIONS

国家行政管理出版社
NATIONAL ADMINISTRATION PRESS

图书在版编目（CIP）数据

世界文明新史：西方主流教科书错了！／郭荣星著
. —北京：国家行政管理出版社，2022.1
ISBN 978-7-5150-1858-4

Ⅰ.①世… Ⅱ.①郭… Ⅲ.①世界史－文化史 Ⅳ.
①K103

中国版本图书馆 CIP 数据核字（2021）第 205065 号

书　　名	世界文明新史：西方主流教科书错了！	
	SHIJIE WENMING XIN SHI：XIFANG ZHULIU JIAOKESHU CUOLE	
作　　者	郭荣星　著	
责任编辑	刘韫劼	
出版发行	国家行政管理出版社	
	（北京市海淀区长春桥路 6 号　100089）	
综 合 办	（010）68928887	
发 行 部	（010）68922366　68928870	
经　　销	新华书店	
印　　刷	中煤（北京）印务有限公司	
版　　次	2022 年 1 月北京第 1 版	
印　　次	2022 年 1 月北京第 1 次印刷	
开　　本	170 毫米 ×240 毫米　16 开	
印　　张	33	
字　　数	458 千字	
定　　价	118.00 元	

本书如有印装问题，可联系调换，联系电话：（010）68929022

前言

在过去很长一段时间，历史研究几乎被那些讲欧洲语言的学者垄断，当然其他科学研究也大多如此。西方学者的研究成果与著作发蒙启蔽着来自全球的学生和读者，即使按当今标准尺度而论，前者的一部分著作或多或少地包含有欧洲中心说的内容。从地理上来说，使用"欧洲中心说"本身对于现代历史研究并没有什么大问题，因为从文艺复兴以来，西方国家对于当今世界的贡献远大于其他任何国家。

然而，当一个土著或原生文化或文明是由那些不扎根于或没有与其有密切联系的人来评估或描述时，有时就会产生问题。相比那些本身就是原生文明的一部分或长期生活在孕育原生文明或文化地方的学者来说，生活在从未产生过原生文化（或者主要以引进外来文化为主）的区域的学者，自然而然缺少了解与文明产生有关的地理和环境等第一手要素，而后者对于该文明的演化所起的作用至关重要。当然，这种判断并不是在任何条件下都是正确的，拥有较好教育背景和先进研究方法与技能的西方学者在科学研究上往往更具优势。不过，确实有一些讲欧洲语言的历史学家在他们的著作中曲解了他们不太熟悉的古代文化或文明的早期发展机制。相比西方或者欧洲文明，这些文化或文明至少要早两千年，且与后者在许多方面特别是文字书写方面存在差异。

属于印欧语系的英语、法语和其他很多欧洲语言都是基于若干音标字母横向排列的书写方式。虽然这种书写体系在学习和应用上是高效的，但与古代文明（比如美索不达米亚、古埃及和中国）运用的、基于象形文字（包括楔形文字、埃及象形文字和汉字等，下同）的书写方式存在根本不同。结果，在尝试解读代表古文化的符号或图形时，许多讲欧洲语言的专家往往习惯性地把这些符号或图形注音进行拼写字母标注，却忽视了这些符号或图形特有的书写格式及其通常所赋予的原本含义和其他具有时代背景的重要信息。他们的做法是由其自身的书写局限以及教育背景决定的。不同形状的拼音字母仅仅代表各自的发音不同，除此以外基本没有任何其他方面的含义与作用，更没有（当然也不可能）隐含字母发明人对其当时所处文化的政治经济等活动的描述。

我这里不是在批评西方学者过去对古文明研究的任性，但是如果对象形符号的内在含义没有清楚认识，是不可能对基于各种象形文字文献所描述的世界文明源地的自然地理特点、空间政治文化形态进行深入全面的研究的。在过去数千年甚至更长的文明演化进程中，语言除大致遵循诸如"十里不同音"这样的空间差异化模式外，一直随时间的推移而经历频繁的变化（当然部分祖语可能例外），这让许多西方历史学家在这方面的研究徒劳无功——他们不可能对早期的文字资料进行语音上的还原，而且这也无太大实际意义。然而，考古学家所发现的用各种象形文字书写的文献资料反映了数千年之前所发生的故事，不仅涵盖了古文明的重要组成部分，而且很可能揭示了早期文明产生与演化的空间形态与动态机制。

遗憾的是，大多数重要的象形文字、符号及其所表达的含义并没有在世界各国（中国可能是一个唯一的例外，尽管还有不足之处）教科书中给予介绍——我们现代人过于轻视古人的发明创造了。更为遗憾的是，在现有为数不多的介绍中还包括了一些西方学者无法令人信服的，甚至可能是错误的解读。当然，部分错误是由古代书记员的笔误造成的。

作为后代的我们对于传承祖先留下的宝贵文化遗产，包括及时矫正由于各种原因被误读的内容，有不可推卸的责任。

世界文明新史

致谢

许多组织和个人在本书撰写过程中提供了慷慨的帮助。首先，我非常感谢加利福尼亚大学洛杉矶分校、牛津大学和柏林马克斯·普朗克科学史研究所的联合项目组的《楔形文字数字图书馆倡议》(CDLI)、牛津大学东方研究学院的《苏美尔电子语料库》(ETCSL)和宾夕法尼亚大学人类学和考古学博物馆巴比伦分部的《宾夕法尼亚苏美尔词典》(PSD)。所有这些为我对楔形文字的最新解读提供了必不可少的帮助。第4章中使用的两个符号的图像来自哈拉帕考古研究项目。

第6章中的大部分玛雅文符号是由赫尔辛基大学哈里凯图南教授绘制，后者是基于Kettunen和Helmke的作品《玛雅象形文字铭文语料库》(第9卷，第1部分)。他的慷慨许可和其他方面的建议，使我对玛雅雕文有了深入的了解。芝加哥伊利诺伊大学的Matthew Piscitelli博士慷慨授权我使用图7-3中的图像。此外，我还要特别感谢图1-4、2-1至2-4、3-1至3-5、4-1至4-4、5-1至5-4、6-1、6-3、7-3、7-6、B-1中图片的所有原始作者，所有这些图片都可以在维基媒体公共平台获得，并获得CC-BY-SA许可。

在大多数情况下，这本书收录的文字符号是直接从相关出版物或网站上复制的，也有部分经过我的进一步加工处理。据我所知，这些文字符号要么首次出现的年代非常久远，要么撰写(描绘)这些文字/符号的作者是匿名或无法确认。尊重著作人的版权是现代社会的基本要求。我已尽一切努力确保本书的引用符合版权要求，但如有任何疏忽，我会乐意尽早做出必要安排。

世界文明新史

　　我还必须感谢赵人伟教授和杨开忠教授（中国北京）、黄义珏教授（韩国首尔）、弗朗西斯·兰凯斯特博士（英国杜伦郡）、马修·皮西泰利博士（美国芝加哥）、李新建教授（日本东京）、陆小璇博士（中国香港）、欧阳小丽教授（中国上海）、俞秀宝教授（中国上海）和张永泽教授（中国北京）。我还受益于与许多来自世界各地的知名学者和专家的交流，本书引用了他们对人类、文明和国家的观点。他们包括尤瓦尔·诺亚·哈拉里（以色列特拉维夫）和查尔斯·曼恩（美国纽约）。如果没有他们的帮助和建议，这本书是不会完成的（至少不会是目前的样子）。

　　最后但也很重要的是，我从许多匿名评审专家那里收到了许多有益的意见。中央党校出版集团国家行政管理出版社的诸多专家与老师的热情及工作效率令人敬佩，没有他们的帮助，本书不可能这么快与读者见面。当然，这本书中所有的观点和错误都由我自己负责。

郭荣星

于北京怀柔，2021年秋

目录

（上　册）

1 重新审视文明：一个新的视角

什么是文明摇篮？ / 02

"沃土新月"批判 / 03

人很重要，但不是想的那样 / 06

赢者留、输者变！ / 08

谁笑到最后？ / 10

倾听人类早期的声音 / 13

为什么人类是最会哭的动物？ / 13

爸爸、妈妈、婆婆…… / 16

追溯祖先的足迹 / 18

学会与古人对话 / 20

一个欧式错误 / 25

人类语言的演变 / 27

人类共同的词语 / 27

土著和非土著语言 / 30

非土著语言和现代语言　/ 33

　　单音节语言与多音节语言　/ 38

　　关于环境的影响　/ 41

重新定义文明摇篮　/ 45

　　这些古字符代表什么？　/ 46

　　文明是人类对挑战的集体回应　/ 48

　　人类早期的书写体系　/ 51

　　"我是阿尔法，我是欧米茄！"　/ 54

世界古文明新史　/ 57

　　一个新发展理论　/ 57

　　重新界定主要文明源地　/ 61

　　聚焦世界六大古文明　/ 63

参考文献　/ 65

2 美索不达米亚文明

苏美尔：第一个"吃螃蟹"的民族　/ 74

　　"不要叫我们'黑头'！"　/ 74

　　走进美索不达米亚　/ 78

　　幼发拉底河和底格里斯河　/ 82

重新发现美索不达米亚　/ 86

　　欧洲人的贡献　/ 86

　　西方主流观点的矛盾之处　/ 89

　　苏美尔、阿卡德、巴比伦……　/ 91

　　读不尽的美索不达米亚　/ 93

一半是天堂，一半是地狱　/ 96

　　苏美尔文明的起源　/ 96

　　为什么"Ur"会成为时尚？　/ 100

　　美索不达米亚的兴衰　/ 102

　　瓦迪：一个文化地理术语　/ 105

　　神话中的恶神与善神　/ 107

西方教科书中的解读是错误的　/ 109

　　俺不是安，安是天神　/ 109

　　古人为什么喜欢这些符号？　/ 112

　　"愿诸神保佑我们的胜利！"　/ 116

　　古人说话与想象的不一样！　/ 119

了解早期楔形文字书写的世界　/ 121

　　楔形文字的形成与演化　/ 121

　　解读苏美尔楔形文字　/ 125

　　楔形文字的形成条件　/ 128

　　"俺只喜欢利器！"　/ 130

参考文献　/ 133

3　古埃及文明

古埃及：不一样的故事　/ 142

　　Kmt：不仅只有黑土地　/ 142

　　"我的名字不叫'赖'！"　/ 146

　　从太阳神到尼罗河　/ 150

　　种瓜的想要豆，种豆的想吃瓜　/ 153

古埃及简史 / 156

下埃及、上埃及 / 156

胡夫："朱鹮才是我的最爱！" / 160

古埃及有了"歪果仁" / 164

他是谁，又来自何方？ / 168

重新解读埃及象形文字 / 170

历法对埃及人很重要 / 170

是谁造成了埃及历法的混乱？ / 172

重新解读这些象形文字 / 174

文明既能解决疑惑，但又产生疑惑 / 178

这些象形符号代表什么意思？ / 180

"法老"：一个被误解的术语 / 181

共祖型词汇和埃及语 / 184

埃及金字塔："马瓦" / 187

帕马：这里才是永恒的家 / 189

瓦迪与埃及 / 191

埃及有多少瓦迪？ / 191

对埃及学研究的建议 / 196

走出尼罗河 / 200

参考文献 / 203

4 哈拉帕/印度河流域文明

哈拉帕：千年等一回 / 212

时尚女孩 / 212

哈拉帕是什么？ / 216

梵文是如何炼成的？ / 220

西瓦：一个共祖词汇 / 223

哈拉帕文明的产生条件　/ 225

走进南亚 / 225

当河水流经瓦迪时…… / 226

人往低处走，水往高处流 / 229

哈拉帕到底缺少什么？ / 232

从哈拉帕到古印度　/ 236

掀开哈拉帕的面纱 / 236

莫亨乔·达罗：最后的祭奠 / 239

这些共祖词代表什么？ / 244

哈拉帕余波 / 247

穿越文明的时空　/ 249

哈拉帕代币券 / 249

转型中的哈拉帕 / 252

后哈拉帕文化 / 257

告别哈拉帕　/ 259

哈拉帕衰落的原因 / 259

宾迪与卐：最后的礼物 / 262

哈拉帕及其他 / 266

后哈拉帕时期的文字是怎么说的？ / 270

"瓦迪亚尔万岁！" / 272

参考文献　/ 274

世界文明新史

（下　册）

5 中华文明

华：一片神秘的土地　／282

　　古代传说可信吗？　／282

　　寻找古人的足迹　／284

　　单音节文字是怎样炼成的　／286

　　只有想不到，没有做不到　／289

中国：从神话走向现实　／291

　　夏朝真的存在吗？　／292

　　这些古字符是什么意思？　／293

　　关于商代的文字记载　／295

　　周武王："我就是中！"　／297

　　古代文献可靠吗？　／300

文明是人类对洪水的集体应对　／302

　　这些汉字是什么意思？　／302

　　黄河、洪水与中国　／306

　　孔子vs老子：谁站着说话不腰疼？　／309

　　更多考古证据　／310

瓦迪文化，中国风格　／313

　　关注环境的影响　／313

　　关于龙的故事　／318

　　上有天堂，下有苏杭　／320

　　好事变坏事，坏事变好事　／322

所缺的正是想要的　/325

方块字的文化，文化的方块字化　/327

关于汉字　/327

汉字作为管理工具　/329

古人是如何翻译外文的?　/335

汉字：美中仍有不足　/338

参考文献　/340

⑥ 中美洲文明

中美洲：多样性的环境　/348

从低地到高地　/348

寻找文明源地　/350

从奥尔梅克到玛雅　/353

瓦迪文化，中美洲风格　/357

逃离阿里多美　/357

文化的兴衰　/359

"世界末日"之后　/362

破解玛雅文字　/365

玛雅日历概述　/365

破解玛雅文字：一项艰巨的任务　/369

寻找解读玛雅文的突破点　/373

更多发现，更多困惑　/375

寻找消失的帝国　/379

重新解读失落的世界　/379

这个常用符号是什么意思？ / 381

破解奥尔梅克文字 / 386

"我们不是橡皮人！" / 389

新世界，旧故事 / 391

纳瓦："哪个瓦是家？" / 391

寻找祖先的足迹 / 393

科廷·瓦迪："勿忘我！" / 395

旧瓦迪，新瓦迪 / 400

参考文献 / 402

7 南美洲安第斯文明

安第斯山脉概况 / 412

穿越安第斯山脉 / 412

瓦泽亚：不要问我从哪里来 / 414

文明的摇篮在这里 / 418

寻找文明的时空轨迹 / 421

新世界，新发现 / 421

姆泰不达米亚：一个新术语 / 424

河流文化的兴衰 / 427

永远的姆泰不达米亚 / 429

瓦迪文化，安第斯风格 / 431

厄尔尼诺/拉尼娜：说我爱你不容易 / 431

为什么古人（不）崇拜蜘蛛？ / 435

一个二元文化源地理论 / 439

奇普：存在即合理　/ 444

瓦纳："我浪丑，但浪温柔！"　/ 447

更多的安第斯文化　/ 447

塔湾：天灵灵，地灵灵　/ 451

谁是瓦纳？　/ 453

卡瓦—瓦卡：古人的万维网　/ 456

母语怎么说？　/ 456

塔湾文化，瓦迪风格　/ 459

瓦卡变成了瓦卡＋　/ 461

从塔湾到台湾　/ 465

参考文献　/ 468

阅读材料　/ 475

附　　录　/ 481

图表目录　/ 503

缩写术语（含中英文对照）和注释　/ 506

后　　记　/ 508

 # 重新审视文明：一个新的视角

在人类历史的长河中，自然与环境因素对人类文化行为的影响至关重要，但并不完全像一些教科书所描述的那样。"沃土新月"这个概念的创立者试图让我们相信，是肥沃的土地——而不是任何其他有利或不利的环境因素——诞生了人类的第一个文明。然而，事实上，本土文明的产生通常与干旱的（而不是湿润或其他有利的）环境特征联系在一起的。

事实上，正是一些挑战性的环境——只要能维持人类的生存——激励了人类创造出伟大的文明。当然，并非所有这样的环境都成为文明的摇篮。虽然自然和地理挑战对人类的身体和心理产生了很大影响，却决定了古代文明的产生与发展的轨迹。在过去的几千年里，各种自然灾害和威胁使人类——无论是个人还是集体——的生存能力变得更加强大。当然，许多自然与生态灾害（威胁）不仅不能促成文明的诞生，还妨碍了文明的健康发展。

毋庸置疑，是周期性的威胁和挑战促使人类推动其文化和文明的发展。为了更全面地理解促使人类社会从原始状态逐渐变得更加复杂或文明的关键因素，我们还需要分析人类自身所扮演的角色。诚然，在解释文明兴衰的过程中，环境因素和人文因素应该同时作为解释变量，尽管二者之间还存在相互影响；然而，在介绍决定或影响国家和文明发展过程的因素时，人与环境等因素在现有的教科书中被高度简化了，甚至被部分忽略了。

世界范围内的人类活动是一个应对挑战的过程，并遵循着所谓的"赢—留、输—变"规律。从长期来看，许多不利因素和条件为人类从以前的简单社会发展到复杂社会提供了激励；而有利因素和条件则可能会起到相反的作用。

✾ 什么是文明摇篮？

文明可以被定义为"任何一个复杂的社会体系，其特征是一定规模的城市、等级化群体形成、表征性的交流形式（通常是指书写体系）以及精英阶层对自然环境的支配或占有"[①]。从历史的角度来看，文明是所谓的不同于原始社会状态的"复杂文化"或"先进文化"。从广义上来看，文明与非集权部落社会形成鲜明的差异，后者包括游牧文化以及其他新石器时代社会或狩猎采集文化。根据这一逻辑，早期文明的生活方式与几乎完全来自相对集约的农业社会有关。在文明的早期，定居社区和游牧社区继续有相当程度的互动；在不太严格的意义上可以将它们视为同一群体。

在世界漫长的历史中，早期人类作为狩猎采集者，生活在小而分散的地方或村落，而且他们是完全自治的或者是自发的。狩猎采集社会是指人们的大部分或全部食物都是从野生动、植物中获得。直到公元前5000年（或者更早），他们的居住地才开始聚集成更大规模的村落。但是，一旦这个聚合过程开始了，它就以一个逐渐加快的速度继续进行，这导致了约公元前4000年历史上第一个农业社会的形成。与狩猎采集者不同，农耕者主要依靠种植和养殖来维持生计。那么，是什么驱使最初作为狩猎采集者的人类成为农耕者呢？或者，换一种说法，为什么全世界的人类在几千年前决定放弃他们的传统生活模式，并创造一种更为复杂或先进（但不一定幸福）的文化或文明？

① 引自 Boyden（2004，7—8页）。

"沃土新月"批判

"文明摇篮"指的是一个能够激励人类建造城市、创造文字体系、开发陶器制作和金属冶炼等技术以及产生阶级制度等复杂社会结构的地理生态环境。人们普遍认为，文明是在两个半球的几个地方独立产生的。"沃土新月"一词是由芝加哥大学考古学家詹姆斯·亨利·布雷斯特德（James Henry Breasted，1865—1935年）在20世纪20年代提出的。① 它地处我们现在通常称之为西亚或中东，包括美索不达米亚和黎凡特的部分地区，其南部是叙利亚沙漠，北部是安纳托利亚高地，气候干燥。② 今天，分布在"沃土新月"的国家有伊拉克、约旦、黎巴嫩、叙利亚、以色列和巴勒斯坦等，此外还有土耳其的东南边缘和伊朗的西部边缘。在有些文献中，尼罗河流域的北部也包括在沃土新月之中。

沃土新月通常被认为是文明的摇篮，之所以这样命名，是因为它的土壤肥沃（与中东和北非其他沙漠地区相比）。"沃土新月"一词自提出以来，已被历史学家和人类学家广泛采用。现在它几乎是全世界所有高中和大学必教的历史地理概念。此外，新月内的肥沃土地和那里的环境被认为比周围地区更为优越，并因此被认为是产生东半球第一个文明的主要（如果不是唯一）的因素。例如，马文·佩里（Perry）和他的同事在他们纂写的大学教科书《西方文明》（第10版）中总结了导致苏美尔人和古埃及人创造出各自文明的因素是：③

河流对早期文明的积极作用	在田地上沉积肥沃的淤泥
	为农作物提供灌溉
	为贸易提供运输便利

① 具体参见 Abt（2011，193—194、436页）。

② "中东"是一个以欧洲为中心的术语，使用地理术语"西亚"可能更合适。其实，西亚地区与狭隘的中东地区完全相同，从东到西包括现代伊朗和土耳其，从北到南包括土耳其和阿拉伯半岛。

③ 参见 Perry 等（2012，9页）。

对人类思维和合作活动的作用	修建堤坝、水库和运河
	建造和维护灌溉工程
	制定并遵守规则
	开发管理、工程和数学技能
	开发书写记录并建立官僚机构

　　遗憾的是，"良好环境在一个文明的诞生中起到了关键作用"是一个伪命题。的确，第一个人类文明诞生于美索不达米亚或历史学家所称的沃土新月。然而，促成文明诞生的关键因素并不是许多历史学家和人类学家所声称的那样。在这里必须指出的是，关于人类对文明的贡献，马文·佩里教授和他的同事在上文中提出的大部分（如果不是全部的话）似乎是文明带来的后果，而不是文明产生的原因。

　　坦率地说，强调各种有利自然环境因素和条件的贡献，并不能帮助我们了解文化产生和发展的真正动力。我们现在来回答是不是土壤肥力导致了文明的诞生。事实上，历史学家对于自然和环境对古代文明的影响有不同的看法。例如，与马文·佩里及其同事强调良好的环境对产生美索不达米亚和埃及文明的贡献不同，菲利普·J.阿德勒（Adler）和兰德尔·L.普韦尔斯（Pouwels）在他们的大学教科书《世界文明》（第7版）中，描述了冰河晚期（1万年前）发生的恶劣（灾难性）事件及其对近东和中东文明的贡献：

　　以前人类和动物都曾经可以获得的丰富淡水源和来自自然界的食物突然消失了，这迫使纳图人（近东和中东的狩猎采集者）聚集在幸存的溪流和河流附近的小而半永久的村庄里。在人口急剧增长之后，这些灾难性事件迫使一小部分西亚人采取更密集的方式管理他们的食物资源。基本上，这鼓励他们从采集和狩猎转向种植谷物，如小麦和大麦（这些植物过去一直在自然环境中以野生形式生长）。因此，世界上最早的农业定居点出现在近东被称为"黎凡特走廊"的地区，包括今天的土耳其、以色列、叙利亚和幼发拉底河流域的大部分地区……①

西方历史学家似乎还没有完整地描述促使人类创造各种文明的最初因素（或条件）。此外，在现有的西方主流历史教科书中，人类和文明动态行为背后的驱动力没有得到很好的描述（甚至没有得到正确的描述）。具体来说，如果马文·佩里和他的同事所认为的好因素是底格里斯河、幼发拉底河和尼罗河沿岸文明产生的唯一（或主要）条件，那么为什么其他从生态角度来看更为完美的大型河流体系（如亚马孙河、长江或密西西比河——这里只列出三个例子）没有产生出具有相同影响力的本土文明？②或者说，如果是菲利普·J.阿德勒和兰德尔·L.普韦尔斯所认为的，1万年前发生的恶劣（灾难性）事件促进了近东和中东文明的产生，那么更早时期一些气候或环境的恶劣条件为什么没有产生人类文明？

诚然，恶劣的自然地理条件不利于人类的生存，但使用"沃土新月"概念可能更会混淆我们对促成古代文明诞生的真正因素的探索。事实上，中东和北非的气候从古代到现代没有经历实质性变化，多为干旱性气候，绝大部分是沙漠地带。即使是美索不达米亚和尼罗河沿岸的土地，也比世界其他许多地区有更多的劣势和风险。如果不精心灌溉，那里的河水就不能让土地生产出农民赖以生存的足够数量的农作物。显然，那里的高效灌溉只能由当时有经验（或文明）的人们来完成。这样，可以说是居住在美索不达米亚的苏美尔人和其他民族通过不断的"干中学"所形成的文明成果，给那里带来了农业繁荣并形成了现代人所定义的"沃土新月"。

---

① 引自 Adler 和 Pouwels（2014，19页）。
② 学术界有用不同的标准来定义文明，是否有文字出现是一种常见的标准。其他一些标准包括以阶级为基础的社会和公共建筑。

此外，美索不达米亚普遍缺乏建筑石材、贵金属和木材，而这些都是文明和国家发展所必需的。尽管有这些不利的自然条件，但美索不达米亚作为人类文明的摇篮却是不争的事实。

人很重要，但不是想的那样

在回答究竟是什么因素最终促使苏美尔人在美索不达米亚为自己创造了一个复杂的社会组织（或称为文明）时，我们必须注意美索不达米亚的优势和劣势以及来自环境的挑战。换句话说，当我们试图把"文明摇篮"与所谓的"沃土新月"联系起来时，我们必须记住，世界其他地方也有肥沃的土地，但却从未孕育过本土文化或文明。事实上，人类和文化的进化是一个相当复杂的过程。而人类和文化进化背后的关键驱动力并不总是与教科书中所讲解的一致。与人类千百万年的进化相比，文明只有几千年的历史。此外，人类在文明时代的进化和发展遵循了比远古时期人类自身进化更为复杂的机制。事实上，要令人信服地解释为什么是人类而不是其他动物创造了各种文化传统和文明，的确是一项极具挑战性的任务。

那么，古代文明是在什么特定的条件下诞生的呢？一定有不同的因素或机制导致了这些文明的差异性发展。许多以种族为基础的理论已被彻底摒弃。我们也拒绝认为"文化"是特定民族的"天才"性的表现，或者说它是"偶然"的历史事件，这些观念使文化的起源看起来是形而上学的或不确定的。从科学的角度来看，文化的起源既不神秘也不偶然。它不是"天才们"的作品，也不是偶然的结果，而是人类在特定自然和生态环境下有章可循、毅然决然过程的必然结果。然而，忽视人类进化行为对文化的影响也是一个很大的错误。最重要的是，文明是以人为基础的文明。没有人类，就没有文明。

基因研究人员已经发现了令人信服的证据：大约80%的欧洲白人可以追溯到近东。他们的研究报告表明，大多数英国人的祖先来自近东（Balaresque等，2010）。如果他们的结论是正确的，那么我们可以判断，大多数英国人的祖先，连同他们的欧洲同事的祖先，在到达欧洲之前，在中东（或者更准确地说，在现代伊拉克和叙利亚，因为研究所用的DNA样本是在那些地方采集的）生活了很长一段时间；或者说，他们祖先在数万年前的旅居行为与当今居住在欧洲的中东难民的迁移模式和动因没有多大区别。

中东（或者，用一个不以欧洲为中心的术语，西亚）是连接非洲大陆（人类最早的起源地）和世界其他地区的唯一纽带（见图1-1）。因此，亚洲的蒙古人种（包括现在的中国人、日本人、韩国人等）在他们开展远距离"征服"（《人类简史》一书作者、以色列尤瓦尔·赫拉利使用的术语）或"逃亡"（我建议使用的术语）到远东之前，也应该在中东停留过。现在的问题是，东亚黄种人与欧洲白人（属于高加索人种）不同，前者与中东人没有发现有明显的DNA联系。如果事实果真如此，答案可能是东亚黄种人在中东只是过路客，但没有（或没能够）在那里长期逗留。

考虑到从中东到远东的旅程要跨越万水千山，道路漫长而危险，东亚人一定有过一次史诗般的"大逃亡"。① 换句话说，如果他们同时离开了非洲，或者大约同一时期到达中东时，东亚人的祖先一定与高加索人（包括英国人）的祖先有过激烈的竞争或战斗，前者是失败者，不得不逃避，后者是赢家，继续留在那里，直到后来变为失败者。这个结果似乎是合理的，因为东亚人的平均身高比欧洲人的要低，而且智人最早到达遥远东亚的时间要比到达相对临近西欧的时间早1万年左右（见图1-1）。尽管人类身高在现代已不再被视为决定战争胜负的因素，但它确实代表了早期仅靠肉搏取胜时代的关键甚至唯一因素。当然，在不同种族群体同时存在的情况下，博弈的胜败还应考虑人类的其他体征指标。文明的产生更为复杂，不仅要考虑人的因素，还要考虑环境的影响。

蒙古人种的身体特征是肢短、鼻短、面部扁平以及常有内眦赘皮等。

---

① 美洲古印第安人的迁徙过程也可能是如此。更多关于人类早期迁徙的理论与经验证据将在后面具体给出。

根据艾伦法则（由乔尔·阿萨夫·艾伦在1877年提出的生态地理法则），吸热体的体型和比例随着气候温度的变化而变化，要么最小化暴露表面积，使寒冷气候下的热量损失最小化，要么最大化暴露表面积，使炎热气候下的热量损失最大化。[①] 因此，生物学家推测蒙古人种的头骨类型是自然选择的结果，根据艾伦法则，蒙古人种眼睑中的脂肪和结实的体形是为了适应中亚和西伯利亚的寒冷气候而选择的（Takasaki 等，2003；Wade，2006，119—122页）。然而，根据19世纪末亚瑟·汤姆森（英国解剖学家和人类学家）提出的汤姆森鼻子法则，起源于寒冷、干旱气候的民族的鼻子往往更长、更细，而那些来自温暖、潮湿气候的民族的鼻子往往更短、更粗。[②] 因此，蒙古人种的鼻子形状更可能是他们的先祖适应撒哈拉以南非洲或其他地区温暖气候的结果——有关基于DNA序列研究的证据表明，基因序列的变异是一个十分漫长的过程（有时需要几十万年甚至更长的时间），生活在欧亚大陆的古代亚洲人和欧洲人外貌特征在大约4万年前就已经"进化"（或更确切地说，"演化"）为彼此不同的样子了。[③]

赢者留、输者变！

目前，中国大陆对英文"evolution"一词比较正式的中文译名是"进化"。该词最早来自日语中的所谓"日制汉字"。严复（1854—1921年）在翻译英国著名生物学家托马斯·亨利·赫胥黎（Thomas Henry Huxley，1825—1895年）的著作时使用《天演论》作为中文书名。尽管他在译稿中所使用的"物竞天择""适者生存"等术语影响了几代中国人对自然与社会的认知，但他主张的以"天演"一词取代"进化"一词并没有被接受。"进

---

① 该法则预测，炎热气候下的吸热物（通常有耳朵、尾巴、四肢、鼻子等）需要保持又长又细的状态，而寒冷气候下的等效吸热物通常需要这些身体部位保持较短和较厚状态。见 Allen（1877）、Nudds 和 Oswald（2007）以及 Alho 等（2011）。

② 在 Zaidi 等（2017）中可以找到该法则的最新证据（至少是部分证据）。

③ 参见 Yang 等（2017），Yang 和 Fu（2018）。此外，最初的"Y染色体亚当"DNA测序在超过2万代时很少发生突变（参见 https://www.cambridgedna.com/genealogy-dna-genetic-genealogy.php），而一些基因每百万年才发生一次突变（Hahn 等，2007）。

化"一词之所以在我国成为无法撼动的标准译名，可能是清末民初我国许多政治、学术精英都曾留学日本的原因。然而，作为"退化"的反义词，"进化"一词带有"进步"等方向性的含义。一般来讲，"演化"在字面上的意思比较中性、具有随机性（没有预设方向与内容），能表达更广泛的含义。近年来大陆以外的华文媒体与教科书大都开始使用"演化"一词。

现在回到正题。如果上面介绍的基于人类DNA序列的证据是可靠的话，那么我们可以基本断定，目前生活在欧亚大陆、美洲大陆以及其他大陆和岛屿的原住民之间所存在的体征差异，与其说是由他们现居住地的不同环境所决定，倒不如说是原本就存在体征差异的他们长期博弈的结果。其结果是，他们（或他们的祖先）中只有一小部分如愿以偿，而大部分是出于无奈，最终在地球的不同角落找到了各自不低于或略高于其最低生存要求的差异化环境条件。为什么是这样呢？中国一个耳熟能详的谚语是"树挪死、人挪活"，清楚地表明了人类有别于其他生命体的独特生存法则。现在的问题是，如果这个谚语所表述的观点是正确的话，那么人类为什么会遵循这样的法则？人类是天生喜欢迁徙的物种吗？也许下面的实验研究能给出答案。

2010年12月，中国浙江大学的研究人员启动了一个关于"石头—剪刀—布"游戏的联合研究项目。王志坚教授和他的同事对360名大学生进行了实验，将他们分成60组，每组6名选手。在每一组中，选手们进行了300轮的"石头—剪刀—布"游戏，并记录下他们的动作。

作为一种零和游戏，"石头—剪刀—布"通常在两个人之间进行，在这种游戏中，每个玩家同时伸出一只手所形成三种形状中的一种。这些形状是"石头"（简单的拳头）、"剪刀"（食指和中指合在一起形成"V"形的拳头）和"布"（平手）。这个游戏只有3种可能的结果：一个选择石头的玩家将击败另一个选择剪刀的玩家（"石头压碎剪刀"），但将输给一个选择布的玩家（"布盖住石头"）；一个选择布的玩家将输给一个选择剪刀的玩家（"剪刀剪布"）；如果两个玩家选择相同的形状，游戏是平局，通常是重新开始。该游戏经常被用作一种选择方法，类似于掷硬币、抽吸管或掷骰子。然而，与真正的随机选择方法不同的是，"石头—剪刀—布"游戏可以通过识别和利用对手的非随机行为来发挥一定的技巧（Fiser，2008，94页）。

王教授和他的同事的研究表明，游戏玩家的策略表面看起来是随机的，但实际上是由可预测的模式组成的，狡猾的对手可以利用这些模式来获得关键优势。作为一种奖励，获奖者的奖金是按获奖人数的比例以货币形式支付的。为了测试这种激励是如何影响策略的，王教授和他的同事改变了不同群体的报酬。他们的研究结果于2014年7月在《科学报告》发表，并于2014年12月24日被《麻省理工学院技术评论》评选为"2014年最佳：如何在石头、剪刀、布上获胜"，揭示了一种令人惊讶的行为模式（Wang等，2014）：

> 平均来说，所有分组的玩家，如果他们的选择是随机的，都会在1/3的时间里选择每一个动作，这和预期完全一样。但这些研究人员发现，获胜的选手倾向于坚持同一个动作，而输的选手倾向于顺时针方向（即从"石头"到"布"，再到"剪刀"）切换到下一个动作，打成平局的选手倾向于逆时针方向（即从"剪刀"到"布"，再到"石头"）切换到下一个动作。

谁笑到最后？

关于各大洲人类的迁徙故事，我们必须以全球视角来观察，因为它不仅涉及世界范围内当代考古学最激动人心的研究成果，而且一些议题存在争议，一些结论在近几十年来随着研究方法的革新发生了根本性变化。目前，较普遍被认可的理论是，人类的祖先——即属于智人的物种——大约在20万年前在非洲进化成现代人类的祖先。5万—10万年前，他们从非洲移出后，先到达近东，后来从那里陆续到达到欧亚大陆各地。从近东，这些人在5万年前向亚洲迁徙，到4万年前，再从东南亚向大洋洲迁徙，当时智人首次到达了直立人（直立人是一种已灭绝的人类物种，生活在距今200万到25万年的东半球广大区域）从未到达的领地。大约4万年前，智人到达欧洲后，最终取代了居住在那里的尼安德特人（见图1-1）。

图1-1 全球史前人类迁徙示意图

注：（1）方框中的数字是智人出现的年份（以千年为单位）。

（2）虚线表示可能但没有完全被确认的路径。

来源：作者根据Bower（2011年1月27日）、Bowler等（2003）、Dillehay和Ocampo（2015）、Wells和Read（2002，138—140页）以及相关DNA检测数据绘制。

最早的智人迁往美洲和澳大利亚的时期被称为地球最后一个冰河期。当时的海平面比现在低了100多米。[①] 因此，所有主要大陆（非洲、亚洲、欧洲、美洲和大洋洲）都比现在更密切地通过陆地或冰块联系在一起。古人（即"古印第安人"）迁徙到美洲的路线和日期存在争议。从甘薯——最初在美洲种植的农作物——在若干部落名称的相似性可以证明早期的安第

---

① 关于海平面变化的更详细的时间序列证据，参见Fleming等（1998）、Fleming（2000）和Milne等（2005）。

斯地区居民与南太平洋岛民之间或许偶然接触过：该食物的毛利语名字和复活节岛土著语名字为"kumara"；巧合的是，居住在南美安第斯高原的印第安人的克丘亚语称之为"k′umar"、艾马拉语称之为"k′umara"（Adelaar和Muysken，2004，41页）。以上证据虽然有一定的说服力，但不能作为科学判断的"充分条件"，因为人类许多早期名词的发音是相同或相似的（在本书中称为"共祖词"）。目前还不确定古人是否存在从太平洋岛屿到南美洲或从南美洲到太平洋岛屿的海路联系。不过，相关DNA研究显示，除生活在亚马孙河和其他地方的少数人口外，大多数古印第安人起源于中亚，在16 000—13 000年前穿越了东西伯利亚和现今阿拉斯加之间的白令加陆地（冰）桥后，12 000—10 000年前抵达美洲。[1]

在《人类简史》一书中，牛津大学历史学博士、以色列尤瓦尔·赫拉利教授将"智人征服全球"（Harari，2015，35页）的标题应用于人类全球迁徙地图（见图1–1）。在这里用"征服"这个词恐怕是不合适的。[2]更具体地说，智人即使知道他们的家乡（南部非洲）不是最好的居住地，也没有那么雄心勃勃地为自己发现一个新家园的计划。他们并没有那么坚定，尤其是考虑到他们几乎不知道在他们打算去的新地方将如何使他们过得更好。事实上，与现代殖民者或其他后来的征服者不同的是，早期人类和地球上其他大多数动物一样，在为各自生存而战的过程中，都采取了所谓的"赢—留、输—变"策略。这在很大程度上取决于史前人类和现代人的信息获取能力上差别巨大，他们没有关于外部世界的一点点信息。

人类在全世界范围内的"赢—留、输—变"博弈不是一次性的，而是重复性的。例如，有证据表明，大约8000年前，南岛族人的祖先从中国大陆南部扩散到台湾岛，大约6000年前，居岛民族从台湾岛迁移到南岛语言所涵盖的整个地区（Gray和Jordan，2000）。早期人类的迁徙可能是由许多因素造成的，如气候和景观的变化、食物供应不足和人类内部

①参见Dillehay（2008，10—27页）和Meltzer（2009）对新大陆初始人口问题的概述。
②当我于2018年谈及有关学术问题时，赫拉利教授只是让秘书和我沟通，至于他是否采纳我的观点，就不得而知了。

的竞争。但在整个人类和文化的进化过程中，起着关键作用的不是这些。根据"赢—留、输—变"理论，最终为文化和文明的变革与进步作出贡献的肯定不是那些早期的优势族群，而应该是那些在人类早期竞争中的失败者。处于优势地位的前者更容易患得患失；而后者只有通过最后不计代价的一搏，才能生存下来。古往今来，包括文明在内的任何人类最大进步都不是在一派祥和的环境中产生的，而是充满各式各样的博弈甚至战争，"革命不是请客吃饭"。

在欧亚大陆生长的蔷薇科植物中有一种名为"花楸"的落叶小乔木。它有羽状复叶、白色伞房花序和橙红色浆果。花楸树在欧洲民间神话传说中有着悠久的历史。它被认为是一种神树，可以抵御邪恶。这种树据说还可以防止人们在旅途中迷路，因此也被称为"旅行者之树"（Eyers，2012，9页）。花楸树原产于北半球的冷温带地区。了解人类在世界各地的早期迁徙之后，我们可以想象一个发生在古代的故事：一位母亲喋喋不休地提醒她不得不远离家乡、外出谋生的儿子，在旅程中不要忘记带上花楸树枝，因为它会帮助他平安归来。人类在远古时代的平均寿命远低于近现代的平均水平，到处都有生存的风险，稍有不慎就会丢掉性命。

有趣的是，花楸树的名字（英语：rowan）在几乎所有的欧洲语言和其他一些语系中几乎是一样的。而汉语中的"花"字在古汉语中等同于"华"，二者的发音相同且与人类的共祖词"wa"基本相同。为什么来自不同文化或语言环境的古人在取名字时会不约而同地采用这个音节？

❀ 倾听人类早期的声音

为什么人类是最会哭的动物？

人类，无论是过去或是现在，在野外自然环境中的生存能力都比许多同体量食肉性动物差得多。尽管人类现在能够利用他们的先进技术征服世界，但在过去的数百万年的历史中，他们一直被视为所有体形相似动物中最弱的一个群体。尽管如此，不同人类群体仍然存在差异，这可能是撒哈拉以南人类离开非洲的原因之一。撒哈拉以南是所有现代人类（包括高加索和蒙古人种等）的摇篮。当然，这些人类群体在非洲的祖先可能没有今天这样明显的文化差异，但体征差异是明显存在的。

尽管许多其他因素也影响了撒哈拉以南人类内部竞争的结果，但可能正是人类自身条件的差异最终决定了他们的去留。因此，高加索人种和蒙古人种不得不离开非洲，撤退到世界其他地方。同样，在中东——唯一连接非洲和世界其他大陆的地方，高加索人种和蒙古人种在离开南部非洲之后，肯定也曾在同一块土地上竞争过、争吵过和战斗过。最后的结果很可能是蒙古人种被迫撤退到中亚，在那里的人类继续争吵和战斗，而南蒙古人种（包括汉族和其他东南亚人口的一部分）撤退到更远的地方——远东（包括今天的中国、日本、韩国和东南亚）。当然，这只是一种简单的假说，具体路径需要更完整的 DNA 数据作支撑。不过，全球范围的人类迁徙是不争的事实，至于具体路径是否存在这样那样的偏差，似乎不太重要了。

自从达尔文（Charles Robert Darwin，1809—1882年）发表他的著作《物种起源》以来，出现了一大批关于语言起源问题研究的学术文献，涉及许多学科，包括语言学、人类学、发音科学、遗传学、神经科学和进化生物学。关于人类语言的起源有许多理论。最早的理论之一认为语言是从音乐发展而来的，这一观点已经得到让－雅克·卢梭、威廉·冯·洪堡和查尔斯·达尔文的支持（Fitch，2010，466—507页）。然而，这并不令人信服，因为它不能解释人类语言或音乐本身诞生的内在因素。此外，语言学家和哲学家诺姆·乔姆斯基（Chomskey）在百思不得其解后，甚至绝望地提出：

讲一个关于它（语言）的童话吧，几乎就好像有个高大的灵长类动物很久以前四处游荡时，一些随机突变发生了。也许是在一些奇怪的宇宙射线风暴后，它的大脑因此得到了重组，并将语言器官植入了另一个灵长类大脑之中。①

尽管乔姆斯基教授告诫不要将这个故事太当回事，但他坚持说，他讲的故事可能比许多其他关于文化的进化（包括语言的进化）的假说更接近现实（Chomsky，2000，4页）。显然，人类语言的起源仍然是人类历史上最大的未解难题之一。

语言可能是人类有别于其他动物的重要标志之一。其他动物王国似乎没有一个具有同等效力的交流体系。事实上，语言起源于人类的哭泣。众所周知，情感眼泪是人类特有的特征。不足为奇的是，数百年来，不同背景的学者们纷纷猜测人类眼泪的起源和作用。人类是唯一能因情感原因哭泣的生物。人类和动物世界的其他部分之间有许多区别，其中包括痛苦的眼泪，以及对生命悲剧的恐惧，等等。例如，迈克尔·特里姆布尔（Trimble）在《为什么人类喜欢哭：悲剧、进化和大脑》一书中写道：

2008年的一个夏天，大猩猩加娜在德国明斯特动物园生下一个宝宝，三个月后，这个小猩猩死于不明原因。报纸和互联网上数天来一直在大量报道加娜抱着死去孩子的照片。动物园有人说，这种行为在大猩猩身上并不少见，有人则将其解读为一种哀悼。这也许是正确的，但更有趣的是，另一位发言人暗示整个德国都在为她哀悼。报纸上报道说，许多来动物园看望加娜和死去孩子的游客伤心地流下了眼泪。不过在加娜那边，她却一点眼泪也没有流……②

---

① 引自Chomsky（2000，4页）。
② 引自Trimble（2012，1—2页）。

世界文明新史

爸爸、妈妈、婆婆……

人类的声音是人类用声带发出的，它用于笑、哭、尖叫、说话、唱歌等。人类的声音是人类发声过程产生的一部分，其中声带是主要声源。① 语言是获取和使用复杂的通信系统的能力，尤其对人类来说更是如此。那么，世界各地是如何创造不同语言的呢？由于语言出现在史前的人类，它的早期发展没有留下任何历史痕迹。相信今天没有任何可利用的有效的历史证据来展开这方面的研究。

人类所说的第一个词可能是"妈"或"爸"。这些术语的跨语言相似性被认为是语言习得的本质所导致的。这些词是婴儿无目的发出的第一个类似单词的声音（儿音），父母往往把婴儿的这些发声与自己联系起来，这样一来，人类的早期语言中的关键词便产生了。② 走遍世界各地，你会发现人类的共祖语言有许多相似性：汉语的"妈妈"、斯瓦希里语的"妈妈"、纳瓦霍语的"阿妈"、克丘亚语的"妈妈"、波兰语的"妈妈"、罗马尼亚语的"妈妈"和英语的"妈妈"等（都指"母亲"）；阿拉米语的"阿巴"、汉语的"爸爸"、波斯语的"爸爸"以及法语的"爸爸"等（都指"父亲"）。③ 可以合理地假设，人类语言自从进入复杂社会以来经历了比狩猎采集者生活方式更为迅速的变化。而且，毋庸赘言，最早的语言是由最容易发出的几个音节或音素形成的。

虽然还不清楚什么时候才开始使用母亲这个概念，"妈"或"妈妈"作为一个正式名称出现的时间肯定早于"爸"或"爸爸"。人类学证据表明，直到出现农业、驯化和其他社会活动后，父系社会结构才得以出现。④ 一些学者甚至将约公元前4000年作为父权制的开始（Kraemer等，1991）。当然，这种判断是有问题的，因为人类和文化的演化进程在全世界可能

① 参见 Smith 等（1975），Williams 和 Stevens（1972）。
② 参见 Jakobson（1962，538—545页），Bancel 和 de l'Etang（2008，417—438页）。
③ 然而这些词在其他一些语言中有不同的定义，这将在后面提到。
④ 参见 Eagley 和 Wood（1999）以及 Hughes 和 B. Hughes（2001，118—119页）。

是不一样的。例如，在苏美尔《王表》（最早用苏美尔楔形文字记录的古老的石碑）中，学者普遍认为吉尔伽美什是一个历史人物，吉尔伽美什和努加尔两位国王之间的父子关系已经得到证实。吉尔伽美什在世的确切日期无法确定，但一般认为在公元前2800年至公元前2500年（Dalley，2000，40页）。几乎可以肯定的是，母亲（许多语言中的"ma"）这个词比父亲（许多语言中的"ba"或"pa"）早得多。当然，这个判断在生理学的角度可以部分解释：与"ma"的发音相比，"ba"或"pa"的发音需要更强的爆发力。这就是为什么在大多数情况下，婴儿能够发出类似"ba"或"pa"的声音要比发出类似"ma"的声音更晚些。

更为最重要的，人们在大多数（当然不是全部）情况下用"ma"（或类似变体）代表"母亲"并用"ba"或"pa"（或类似变体）表示"父亲"（甚至汉语中的"婆"①）。产生于文化和文明最早时期的许多关键术语和名称的词根都包含"ma"和"ba"（或"pa"）或其任何变体，其含义包括与母性（或其他任何女性）和父性（或其他任何男性）有关的含义。除上面提到的生理因素外，女性和男性在文明发展的早期阶段所起的不同作用可能是相关词形成的主要（尽管不是唯一）驱动力。以下是与女性和男性相关词源的几个例子：

（1）在苏美尔神话中，"Namma"（或"Nammu"）是"孕育了诸神"的女神；在古埃及，"Mut"被称为母亲神，有时与"Sekhmet"（埃及战争女神）联系在一起；"Mama"在南美洲土著语言中代表"印加女神"；"Maya"在印欧语系米特语和玛雅语中是一个常见的词，在印度教中是一个基本概念（在梵文中代表"魔法、幻觉"的意思）。

（2）古埃及人认为"Ba"（用带有人头的鸟代表）是永恒的灵魂之神；"Bol"（或"Bel"，也被称为"Bel-Marduk"，皆源于祖音"ba/巴"，

---

① "婆"在现代汉语中一般指丈夫的母亲、祖母或与之同辈的年长的妇女，但其古汉语发音需要进一步研究。一些证据显示，它的古音也可能与"wa"类似（参见第4章和第5章的相关分析）。

等同于"巴比伦"一词的首音节的宗教含义）是巴比伦城的主神和古巴比伦王国的国家神；"Abu"（"阿拉伯"一词可能来自该词）是美索不达米亚的植物神；"Pan"（源于共祖词"pa"）在古希腊神话中代表牧羊人和猎人之神以及山野的草地和森林之神。

不过也有少数不同的例子：巴巴（或巴）女神在苏美尔神话中被认为是天神的女儿[1]；巴巴－雅加是斯拉夫神话中的死亡和再生女神；帕瓦蒂在印度教中是生育女神以及代表爱、奉献和神圣的力量。关于"ma"和"ba"（或"pa"）的性别含义定义为什么不一致，其背后的原因尚不清楚，但可能源于以下事实：所有这些祖传词汇都是几千年前创造的，因此在此后会受到说不同语言的人的改变；一些民族（特别是那些互相竞争的民族）有时想要制造一个文化障碍（或差异）来对抗（或区别于）对方。[2] 在部落间充满敌意与对抗的古代社会中，会出现个别比较任性或逆反的族群，这毕竟是："我的地盘，我做主！"

追溯祖先的足迹

然而，"wa"作为人类最早（没有之一）使用的共祖词，很可能最初与人类的哭声联系密切，反映了早期人类严酷而压抑的生活条件。鉴于[wa]是早期人类能够发音的最早的音节，世界各地的语言都用"wa"来表示各自最重要的词汇，包括"房子""家""土地""祖国"等。例如，在日语中，"wa"代表"和"和"大和民族"（包括古汉语的"倭国"）并大量出现在日语的组合词汇中。在许多汉语方言中，中国的传统名称（华）在普通话中被称为"hua"，这是从"wa"（包括吴语和粤语在内的南方许多方言以及古汉语大致都是这个发音）派生而来的。事实上，土著语言中的音节

---

[1] 注意，"Baba"这个名字在苏美尔神话中受到一些争议，见第2章。

[2] 例如，"ama"（或"ma"）在满语中被用来指代父亲。17世纪以前，满族（女真人）一直居住在满洲地区（中国东北）。他们的祖先与汉人的冲突由来已久，这也导致了两个朝代的建立，即金（公元1115—1234年）和清（公元1636—1912年）。

[wa] 比其他非土著语言更常见。尽管如此，在世界范围几乎所有现有语言中都采用了大量以"wa"（或"va"）为前缀或后缀的术语。

创造力使人们能够在恶劣的环境中生存，也使某些人变得更加富有。我们在日常生活中也会运用创造力，比如找到通往目的地的捷径。所有这些都必须由那些有需求的人来实现——需求是发明之母。事实上，人类并不是唯一为了适应环境而优化或调整自身行为的物种。然而，这里仍然可以设定一个普遍的规律：一方面，考虑到大型动物和食肉动物的身体比生活在其周围的其他小型或食草动物强壮，它们通常发出轻松的、长音节的声音；另一方面，小型食草动物通常面临各种威胁，因此必须使用简短、不安或警觉的声音迅速将任何危险和威胁通知它们的伙伴。至于人类的情况，也存在同样的逻辑。当然，与那些身体强壮的动物（如大象）和大型食肉动物（如老虎和狮子）通常发出长音节的声音相比，所有人类语言只能被定义为短音节。[①] 尽管如此，人类语言在古代并没有明显的差异，至少不像现代那么明显。身体相对弱小的人类之所以使用单音节或短音节声音的另一个原因是，考虑到他们所处的恶劣生存条件，他们必须发明一种高效和省时的交流与合作方法。

最重要的是，人类语言是从灵长类动物的交流中发展而来的：通过手势或声音交流来开展合作（Tomasello，2008，44页）。我们有理由假设，人类语言的创造一定最先是由身体最弱小的人类群体的迫切需求所驱动的。没有合作并组成家庭，男女双方就不可能生存（起码不能更好地生存），这也许是当今社会明星大腕离婚率比常人高的原因之一吧。不过，还有另一种情况，有那么一个人类群体，群体内的每一个个体都足够强壮，以至于不需要任何形式的合作也能生存。在这种情况下，就没有动力发展更复杂的语言体系，从而创造任何复杂形式的文明。然而，大部分

---

① 我们已经知道，人类与黑猩猩和倭黑猩猩的 DNA 有约 99% 的相似度，使后者成为人类的近亲。然而，由于人类在过去数百万年中发生了重大的进化，现代人与黑猩猩或倭黑猩猩之间可能存在语言联系的关键线索可能已经丢失。

人类的祖先还不够强壮，而且，他们通过有效的沟通和讨价还价甚至互相欺骗(注意：这需要创造出语言来实现)，共同参与和合作，生存了下来。在大多数（如果不是所有）情况下，与那些身体强壮的人相比，身体弱小的人更有动机发明语言。因此，语言作为一种有效的人际交流工具，逐渐从初级形式发展到高级形式。不过，所有这些生理差异是不是导致人类语言分为单音节和多音节两种类型的原因，还尚待进一步研究。

在史前时期的大部分时间里没有出现复杂的文化体系，语言和许多其他文化元素只停留于原始水平，因此跨文化差异非常小。美国人类学家爱德华·萨皮尔（Edward Sapir）提供了一个有趣的事实，他认为某些语言之间可能存在联系，因为它们是从一种共祖语言演变而来的（Sapir，1985，11页）。此外，耶鲁大学语言学教授史蒂芬·安德森（Stephen Anderson）指出："研究语言进化起源的学者普遍认为，语言只发明过一次似乎是合理的，因此，所有现代口语在某种程度上都是相关的，即使这种关系再也无法恢复……"[①]

学会与古人对话

到底是什么决定或影响了人类语言的形成？事实上，发出短暂而令人心碎的尖叫声（[wa]）与猿类、大猩猩和其他几种同人类身体相似的动物在遇到困难或危险情况时发出的尖叫声非常相似。然而，这个声音与那些身体强壮的大型动物和食肉动物的吼声没有任何相似之处。史前语言在进化的早期一定是短音节的（当然，这还有待古人类学家和历史语言学家进行更深入的合作研究）。人类的生存环境必然面临各种各样的危险。事实上，在许多环境相对舒适、没有生存危机的地方一直是无论本地人还是外来人的伊甸园，却从未诞生过土著文明。然而，正是危险和威胁促使人类文化和文明的变革和进步。

远古人类，当他们第一次通过发声的方式与伴侣或邻里交流时，可

① 引自 Anderson（2012，107页）。

能会随机采用一组语音（或音节）来形成彼此间心领神会的信息（现在称之为单词与短语），并在稍后阶段形成简单的句子。久而久之，这些词语和句子在被一定数量的演讲者和听众接受后，就成为了当地语言。可以肯定的是，所有远古人类的语音交流都遵循类似的规则或原则：只有最简单的音节组成的单词才是最早被创造出来的；只有对人类最重要的事物和事件才是最早被提到的，并因此在各自的语言中被固定下来。尽管仍需要进一步的验证，但人类在第一次说话时，似乎只应用了最简单但仍然最有效（或最节省时间）的方法来构建有声单词和句子。几乎可以肯定的是，这是由于环境压力和早期人类的声带限制共同决定的。使用这些原始的规则或原则，而不是使用现代人使用的更为先进的语法，可能有助于我们更好地理解早期人类语言中术语和名称的形成机制。例如，西方主流历史学家在解读埃及象形文字"法老"时可能犯了一个严重的错误。

　　"法老"是古埃及社会对类似于国王的一个重要称呼，其含义一般认为是"大的房子"。这种解释符合一般性的定义，因为房子无论在当代或者是在古代对人类都太重要了，古埃及法老居住、办公的房子当然会比一般人的房子大（当然，用一个比"大"字更吉祥、神奇的形容词可能更符合原意）。然而，令人不解的是，"法老"（Pharaoh）作为一个复合词在西方主流历史教科书中被解读为：Pharaoh= "per"（房子）+ "aa"（大）。即使是在现代语言的组合词中，这种倒装构词法也不常见，何况是在语言环境还相当原始的古埃及。古埃及人真的会用倒装法创造复合词吗？可能不会。另外，上述对古埃及语"房子"的解读明显与其他古语中作为人类共祖词的"房子"之间存在矛盾。①

　　在过去的几千年里，人类语言发生了显著的演化或变化。由于人类不断努力发明新的音节和词汇，人类语言中最古老的共祖词或音节 [wa] 的出现频率已经低于以前。例如，在公元1776年起草的《美利坚合众国

---

① 更多解读参见第3章。

独立宣言》（简称《独立宣言》）中，只有0.75%的英语单词包含音节[wa]。然而，在创作于新王朝（约公元前1550—前1069年）或中王朝（约公元前2055—前1640年）期间、用埃及象形文字写成的《尼罗河颂》中，大约1.11%的单词包含音节[wa]，在《吉尔伽美什史诗》[①]中，单词包括音节[wa]的频率高达1.75%。[②] 可以看出，书面文字越古老，音节[wa]在其中的频率就越高。

上述估计的百分比，除《独立宣言》外，其他可能被大大低估。用楔形文字和象形文字撰写内容的实际百分比，应当乘以它们各自当前数值的数倍才算合理。原因是许多在其各自的原始楔形文字和象形文字文本中的[wa]音节，在现代英语版本中被西方学者"更先进地"翻译成了其他音节（包括但不限于[va]、[wo]、[vo]、[u]和[a]），其实所有这些音节与古代语言中的[wa]没有区别。这个判断看似武断，但却是真实的：在人类进化为两足动物的最早阶段，他们和许多其他类似的动物一样，只能发出"wa"的叫声；人类只能在一开始就使用一组简单的单词，其中包括[wa]音节，此后开始逐渐使自己的语言多样化或复杂化。现存文献中记载最早的例子是，在《吉尔伽美什史诗》中，一个被描述为由太阳神抚养的怪物最初在苏美尔语中被称为"Huwawa"，后来在亚述语的文献中被称为"Humbaba"。[③]

许多以[a]、[e]、[o]或[u]等元音字母开头的术语和名称都源自共祖音节[wa]。例如，对多语种词典的比较分析表明，土著语言中的[a]音节比非土著语言中的要少；而土著语言中的[wa]音节比其他非土著语言中的要多。这可以通过以下事实来证明：许多现代单词的音节[a]实际上相当于它们的古语版本中的[wa]（见表1-1）。尽管现在很难提供这一演变的

① 苏美尔人在约公元前2600年用楔形文字写成的一首史诗，在公元前1300年到公元前1000年时期又用阿卡德方言编纂而成，通常被认为是地球上用文字记载的最古老的故事。
② 我根据《吉尔伽美什史诗》（参见 http://www.ancienttexts.org/library/mesopotamian/gilgamesh）以及《尼罗河颂》（参见 http://www.reshafim.org.il/ad/egypt/texts/hymn_to_the_nile.htm）的英文译本计算而得。
③ 详见第2章。

具体细节，但在人类进化的早期阶段，发出 [wa] 音可能比发出 [a] 音更容易些。这是因为 [wa] 音节可以简单地通过任何口型自由伸张来发出。然而，发音 [a] 音节既需要张大嘴巴，也需要从嘴里喷出持久的气流，否则 [a] 的发音可能很难与 [e] 或 [o] 的发音区分开来。① 不过，这些都是现代人的烦恼，而远古人类没有这些烦恼。在远古人类看来，所有这几个音节都是 [wa]。请不要怀疑这个判断。如果达尔文的《物种起源》中的观点是正确的话，那么，即使那些古人不是那样发音，他们的祖先（或者他们祖先的祖先……）肯定是那样发音的。

表 1-1　首音节 [a] 可能源自 [wa] 的一些名称和术语

名称/术语	语言	共祖形式	原始或现代语义
A	所有语言	wa	共同的祖先词
Abraham	希伯来语	waba[?]	希伯来人的始祖
Abu	苏美尔语，阿卡德语	waba	父亲，植物之神
Arc	中古英语	waka	天体（尤指太阳）轨迹
Archaic	欧洲语言	waka	古希腊的国名
Acropolis	希腊语	waka[?]	建在顶端的城市
Ajaw	玛雅语	wa[?]wa	主人，国王，统治者
Akh	埃及语	waka	灵魂的主要方面
Akhaia	希腊语	waka	古希腊的国名
Alba	盖尔语、爱尔兰语	waba	苏格兰
Alex*	欧洲语言	waka	人名，"亚历山大"
An**	苏美尔语	wa[?]	天神
Anahuac	纳瓦尔语	wa[?]-waka	靠近水的地方
Anasa***	希腊语	wa[?]sa	皇后
Anax***	希腊语	wa[?]ka	国王，（军事）领袖
Angles	英语	waka	角落，盎格鲁族
Ankh	埃及语；欧洲语言	waka	生命，神圣象征，永恒的生命
Apollo	希腊语	wapa[?]	太阳神
Ar (Aur)	埃及语	wa	尼罗河
Ark	希伯来语	waka	方舟（圣经术语）

---

① 这在现代可能不是问题，然而最早的人类可能无法自由地使用这些音节。

（续表）

名称/术语	语言	共祖形式	原始或现代语义
Asclepius	希腊语	was[?]	希腊医学神
Ashoka	梵语	wa[?]ka	古代印度孔雀王朝国王
Athens	希腊语	wadi	现代希腊首都
Aztec	纳瓦特语	wa[?]ka	白色土地（北方的雪地）

注："[?]"表示存在一个或多个现代音节，但这些音节可能不包括在最早的形式中。

　　*"Alex"是"Alexander"的简写（或早期形式）。

　　**"An"也是大多数语言中的常用词。

　　***"Anax"和"Anasa"在迈锡尼希腊语中分别是"Wanax"和"Wanasa"。

来源：作者根据第2—6章和附录C判断。

　　正如将在第3章详细解释的那样，古埃及早期书写的A音节（以秃鹫符号表示）和W、V音节（分别以鹌鹑符号表示）的埃及象形文字无法确切区分，可能表明它们早期的发音大致相同。此外，许多欧洲语言中的"coffee"一词起源于阿拉伯语"qahwa"或"kahwa"（一种用全香料、藏红花和杏仁制成的芳香、温和的绿茶），而后者明显来源于共祖词"kawa"。① 同时，在许多当代土著语言（如中国南方的一些方言）中，有些辅音（例如F和N，仅列出两个）要么不存在，要么被其他容易发音的辅音所取代。另外，如下节所述，一些古代甚至现代欧洲语言所用的发音字母明显少于目前广泛采用的26个拉丁字母。根据这一判断，如前所述的西方学者将古埃及法老（Pharaoh）的第一个音节"pha"（发音[fa]）在古埃及语中的发音解读为[per]或[pa]应该是合理的（尽管他们将其含义的解读并不正确）。

　　因此，在一些特定情况下，特别是在没有获取更具说服力的历史数据的情况下，用以下推论来破解古代文明中的部分关键术语和名称的古音演变模式似乎是合理的：

　　（1）如果一个词（或其任何部分）在某种语言的发音在某一特定时间

① 有关比较各种汉语方言的更详细证据，见第5章。

段是（或类似于）某一个共祖音（如 [wa]、[ma]、[ba] 或 [pa]），那么它在该时间段之前也是这个共祖音，尽管此后未必如此；

（2）如果一个单词（或其任何部分）在一个语系中不同语言的发音同时包含某一个共祖音（如 [wa]、[ma]、[ba] 或 [pa]）和其他变体，那么该单词（或其任何部分）在该语系所有语言中的原发音应该都是这个共祖音，而不是任何其他变体；

（3）在封闭或偏远的社会中，口头语言和书面语言的变异通常比在其他社会中的要少。

一个欧式错误

在过去的几千年中，人类语言经历了巨大的变化。因此，大部分（尽管不是全部）最古老的术语和名称的原始发音与今天的发音有很大不同。当读到用苏美尔楔形文字、埃及象形文字、汉字或玛雅象形文字书写的碑文或任何其他文献时，各个符号所代表一切似乎都是固定的，和它们各自的原始状态基本都一模一样。不幸的是，对这些古老符号的全面、精准解读远远超出了现代人的专业知识范围。现代人尽管掌握着人类迄今为止最先进的分析工具与技能，但当面对那些小小的符号时，有时却显得十分无助。

苏美尔楔形文字和埃及象形文字书写体系中，每一个符号最初要么是基于象形要么是基于会意，其中的一部分在后期演变成语音符号。可惜，这两种书写体系在大约 2000 年前就已经消失了。由于欧洲语系学者过去两个世纪的辛勤工作，他们已经根据一组 25—26 个拉丁字母对这些书写体系进行了部分破译。然而，这些 A—Z 字母是现代的，古典时期的拉丁字母表在不同时期里并不包括字母 G、J、U、W、Y 和 Z（Gordon，1969）。尽管不清楚欧洲人在前古典时代到底使用了多少音节或音素，但几乎可以肯定的是，一个民族或他们的文化产生得越早，他们在当时所使用的语言就越简单。例如，古希腊迈锡尼文明后期（公元前 1450—前 1100 年）的文字（称为"线性文字 B"）目前被解读为由 87 个语音符号组成。这些符号已经确认的发音只简单使用了 26 个与拉丁字母相对应发音中的 17 个（Chadwick, 2014, XI 页），但不包括 B、C、F、G、H、L、V、X 和 Y 9 个拉丁字母的等价发音。①

　　事实上，由于部分讲现代欧洲语言的人在地理上与欧洲大陆曾经处于长期隔绝状态，因此，这些现代欧洲语言的复杂性仍然低于拉丁语和其他欧洲语言。② 腓尼基字母出现于约公元前 1700 年至公元前 800 年，是希腊字母（约公元前 800 年出现）形成的主要来源之一，而后者又是拉丁字母（约公元前 700 年出现）的起源（参见书后阅读材料 A）。腓尼基字母部分来自苏美尔楔形文字（约公元前 3300 年出现）和埃及象形文字（约公元前 3100 年出现），全部字母只有 22 个不同发音（见表 A-1）。楔形文字和象形文字的书写体系中分别使用了多少音节？也许我们永远不知道确切的答案，因为他们早期的书写体系不是注音的。然而，这两个最早的书写体系很可能比后来的腓尼基书写体系包含更少的音节。③ 如果果真如此，那么现代欧洲人对楔形文字和象形文字（至少是在早期出现的那部分文字）的解读就有一个很大的问题。④ 权且不考虑各个拉丁字母所代表的音素在古代和现代的差异，由于古代欧洲人尚且不能使用 A—Z 字母表示的所有音节，那么比古代欧洲人还要早几千年的苏美尔人和古埃及人怎么能创造出一个类似于由大多数现代拉丁语发音（字母）组成的语音字母表呢？

　　对已消失语言所使用文字的解读一直是一项极具挑战性的任务，因为当代世界已经没有这些语言的使用者了——这些语言自己也不能自动

　　① 需要说明的是，由于一些符号还没有被破解出来，"线性文字 B"实际包含的发音字母个数可能比 Chadwick（2014, XI 页）估计的个数（17 个）要多，但不会超过在其后才出现的希腊字母的个数（24 个，或者如果 O 和 Ω 只算一个发音的话为 23 个）。

　　② 例如，苏格兰盖尔语（简称盖尔语）只使用了 26 个拉丁字母中的 18 个，没有 J、K、Q、V、W、X、Y 和 Z。

　　③ 在这里，可以假设：一个书写体系中的语音字母数与音节总数之间存在正相关关系——详见下一节的分析。

　　④ 感兴趣的读者可以进一步阅读目前西方文献中最权威的牛津大学《苏美尔电子语料库》（参见 http://etcsl.orinst.ox.ac.uk/edition2/signlist.php）或宾夕法尼亚大学《苏美尔语电子词典》（参见 http://psd.museum.upenn.edu/nepsd-frame.html）。在阅读时不要太在意西方学者天真（如果不是随意）地给出的所谓苏美尔语发音。

发音。在过去的历史中，人类语言与书写体系一直朝着功能多样化和复杂化方向发展，这本身也是文化和文明进步的一部分。如果不加注意，可能会在解读早期楔形文字和象形文字时犯下错误。这些出现在约公元前3000或前4000年到公元前1000年的文字符号，在早期仅是象形/会意符号，到后期才逐渐演变为拼音符号。在长达2000多年的岁月中，它们所代表的各种含义发生了根本性改变。这样，如后面所述，西方学者如果根据这些符号在后期的语义和发音来解读早期包含这些符号的名词或术语，会出现严重偏差甚至错误。

历史语言学的比较研究有助于我们取得突破。在某些情况下，对共祖词的研究并用之解读古文明早期的文字资料，可能比用其他现代方法更为有效。另外，对于人类文明早期可能发生的故事，即使采取基于考古证据的"科幻"方法[①]，有时也可能比目前一些西方学者的一些看似合理也符合现代（西方）逻辑的解读更接近实际。是扔掉西方主流教科书、重新开始的时候了。

❧ 人类语言的演变

人类共同的词语

"wa"或它的任何变体首先出现在所有人类最早的语言中。直到人类行为和文化变得更加复杂后，才产生其他更多、更绕口的音节和词汇。例如，古埃及人最初把底比斯（位于地中海以南约800公里的尼罗河东岸）称为瓦塞特（Waset）、沃西（Wo'se）或瓦西（Wase）。底比斯（或瓦塞特）的遗址位于现代城市卢克索内，曾是埃及中王朝和新王朝

---

① 这里的"科幻"方法，指的是采取社会科学（而不是传统意义上的自然科学）原理来杜撰的一些可能接近事实的故事。例如，第4章部分小节所叙述的故事构成了对这种方法的具体运用。

大部分时期的首都或主要城市。瓦塞特从新王朝结束后被称为"阿蒙"
（Huddlestun，2003），再后来，就变为如我们现在所知的"底比斯"和
"卢克索"这样更绕口的名字了。

　　总之，"wa"作为本书所假设的人类第一个共祖词，具有"房子""土
地""家园""祖国"等含义，其他引申含义包括一些神奇、超自然力量
等吉祥内容。此外，"wa"还经常在几乎所有人类语言中作为词汇的关键
音节（见书后附录C）。例如，在迈锡尼时期（约公元前1700—前1100
年），该音节包括在许多希腊的关键术语和名称中，但此后就不这样做了
（Chadwick，1973，127、286、288、411、463、570页）。数万年以前，
人类可以表达的音节比现代要少得多，因此，他们必须使用这些少许共
祖音节（包括[wa]）来构造当时许多很重要的术语和名称（见图1-2）。结
果是，同音字（词）就不可避免了。

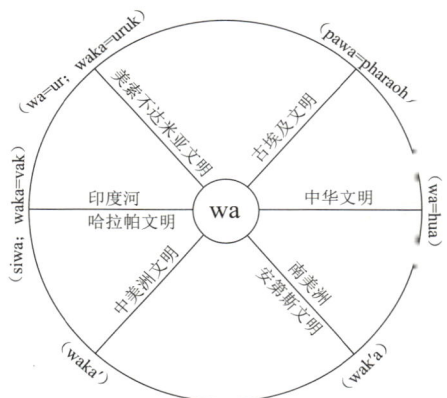

图1-2　人类文明的共同来源：语言证据

注释：
（1）"hua/华"是"中国"或"中华民族"的简称，它在吴语和粤语（二者比普通话更接近古汉
语的发音）中分别读[wo]和[wa]。在日语中，"wa"是指"日本"和"日本人"。在蒙古语中，
"waga"指"宫殿"（也是今天乌兰巴托的老名字）。在藏语中，"kawa"指"山神"（也用作家
族姓氏）。（2）"法老"（在埃及象形文字中的意思是"大的房子"）和"金字塔"应分别被称为
"pawa"和"mawa"。通常与神以及法老有关的权杖（作为权力或统治的象征）在埃及语中被解
读为"was"。（3）"shiva"或"siwa"（湿婆）是印度教的三大主神之一。"vak"代表吠陀女神，也
是"梵文"一词的简称或早期名称。（4）"ur"（"wa"）和"uruk"（"waka"）为苏美尔城邦。（5）
"wak'a"在克丘亚语（安第斯南美洲的一种土著语言）中指"保护之神"或"神圣的物体或地
方"。（6）"waka'"在玛雅语中指"神之地"。

　　只有在文化和文明变得更加复杂之后，世界各地的人类才开始对他们的语言进行多样化改造。事实上，"wa"及其变体在现有土著（以及在较小程度上的非土著）语言和文化中具有类似含义。在前面的分析中，我们发现人类在历史上一直遵循"赢—留、输—变"策略，正是这种人类的固有特性促成了古代文明的诞生。然而，只有这一理论还不够。为了更好地解释人类几千年来的动态格局，需要分析在人类整个进化发展过程中发挥不同作用的其他地理环境因素。

　　"wadi"（中文可以音译为"瓦迪"，和"洼地"同音，含义也基本相同）一词最初出现于阿拉伯语和希伯来语，指的是一个干枯的河床。在某些情况下，它也可能指仅在大雨或只是短暂、间歇降水时才有水流的河床。在南亚和东亚的许多其他土著语言或文化中，该词或其任何变体被广泛采用。在中国大陆，包括其各种方言在内的汉语中，"洼地"被用来表示"比周围较低的土地"（注意：这种地理特征对地处干旱、少雨的地方尤为重要）。在许多土著文化中，源自共祖词"wa"和"wadi"的术语虽然最初表达了人类所处环境的特征，但也有演变成具有某种文化吉祥意义的内容（见附录C）。还值得注意的是，现代德语中的"wald"（可能源自共祖词"wadi"）是指"森林"——而不是以土著文化为基础的语言所采用的干燥或沙漠环境。这种语言证据可能表明，讲日耳曼语的人的祖先生活在一个与世界其他地方土著文化或文明不同，当然是很难产生早期文明（这里主要是指以耕作为主的农业文明）的自然环境中。

　　最早的人类文明被认为是美索不达米亚（字面意思是"河流之间的"）文明。幼发拉底河的古希腊名字是从古波斯语中的乌弗拉图（Ufratu）一词中借用的，它来自伊拉姆语的ú-ip-ra-tu-iš，这是一种已灭绝的前伊朗文明语言，位于现在伊朗的最西部和西南部（Woods，2005）。有人认为，由于美索不达米亚是铜冶金的中心，幼发拉底河是铜矿用木筏运输的通道，苏美尔语的"urudu"（意思是"铜"）是其名字的最早来源（Gamkrelideze和Ivanov，1995，616页）。然而，鉴于河流一方面对古代苏美尔人的生存十分重要，另一方面苏美尔文化高度受制于各种神，幼发拉底河的原始含义不应是"铜"，而很可能是由苏美尔神话中的乌图（太阳神）[①]或乌多（织布和服装女神）所衍生。

可以肯定的是，一个地方非土著文化的形成，特别是在艺术、技术、宗教和写作体系等方面，通常受到来自其他地方的一种或多个文化的影响。然而，其口语的形成，特别是在早期术语和名称方面，可能不完全是这样。虽然许多共祖术语和名称在不同的文化或语言中有相同或相似的发音，但它们的原始含义可能会有所不同，但都反映了它们各自自然和地理环境的影响。例如，与"wadi"不同——一个最初用来指北非和中东沙漠环境的术语，许多类似声音的术语和名称在许多其他土著或非土著文化或语言中有不同的定义，其中包括（但不限于）以下内容：

- "wald"在德语中是指"森林"；
- "veld"在荷兰语中指"田野，开放的乡村景观"；
- "Wadd"在阿拉伯语中指"米纳恩月亮神"；
- "vati"在梵语中指"沙漠之王，围场"；
- "vadi"在古吉拉蒂语中指"农舍，大果园或花园"；
- "wadi"（洼地）在古汉语中有更广泛的含义。

土著和非土著语言

最早的人类不像现代人那样能够发出许多绕口音节，他们在口头交流中只能使用少量音节，所以不得不反复使用几个常用音节，包括"ma"（用来表示"母亲"及相关含义）、"pa"或"ba"（用来表示"父亲"及相关含义）以及"wa"（代表更广泛的含义）。尽管我们现在已无法完全还原早期的人类语言情景，当今世界已有的文献也可以帮助我们略知一些情节，例如："teiwa"（也称为"tewa"）是印度尼西亚东部潘塔尔岛上使用

①"幼发拉底河"一词的苏美尔楔形文字的第一个符号代表太阳。

的一种非南岛语（即巴布亚语）。"taniwa"是新西兰原住民毛利人传说中居住在深水中的猛兽，形状各异，水陆双生，时而残暴，时而温顺。提瓦（tiwa）语（也叫拉隆语）是印度东北部阿萨姆邦的一种汉藏语言。在印度尼西亚，爪哇岛是一个具有政治、经济和文化意义的岛屿。爪哇（Java或 Jawa）这个名字来源于原始南岛语的词根"iawa"，意思是"我/我们的家"（Hatley，1984，1—32页），而印度最早的史诗《罗摩衍那》中提到的"Yawa dvipa"（这里，"dvipa"的意思是岛）这个词也被称为爪哇岛。在克丘亚语（南美洲安第斯的一种土著语言）中，"qhichwa"（表示"温带河谷"）和"kichwa"（表示"克丘亚语"和"克丘亚人"）这两个词都包含了音节[wa]。

坦率地说，很难弄清楚语言是什么时候被哪个民族先发明的，但几乎可以肯定的是，口头语言的出现比书面语言早得多。值得注意的是，不仅仅是汉语，亚洲的许多其他语言都是单音节的。因此，我们必须注意环境和生理因素对语言风格演变的影响。如前文所述，蒙古人种的许多民族（特别是南蒙古人种，包括汉族）在体形上比高加索民族弱小。结果是，汉族人在远东定居之前比高加索人长期处于更为不利的生存条件。此外，尽管高加索人也遭受了各种自然灾害和掠食者的袭击，但更为弱小的汉族人和其他东亚民族在过去的历史中肯定遭受了更多的苦难。不过，吃苦是福，古往今来皆是这个理儿。这些因素是不是导致欧亚大陆的东西两端在文明早期存在的巨大反差，还值得进一步考证。但是，一个值得关注的事实是，欧洲本土基本没有产生有影响力的早期文化或文明。他们如果不是通过古希腊人引进（应该是窃取）古埃及与美索不达米亚的大量文明成果，还真不知他们还要在史前的狩猎采集社会中待多久。当然，目前仍然处于强势的西方文明，作为非土著语言的代表，是否还可以长期处于强势？这个问题不是本书的研究话题。

人类至少在 21 000 年前就已经开始在青藏高原定居。然而，尽管旧石器时代定居者和当代藏族人口之间存在部分遗传连续性，但大约在3000年前，这些人基本上被来自中国北方的新石器时代移民所取代（Zhao等，2009）。卫藏（清朝以后的名字，元、明时期称为乌藏）是藏族的三个传统地区之一，另外两个是东北部的安多和东部的康区。从历史、文化、政治和经济的角度来看，卫藏曾是西藏的中心。它包括拉萨（藏语的意思为"诸神之地"）所在的拉萨河谷，以及雅鲁藏布江流域的一部分。在语言学上，藏语对汉字"卫"和"乌"的发音以及这两个汉字的早期汉语发音与共祖词"wa"非常类似。[①]从藏语（以拉萨方言为例）与人类共祖语言的密切关系中还可以发现如下事实：许多藏语个人名词的后缀为"-wa"，类似于汉语中人物名称后缀"者"以及英语人称后缀"-er"和"-ist"。类似的例子也可以在非洲找到：在阿姆哈拉语（一种闪族分支的亚非语系语言，埃塞俄比亚阿姆哈拉人的母语）中，如果一个名词是确定的或特定的，这就会加上一个后缀：如女性单数名词后面加"-wa"、"-itwa"或"-aätwa"等。

当今世界的人类语言，与数千年前相比，已发生了巨大变化。这对地域相对开放、文化交流相对容易开展的欧亚大陆尤为如此，这也是所谓的"1+1>2"的效果吧。不过，鉴于欧亚大陆的一些文化有较早的文字记载，我们还是可以从中看到有关这些文化及其语言在较早时期的一些端倪。从传统意义上讲，阿拉伯沙漠是许多美索不达米亚人的发祥地。阿拉伯人最初是于公元前9世纪中期在文献中被提到的，是叙利亚东部和南部以及阿拉伯半岛北部的部落游牧民族。尽管有各种各样的解释，在一些闪族语言中，"阿拉伯"一词是指"西方""日落""沙漠""游牧""商人"（Myers，2010，18页），但这并不是令人信服的，至少不是最早的解释——例如，"商人"一词在文明早期是不存在的。生活在恶劣环境中的古人对自己或与自己有关名称的解释通常与一些超自然力量有关。事实上，亚述语文本中发现关于"阿拉伯"的几种不同名称大致被译为阿鲁

---

① 如第5章所述，汉字"乌"（现在的发音为[wu]）在古代甚至当代的一些南方方言的发音为[wa]（或类似发音）。

布、阿里比和乌尔比等，所有这些都可能来自"阿布"——苏美尔语定义的"植物神"（最初被称为"瓦布"，包括两个共祖词"wa"和"ba"）。

同样，现代术语"波斯"一词源自"pa"和"wa"两个共祖词。"波斯"一词在古希腊语中被称为"Perswā"。关于波斯人的最早记录来自公元前9世纪下半叶的亚述时期（Grayson，2002），当然波斯人的祖先可能出现得更早些。在亚述文献中，波斯人的阿卡德语名称包括"帕苏阿"（Parsua）等多种形式。在同一时代的其他文字记载中，波斯民族名称被写成"Paršua"。① 这些文字形态的一个共同特征是，它们都有一个额外的"-u-"或"-w-"和一个半元音性质介于古波斯语单词"Pārsa"的"-s-"和"-a"之间，这与古伊朗语的"帕萨瓦"（Parsava）是一致的。然而，阿卡德语的形式可能不是直接从伊朗语言中借用的，而是通过伊莱米特语"Parsaŵaš"作为媒介，而乌拉尔语"Paršua"可能是从阿卡德语中借用的（Diakonoff，1985，61—62页）。②

另外，特别需要说明的是，印欧语系（特别是其中的希腊、意大利、斯拉夫等语族）的一些现代语言中的绕口单词或音节，即使是许多当代人（包括中国人）都无法正确发出，更不用说是古代人了，因此它们在古代可能（甚至肯定）是不存在的。现代欧洲语言有比较先进或完善的语法体系，但古人（包括欧洲的古人）可能不喜欢，更没有使用过。因此，在解读古文明时，特别是在解读中、后期与欧洲有关联的美索不达米亚或古埃及文明的一些名词时，现代历史学家（包括讲现代欧洲语言的西方历史学家）要格外小心，否则可能会犯一些"低级"错误。

非土著语言和现代语言

在许多现代欧洲语言中，"archaic"一词的意思是"非常古老或过时的（东西）"。然而，它的原意并非如此；相反，它指的是公元前7—前6世

---

① 更多的证据参见Chadwick（1973，127、286、288、411、463、570页）。
② 关于一些带有"wa"后缀的古埃及语单词的演变，可以在第3章中找到更详细的描述。

纪希腊领先于世界的艺术或文化。事实上，现代欧洲术语"archaic"起源于希腊术语"Akhaïa"，它本身来源于共祖词"waka"（或其任何变体，所有这些词通常都具有"伟大土地"或类似含义）。亚加亚（Achaea）在现代希腊语中称为阿卡亚（Akhaïa），是希腊的历史名称。古希腊诗人荷马（公元前9世纪或公元前8世纪）将亚加亚地区描述为希腊、克里特岛、罗德岛和邻近岛屿（基克拉底群岛除外）的大陆和西部岛屿。考古学揭示，亚加亚涵盖了迈锡尼时期古希腊在公元前1600年到前1100年的所有活动空间（Scarre和Fagan，2003，269页）。《大英百科全书》（*Encyclopedia Britannica*）的编辑们则描述了亚加亚的简史如下：

> 早在公元前4世纪，亚加亚的12个城市就成立了亚加亚联盟，这是一个军事联盟。在古希腊时代，该联盟接纳了非亚加亚的盟友，成为希腊的主要政治力量。公元前198年它（亚加亚）进入罗马，但在公元前146年被罗马人解散，之后被并入罗马的马其顿省。公元前27年，它成为罗马元老院亚加亚省的中心，该省包括了整个希腊南部的塞萨利。在经历了中世纪的各种侵略和肢解之后，亚加亚在公元1460年被土耳其人征服。1821年3月，希腊革命的标志杆正是在该省卡拉夫里塔附近的艾亚拉夫拉修道院中升起的。亚加亚于1828年从土耳其人手中解放出来。[①]

由于早期与欧亚大陆文化或文明隔绝，许多偏远的岛屿得以保存各自的早期文化与语言。在被罗马人入侵之前，不列颠岛的大部分地区居住着许多不同的部落，这些部落通常被认为是凯尔特人的起源，现统称为不列颠人。不列颠岛首先出现在凯撒大帝（公元前100年—公元44年）的军事报告中，后者记录了在公元前55年和前54年从高卢（法国）横渡到不列颠岛的事件。罗马人最终在公元43年入侵不列颠岛。现

---

① 引自 https://www.britannica.com/place/Achaea。

代的"英格兰"字面意思是"角度之地"，在德语中"角度"（angle）一词是"winkel"，法语和其他拉丁语中有类似的变体。根据维基词典的说法，"角度"在古英语中是"wincel"，后者依次来自中古荷兰语的"winkel"、古荷兰语的"winkel"、古日耳曼语的"winkilaz"以及最早来自古印欧语的"weng-"（意为"弯曲、弓、拱、曲线"）。[①] 当然，如果这些术语的定义是基本正确的话，并且如果它们都各自经历了一个完整的词源演变过程，那么它们肯定是从人类共祖词"waka"或"wa"派生出来的（见图1–3）。

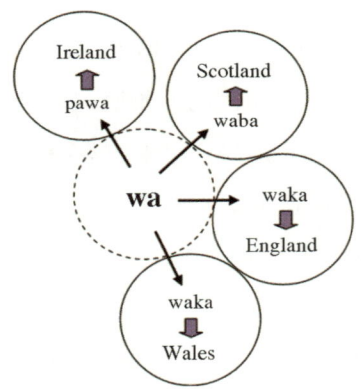

图1–3　寻找共同的祖先来源：来自英语的证据

注：England=英格兰；Ireland=爱尔兰；Scotland=苏格兰；Wales=威尔士。

在欧洲文化受到父系制度影响后，许多有关 [wa] 发音的词也被用作成年男性的古老词汇（包括但不限于旧英语的"were"，古荷兰语的"wer"，哥德语的"wair"、旧弗里斯语的"wer"、旧撒克逊语的"wer"、旧德语的"wer"和旧挪威语的"verr"等）。此外，拉丁语的词根"vir"（如"virility"一词）和爱尔兰盖尔语的"fear"（两者大致等同于"wa"）也被用来表示"男性"。其他变体也被用来表示许多重要术语和名称。中古英语单词"Ireland"（Irelond、Irlond或Irland）有一个更复杂的词源演变过程，

---

① 参见https://en.wiktionary.org/wiki/winkel。这些单词的首音节大致符合表1–1关于现代音节 [a] 来源于共祖音节 [wa] 的基本判断。

其中一些可能在现有文献中没有记录。人们普遍认为"Irishmen"一词来自古英语"Īr"，如在"Īras"（Irishmen）中的那样，最终来自古爱尔兰语的"Eriu"（宾格为"Eirinn"或"Erinn"）。后者起源于古凯尔特语"Iveriu"，而其本身可能来自词根"pi-wer"（意思是"肥沃的土地"）。[①] 显然，[pi]和[wer]这两个音节分别是最早的共祖音节[pa]（意思是"父亲"）和[wa]（意思是"土地、家园"）的变体，因此结合起来形成了"pawa"。

考虑到地理位置的接近和文化的相似性，苏格兰的原名在词源上与爱尔兰的原名（即"pawa"或其变体）的词根非常相似。苏格兰盖尔语，简称盖尔语，又称高地盖尔语或高地苏格兰语，是凯尔特语家族的一种语言。阿尔巴（Alba）是苏格兰王国的盖尔语名称，其发音来源于共祖词"waba"。该王国是公元843年至1707年由皮克图人和苏格兰人联合组成的，其领土从现代的阿盖尔和布特到凯西，横跨苏格兰南部和中部的大部分地区。由于地理上的孤立和地形的复杂性，苏格兰（即阿尔巴）是不列颠群岛中少数几个能够抵御罗马人（公元1—2世纪）和维京人（公元9—11世纪）最可怕入侵的地区之一。[②] 因此，许多古老的苏格兰文化遗产，包括苏格兰高地语言，得以保存至今。

现代英语单词"威尔士"（Wales）起源于北欧铁器时代（约公元前500—公元600年）。它来自古英语名词"wealh"（复数形式为"wealas"），意思是"奴隶，外国人"。然而，这些充满敌意的定义不太可能被威尔士本地人自己采用——相比之下，它们是外国人赋予的，当地的主人肯定不喜欢，也不会采用。毋庸赘言，一个民族总是用吉祥的名字作为他们的名字。"威尔士"一词的最终来源可能是凯尔特人中一个叫"沃尔卡"（Volcae）的部落的名字（Faull，1975）。事实上，"Volcae"或"Volca"在语音上与共祖单词"waka"相似，在词源上也应如此。此外，根据《单词威尔士的冒险史》一文的记载：

---

① 参见 https://www.etymonline.com/word/Irish。
② "维京人"（Viking）这个词很可能来自共祖词"waka"。

后来，日耳曼的新来者继承并进一步推广了"沃尔卡"（Volcae）这个名字，后者指的是任何外国人或外国人群体——主要是说外国非日耳曼语的凯尔特人或罗马人。拉丁字母 v 通常表示单词开头的 [w] 音。印欧语系的"o"在日耳曼语中显示为"a"，如拉丁语"quod"，但古英语"hwæt"（现为"what"）或拉丁语"octo"以及哥德语的"ahtau"（都代表"eight"）。最后，拉丁语符号 c 对应于日耳曼擦音"x"（后来变为"h"）。例如，拉丁语的"cordis"（英文为"heart"）或拉丁语的"centum"（英文为"hundred"）。相应地，说日耳曼语的人最终会把他们刚借来的单词"Volcae"发音为"walha"。这个语言重构（特别是后缀进化）现象在日耳曼语言中经常出现。①

总而言之，尽管居住在英伦三岛的这四个民族的母语各不相同，但他们最早或最初的名字都来自人类祖先的首创词。当然，这些共祖词现在已经通过各种变异，演化为各不相同的词汇了。如不仔细探究，现代人很难发现关于他们（还有我们）各自不同的名字原来是同源的。但在演化过程中，地理的相近性仍起到一定的作用。例如，考虑到英格兰和威尔士在地理位置上同属大不列颠岛，他们最早的名字来源于同一个共祖词"waka"；另外，爱尔兰和苏格兰虽然地理位置比较接近，却被爱尔兰海隔开，古代联系受到制约。不过，大海阻挡不了他们的联系。爱尔兰和苏格兰的早期名字分别来源于明显带有父系社会影响的"pawa"和"waba"这两个反向复合词（见图1–3）。这一对难兄难弟也许在远古时代出现过争斗，更出现过"相逢一笑泯恩仇"的情景，因为，据上述两个共祖词判断，他们的祖先存在文化联系，可能还来自同一个家园：他们不会是通过抓阄来选择各自领地的名字的吧？

的确，上述词汇的演变规律相当有趣，但不能简单地用来解释其他

① 引自 https://www.old-engli.sh/trivia.php?ID=Wales。

地方的语言演变规律。毕竟，人类在数千年甚至更久的历史演化过程中经历了太多、各自不同的内外在影响，它们中的大多数（如果不是全部）早已成为历史角落中的一粒粒尘埃，永远消失在人们的视野之外了。

单音节语言与多音节语言

单音节语言是一种主要包含单音节字或词的语言。包括英语在内的许多现代语言都是多音节的。尽管单音节语言通常能使句子在写作中显得更简单或更有效，但使用多音节语言可能是一种常见的方法，通过这种方法可以使声音表达包含更全面或多样的信息。考虑到人类可用的音节（或音素）总数是固定的，使用多音节词是减少语言中同音字词频率的唯一方法。为了进行一致性的比较，我们使用通常的数学排列公式：

$$A_n^m = \frac{n!}{(n-m)!}$$

其中，n 和 m 分别表示一种语言中可用音节（或音素）的总数和组成单词的音节（或音素）的平均数；A 是通过在该语言的 n 个音节（或音素）中选择任意 m 个音节（或音素）来形成不同单词的最大数目。为了更直观一些，让我们以一种只使用单音节词（即 $m=1$）的语言（如汉语[①]）和另一种使用多音节词（为便于计算，$m=3$）的语言（如英语）为例作对比。由于汉语和英语中可用的音节（或音素）总数分别约为408和44，因此汉语和英语可以产生最大数量的不同音字或单词分别为：

汉语：$A_{408}^1 = 408!/(408-1)! = 408$

英语：$A_{44}^3 = 44!/(44-3)! = 44 \times 43 \times 42 = 79\ 464$

的确，用汉语同音字在对话交流中会受到限制。这就是为什么中国人总是用抑扬顿挫（这在欧洲人听起来有点怪怪的）方式进行互相交流。他们必须这样做，以避免由于频繁使用同音字而产生的任何误解或混淆！1930年著名语言学家赵元任（1892—1982年）在美国写下一篇名

[①] 其实，汉语中也有少量多音节字，包括双音节和三音节汉字（参见第5章）。

曰《施氏食狮史》的96字奇文，全篇所有字的发音都是 [shi]，反映了当时人们试图对汉字进行拼音化改造时所面临的困境与无奈。事实上，由于同音字太多，中国人必须使用不同的语调（包括有时会感到奇怪的语调——至少对非汉语使用者是这么认为的）才能使他们的对话顺畅进行。另外，"入声"是古汉语的四声之一，相当数量汉字的古代发音属于这一类，而且至今仍广泛存在于南方方言中。现代普通话的特征之一是古汉语入声的消失。元朝的官话中已没有入声，但是入声并未彻底消失。与其他汉字的发音相比，入声类汉字的发音非常短促，一发即收（类似于将辅音 p、t 和 k 作结尾），将单音节汉字的发音发展到了极致。不足之处是发音过于短促、不易理解，这也许是早期黄河流域的恶劣环境对古汉语产生的影响吧。

汉语是现代世界上唯一一种其早期书写体系仍在继续使用的本土语言，这本身就是人类共同的宝贵财富。其他古代语言（比如苏美尔语、阿卡德语和古埃及语）已经灭绝数千年。现在关于它们的确切情况只能靠历史语言学家进行想象了（但千万不要胡思乱想）。有一点是肯定的：由于所有古老土著语言都来自几万年前（或者更久以前）形成的最简单的共祖语言，它们的演变肯定是从最简单的模式演变为相对复杂的模式。因此，古代土著语言应该与现代汉语或任何其他土著语言更为相似；至少，它们的构词法则或语法与现代欧洲语言大为不同。基于这种分析逻辑，我们很容易判断，由四个准音节组成的埃及战争女神的名字"Sekhmet"（塞赫美特、赛克迈特、塞克荷迈特等）以及由五个准音节组成的古埃及医神的名字"Imhotep"（伊姆霍特普）很可能是西方学者错误解读的名字。①

现有西方教科书中出现的另一个错误可能是关于众所周知的名人——苏美尔的乌鲁克第五代国王（约公元前2600年），他的名字现在被译成了"吉尔伽美什"。在《吉尔伽美什史诗》中，他被认为是传说中

---

① 详见第3章的分析。

的乌鲁克城邦城墙的建造者。一些最早的苏美尔语文献中，他的名字被解读为"比尔加姆斯"。在1872年，基于楔形文字的解读将他的名字译为"伊兹杜巴"，这些解读被后来的历史学家认定是错误的。在《库姆兰卷》（也被称为"巨人之书"，作于约公元前100年）上，吉尔伽美什的名字被说成了"Glgmš"，而阿拉伯语的"吉尔杰米什"是恶魔的名字。在希腊语中，吉尔伽美什的名字最初出现在约公元200年的一些文献中。西奥多·巴尔·科奈（公元600年）在用叙利亚文写的文献中写到，一位名叫格米戈斯或加米戈斯的国王是12位国王中的最后一位，他与从佩莱到亚伯拉罕酋长处于同一时代。[①]

然而，吉尔伽美什的真实或原始名称应该只是上述名称（包括目前被广泛认可的"吉尔伽美什"）中的一个（或没有一个是）。所有这些名字听起来似乎不像是说土著语言的人所使用的；相反，它们更像是在以后的阶段被创造出来的。事实上，吉尔伽美什的阿卡德楔形文字名称写为三个符号"⊐𒄑十"，其中最后一个符号既可以作为表示天神的楔形文字的变体，也可以具有任何其他重要的宗教意义（见第2章的分析）。如果这三个楔形符号准确无误，那么即使每一个符号都有独立的音节（这种可能性不大，因为许多早期楔形文字符号仅仅是象形或会意），上述楔形文字名称只能是一个三音节组成的单词，不太可能代表由五个准音节（即 [ˈgɪ-l-gə-mɛ-ʃ]）组成的单词。苏美尔人或古埃及人是否有可能使用一个符号来表示两个或更多音节？这种可能性非常低，这里面没有什么深奥的理论，只是反映了古人的无奈。古老的土著语言，不像现代语言，只是从最早的原始人类语言发展而来，因此只能使用数量非常有限的音节或音素来组成单音节或短音节单词。既然语音资源非常有限，古人会更加珍惜，不会滥用。

当然，鉴于吉尔伽美什的苏美尔名字是用早期的楔形文字书写，其

---

① 参见 https://religion.wikia.org/wiki/Gilgamesh，引自 Smith（1872，213—214页）和 George（2003，60—61页）。

发音已无法解读，我们还是可以继续使用这个已经广泛流行的名字。任何语言都是人类约定俗成的产物，如何称呼有时不重要，只要表达一致就行。不过，我们要清楚地告知我们的读者，那个名字是现代欧洲人（至少是来自印欧语系的人）给出的，不一定是（或者几乎可以肯定不是）4500年前讲古老苏美尔语言的人曾经使用的名字。这一点很重要，因为历史研究一定要保证真实性，不能养成随意扭曲历史的坏毛病。

关于环境的影响

不同的资源和环境条件塑造了不同的文化，这也是人类社会的魅力所在。蒙古高原的冬天受从北部和西部频繁吹来的大风影响，寒冷刺骨。因此，居住在那里的古代蒙古人一定有一个梦想，那就是拥有自己温暖安全的庇护所（蒙古包）以及梦想那些他们祖先曾经拥有的东西。瓦剌或瓦拉（Wala，蒙古语的意思是"森林聚落"）是一个蒙古族部落，他们定居在中国北方边境，从唐朝到明代曾经强大到足以挑战汉人政权；洼嘎（Waga）代表"宫殿"，在蒙古语中是今天乌兰巴托的老名称；鄂尔多斯或乌尔都（Wadus）现在既是蒙古族的一个分支，也是中国内蒙古的一个城市，在蒙古语中被称为"众多宫殿"。蒙古高原是一个沙漠和草原地区，大部分土壤是黏土和沙子的混合物，不适合农业生产。不过，许多与蒙古文化有关的关键词却是从"wa"衍生出来的，显然"wa"是一个对古代蒙古人日常生活至关重要的词汇。这一点也可以从以下事实中得到证明：阿尔瓦伊克希尔（Awa Kheer）现在是蒙古中部的一个城市，有"大麦草原"的含义；乌尔加（Waga，意思是"套索"）是蒙古游牧民通过用套索抓捕狂奔的骏马来表现骑术技能的传统体育活动。

值得一提的是，由于远古人类只能发出比现在少得多的音节，许多土著语言中的音节[ga]和[ka]十分相似，有时在发音和意义上没有明显区别。例如，汉字"哥"在汉语普通话中读作[ge]，在古代被称为[ka]（郭锡良，2010，23页），在现代汉语中有"哥哥，绅士"的意思，在古汉语中有"父亲"的意思。在世界其他地方的土著语言中也发现了类似的术语：哈萨克语中的"agha"（意为"父亲或哥哥"）；许多突厥语和阿尔泰语中的"agha[a]"、"aka[a]"和"aqa[a]"（表示兄弟）（如蒙古语中的"aka"和"ax"，满语中的"age"，维吾尔语中的"aka"）。[①] 因此，前面所述的"waga"可能源于或甚至等同于共祖词"waka"及其各种变体——这些术语被用来表示"城邦"、"保护神"或"神之地"，等等。[②] 此外，原始蒙古语单词"wadu"和前面提到的"Awa"也是在古代美索不达米亚广泛使用的共祖词汇。

在人类自身以及其他生理因素被固定之后，地理和环境因素是解释不同文化差异的最重要的工具变量。在中国，黄河河道的变化是惊人的，河口有时会发生数百公里的灾难性变化。在过去的几千年中，它经历了几十次大的和无数次小的变化，每一次都造成了巨大的人员伤亡和财产损失。所有这些特点都影响了中国人的生活方式，特别是那些靠近黄河的人的生活方式，从而促进了中国集体主义文化的发展（详见第5章）。那么，不同的环境是如何促成一种文化或文明的诞生（或缺失）的呢？

尽管人类语言的创造最初是由那些身体弱小或者有迫切需求的人推动的，因此需要采取联合或集体行动来应对他们共同的挑战，但任何种族群体的特定语言体系也可能受到其生存环境的重大影响。例如，中国大多数民族使用的汉语言通常被称为单音节语言。当用于交流时，汉语比其他语言在占用时间方面更有效（见表1-2），尽管还不清楚这会如何帮助提高课堂教学效果。为了理解汉语和许多印欧语系之间的差异，我们需要研究所有这些语言诞生的初始条件。与美索不达米亚和尼罗河流域这两个西方文明和语言发祥地不同，黄河流域是一个更难生存的地方。

虽然很难解释中国的单音节语言和欧洲的多音节语言是如何形成的，但环境肯定是影响过去语言演变的最重要因素之一。为了提供更一致的

---

① 注意"g"在所有这些词中的发音均是"哥"。

② 关于古代美索不达米亚文化、中美洲文化和安第斯南美文化的案例，分别详见第2章、第6章和第7章。

表1-2 不同语言对0—9数字的发音效率

语言	0	1	2	3	4	5	6	7	8	9	总音节数	发音效率（%）
汉语	ling	yi	er	san	si	wu	liu	qi	ba	jiu	10	100.00
日本语	zero	i chi	ni	san	shi	wo	roku	nana	hachi	kyu	15	66.67
玛雅语	mi	hun	ca	ox	can	hoo	wak	huk	waxak	bolon	16	62.50
英语	zero	one	two	three	four	five	six	seven	eight	nine	17	58.82
法语	zero	un	deux	trois	quatre	cinq	six	sept	huit	neuf	18	55.56
德国语	null	eins	zwei	drei	vier	fünf	sechs	sieben	acht	neun	21	47.62
西班牙语	zero	wulo	dos	tres	kua tero	thin ko	sis	xiete	oito	nuai wei	22	45.45
俄语	noi	eving	deva	three	qie dei lie	bia qi	shie si qi	sie m	wo sie m	jie wia qi	25	40.00
克丘亚语	ch'usaq	huk	iskay	kinsa	tawa	pichqa	suqta	qanchis	pusaq	isqun	27	37.04
阿拉伯语	suo fu re	wa hei dun	yi si na ni	sai lia sai	i ri bai a	han mu sai	sei tai	sai bi a	sai ma ni ye	ti si a	31	32.26

注：汉语0—9数字的发音效率假定为100%；另一种语言中0—9数字的发音效率是用汉语中0—9数字的总音节数与该语言中0—9数字的总音节数之比。克丘亚数字发音是基于库斯科和秘鲁库斯科地区所说的克丘亚南部方言为标准。

证据，让我们控制其他变量（包括种族或民族差异），看看中国的口语是如何反映环境差异的：（1）北京地区，北面和东北面被燕山山脉包围，西面被太行山包围，几乎没有与洪水有关的灾害；（2）位于黄河下游的河南一带遭受了中国历史上最致命的洪水暴发。在这里，北京地区，特别是北京北部被定义为很少有自然灾害的地方，在历史上遭受的自然灾害（主要是指河流洪水）比河南的严重程度要小。最有趣的事实是，当给定一个特定的语言表达式（比如，对某一陌生人的问话），这些地区创造了不同的方言。例如，北京方言会包括四个字"这是谁呀？"而河南方言常说"谁？"所有这些都反映了这样一个基本理念，即生活在困难甚至有时危险地区的人们必须学会如何在相互交流中节省时间。

上述逻辑也可用于分析日本和韩国的文化与语言演变。日语和韩语属于阿尔泰语系的观点不太可信；历史语言学家普遍将其归类为一种孤立的语言。[①] 然而，有一点几乎可以肯定：日语和韩语，而不是汉语，更像阿尔泰语和/或突厥—蒙古语。在过去的几千年中，与汉族（尤其是黄河流域的汉族）相比，日本人和韩国人很少或基本没有受到频繁洪涝等自然灾害和环境灾害的严重影响。这样，一个假说便产生了：由于日本人和韩国人没有遇到汉人所面临的困难和危险，他们的口语就不如汉语简短（当然，汉语也因地区而异）。事实上，所有语言都符合这样一个规律：地理和环境上的压力往往促使人们减少语音的音节数量。现在，让我们来比较一下东亚人怎么用他们自己的语言完成以上"这是谁？"的问话。除了上述中国人所说的，日本人会说"do chi ra sa ma de su ka？"（どちらさまですか？）；而韩国人会说"nu gu sei yao？"（누구세요？）。显然，在表达上述相同内容时，日本人和韩国人各自都比中国人使用了更多的单词或音节。

一般来讲，对话前用丰富的语音信息和礼貌用语可以为陌生人之间交流创造出良好的对话氛围，从而会使对方不再对讲话者感到陌生，或

---

① 参见 Song（2005，15页），Campbell 和 Mixco（2007，7、90、91页）。

至少更熟悉些。在有些场合，过于简单的打招呼语言可能意味着粗鲁或不礼貌。但是，存在即合理。对于面对各种环境压力的古中国人（特别是生活在黄河两岸的部分"河南"人、"河北"人）来说，活着最要紧，优雅的语言不能当饭吃。

重新定义文明摇篮

人类很早就在世界的每一个大陆上留下了足迹。然而，东半球最伟大的古代文明——美索不达米亚文明、古埃及文明、哈拉帕（或印度河流域）文明和中华文明——只分别出现在北非、中东、南亚和东亚，而在其他地方没有发现类似规模的文明。为什么东半球的其他地方没有诞生任何独立的、像上述古代文明那样强大的文明？此外，在西半球，安第斯—南美洲和中美洲分别有两个早期的原始文明。

除了下节将讨论的人为因素，环境因素也在某一特定地方文明的诞生（或缺乏）中发挥了重要作用。在讨论文明是如何诞生的问题时，历史学家简单地回答说文明的摇篮应该是一片肥沃的土地，有充足的淡水，这是很常见的。例如，芝加哥大学考古学家詹姆斯·亨利·布雷斯特德将沃土新月定义为一个新月形的区域，该区域包含了原本干旱和半干旱的西亚、非洲东北部的尼罗河河谷以及尼罗河三角洲的相对肥沃的土地。在叙事意义上，沃土新月通常包括美索不达米亚和底格里斯河与幼发拉底河周围的土地。广义地说，在沃土新月内拥有领土的现代国家有伊拉克、科威特、叙利亚、黎巴嫩、约旦、以色列、巴勒斯坦、塞浦路斯和埃及，此外还有土耳其的东南边缘和伊朗的西部边缘。

当然，文明不能在土壤极度贫瘠的地方创造出来，适宜生存的空间是人类繁衍生息的前提。然而，美索不达米亚仅仅靠肥沃土地也不能孕育出最早文明。由于古时候在东半球存在文化间的相互影响，每一种文化或文明的诞生和演化都可能由内生因素和外生因素共同决定。相反，在相对孤立的西半球中，外部或外生因素对文化和文明的影响即使不是完全没有，也可以控制到最低程度。例如，我们将在第7章中看到：（1）是安第斯地区的环境挑战，而不是亚马孙的生物丰富性，催生了南美洲的第一个文明；（2）正是相对丰富的海洋鱼类作为食物来源，导致早期安第斯文明缺少陶器和书写体系——这些都是其他早期以农业为基础文明的古代世界的两项重要发明。

这些古字符代表什么？

由于大多数最早的土著文明都建立在环境相对恶劣的地方，因此这些文明也会受到环境影响。正如本书其余部分所分析的那样，美索不达米亚文明、古埃及文明和中华文明实际上是建立在类似的地理环境上。[①]因此，苏美尔人、古埃及人和中国人（他们都在从采集—狩猎者转变为农民）认为耕地是最重要、最稀缺的资源，在他们的早期文字中一定得到了强调。例如，在象形文字书写体系中，符号 （该符号在西方主流教科书中解读作"kh"，但其含义没有给出令人信服的解读）可能是代表共祖词"ka"（或任何变体），其含义应该是"大地"以及与之相关的超自然力量，并包含在许多关键的埃及术语和名称中。同时，在苏美尔文字体系中， （其发音在现有文献中被定义为 [ki]，后者可能来自共祖词"ka"），表示"大地女神"，是许多苏美尔城邦楔形文字名称中使用的一个非常流行的符号。[②]大地女神"Ki"的原始楔形文字（最初是 ，后来是 ）最早写于公元前3000年（Kramer，1963，302、304页），两者似乎都与上述埃及符号相似（反之亦然）。此外，另一位苏美尔神名叫恩基，据说他把美索不达米亚南部盐碱沼泽周围的土地变成了肥沃、经济富饶的土地

---

① 注意，这些环境的一个关键特征是周期性的（季节性的）干旱和洪水的挑战。
② 符号⊕在迈锡尼希腊语的线性文字B中，被解读为"ka"，这在语音上与上述苏美尔楔形文字符号或埃及象形文字符号相似。目前还不清楚该符号的象形意义是否与后者相似。

（Bottéro，1992，235—236页）。有趣的是，他的楔形文字的名字中也包括上面的符号。

虽然象形文字和楔形文字的有关土地名称的符号可能是独立开发的，但它们确实有一些相似之处。也许，两地的古人在创造各自的文字时得到了相同或相似的灵感。有理由相信，上述的象形文字和楔形文字符号是用来表达重要含义的。另外，由于汉字最早是用刀在龟壳、牛肩胛骨和其他难以雕刻的骨头上书写的，所以古埃及人和苏美尔人在早期书写时使用的最简单的表达方式——即圆形和椭圆形符号——在古代中国的甲骨文中没有被采用。相反，在商代（约公元前1700—前1046年）的甲骨文中，土地/领土和田地的文字写为横平竖直的"田"。[①] 同样，上述苏美尔楔形文字的书写风格从椭圆形到菱形的变化也可能是由古代美索不达米亚的书写材料决定的。[②]

毫无疑问，耕地和土地对古代中国农业社会具有重要意义。美索不达米亚、古埃及和中美洲也有类似的证据：有数十个楔形符号与方形符号▣（表示苏美尔母神"Namma"）非常相似；埃及象形文字标志⊗和▦[③] 分别代表"城镇街道或城市"和"灌溉的土地"；在许多玛雅文中，▦或其任何类似变体符号包含在表示"国王"和其他对玛雅社会重要的名称和术语中（见第6章表6-2）。此外，还发现许多其他未破解书写体系中也包括类似于上述标志的符号（见书后表C-1）。虽然这些标志的含义还不太清楚，但在古代世界不同地区同时创造出这些类似的符号，可能有类似的含义：它们至少对人类物质或精神生活至关重要！

人类在文明前夕面临类似的环境威胁和挑战时，也必须建立类似的"应对挑战"机制和智慧，这些机制和智慧都与生存、耕地或更一般意义上的农业土地或领土密切相关。目前，西方文献对埃及象形文字书写的

---

① 对其他四个类似的甲骨文符号的更详细的解释详见第5章。
② 详见第2章。
③ 在尚未破解的哈拉帕/印度河流域字符以及代表"田"字的中国甲骨文中也发现与该符号类似的符号——分别参见 Daggumati 和 Revesz（2021）与第5章。

许多关键名称和术语中所用符号◎的具体含义没有给出令人信服的解释。例如，英国埃及学家艾伦·亨德森·加德纳爵士（1879—1963年）只指出这个符号可能表示胎盘或人类胎盘（Gardiner，1957，539页）。胎盘是一个扁平的圆形器官，位于怀孕的哺乳动物子宫内，通过脐带滋养胎儿。加德纳的解释虽然被西方主流历史学家接受（例如，Collier 和 Manley，1998，138页），但他的解释似乎相当奇怪，因为在其他早期书写体系找不到类似的解释。尽管古代文明是独立发展的，但是其核心的文化表述常常是相近或相通的。

为此，我在上文所做定义应该更好些。再进一步说，古时受性别歧视因素的影响，许多象形文字采用了基于男性（至少中性，但一般不用女性的有关部位）器官的符号。然而，从宏观上看，加德纳无意中的定义促使我们将土著文明的诞生地与孕育婴儿的胎盘进行比较：苏美尔楔形文字符号◎（后来改为 ◈）、埃及象形文字符号◎、汉字的"田"和玛雅文符号◉（可能来自早期的奥尔梅克符号⊗）是否被用来表示它们的文明摇篮符号？事实上，所有这些早期的书写体系都独立地应用类似的符号来表示它们各自的第一个和最重要的东西，这是非常有趣的。然而，这些并不是偶然的，因为耕地对文明早期阶段的人类生存至关重要。

如果这一判断可以成立的话，那么它可以用来解释南美洲的安第斯文明为什么不使用类似的象形文字体系，而使用独特的结绳记事或计数体系（当地人称之为"奇普"）。事实上，早期的安第斯文化或文明基本是建立在捕鱼基础上的。可能是由于他们受蜘蛛网的启发而发明渔网和奇普的缘故，蜘蛛神在古代秘鲁沿海被当地人祭拜。[1]

文明是人类对挑战的集体回应

早期文字的发明者可能比我们更清楚知道刚才提到的这些象形符号包含的确切含义。不幸的是，我们无法在这方面作出进一步解释。考古

---

[1] 更详细的分析见第7章。

学家已经认识到，在某些情况下，简单的社会形态出于某种原因演变成更复杂的社会，在这个过程中，一些社会最终创造文明。尽管对于创造一种新的文化或文明还没有任何标准，但古代文明的基本特征可以包括如下方面：

- 农业或其他确保粮食安全的方式；
- 人口密度加大、社会分层和等级；
- 数字、日历和书写体系；
- 集权统治和 / 或武装力量；
- 专业化分工、冶金和贸易；
- 建筑和纪念性建筑。

并非所有这些特征都必须同时存在才被认定为文明，但所有这些特征都被视为相对复杂社会的关键证据。由于每个部落中出生的人总比最终能够存活的人多，在有严重自然灾害和威胁的地区尤其如此。因此，人类为生存而进行的斗争反复发生。

自然灾害是由自然力引起的对人类生命构成重大危险或对人类财产产生重大影响的事件。灾难发生后，人们要么丢掉性命，要么流离失所、无家可归，由此造成的各种损失取决于人类规避或抵御灾难的能力。自地球诞生以来，自然灾害就一直存在。① 一方面，自然灾害往往对人的生命和财产产生不利影响。自然灾害的悲惨后果包括死亡、受伤、失去干净的水源等。另一方面，它们对人类行为（包括人脑进化）的影响要复杂得多，通常包括消极和积极两方面（Guo 等，2020）。更好地了解这些自然灾害及影响，可以帮助人类更好地防范这些灾害，也许可以尽量减少或防止这些灾害造成的损害。此外，预测、抗击或预防威胁人类的自然

---

① 因此，"自然灾害"一词一直存在争议，因为如果没有人类的参与，这些事件根本不能叫作"灾难"。

灾害的能力对人类文明的形成至关重要。因此，预测季节变化对于防止任何即将发生的自然灾害（通常是与洪水有关的灾害）尤其重要。

历法的创建是一个文明诞生的重要组成部分，它与河流泛滥的规律密切相关。在古埃及，6月15日（即尼罗河洪水季节的开始）被选为新年的第一天。古埃及人在第一王朝第二位国王统治时期（约公元前3100—前2890年）创造了历法。根据历法，埃及首都孟菲斯在天狼星与太阳同时升起的时候，就会出现第一次洪水（Parker，1950，13—32页）。然而，正如第3章所讨论的，古埃及的历法没有现代人制定的太阳历精准。虽然他们在后来进行了一定调整，但仍然造成许多混乱或不一致的内容。

在中美洲，玛雅人制定了一个不同于东半球的历法。在欧洲人到达之前，玛雅人使用所谓的"长纪年历"，忽略了每年的季节变化（见第6章）。目前尚不清楚为什么他们不适用东半球其他文明采用的基于月球或太阳的日历。然而，玛雅文明一定受到那里的自然和环境条件的影响。由此，可以合理地猜测，玛雅社会不需要区分季节性变化的日期。换句话说，玛雅社会没有明显的气候变化，或者这些变化没有严重影响玛雅的社会和经济活动。

必须指出的是，玛雅人采用的长纪年历比在世界范围内应用的日历简单得多。在河流文明，特别是东半球最早的四个古文明中，桀骜不驯的河流长期以来一直是在一场艰难的人与自然之间的博弈中的主角之一。为了换取肥沃的土壤、可灌溉的土地和便利的交通工具，他们不得不与洪水共处。美索不达米亚许多地区和古代其他文化地区发现了与洪水相一致的沉积物遗存。[①] 此外，由于河谷（而不是其他地理环境）经常发生自然灾害和威胁，因此，生活在那里的人们比住在其他地方的人更迫切需要开发各种科学方法和技术工具，以图生存。玛雅人为什么发明和应用长纪年历还不清楚。然而，太阳历的发明在古代是一项更复杂和具有挑战性的工作。

---

① 这方面的文献包括 Worsher（1985）、Gelles（2000）和 Scarborough（2003）。

人类早期的书写体系

书写是文明的主要发明之一。历史时代与史前时代之所以不同，是随着文字的出现人们可以将其活动记录并保存下来以便代代相传（Carr，1961，108页）。书写不是简单地表达权力，而是一个复杂的沟通系统，涉及作者、消息传播者、中间媒体和读者（Houston，2004）。虽然现有的书写体系反映了人类所面临的各种常见物理现象，但当它们发展成用字母或符号表示书写体系时，它们便开始变得不同了（见表1-3）。可以肯定的是，人类的多样化书写体系受到自然资源的稀缺性和环境的独特性的影响。让我们再比较一下三大文明的书写体系：苏美尔楔形文字、埃及象形文字和中国的汉字。

表1-3　揭开人类书写符号来源的神秘面纱：以象形符号和语音符号为例

书写体系（发明时期）	表示（或源自）太阳的象形符号	表示"wa"（或任何变体）的语音符号
楔形文字（约公元前34世纪）	⌣ (后来为 ◗; ◁)	⊔ (狗，勇士); ⊞ (宫殿)[a]
象形文字（约公元前32世纪）	○; ⊙; ⚲; ⬭	⌒ (口); ⊓ (房子)[a]
汉字（公元前14世纪）	⊙（最初形式）; ⊟（甲骨文）; 日（汉字）	犬 (现为"犬"，表示狗的吠声); 鸟 (现为"鸟"，黑色; 鸟)[a]
希腊字母（公元前8世纪）	O; Ω	Ω / ω [e]
梵文 a）婆罗米文（公元前7世纪）	○; ⊙	(一种兵器); (?)
梵文 b）笈多文（4世纪）	○; ⊙	(战斧); Δ (?)[b]
梵文 c）天城文（7世纪）	☻[c]; ﹒	व (维纳琴)[d]
希伯来文（公元前5世纪）	ᨆ, 现为 ʊ	Y (帐篷栓，安全挂钩); 现为 ι
阿拉伯文（公元4世纪）[f]	ں; ں; ں	و (阿拉伯数字9); او
玛雅文（公元前3世纪）	▨; ▩	⬭⬭ (耳朵)[a]

注：（a）也存在其他符号。（b）也可能受到婆罗米文的影响。（c）只用于印度教的宗教象征。（d）也可能受笈多文字的影响。（e）在现代希腊语中的发音为[o]，其古音可能源于共祖音[wa]。（f）也适用于波斯语、土耳其语和其他书面语言。

苏美尔楔形文字在早期基本用象形、会意符号代表事物或动作。这种性质看起来与其他早期文字（如埃及象形文字和汉字）是一样的。由于古代苏美尔人在美索不达米亚拥有相当丰富的黏土作为书写材料，而且在尼罗河三角洲地区用于造纸的纸莎草相当丰富，因此，所有楔形文字和象形文字的每一个字或词大都松散地写成在空间上独立、左右或上下排列的一组符号（见图1-4）。这样，苏美尔楔形文字和埃及象形文字有

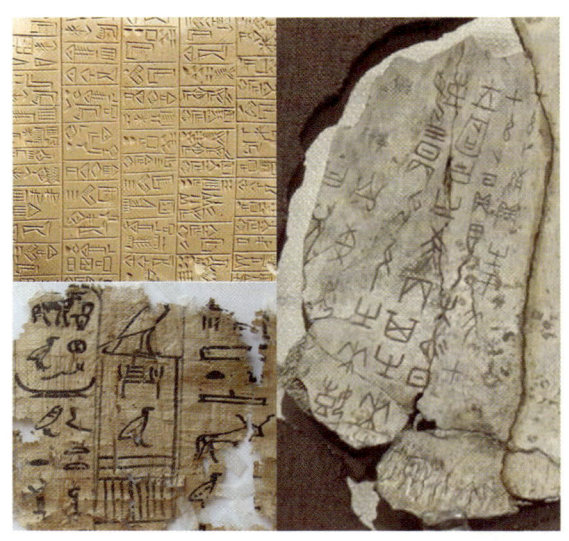

注：（1）左上图：早期苏美尔楔形文字（约公元前26世纪）。第三列的倒数第三行的两个符号（� symbols）分别代表"王"和某苏美尔国的名字。

（2）左下图：2013年出土的一段最古老的莎草纸（写于公元前26世纪胡夫法老在位第27年），现为开罗埃及博物馆收藏。王圈（即椭圆形，一端有一条水平线，圈内文字为王室名称）内的象形文字表示法老胡夫，其象形文字名称包括两部分：上部代表公羊和陶器，为古埃及生育之神（还与洪水有关）；下部是三个音节符号（将在第3章详细分析）。

（3）右图：甲骨片（部分），大约于公元前14世纪制作，现为辽宁省博物馆收藏。⌖+（位于右起第一列的末尾，现在写为"羌甲"）代表商朝第15任国王羌甲（公元前1369—前1356年）；从右边数的第三列的开头第一个符号⌖（现在写为"王"）表示"王"。全部甲骨文现解读为："甲午卜，彀贞，有于羌甲。甲午卜，亘贞，翌，乙未易日。王占曰：'有祟（杀），丙其有来艰。'三日丙申允有来艰自东……"（参见 http://www.guoxuedashi.com/jgwhj/?bh=1075&bhfl=1 ）【"甲午（上午11点到下午1点）占卜。彀（人名）占卜并祭祀商王羌甲。亘在甲午占卜，说第二天天气在乙未时辰会变。国王预言说：'会有一场灾难，它可能会在丙时到来。'在第三天的丙申（即下午3—5点），它真的在东部发生了……"】

机会演变成一个个复合词，其中有些符号可用于表示象形或会意，而有的代表音节。楔形文字和埃及象形文字符号后来为腓尼基字母和希腊字母的形成作出了贡献（见书后阅读材料A）。

与上述两种书写体系不同的是，古代中国的文字是首先写在动物的骨头和龟甲上的。由于这些单体骨头或龟甲不仅尺寸有限，而且在许多情况下形状也不规则，因此古代中国人为了节省空间，必须更加有效地写作（见第5章）。例如，人（表示斧头——古代中国使用的武器）和个+（现在写为"羌甲"）分别是甲骨文中的"王"和"羌甲"——商代的第15位国王（公元前1369—前1356年）。可以看出，甲骨片中每一个字都设计得非常紧凑，而且只占很小的空间。相比之下，公元前26世纪埃及法老胡夫的名字几乎占了整个莎草纸版面的1/6（见图1-4）——古埃及人是不是太浪费资源了。然而，高度抽象的、空间上优化的字符可能是导致中文书写体系未能逐渐演变成多音节、字母书写体系的原因之一。中文写作体系的另一个缺点是，所有象形和表意符号的数量远远大于字母书写体系的符号数量。

公元20世纪初以来，考古学家陆续在西奈半岛南部的哈托神庙及附近文化废墟中发掘出许多早期陶器碎片等遗留物，并对上面的刻符进行了解读。他们发现那些类似于字母的符号是公元前第二个千年中期在西奈半岛为埃及开采矿石的一个说闪语的西亚人（现一般称为"迦南人"）最早使用的（Höflmayer等，2021）。这种原始字母符号通常被认为是从埃及象形文字中派生出来的（Gardiner，1916；1962）。后来，这种原始字母传播到黎凡特南部地区，并被居住在那里的腓尼基人进一步完善，再后来发展成为人类历史上最早的"腓尼基字母"（见书后表A-1），后者是希腊字母的主要来源（Albright，1969；Goldwasser，2006）。正如西方文明与古希腊文明之间存在相当程度的继承关系一样，拉丁字母的形成主要是基于希腊字母。

现有字母书写体系中的许多字母被发现来自早期的象形或表意符

号。① 例如，希腊字母 Ω 看起来像早晨升起的太阳，梵文（包括婆罗米文、
笈多文和天城文）、阿拉伯文、希伯来文和玛雅文书写体系中也有类似太
阳或太阳升起的符号（见表1–3）。为什么古希腊人在他们的字母书写体
系中采用 Ω 还需进一步研究。但生活在爱琴海西侧的古希腊人，可能是
受到了早晨日出美景的启发。另一种可能性是，由于古埃及和古希腊之
间存在着持久的文化影响，许多希腊字母的设计灵感来自古老的埃及象
形文字。具体来说，希腊字母 Ω（现在称为"omega"）看起来要么像埃及
象形文字符号⌂（表示太阳从山上升起），要么像⌀（代表"王圈"，后来
的圆形变为椭圆形，里面写的文字一般代表法老的名字）。此外，希腊字
母 O（现在称为"omicron"）几乎完全源自埃及象形文字○或⊙（表示太阳
或埃及的太阳神）。

　　无论上述的判断是否正确，肯定存在以下可能性：如果古希腊人同
时用 O 和 Ω 这两个字母代表同一个发音（即 [o]），那么他们可能赋予了这
两个字母彼此不同的象形或会意含义。否则，古希腊人为什么还要如此
费劲地创造出两个具有相同发音的字母？

"我是阿尔法，我是欧米茄！"

　　在《圣经·启示录》（22:13）中，有一句关于上帝（一说是耶稣）的
自我表白："我是阿尔法，我是欧米茄，我是第一个，我是最后一个，我
是初，我是终。"这段经文最早是用古希腊文撰写的。那么，其背后是什
么意思？由于这是有关上帝的宗教声明，文中希腊语中代表"阿尔法"
（alpha：大写为 A，小写为 α）和"欧米茄/伽"（omega：大写为 Ω，小
写为 ω）的含义并不只是——甚至根本不是——现有文献通常所述的那
样，分别简单代表第一个（或开始）和最后一个（或结束）。24个希腊字
母在早期可能没有任何特定的字母顺序——因为那样做并不像在现代那
么有必要。因此，人们可能会怀疑，可能只是在《圣经·启示录》流行之

---

① 关于拉丁文字演变的详细描述见书后阅读材料A。

后（而不是之前），希腊字母 A（或 α）和 Ω（或 ω）才开始被视为分别代表"第一个"和"最后一个"字母。无论猜测是否正确，几乎可以肯定的是，本段开头上帝自我表白的三句话不太可能代表同一个意思，而是有更深的宗教含义，其中后面的两句话有"自始至终""跨越万邦"等含义，可能是用来修饰第一句话的。

那么，《圣经》中"我是阿尔法，我是欧米茄"到底是什么意思？我们先看看希腊字母的形成机制。与其他字母书写体系不同的是，希腊字母有两个字母（O 和 Ω）在单词中发出相同的声音 [o]。今天还不清楚为什么古希腊人需要用两个发音相同的字母。虽然我们仍然无法解决这一难题，但当我们仔细观察这两个字母时，仍然可以发现一些独特的东西。O 的希腊语发音"omicron"由两部分组成："o" + "micron"。"micron"在希腊语中的意思是"小"。因此，o-micron 的意思是"小 o"。另外，Ω 的希腊语发音"omega"也由两部分组成："o" + "mega"，意思是"大 o"，因为"mega"的意思是"大"。因此，用一个小 o 表示希腊字母 O，用一个大 o 表示 Ω。如果古希腊人在设计字母 O 和 Ω 时借用了埃及象形文字的符号（见书后阅读材料 A），那么，小 o 和大 O 指的是什么意思？

考虑到埃及太阳神在古埃及文明的最后阶段所扮演的角色越来越小（至少不久将成为埃及统治者的希腊人是这么认为的），小 o（即 O）和大 o（即 Ω）最初分别与埃及太阳神和法老有关。与其他古文明（如苏美尔文明）不同的是，古埃及文明常常将法老看得比一些神还重要。当然，古希腊人之所以用"大"来形容代表埃及法老的希腊字母，还可能是因为法老（埃及语：pawa，其中的第二个音节 [wa] 与 [o] 相似）一词有包含"大"的意思，或者是他们看到埃及法老高耸入云的大金字塔后受到震撼的原因吧。另外，由于阿尔法和阿波罗（古希腊神话中的主神）都包含相同的共祖音节 [wa] 和 [pa]，它们可能有相同的词源。① 最后，"我是阿尔法，我

---

① 注意，在许多土著语言中，音节 [pha] 和任何其他以"f"为前缀的音节都源自共祖音节 [pa]、[ba] 甚至 [wa]，而且 [a] 和 [o] 音素在许多古欧洲语言中是等价的。

是欧米伽"可以理解为"我是从天上到地上的主宰"。这样，《圣经·启示录》的原作者、耶稣最爱的门徒之一约翰所说的"阿尔法"很可能指的是古希腊神话中的太阳神（阿波罗），而"欧米伽"指的是埃及法老。[①] 看来，尽管后者在埃及一度曾是一位大咖，但在希腊人眼中只能排在后面。不过，今非昔比了，能继续刷刷存在感已经不错了。

对于现代学者来说，对古代文明研究的最大困难似乎是，许多最早的名词和术语，无论是共祖词或是从共祖词演变而来的衍生词，通常都经历了自然变异甚至人为的扭曲，从而使部分早期历史记载的、看似板上钉钉的文字证据实际上包含着谬误。此外，人们很自然地认为，几乎所有的太阳或太阳神的名称比其他常见和普通的名称与术语出现得早。因此，它们通常来自世界各地的共祖词，并包括 [wa] 音节。这样一来，这两个在单词中代表相同发音的姊妹希腊字母 Ω 和 O 的古发音，如果它们确实存在的话，肯定是人类祖音 [wa]，而不是相对来说更绕口的 [o] 音，尽管二者的发音比较接近。这里的判断也得到了一个非常奇怪事实的支持：在所有的 24 个希腊字母中，没有一个特定的字母表示人类的共祖音节 [wa]。如果一定有一个或多个希腊字母的古发音与 [wa] 或 [w] 相似，那么它（们）一定是 O 或 / 和 Ω。这里还有一个看似合理的证据：希腊字母 Ω 的小写形式（ω）与拉丁字母 W 和 w 在书写上基本相同。

尽管在一些现代语言中，许多 [wa] 音节已经被其他类似音节所代替，但这在许多土著语言中不是这样，在古代语言中更不是这样。例如，在最早被证实的古希腊迈锡尼文明时期（公元前 1600—前 1100 年）的"线性文字 B"（另一种更早的文字是"线性文字 A"，但其含义尚无法解读）中，不仅有代表 [wa] 音节的符号，而且还有代表 [wo] 与 [we] 音节的符号。因此，在解读与古代文明有关的文字与语言时，[wa] 音节不仅可以有，而且应该有！

---

① 我的主要依据，除了上一小节所述的希腊字母 Ω 与古埃及圆形王圈符号相似，在埃及语中的"法老"（参见第 3 章）以及希腊语中的"欧米茄"这两个词都含有"大"的意思。

世界古文明新史

当被问起5000多年前一个神秘的古代文明是如何被创造出来时，世界各地的人们给出的大多数答案似乎都是这样的：它建立在一个土地肥沃和环境友好的地方；它是由具有某些身体和/或智力优越的人发明的；或者它仅仅是一个意外事件，甚至是被未知外星人带来的。不幸的是，没有一个答案是真对。

一个新发展理论

几千年前，除一些生活在生物密集区因而没有动力发展农业的幸运人类外，大多数人类生活在干旱和半干旱土地上，食物供应不足，却不得不在那里耕种。例如，开罗和阿斯旺之间尼罗河流域的耕地宽度从10公里到20公里不等。如此狭小的耕地，无论多么肥沃，如何维持古埃及的基本生活必需，实在是难以想象。可以肯定的是，古埃及文明的辉煌成就不仅仅（或者根本不是）来自所谓肥沃的尼罗河两岸的土地；而且，它们来自埃及法老及统治阶层（当然，从整体上看，也包括整个古埃及社会）日益增长且永不满足的物质与精神需求。①

美索不达米亚也有类似的故事。由于平均气温高，年降雨量很低，美索不达米亚大部分地区（尤其是北纬35°附近的平原）十分干燥，一年中大部分时间不适合种植栽培。因此，农业似乎首先开始于公元前1万年左右，仅在降雨量相对充沛、靠近地中海的黎凡特地区和美索不达米亚北部的丘陵地带，直到后来发明了人工灌溉技术并通过一个分支广泛的运河网将水输送到大片地区，才开始引入到美索不达米亚南部平原。因此，美索不达米亚不能被定义为一块天然肥沃的土地——相反，如果它

---

① 稍微留意一下古埃及遗留下来的壁画（如第3章图3-2）就可以看出古埃及的统治者对农民（也可能是奴隶）的压迫随处可见——古埃及的繁华仅体现在金字塔之上。

在古代真的是肥沃的，也是人为改造的。换言之，是文明使美索不达米亚变得一度富饶，而不是那里原本不存在的"富饶"创造了人类的第一个文明。"鸡生蛋还是蛋生鸡"这个哲学怪圈不能用于对文明起源的研究。

在古代，今天的伊拉克南部仍然是波斯湾的一部分（见第2章图2-1）。受海水倒灌的影响，当时的美索不达米亚最南端覆盖着盐碱沼泽，与北部相比不太适合农作物生长，更不是人类理想的居住地。根据《大英百科全书》的描述，很可能在早期，美索不达米亚南部——人类古文明的真正中心——曾一度是被流放和被边缘化族群的居住场所。美索不达米亚北部的优势一直持续到公元前4000年左右，最终被南部所超越。[①] 这正是苏美尔人对自己的恶劣处境作出改造后的情景。关于苏美尔人的点滴故事可以用来证明这一判断：具体来说，许多早期苏美尔国王和地方统治者的楔形文字名称中都包含一个非常谦卑的前缀（现在称为"Ur-"），该前缀源自代表"狗"的楔形文字符号。[②]

尽管人类是地球的新来者，但他们的成就是巨大的。人类的大部分历史都是靠狩猎和采集方式度过的，无论是在他们离开非洲之前还是之后大致如此。只有在距今一万年前左右，人类才开始种植庄稼和驯服动物，并在以后年代里逐步进入文明社会。这背后的原因的确耐人寻味。

英国历史学家、历史哲学家阿诺德·约瑟夫·汤因比（Arnold Joseph Toynbee，1889—1975年）在其著作《历史研究》中认为，"人类获得文明，不是由于优越的生物禀赋或地理环境，而是作为对特殊困难情况下的挑战的回应，作出了前所未有的努力"（Toynbee，1987，570页）。汤因比的"挑战与回应"理论，虽然在其他一些研究领域受到欢迎（见Schmandt和Ward，2000，1—9页），但并没有被西方主流历史教科书广泛采用。接下来的问题是：其他理论，包括"沃土新月"和其他在西

① 参见 https://www.britannica.com/place/Mesopotamia-historical-region-Asia。
② 更多详细描述见第2章。

方教科书广泛采用的现代增长理论，能否更好地解释文明和国家的动态模式？

坦率地说，汤因比教授没有在微观或宏观层面具体阐明人类和环境因素在文明起源或演变中的复杂作用。这可能是为什么他的理论引起了历史研究的许多方面的尖锐批评（Hale，2009），并且没有被纳入主流历史教科书的一个原因。有争议的是，土地的肥沃本身并不能导致美索不达米亚第一个文明的诞生。有考古证据支持这样一种观点，即在中东（西亚）出现世界上第一个农业社会前后，许多动物从人类的食谱中消失了。①与此同时，人类和文化的发展遵循一种非线性模式，这在我们发表于《技术预测与社会变革》一篇题为"解释人类和文化的困惑：一种新的发展理论"的论文中进行了讨论。该文提出了两个假说（Guo等，2020），如下所示：

（1）人类的自身优势既有利于较新的或更复杂的文化发展，同时又减少了实现这种发展的动机（而其缺点既阻碍了新的或更复杂的文化发展，同时又增加了实现这种发展的动力）；

（2）不利环境和外部因素可能成为人类实现长期发展的激励因素（而有利的环境和外部因素可能成为阻碍因素）。

这些假说可以用来建立一个动态文明模型：（1）福利发展水平（W）与人类对福利发展的需求（以I为代表）和人力水平（H）呈正相关；（2）人类对福利发展的需求与人类面临的挑战水平（以C为代表）呈正相关，与当前的人力水平呈负相关。利用最简单的数学函数表示上述变量之间的关系，建立了动态模型，其在三种情况下的模拟结果如图1–5所示。②在

---

① 例如，从土耳其一个古代土堆挖掘出的人类骨骼遗骸表明，大约11 500年前，人类广泛以各种动物为食物；然而，到了公元前8200年农业首次出现时，他们食物中的肉类只包括非常有限的动物种类（Stiner等，2014）。

② 关于人脑长期非线性演化的更多经验证据可在Guo等（2020）中找到。

过去几千年或更长的时间里，各种自然环境灾难和威胁使人类——无论是个人还是集体——变得更强大和更聪明。然而，只有那些周期性的灾害和威胁（特别是年度或季节性的河水泛滥，而不是其他偶发性的灾害和威胁），才使人类得以创造第一个文明。

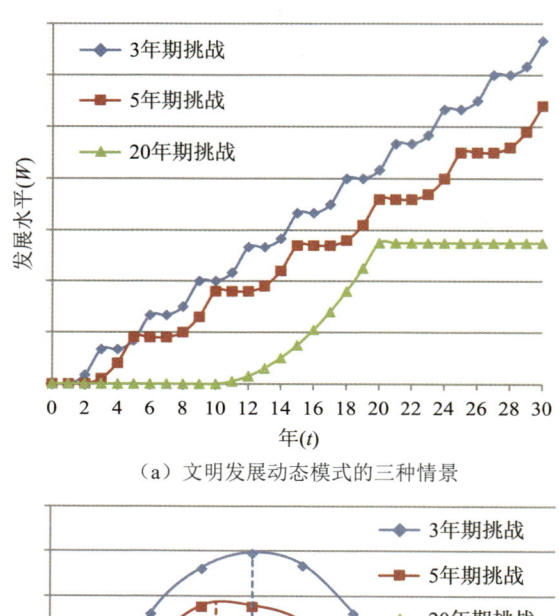

（a）文明发展动态模式的三种情景

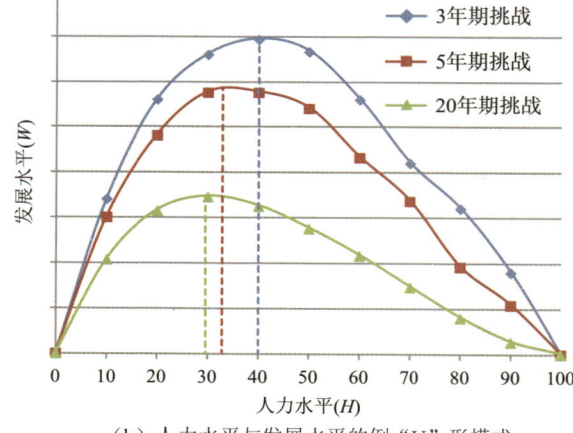

（b）人力水平与发展水平的倒"U"形模式

图1-5　一个高度简化的文明演化模型：模拟结果（Guo等，2020）

注：（1）"3年期挑战"、"5年期挑战"和"20年期挑战"分别指3年、5年和20年内会出现的挑战。

（2）图1-5a是$H=50$、$t=0\sim30$时文明发展的动态模拟结果。

（3）图1-5b是$t=30$、$H=0\sim100$时文明发展的比较静态模拟结果。

重新界定主要文明发祥地

美索不达米亚自人类第一次文化变迁以来，就一直被称为文明的摇篮。历史上，东半球所有最早的文明都建立在河流附近。人们往往沿着河床定居以获得淡水，这是维持人类生存的最重要条件之一，特别是在干旱、少雨的地方更是如此。一般来说，世界上最早的文明分布在以下六个地区：美索不达米亚、埃及、中国北部、南亚、南美和中美洲。在美国和加拿大，"世界历史预科"（又称AP世界史或APWH）在其"课程和考试"中要求高中生能够理解以下六个核心和基础文明（APWH，2020，40页）：

（1）底格里斯河和幼发拉底河流域的美索不达米亚；

（2）尼罗河流域的埃及；

（3）印度河流域的莫亨乔·达罗和哈拉帕；

（4）黄河流域的商；

（5）中美洲的奥尔梅克；

（6）南美安第斯山脉的查文。

坦率地说，在上述世界历史上使用的六大文明的具体名称需要进一步探讨。第一，尽管东半球四大文明都是以相关河流为基础的，但用"流域"来界定它们的地理范围是不恰当的，至少是不准确的。[①] 受各种自然和环境因素的影响，这些河流的规模在过去和现在都非常有限。因此，许多重要或有代表性的文化遗址常常没有分布其中。例如，商朝被定义为位于黄河流域的文明。实际上，商代中后期的核心和基础地区是在今天的安阳市及其周边地区，与黄河流域毫无关系。在非正式或非官方场合，"流域"概念通常可以用来描述这些古老文明的地理条件。然而，从

---

① 与"流域"——表示两个较高部分（由山丘或其他高地构成）之间的相对低的洼地（或低地）——不同的是，"冲积平原"指的是与河流相邻的大致平坦的土地区域，由松散的沉积物（冲积层）组成，并在没有人为干预情况下受到河流的季节性的淹没。

严格的或学术的角度来看，应该使用更为确切的术语。

第二，除那些现存的文明或其名字早已存在于文献中的文明外，对其他文明的命名应该遵循考古学上常见的用第一个发现地来命名的原则。为此，"哈拉帕文明"仍然是正确的，更一般的术语"印度河流域文明"也是正确的。与哈拉帕文明或印度河流域文明一样，中美洲的奥尔梅克文明（约公元前1200—前400年）是目前主流教科书中广泛采用的名称。然而，"奥尔梅克"并不是那个文明的原始名称，因为没有任何原始文献可以告诉我们它是这样的；相反，它是由比奥尔梅克人晚几千年的人定义的，但其发音更具欧式风格（至少2000—3000年前的基于包含大量共祖词的土著语言不会如此发音），现有教科书对其含义的解释也不一定正确。不管如何，对该文明的定义应该遵循考古学上的普遍用法，也就是说，用一个主要考古遗址的名称或一个涉及它的更大区域的名称来代表该文明的名称。

第三，查文文明是根据查文－德－胡恩塔尔（位于秘鲁的安卡什地区）而命名的。该文明存在于公元前900年—前200年的秘鲁安第斯高地北部，其影响范围可以延伸到太平洋沿岸其他的区域。然而，这并不是安第斯南美洲第一个文化或文明。自20世纪90年代以来，学者们将秘鲁沿海地区定义为美洲最早的独立文明遗址。2001年《科学》杂志的论文提供了深入研究，2004年《自然》杂志一篇文章揭示了这一地区对西半球最早文明的贡献。[①]

第四，商朝（公元前1700—前1046年）最初创建于黄河下游，是中国第一个有文字记载的王朝。此外，中国有许多商以前的文化，其中一些可能与传统上为中华文明所定义的文化无关。[②] 但至少可以肯定的是，黄河及其支流还有比商更早的文化，其中包括河北南部的南庄头文化（公

---

① Shady等（2001）和Haas等（2004）给出更多关于这个文明的考古学证据。

② 在中国浙江省发现的河姆渡和良渚史前文化已被确定为现代南岛人和傣族人（包括泰国人和老挝人）或现代苗族（苗瑶）的先祖所创造（Yan，2005，36页；Li等，2007）。

元前8500—前7700年）、甘肃和陕西西部的大地湾文化（公元前7800—前4800年）以及河南的嘉湖文化（约公元前7000—前5700年）和裴李岗文化（公元前7000—前5000年）等。因此，用更一般的术语（而不是"商"）来定义中华文明会更恰当些。

第五，北美最早的文化可以追溯到5000年前，当时的居民，统称为筑墩者，在美国路易斯安那州以宗教和仪式、葬礼和精英住宅为目的建造了各种风格的土堆。这些遗址可以追溯到公元前3400年至16世纪，分布在大湖、俄亥俄河、密西西比河及其支流附近的地区（Squier，2012，1页）。由于这些文化无法达到本书介绍的其他文明的平均发展水平，我们将不会在这本书中将它们定义为一个单独的文明。

聚焦世界六大古文明

简而言之，文明，作为一个存在于一定区域内的复杂社会聚合体，一般被定义为大于文化。因此，每一种文明不仅包含一种文化，而且包含若干种文化或亚文化。然而，"文明"和"文化"有时也可以交换使用。在这本书中，虽然也讨论了其他较小的文化，但我们将重点介绍世界上最早的六大文明，如下所示：

（1）美索不达米亚文明；

（2）古埃及文明；

（3）哈拉帕/印度河流域文明；

（4）中华文明；

（5）中美洲文明；

（6）南美安第斯文明。

广义地说，河流不仅使文明成为可能，因为它通过农业使食物变得丰富，而且还使文明成为必要，因为生活在河流两岸的人们只有通过文明才能解决他们面对的挑战与威胁。文明可以简单地定义为人类彼此生活在一起的集体行为艺术。它需要规则、统治者、边界、特殊技能以及经济集中和专业化。也就是说，对于每个社会来说，只需要一部分人从事农业，而不是每个人像在前文明时代都需要进行狩猎或采集食物。每一个早期的本土文明都是独自发展起来自己的种植和储存食物的技术、灌溉技术、维持和平及保护财产的法律体系、社会经济阶层、有神论宇宙学、文字，以及周期性的、以天文为基础的历法和其他关于文明的艺术。

尽管在中东的底格里斯河和幼发拉底河沿岸可以发现更早的文化，但那里建立的最古老的文明可以追溯到公元前3500年左右。美索不达米亚的名字意思是"河流之间的土地"。埃及的尼罗河流域在公元前5500年或更早的时候曾是农业定居点的所在地，但古埃及作为文明的发展略晚于美索不达米亚。第三种文明虽然缺乏文字体系，但据信在公元前3300年左右出现在印度河和克格尔－哈克拉河及其支流沿岸，主要在今天的巴基斯坦和印度北部地区。第四种古文明大约产生在公元前2000年的黄河下游区域。第五种和第六种文明分别产生于西半球的中美洲与南美洲。

在过去的几千年中，世界各地的文化和文明都发生了巨大的变化。所有国家无论大小，乃至整个人类文明，都遵循着一个相似的逻辑：每当他们面临挑战或外部威胁时，他们就会有更多的动力去奋斗和创新；然而，每当达到最高成功水平时，他们就会犹豫不前，直到被后来者超越（甚至消灭）。

关于文明起源和演化的大量证据可以在早期的语言与文字中找到，这使我们在本书的其余部分对非线性的人类和文化行为进行更深入的实证研究成为可能。

参考文献

郭锡良. 汉字古音手册（增订重排本）[M]. 北京：商务印书馆，2010.

ABT J, 2011. American Egyptologist: The Life of James Henry Breasted and the Creation of his Oriental Institute [M]. Chicago: University of Chicago Press.

ADELAAR W, MUYSKEN P, 2004. The Languages of the Andes [M]. Cambridge: Cambridge University Press.

ADLER P J, POUWELS P L, 2014. World Civilizations [M]. Boston, MA: Wadsworth Publishing.

ALBRIGHT W F, 1969. The Proto-Sinaitic Inscriptions and Their Decipherment [M]. Cambridge, MA: Harvard University Press.

ALHO J S, HERCZEG G, LAUGEN A T, RASANEN K, LAURILA A, MERILA J, 2011. Allen's rule revisited: Quantitative genetics of extremity length in the common frog along a latitudinal gradient [J]. Journal of Evolutionary Biology, 24(1): 59-70.

ALLEN J A, 1877. The influence of physical conditions in the genesis of species [J]. Radical Review, 1: 108-140.

ANDERSON S, 2012. Languages: A Very Short Introduction [M]. Oxford: Oxford University Press.

APWH, 2020. AP World History: Course and Exam Description Effective Fall 2020 [R]. Princeton, NJ: Advanced Placement World History (APWH).

BALARESQUE P, BOWDEN G R, ADAMS S M, LEUNG H-Y, KING T E, ROSSER Z H, GOODWIN J, MOISAN J-P, RICHARD C, MILLWARD A, DEMAINE AG, BARBUJANI G, PREVIDERÈ C, WILSON I J, TYLER-SMITH C, JOBLING M A, 2010. A predominantly Neolithic origin for European paternal lineages [J/OL]. PLoS Biol., 8, e1000285. doi:10.1371/journal.pbio.1000285.

BANCEL P J, DE L'ETANG A M, 2008. The age of mama and papa [M]//

Bengtson J.D (ed.). In Hot Pursuit of Language in Prehistory: Essays in the Four Fields of Anthropology. Amsterdam: John Benjamins Publishing, pp. 417-438.

BOTTÉRO J, 1992 (translated by Zainab Bahrani and Marc Van De Mieroop). Mesopotamia: Writing, Reasoning, and the Gods [M]. Chicago, IL: The University of Chicago Press.

BOWER B, January 27, 2011. Hints of earlier human exit from Africa: Stone tools suggest a surprisingly ancient move eastward. Science News [N/OL], [2016-10-05]. https://www.sciencenews.org/article/hints-earlier-human-exit-africa.

BOWLER J M, JOHNSTON H, OLLEY J M, PRESCOTT J R, ROBERTS R G, SHAWCROSS W, SPOONER N A, 2003. New ages for human occupation and climatic change at Lake Mungo, Australia [J]. Nature, 421: 837-840.

BOYDEN S V, 2004. The Biology of Civilization: Understanding Human Culture as a Force in Nature [M]. Sydney: University of New South Wales Press.

CAMPBELL L, MIXCO M J, 2007. A Glossary of Historical Linguistics [M]. Salt Lake City, UT: University of Utah Press.

CARR E H, 1961. What is History? [M]. New York: Random House, Inc.

CHADWICK J, 1973. Documents in Mycenaean Greek [M]. Cambridge: Cambridge University Press.

CHADWICK J, 2014. The Decipherment of Linear B (Canto Classics) [M]. Cambridge: Cambridge University Press.

CHOMSKY N, 2000. The Architecture of Language [M]. Oxford: Oxford University Press.

COLLIER M, MANLEY B, 1998. How to Read Egyptian Hieroglyphs [M]. Los Angeles, CA: University of California Press.

DAGGUMATI S, REVESZ P Z, 2021. A method of identifying allographs in undeciphered scripts and its application to the Indus Valley Script [J/OL]. Humanitiesand Social Sciences Communications, 8:50. https://doi.org/10.1057/s41599-

021-00713-0.

DALLEY S, 2000 (ed. and trans.). Myths from Mesopotamia: Creation, the Flood, Gilgamesh, and Others [M]. Oxford: Oxford University Press. (Note: the original authors are anonymous.)

DIAKONOFF I M, 1985. Media [M]// Ilya Gershevitch (ed.). The Cambridge History of Iran, 2: The Median and Achaemenian Periods. Cambridge: Cambridge University Press.

DILLEHAY T D, 2008. Early population flows in the Western Hemisphere [M]// Thomas H. Holloway (ED.). A Companion to Latin American History. MALDEN, MA: BLACKWELL, pp. 10-27.

DILLEHAY T D, OCAMPO C, 2015. New archaeological evidence for an early human presence at Monte Verde, Chile [J/OL]. PLOS ONE, 10 (November 18): e0141923. doi:10.1371/journal.pone.0141923.

EAGLY A H, WOOD W, 1999. The origins of sex differences in human behavior: evolved dispositions versus social roles [J]. American Psychologist, 54(6): 408-423.

EASTERLY W, LEVINE R, 2003. Tropics, germs, and crops: How endowments influence economic development [J]. Journal of Monetary Economics, vol.50: 3-39.

EYERS J, 2012. Don't Shoot the Albatross!: Nautical Myths and Superstitions [M]. London: Adlard Coles Nautical.

FAULL M L, 1975. The Semantic development of Old English wealh [J]. Leeds Studies in English, No. 8:20-44.

FISHER L, 2008. Rock, Paper, Scissors: Game Theory in Everyday Life [M]. New York: Basic Books.

FLEMING K M, 2000. Glacial Rebound and Sea-level Change Constraints on the Greenland Ice Sheet, PhD Thesis [D]. Australian National University, Canberra.

FLEMING K, JOHNSTON P, ZWARTZ D, YOKOYAMA Y, LAMBECK K, CHAPPELL J, 1998. Refining the eustatic sea-level curve since the Last Glacial

Maximum using far- and intermediate-field sites [J]. Earth and Planetary Science Letters, 163 (1-4): 327-342.

GAMKRELIDZE T V, IVANOV V V, 1995. Indo-European and the Indo-Europeans: A Reconstruction and Historical Analysis of a Proto-Language and a Proto-Culture (Trends in Linguistics: Studies and Monographs 80) [M]. Boston, MA: De Gruyter Mouton.

GARDINER AH, 1916. The Egyptian origin of the Semitic alphabet [J]. Journal of Egyptian Archaeology, 3: 1-16.

GARDINER AH, 1962. Once again the proto-Sinaitic inscriptions [J]. Journal of Egyptian Archaeology, 48: 45-48.

GARDINER A, 1957. Egyptian Grammar: Being An Introduction to the Study of Hieroglyphs [M]. Oxford: Griffith Institute (Oxford University Press).

GELLES PH, 2000. Water and Power in Highland Peru: The Cultural Politics of Irrigation and Development [M]. Fredericksburg, PA: Rutgers University Press.

GEORGE A, 2003. The Babylonian Gilgamesh Epic-Introduction, Critical Edition and Cuneiform Texts (2 Volumes) [M]. Oxford: Oxford University Press.

GOLDWASSER O, 2006. Canaanites reading hieroglyphs: Horus is Hathor? The invention of the alphabet in Sinai [J]. Ägypten & Levante, 16: 121-160.

GORDON A E, 1969. On the origins of the Latin alphabet: Modern views [J]. California Studies in Classical Antiquity, 2:157-170.

GRAY R D, JORDAN F M, 2000. Language trees support the express-train sequence of Austronesian expansion [J]. Nature, 405: 1052-1055.

GRAYSON A K, 2002. Assyrian Rulers of the Early First Millennium BC II (858-745 BC) [M]. Toronto/Buffalo/London: University of Toronto Press.

GUO R, 2019. Human-Earth System Dynamics: Implications to Civilizations [M]. Berlin: Springer.

GUO R, YANG K AND LIU Y, 2020. Explaining the human and cultural puzzles: A new development theory [J]. Technological Forecasting & Social Change, 155: 119971.

HAAS J, CREAMER W, RUIZ A, 2004. Dating the Late Archaic occupation of the Norte Chico region in Peru [J]. Nature, 432(7020): 1020–1023.

HAHN M W, HAN M V, HAN S G, 2007. Gene family evolution across 12 Drosophila genomes [J/OL]. PLoS Genet, 3(11): e197. doi:10.1371/journal.pgen.0030197.

HALE F, 2009. Debating Toynbee's theory of challenge and response: Christian civilization or western imperialism? [J]. Acta Theologica, 24(2):23-44.

HARARI Y N, 2015. Sapiens: A Brief History of Humankind [M]. New York: Harper.

HENRY E, 2007. The submerged history of Yuè [J/OL]. Sino-Platonic Papers, No. 176, [2017-3-4]. http://sino-platonic.org/complete/spp176_history_of_yue.pdf.

HÖFLMAYER F, MISGAV H, WEBSTER L, STREIT K., 2021. Early alphabetic writing in the ancient Near East: The 'missing link' from Tel Lachish [J/OL]. Antiquity, 1-15. doi:10.15184/aqy.2020.157.

HOUSTON S D, 2004. The archaeology of communication technologies [J]. Annual Review of Anthropology, 33: 223-250.

HUGHES S S, HUGHES B, 2001. Women in ancient civilizations [M]// Michael Adas (ed.). Agricultural and Pastoral Societies in Ancient and Classical History. Philadelphia, PA: Temple University Press, pp. 116–150.

JAKOBSON R, 1962. Why "mama" and "papa"？[M]// R. Jakobson (ed.). Selected Writings, I: Phonological Studies. The Hague: Mouton & Co., pp. 538-545.

KRAEMER S, MRCP B A, PSYCH F R C, 1991. The origins of fatherhood: An ancient family process [J]. Family Process, 30(4): 377-392.

KRAMER S N, 1963. The Sumerians, Their History, Culture, and Character [M]. Chicago, IL: University of Chicago Press.

LI H, HUANG Y, MUSTAVICH L F, ZHANG F, TAN J-Z, WANG L-E, QIAN J, GAO, M-H, JIN L, 2007. Y chromosomes of prehistoric people along the Yangtze river [J]. Human Genetics, 122: 383–388.

MELTZER D, 2009. First Peoples in a New World: Colonizing Ice Age America [M]. Berkeley, CA: University of California Press.

MILNE G A, LONG A J, BASSETT S E, 2005. Modeling Holocene relative sea-level observations from the Caribbean and South America [J]. Quaternary Science Reviews, 24(10-11): 1183-1202.

MYERS E A, 2010. The Ituraeans and the Roman Near East: Reassessing the Sources [M]. Cambridge: Cambridge University Press.

NUDDS R L, OSWALD S A, 2007. An interspecific test of Allen's rule: Evolutionary implications for endothermic species [J]. Evolution, 61(12): 2839-2848.

PARKER R A, 1950. The Calendars of Ancient Egypt: Studies in Ancient Oriental Civilization, 26 [M]. Chicago: University of Chicago Press.

PERRY M, CHASE M, JACOB J, JACOB M, VON LAUE T H, 2012. Western Civilization-Ideas, Politics, and Society (Volume I: To 1789) [M]. Boston, MA: Wadsworth Publishing.

SAPIR E, 1985. Selected Writings in Language, Culture and Personality (Editor: D.G. Mandelbaum) [M]. Berkeley, CA: University of California Press.

SCARBOROUGH V L, 2003. The Flow of Power: Ancient Water Systems and Landscapes [M]. Santa Fe, NM: SAR Press.

SCARRE C, FAGAN B M, 2003. Ancient Civilizations [M]. Upper Saddle River, NJ: Prentice Hill.

SCHMANDT J, WARD C H, 2000. Challenge and response. In: Jurgen Schmandt and C.H. Ward (eds.). Sustainable Development: The Challenge of Transition [M]. Cambridge: Cambridge University Press, pp. 1-9.

SHADY R M, HAAS J, CREAMER W, 2001. Dating Caral, a preceramic site in the Supe valley on the central coast of Peru [J]. Science, 292 (5517) (April 27): 723-726.

SMITH B L, BROWN B L, STRONG W J, RENCHER AC, 1975. Effects of speech rate on personality perception [J]. Language and Speech, 18 (2): 145-152.

SMITH G, 1872. The Chaldean account of the Deluge [M]// Transactions of the Society of Biblical Archaeology, Volumes 1-2. London: Society of Biblical Archaeology.

SONG J J, 2005. The Korean Language: Structure, Use and Context [M]. London: Routledge.

SQUIER EG, 2012. Ancient Monuments of the Mississippi Valley [M]. Farmington Hills, Michigan: Gale Sabin Americana.

STINER M C, BUITENHUIS H, DURU G, KUHN S L, MENTZER S M, MUNRO N D, PÖLLATH N, QUADE J, TSARTSIDOU G, ÖZBAŞARAN M, 2014. A forager–herder trade-off, from broad-spectrum hunting to sheep management at Aşıklı Höyük, Turkey [J]. PNAS, 111 (23):8404-8409.

TAKASAKI Y, LOY S F, JUERGENS H W, 2003. Ethnic differences in the relationship between bioelectrical impedance and body size [J]. Journal of Physiological Anthropology and Applied Human Science, 22: 233-235.

TOMASELLO M, 2008. Origin of Human Communication [M]. Cambridge, MA: The MIT Press.

TOYNBEE A J, 1987. A Study of History (Volume I: Abridgement of Volumes I-VI) [M]. Oxford: Oxford University Press.

TRIMBLE M, 2012. Why Humans Like to Cry: Tragedy, Evolution, and the Brain [M]. Oxford: Oxford University Press.

WADE N, 2006. Before the Dawn: Recovering the Lost History of Our Ancestors [M]. New York: Penguin Publishing.

WANG Z, XU B, ZHOU H-J, 2014. Social Cycling and Conditional Responses in the Rock-Paper-Scissors Game [M]. Scientific Reports, 4:5830.

WELLS S, READ M, 2002. The Journey of Man-A Genetic Odyssey [M]. New York: Random House.

WILLIAMS CE, STEVENS K N, 1972. Emotions and speech: some acoustical correlates [J]. The Journal of the Acoustical Society of America, 52(4): 1238-1250.

WOODS C, 2005. On the Euphrates [J]. Zeitschrift für Assyriologie, 95: 7-45.

WORSHER D, 1985. Rivers of Empire: Water, Aridity, and Growth of the American West [M]. New York: Pantheon Books.

YAN W, 2005. The beginning of farming [M]// Kwang-Chih Chang, Pingfang Xu, Sarah Allan, and Liancheng Lu (2005, eds.). The Formation of Chinese Civilization: An Archaeological Perspective. New Heaven, MA: Yale University Press, pp. 27-42.

YANG, MELINDA A., AND QIAOMEI FU, 2018. Insights into modern human prehistory using ancient genomes [J]. Trends in Genetics, 34(3):184-196.

YANG M A, GAO X, THEUNERT C, TONG H, AXIMU-PETRI A, NICKEL B, SLATKIN M, MEYER M, PÄÄBO S, KELSO J, FU Q, 2017. 40 000-Year-old individual from Asia provides insight into early population structure in Eurasia [J]. Current Biology, 27(20): 3202-3208.

ZAIDI A A, MATTERN B C, CLAES P, MCECOY B, HUGHES C, SHRIVER M D, 2017. Investigating the case of human nose shape and climate adaptation [J/OL]. PLOS Genetics, 14(1): e1007207.

② 美索不达米亚文明

　　对古人类定居点进行的考古调查已经表明，全球目前的气候条件与8000年前没有实质性变化。在美索不达米亚，虽然比中东其他地方的土地相对更肥沃，但没有充沛的降雨。如果没有底格里斯河和幼发拉底河等河流，美索不达米亚的土地很难生产出农民赖以生存的足够数量的作物。

　　事实上，美索不达米亚地区不是教科书所描述的那样有一个称为"沃土新月"的圣地。虽然靠近河流的一小部分土地比较肥沃，适合种植农作物，但它经常遭受周期性洪水和其他自然灾害。此外，美索不达米亚地区缺乏一般建筑石材、贵金属和木材，因此历史上必须依靠远距离贸易从边远地区获得这些物品。更糟糕的是，美索不达米亚的大部分地区都是沙漠或半沙漠。然而，正是在美索不达米亚——而不是世界其他任何"环境友好型"地方——的土地上诞生了世界上第一个人类文明。为了理解美索不达米亚漫长而充满活力的文明背后的驱动力，我们需要深入研究它的内外部环境，以及复杂的河流体系和人类自身所发挥的作用。

　　欧洲人在发现与解读美索不达米亚已经灭绝了几千年的文化和文明方面曾经发挥了不可替代的作用。然而，他们通常遵循欧洲的文化方式来解读那里的古代文明，使用字母文字可能会使人更加重视语音而忽视或曲解某些楔形文字符号的象形或表意含义。"苏美尔人"的楔形文字名字被错误地解读为"黑头人"。西方学者对早期一些关于苏美尔楔形文字文献的解读经过了太多的"中间环节"（这其中包括一些不靠谱的早期文献），这样看似很严谨的研究很容易走样，甚至会扭曲苏美尔文明的本来面目。

综观古代世界，许多有关早期王朝的故事通常都是由后来王朝的统治者编撰的，政治色彩很浓。特别是当这些王朝属于不同的民族甚至是敌对方时，对前朝历史的扭曲就会常常发生。美索不达米亚曾经经历过比其他地方更多的民族语言变迁和文化对冲。因此，要想获得关于美索不达米亚早期历史的准确信息，最好的办法就是不理睬下一代王朝撰写的"钦定"史稿，撕掉现代西方的"标准"教科书，并重新开始。

苏美尔：第一个"吃螃蟹"的民族

> 他凌驾于所有国王之上，
>
> 他是英雄，天生的乌鲁克，
>
> 他如同力大无比的野牛。
>
> 他走在前面，他是引路人，
>
> 走在后面的同伴对他有无比的信任。
>
> 他是铜墙铁壁，他是人民的保护神，
>
> 他如汹涌的洪水，将坚固的石墙一扫光！
>
> ——《吉尔伽美什史诗》[1]

"不要叫我们'黑头'！"

《吉尔伽美什史诗》是古代美索不达米亚的一部史诗，被认为是地球上最古老的文字作品。它最初是用苏美尔楔形文字写在12块泥板上的。吉尔伽美什是约公元前2600年乌鲁克王国的一位半传说中的国王

---

[1] 引自http://www.ancienttexts.org/library/mesopotamian/gilgamesh/tab1.htm。

（现在通常被认为是历史上真实存在的国王）。乌鲁克是苏美尔的一个古城邦国（位于现代伊拉克南部的瓦尔卡附近），地处现在的幼发拉底河以东（并靠近幼发拉底河的一个古河道），位于现代的萨马瓦（Samawah）以东约30公里处。在公元前2900年左右的鼎盛时期，乌鲁克可能有5万—8万人口居住在方圆6平方公里的城区内，在当时是世界上最大的城市（Harmansah，2007）。

大多数关于人类第一个文明和该文明创造者的故事都是基于对美索不达米亚古代遗址的发掘。而楔形文字的破译也从18世纪末开始进行。基于西方考古学家和历史学家的辛苦劳动，我们现在可以对世界上最早的人类文明有一个初步认识：

- 5000年前，美索不达米亚南部曾经建立了几十个由运河和界碑分割的独立城邦；
- 苏美尔人是最早使用青铜器的古人之一，同时也是首先使用堤坝和运河灌溉的先驱者；
- 他们建造了大型阶梯式金字塔神庙（简称"塔庙"），每个城邦都以一座神庙为中心，供奉各自的守护神（或女神），并由与城市宗教仪式密切相关的祭司总督（或国王）统治；
- 他们发明了最早的书写体系即楔形文字，并用它颁布了《乌尔纳姆法典》（已知的最古老的法律文件，比《汉谟拉比法典》还要早大约300年）；
  ……

最早孕育文明的地方现在被称为"苏美尔"，其含义被讲欧洲语言的考古学家和历史学家定义为"贵族或文明主宰的地方"。这应该没有异议。然而，他们同时却指出，苏美尔人称自己为"黑头人"（即"sag giga"，楔形文字：〈H 〈E 毛〉）。①遗憾的是，他们对这个楔形文字名称的解读是错误的。苏美尔人——在那个时代是美索不达米亚一带最有权势的统治者——怎么会用"黑头人"来称呼自己呢？只有一字之差的"苏美尔"和"苏美尔人"所隐含的意思竟有如此之大吗？事实上，第一个楔形符号（〈H）不仅有"头"的含义，还有"人、英雄等"的含义（见表2-1）。因此，当苏美尔人用它来代表自己时，应该有更吉祥的含义。由于最后两个楔形文字符号主要出现在公元前2500年或更早的楔形文字中，这些楔形符号可能是象形或表意文字，而不是音符文字。因此，任何试图破译它们的苏美尔语或阿卡德语发音的尝试都是毫无意义的，而且在技术上也是做不到的。那么，这些楔形文字符号的真正象形或表意含义是什么？

 楔形文字名称"苏美尔人"中的第二个符号在牛津大学东方研究院《苏美尔电子语料库》（ETCSL）和宾夕法尼亚大学《苏美尔语词典》（PSD）中都被定义为"Giggi"（意思是"黑的"）②。不幸的是，他们的定义是不正确的。PSD的专家们已经尽其所能地使用现代拉丁语和其他字母以语音方式破译楔形文字符号。然而，古人可能比现代人（特别是现代欧洲人）使用更少的音节（见书后阅读材料A）。事实上，由于许多楔形符号通常是对各自的原始楔形符号进行90°逆时针旋转而得③，楔形符号 〈E 应源自含有顶盖的仓库或塔式房子（如本段开头所示）。在近现代印度河流域和其他地方仍然可以找到类似结构的建筑。考虑到仓库在人类生活中的重要作用，人们自然会相信，它们的抽象符号在美索不达米亚和其他地方的古代符号书写体系中被采用。④

---

① 参见 Kramer（1963，145、163和285页）和各种历史研究网站（包括 http://psd.museum.upenn.edu/epsd/epsd/e4703.html）。

② 参见 http://psd.museum.upenn.edu/epsd/epsd/e1687.html。

③ 关于楔形文字的演变过程，见本章"了解早期楔形文字书写的世界"。

④ 例如，苏美尔的伊安纳神庙在《吉尔伽美什史诗》中有时被称为"神圣的仓库"。在中国商代甲骨文中，有表示"仓库"的类似符号（例如，仓），现在写为"仓"（中国社科院，1965，252页；胡厚宜，1999，240页；刘钊等，2009，321页）；另外，《圣经》中有40多个有关"仓库"的故事。

对"家中有粮，心里不慌"这个道理，古人比我们现代人更懂。另一种可能是，欧内斯特·阿尔弗雷德·沃利斯·巴奇爵士（Sir Ernest Alfred Wallis Budge，1857—1934年）和查尔斯·伦纳德·伍利爵士（Sir Charles Leonard Wooley，1880—1960年）将该楔形文字符号的原型解读为"降雨"。[①]这两种解读都是可以接受的，因为，正如后面所讨论的，赋予生命的雨水，对于地处干旱少雨地区的苏美尔人来说也非常重要。

代表"苏美尔人"楔形文字中的最后一个符号（ ▤▷ ）被ETCSL和PSD定义为"牛奶，乳兽"。[②]然而，根据我的重新解读，该符号应该是指"祖先、父亲、活力/阳刚或伟大"。因此，以上代表"苏美尔人"的三个楔形符号作为一个整体应被重新定义为"伟大、富饶的人"或"拥有财富与权力的人"。上面提到的三个楔形符号应该是象形或会意符号，它们的苏美尔发音已经无从考证。即使苏美尔人曾经用语音对它们进行过定义，我们现在也无法解读它们原来的发音——苏美尔语在公元前2000年左右被闪族阿卡德语（亚述巴比伦语）所取代。为此，即使我们知道"苏美尔"可能不是苏美尔人使用的音译原名，我们也无法令人信服地为他们定义另一个语音名字。

但是，几乎可以肯定的是，把苏美尔人称作"黑头人"从来没有被苏美尔人自己使用过。这个绰号最早也不是由讲欧洲语言的现代历史学家给出的。实际情况是，这个带有种族色彩的名字首先是由汉谟拉比赋予的。汉谟拉比（公元前1792—前1750年在位）是巴比伦王国第一（即亚摩利）王朝的第六位也是最著名的统治者。在《汉谟拉比法典》的序言中，汉谟拉比说道：

> 那么，阿奴（在苏美尔语中称"安"，是美索不达米亚的天神）和比勒（或波，是巴比伦城的主神，也是古巴比伦的国神）给我起名

[①] 参见 http://www.projectglobalawakening.com/proto-cuneiform-uruk-period。

[②] 参见 http://psd.museum.upenn.edu/epsd/epsd/e1480.html。

叫汉谟拉比。我，作为敬畏神的尊贵王子，要在天下施行公义，消除所有恶人和恶行为；使强者不伤害弱者；所以我要像沙玛施（太阳神）那样，统治所有黑头人，照耀这片土地，为人类带来更多福祉。①

正如本书其他部分所述，当来自后来或不同文化或文明的人使用或解释早期文化或文明的名称和术语时，许多带有吉祥或受尊敬含义的名词术语往往被其他代表不吉利或不受尊重的名称和术语所取代。在苏美尔文明的晚期，苏美尔人被许多说不同语言的外国人统治，其中包括强大的巴比伦人。成为二等公民后，苏美尔人即使被汉谟拉比国王看不起，也不会感到羞愧，因为能够活下去才是硬道理。然而，如果他们知道，5000年后他们还被现代人用一个带有歧视性的名字称呼时，他们会觉得后代人太不文明了，至少太没有文化了。的确，西方主流教科书对世界上第一个文明的创造者带有种族歧视性的描述，不仅在政治上不正确，而且在学术上也是错误的。

人类在创造新的文化和文明的同时，也在不断抛弃甚至毁灭旧的文化和文明。我们对已经灭绝的苏美尔文明和其他早期美索不达米亚文明的理解还远远不够。事实上，如果没有一定的历史语言知识以及跨文化分析比较技能，就无法令人满意地解读苏美尔楔形文字。在进一步深入讨论之前，让我们首先对美索不达米亚的地理环境条件作一个简要的考察。

走进美索不达米亚

没有河流的存在，在干旱的地方就不会有任何文化或文明。底格里斯河和幼发拉底河流域覆盖了现代伊拉克、科威特、叙利亚东北部、伊

---

① 颇具讽刺意味的是，由于音节 [ra] 在古代并不存在，"汉谟拉比"（Hammurabi）这个名字也可能是错误的。括号内的内容由作者添加。

朗西南部以及土耳其东南部的小部分地区。"美索不达米亚"一词来自古希腊语的两个词根（"中间"和"河"），字面意思是"河流之间的土地"。它通常适用于幼发拉底河和底格里斯河之间的所有土地。幼发拉底河以西和扎格罗斯山脉以西的邻近草原也经常被纳入美索不达米亚的更大范围之内。[①] 美索不达米亚可以进一步分为上（或北）美索不达米亚和下（或南）美索不达米亚。上美索不达米亚是幼发拉底河和底格里斯河之间的地区，其范围从靠近源头的地方一直延伸到巴格达。下美索不达米亚包括伊拉克南部、科威特和伊朗西部的一部分。

美索不达米亚包括幼发拉底河和底格里斯河，后者的源头都在现代土耳其的亚美尼亚山区。幼发拉底河和底格里斯河拥有众多支流，这两条河的整个水系来自北方广大山区的融化积雪和雨水。美索不达米亚的陆路通常沿着幼发拉底河走向，因为底格里斯河的河岸大多陡峭而危险。美索不达米亚地区的气候是半干旱的，北部有广阔的沙漠，南部有大片的沼泽、潟湖、泥滩和芦苇滩。在最南端，幼发拉底河和底格里斯河流入波斯湾，现代伊拉克和科威特的南部在古代仍然是波斯湾的一部分（见图2-1）。

美索不达米亚特殊的气候条件使其农业在北部地区可以靠雨水自然灌溉，而在南部地区则必须靠人工灌溉。农业灌溉靠高水位以及扎格罗斯山脉和亚美尼亚高原（底格里斯河和幼发拉底河的源头）的高山积雪融化来实现。灌溉的有效性取决于能否调动足够的劳动力来修建和维护运河或人工水渠，而运河从最早的时期起就促进了美索不达米亚城市的发展和中央集权政治权力体系的建立。美索不达米亚的发展除了有益于农业，而且发展了整个地区的游牧业。住在帐篷里的游牧民族沿着河流两岸放牧绵羊和山羊（后来还有骆驼），河流两岸夏季干燥，冬季潮湿。美索不达米亚缺乏建筑石材、贵金属和木材，因此历史上依靠农产品的远

---

① 有关美索不达米亚的更详细定义，参见 Foster B.R. 和 K.P.Foster（2009，1—2页），Wilkinson（2000）。

图2-1　古代美索不达米亚（早期城市）

来源：John D. Croft（2008年5月29日），作者加工。

距离贸易从边远地区获得这些物品。在美索不达米亚南部的沼泽地，一种复杂的捕鱼文化从史前时代就已经存在，后来也成为美索不达米亚文化的重要补充。

影响文化的周期性兴衰有许多原因：对劳动力的需求会导致人口的增加超越生态承载力的极限，如果随后出现一段时期的气候不稳定，统治王朝可能会垮台，人口也会相应减少；或者，军事上易受边缘山区部落或北方游牧民族入侵的影响，可能会导致贸易往来的中断和灌溉系统的废弃。同样，城邦之间的各自为政倾向意味着中央政府对整个地区行使行政权力时往往是昙花一现，各级地方的权力经常分散成部落或更小的地区单位（Thompson，2004）。这一趋势在今天的伊拉克仍在上演，尽管土地的主人已经换了一波又一波，但是不变的是他们一直持续着昨日的故事。

美索不达米亚内部没有山脉这样的天然屏障来阻挡潜在的敌人，历史上有很多次王朝因为外国侵略者的袭击而瓦解，一个王朝通常只持续几百年。然而，也许这些跨文化的互动、交流和挑战，促成了美索不达米亚灿烂的文明。建有围墙的城邦确实减缓了袭击者的速度，因此是可以防御的。它们为长期的复杂社会发展提供了更为重要的环境支撑。从公元前5000年开始，灌溉农业遍布美索不达米亚南部（Bulliet 等，2009，29—30页）。苏美尔人建造了起银行作用的庙宇，发展了第一个大规模的贷款和信贷体系；巴比伦人发展了最早的商业银行体系，在某些方面与现代后凯恩斯主义经济学原理相符（Dow，2005）。

美索不达米亚被认为是人类文明的摇篮，至少在东半球是这样。为什么是在美索不达米亚而不是其他任何地方诞生了世界上最早的文明？西方历史学家过分强调底格里斯河和幼发拉底河之间的肥沃土地。然而，肥沃的土地在文化长期发展中，无论在古代还是在当代，都没有起到至关重要的作用（Guo 等，2020）。美索不达米亚南部的地理位置决定了农业只能依靠良好的灌溉和排涝系统，这一事实对苏美尔文明的演化产生了深远的影响。由于灌溉的需要，苏美尔人和后来的阿卡德人沿着底格里斯河和幼发拉底河以及后者的几条支流建造了自己的城市。主要城市如乌尔和乌鲁克，建在幼发拉底河的支流附近，而其他城市尤其是拉加什，则建在底格里斯河的支流岸边。这些河流提供了丰富的鱼类、芦苇和黏土（用于建筑和写作）。通过精心的灌溉与管理，美索不达米亚的粮食供应可与世界其他许多丰饶的大草原相媲美。

尽管美索不达米亚靠近河流的土地相对肥沃，适于种植农作物，但离水域较远的土地基本上不适合人类居住。这就是为什么发展灌溉对美索不达米亚定居者非常重要。美索不达米亚的早期文化创新还包括构筑水坝对水源实施控制和使用人工渡槽。苏美尔人在美索不达米亚南部建造城墙和寺庙，并挖掘运河——这是人类世界上第一项水利工程。从有记载的历史开始，那里的人就为水权而战。

灌溉对古代美索不达米亚人至关重要。灌溉系统由天然河道和一些较小的运河组成。大多数定居点位于主要河道附近，充分利用了水道的自然水文条件。每个社区都控制着自己的小型灌溉工程。经过几个世纪的发展和进步，高度集权的中央政府可以大规模组织这些灌溉计划（Scarre 和 Fagan，2003，34 页）。美索不达米亚的洪水问题比埃及更严重，因为底格里斯河和幼发拉底河每单位体积的水携带的泥沙是尼罗河的数倍。这导致了流经美索不达米亚河流的河床上升得更快，改变河道的频率也更高。美索不达米亚和尼罗河的灌溉系统都是盆地式的，用抽汲把水提上来。美索不达米亚的法律不仅要求农民保持他们的盆地和人工渠的维修，而且还要求每个人在洪水季节以及在挖掘新运河或维护旧运河时要协同作业。有些运河可能已经连续使用超过 1000 年。即使在 4000 年或 5000 年后的今天，废弃运河的堤坝仍然存在。

亚述人还发展了拓展性的公共工程。萨尔贡二世在公元前 714 年入侵亚美尼亚时发现了一条隧道，通过这条隧道把山上地下水源的水引到山脚下。萨尔贡摧毁了亚美尼亚的那个设施，但把那个水利概念带回了亚述。这种灌溉方法最后从近东推广到北非，现在仍在那里使用。萨尔贡的儿子塞纳切里布还开发了自来水厂，在特比托河筑坝，并利用运河将水引到尼尼微（亚述帝国的首都，位于底格里斯河上，在现代伊拉克摩苏尔的正对面）。在那里，水可以用于灌溉，而无须提升装置。在春季的洪水期，溢流的淡水由市政统一处理，用作鹿和野猪的狩猎保护区的沼泽地。后来当这一系统被淘汰后，修建了一条长近 19 公里的新运河，其中一条渡槽的上层石头下有一层混凝土或砂浆，以防止渗漏（Issar 和 Zohar，2012，154—159 页）。

幼发拉底河和底格里斯河

尽管美索不达米亚的河流维持了生命、壮大了文化，但频繁的洪水也曾摧毁过那里的生命与整个城市。不可预知的美索不达米亚恶劣天气常常给农民带来灾难：农作物经常被毁坏，所以那里的人们需要养殖牛和羊等牲畜作为后备食物来源，而且作为文化的一部分被保留下来。随着时间的推移，美索不达米亚最南端的土壤盐分增加，导致城市缓慢衰落，阿卡德时期的权力中心开始逐渐向北移动。美国历史学家詹姆斯·亨利·布雷斯特德使用"沃土新月"一词来定义美索不达米亚的部分原因可能是他不太了解古代美索不达米亚人的生活——他出生在纽约大都会（那里从来没有产生过"本土"文明），可能对旧世界的农民生活没有深入了解。

《王表》(King-list)是一块古老的石碑，上面用苏美尔楔形文字记录有苏美尔和邻近王朝的国王名单以及他们各自的统治时间与具体地理位置。在苏美尔人看来，王权是由神传下来的，可以从一个城市转移到另一个城市，反映了早期人类对地区霸权的初步认知。在整个青铜器时代，《王表》演变成了一种政治工具。事实上，《王表》始于一系列传说中的国王，他们与河流洪水有关。这场洪水在美索不达米亚相当于《圣经》中与诺亚有关的洪水。很明显，这两个传说都属于公元前3000—前2000年在近东民间广泛流传的故事。

在《吉尔伽美什史诗》中，尤特纳皮什蒂姆(Utnapishtim)——相当于西方世界所熟知的诺亚——对吉尔伽美什讲述洪水故事，只有他一个人幸存了下来。由于该史诗后来被翻译成其他语言的版本，这样世界上最古老的史诗被破译了。例如，史诗的第11章（泥板）写着：

> 天刚亮，地平线上升起一朵乌云。
>
> 阿达德（风暴之神）开始在里面隆隆作响，
>
> 在他之前是舒拉特和哈尼什（都是小的天气神），
>
> 传令官也开始翻山越岭。
>
> 统治阴间的上帝拔出了系泊柱，
>
> 尼努塔（战神）开始显身，

他轰开了堤坝，引来滔滔洪水。

阿奴纳奇人举起了火把，

用他们的火焰点燃大地。

他们对亚达的行为震惊不已，

决定将所有的光明都变成黑暗。

大地像锅一样碎了。

南风吹了一整天，

把山淹没在水里，人民在痛苦中挣扎。

没人能看到他的同伴，所有人在激流中认不出彼此。

众神也被洪水吓坏了，

他们开始撤退，回到了阿奴的天堂。①

　　天神，在阿卡德语中被称为"阿奴"（Anu），在苏美尔语中被称为"安"（An），是古代美索不达米亚的主神。如本章后面所述，"安"和"阿奴"是现代名称，它们的早期名称源自人类最早的共祖词"wa"。有趣的是，鉴于希伯来人和其他熟悉苏美尔神话的古代民族之间的历史联系，圣经人物"诺亚"（希伯来语的发音类似于[nowa]或[nuwa]）可能只是借用了天神阿奴的名字（当时可能被称为"wanu或wano"）。二者之间唯一的区别似乎是希伯来人只是改变了他们新词中两个音节的顺序（[wa]和[nu]/[no]）。如果这种借用确实存在，那么它也可以为以下假说提供证据：苏美尔语的"安"和阿卡德语的"阿奴"确实来自共祖词"wa"。事实上，正如本章后面将提到的那样，以色列神"耶和华"（希伯来语的发音类似于"耶瓦"），以及如本书其他章节所述，其他主神和传奇民族英雄的名字里也包含[wa]音节。

　　在美索不达米亚的传说中，大洪水是一个发生在早于该故事被记录

---

　　① 引自http://www.ancienttexts.org/library/mesopotamian/gilgamesh/tab11.htm。括号内的内容由作者添加。

之前许多世纪的事件。考古学家还没有提供证据证明洪水传说所暗示的那种规模的大范围灾难。关于它是否涉及任何真正的环境灾难引起过争论，有的学者甚至把它简单地看作一个传说。然而，这并不意味着美索不达米亚没有发生过严重的洪水。1929年，英国考古学家查尔斯·伦纳德·伍利爵士在乌尔（位于伊拉克南部济加尔省）进行考古挖掘时，发现了3.4米深的淤泥，他认为这是圣经所述的大洪水所留下的沉积物（Scarre和Fagan，2003，87页）。尽管伍利的说法很快被驳回——事实证明淤泥并非来自那场洪水，但它肯定来自一场洪水——那场洪水是伊拉克南部低洼平原周期性遭受的众多洪水的其中一个罢了。那么，为什么在美索不达米亚会有这么多不羁的洪水或与洪水有关的故事呢？

幼发拉底河是亚洲西南部最长的一条河流，发源于土耳其东部高地，河口位于波斯湾。它在土耳其由两条主要支流形成——穆拉特河和卡拉苏河——后者全部发源于亚美尼亚山脉。这两条河流在埃拉齐格市附近汇合在一起，此后的幼发拉底河沿着东南方向的路线从卡拉卡米斯进入叙利亚。进入叙利亚后，幼发拉底河继续流向东南方向，与另外两条支流（哈布尔河和巴里赫河）汇合。这两条支流的源头都在土耳其，是幼发拉底河的最后水源。进入伊拉克后，这条河抵达希特市。幼发拉底河在伊拉克东南部与底格里斯河汇合后形成阿拉伯河，最终流入波斯湾。这条河2/3以上的河道可供船只航行。根据一位巴比伦诗人的说法，幼发拉底河似乎是一条强大的、神造的运河：

> 啊，大河，
> 万物的创造者，
> 当诸神挖掘您的河床时，
> 他们沿着您的两岸创造出了财富。[①]

---

① 引自 Foster B.R. 和 K.P.Foster（2009，1页）。

和幼发拉底河一样，底格里斯河也发源于亚美尼亚山脉。它有两个主要源头（黑泽湖和凡湖），都在土耳其东部的安纳托利亚。底格里斯河的两条小溪在土耳其的蒂尔汇合。沿中下游河道，底格里斯河有不少于五条重要支流：扎科河（或东底格里斯河）、大扎布河（或扎布阿拉河）、小扎布河（或扎布阿斯法尔河）、阿迪姆河和迪亚拉河。巴格达市位于底格里斯河和迪亚拉河的交汇处，流经巴格达后，其下游河道可以用作船只的航道。底格里斯河沿着土耳其东南方向的路线到达锡兹尔市，在那里形成土耳其和叙利亚边界的一部分。在伊拉克，底格里斯河与它的支流汇合。然后，它在古尔那与幼发拉底河汇合，继续它的旅程，最终汇入通往波斯湾的阿拉伯河（这与古代版本截然不同，见图2–1）。幼发拉底河是一条比底格里斯河安全的河流，与此相反，底格里斯河被解释为"鬼蛾之河"（即中古波斯语中的"Arvand Rud"）和"大水"（即库尔德语中的"Ava Mezin"），这都表明它很容易导致更具破坏力的洪水的暴发。

　　古希腊名字"底格里斯"是从古波斯语的"底格拉"借来的词，后者是从伊莱米特语借来的。由于底格里斯河在古代没有穿过美索不达米亚南部——苏美尔文明的发祥地，它早期的苏美尔名字可能不存在。现代历史学家已经破译了这条河的苏美尔名字，但这种解读没有任何确凿的历史证据支持。然而，幼发拉底河的名字很可能来自苏美尔太阳神"Utu"或苏美尔织布和服装女神"Uttu"（见附录C）。

🔹 重新发现美索不达米亚

欧洲人的贡献

　　1901年，雅克·德·摩根（Jacques de Morgan）领导下的一支法国政府考古队正在波斯古城（位于现在的伊朗境内）工作。探险队的一员，古斯塔夫·热基耶（Gustave Jéquier，1868—1946年）出生于瑞士，是一位埃及古生物学家。他现在作业的地方在古代被称为"埃兰"，文化区包括现在的胡齐斯坦省和伊兰省的低地延伸到伊拉克南部的一小部分地区。据说"埃兰"这个现代名字源于苏美尔语的音译，以及后来的阿卡德语也大致使用这个名字。古埃兰文明时期的许多国家在近东曾是主要政治力量。在古典文学中，埃兰也被称为苏西亚纳，这个名字来源于其首都苏萨。[①] 在公元前12世纪被埃兰国王舒特鲁克·那亨特（Shutruk Nahhunte）占领之前，苏萨被古巴比伦王国统治了很长一段时间。考古队希望在那里有新的发现。

苏萨不仅是埃兰的古城，后来还成为第一波斯帝国、塞琉西帝国和伊朗帕提亚帝国的古城，也是古代近东最重要的城市之一。它位于下扎格罗斯山脉，西距底格里斯大约250公里。发源于扎格罗斯山脉的卡赫河流经古苏萨以西，最终在与幼发拉底河汇合处下方汇入底格里斯河。卡赫河位于苏萨以西一公里到两公里处，但在其以东几公里内，另一条主要水道与卡赫河相向而行。当这些河流处于洪水期时，苏萨以南的整个地区都可能被洪水淹没，这是因为两条水道的交互作用（Potts，2015，20页）。由于古苏萨也位于两条河流之间，我们可以用一个新名词——"迷你（小）美索不达米亚"来表示美索不达米亚东南部的古文明发祥地。

1901年12月的一天，热基耶和他的同事们偶然发现了一块黑色玄武岩石碑；几天后，不过还是到了1902年的1月，又发现了两块类似的石碑。三块石碑重新连接在一起后，出现了一块椭圆柱形石碑。石碑上部刻有两位人物：一位坐着，右手拿着一根棍子和绳环；另一个站着，双手呈拱形，像在敬拜对方（见图2-2）。石碑的下部刻有类似箭头、钉头的文字。经过进一步研究，他们发现文字是用楔形文字书写的。石板的总高度为5.25米，共有3500行阿卡德楔形文字，所有这些文字垂直书写在44列28段中（Prince，1904）。这次探险导致了著名的《汉谟拉比法典》

---

① 参见Carter和Stolper（1985、1984，3页）。

世界文明新史

的发现，这是一部保存完好的古巴比伦法典，可以追溯到公元前1792—前1750年。这是唯一一部几乎完整保存至今的法律文书，现在在巴黎卢浮宫博物馆展出。

巴比伦第六位国王汉谟拉比统治了40多年，这使他有足够的时间为巴比伦制定一部完整的法律。几乎一半的法典涉及合同问题，例如，确定了付给牛车驾驭者或外科医生的工资。其他条款规定了交易的条款，例如，建筑商对倒塌的房屋或在交由他人照管时受损的财产承担责任。该法典的三分之一涉及有关家庭和家庭关系

图2-2　汉谟拉比法典石碑（顶端部分）

注：（1）站立者为巴比伦国王汉谟拉比（公元前1792—前1750年在位），他双手放在嘴前以示谦卑；太阳神沙玛什（Shamash）将两个物件（绳圈和棒）赐予他。（2）"棒和环"符号看起来像是一根测量线和一个标尺，用来象征上帝对土地的统治权，就像罗马人使用的束棒（即"法西斯"）和法老王的权杖一样，是权威的标记。

的问题，如继承、离婚、亲子关系和性行为。似乎只有一项规定对官员施加了义务，这项条款规定，作出错误裁决的法官将被处以罚款，并被永久免职。少数条款涉及与兵役有关的问题。

《汉谟拉比法典》是世界上最古老的已破译著作之一。作为现存时间最长的古巴比伦时期法典，该法典被视为最早规范政府的基本法范例。《乌尔纳姆法典》（其中的一个残片于1952年在伊斯坦布尔出土）是已知最古老的法典，比《汉谟拉比法典》早了大约300年。古巴比伦中的一切都发生在公元前2000年的早期，而在此期间，世界上大多数其他地方仍然处于新石器时代或更早的荒蛮时期。更令人惊奇的是，早在古巴比伦崛起之前，美索不达米亚就已经有了辉煌的文明。

事实上，欧洲人在重新发现许多已灭绝的美索不达米亚文化和文明方面发挥了至关重要的作用。但是，他们对古文明的解读有时遵循的是欧洲人特有的方式。

西方主流观点的矛盾之处

美索不达米亚的大部分早期历史是由讲欧洲语言的学者根据他们对相关楔形文字的解读而讲述的。然而，在某些情况下，他们的破译并不令人满意。坦率地说，讲欧洲语言的专家们，考虑到他们与楔形文字使用者（特别是早期楔形文字使用者）之间存在较大的语言差异，在很大程度上忽略了楔形文字（特别是早期楔形文字）的象形和表意符号所表达的含义。美索不达米亚楔形文字并没有从一开始就演变成拼音文字，只是到了后来的阶段才出现拼音文字。所以，对早期阶段美索不达米亚历史（包括王朝和统治者的名字）的解读是一项具有挑战性的工作。不过，在破译古楔形文字（特别是苏美尔楔形文字）时，讲欧洲语言的专家比那些讲土著语言或使用象形/会意文字书写体系的专家可能会遇到更多的障碍与困难。

西方教科书中关于苏美尔文明的解读有许多错误之处。例如，公元前3000年中期发生在美索不达米亚南部的拉加什和乌玛两个城邦国之间的边界争端，可能是人类历史上第一个这方面的故事。这场由灌溉渠使用权引发的边界冲突持续了几十年，影响了美索不达米亚南部的多边关系。然而，现代文献对它的描述却有失偏颇，其中包括世界上最负盛名的参考资料来源之一《大英百科全书》出版的版本。举例如下：

> 基什，现在位于伊拉克的乌哈迈尔，是古代美索不达米亚的城邦国，位于巴比伦城东部，现在是伊拉克中南部。根据古代苏美尔的资料，它是第一个后第比利亚（postdiluvian，即《圣经》中的"大洪水后"的意思——作者注）王朝的都城；大多数

学者认为这个朝代至少有一部分历史是真实的。其中，基什的一位国王梅西林被认为是现存最早的王室铭文的原作者，他在该铭文中记录了他对巴比伦南部城市拉加什和乌玛之间边界争端的裁决……①

上面的表述有两处错误。第一，把拉加什和乌玛称为"巴比伦南部城市"是不正确的，相反，它们是两个苏美尔城邦国。从地缘政治、种族和文化上看，巴比伦和苏美尔是两个完全不同的概念。亚摩利人（讲西闪米特语的部落）大约在公元前1900年征服了美索不达米亚，建立了巴比伦帝国，一直持续到公元前1600年。但他们比苏美尔人年轻得多，而且完全可以肯定的是，他们只是苏美尔人和阿卡德人的继承人。

第二个错误更严重。《大英百科全书》所提到的记录上述内容原始（楔形文字）的"王室碑文"目前由法国巴黎卢浮宫博物馆收藏。相关苏美尔楔形文字记载的另一个几乎相同的版本——除了苏美尔抄写员可能在其中一个（或两个）版本中出现的笔误——也可以在另一个黏土圆筒中找到，后者现在是美国耶鲁大学巴比伦文献库收藏品。然而，用苏美尔楔形文字记录的最早边界争端仲裁被历史学家进行了错误的解读。事实上，梅西林不是来自遥远北方的基什国的国王；相反，他来自美索不达米亚南部的一个地方。

从地图（见图2-1）上看，基什国与拉加什或乌玛相距200公里以上。在现代社会中，有些霸权国家动不动就跨越大洋，到别处去搞武装干涉或殖民统治。但千万不要认为古人也会这样做，古代的交通条件限制了他们的活动范围。4500年前美索不达米亚国王的毛驴座驾日行也就是几十公里。有关上面原始楔形文字文献的重新解读，请参阅书后阅读材料B。

---

① 引自 https://www.britannica.com/place/Kish。

苏美尔、阿卡德、巴比伦……

美索不达米亚的早期文化或文明包括苏美尔、阿卡德、巴比伦和亚述等。早在公元前5000—前3000年，苏美尔已是美索不达米亚南部的一个古老文明或历史地区，包括今天的伊拉克南部和伊朗西南部。尽管该地区最早的文字形式要追溯到公元前3500年左右，但现代历史学家认为，苏美尔最早是公元前5500—前4000年一个说苏美尔语的非闪族人的居住地。

在公元前3000年，苏美尔语和阿卡德语使用者之间有着非常密切的文化共生关系，其中包括广泛的双语交流。苏美尔语对阿卡德语的影响（反之亦然）在各个领域都很明显，从大规模的词汇借用，到句法、形态和语音的趋同。这促使学者们将公元前3000年的苏美尔语和阿卡德语称为"语言联盟"（Deutscher，2007，20—21页）。大约在公元前3000年和前2000年之交或稍后，阿卡德语逐渐取代苏美尔语成为美索不达米亚的主流语言（确切的年代仍有争议）。但是在后来很长时间，苏美尔语在美索不达米亚一直被用作神职的、仪式性的用语以及文学的和科学性的语言。

语言的出现并不是人类文明诞生的标志。只有在发明了文字之后，文明的历史才能被记录下来，从而被后人阅读。语言书写的动力在于不断增长的城市社区需要新的记录和存储信息的方法来协助他们的日常管理工作。如果把一个文明的崛起与文字书写的发展联系起来，那么公元前4000年的近东青铜器时代和新石器时代与青铜器时代的过渡时期文字是最早出现的。现有发现表明，美索不达米亚的书写体系比古埃及的书写体系产生的稍早，随后在公元前2000年的中期，中国的原始文字演变成甲骨文，西半球的中美洲书写体系出现得较晚些。[1]

---

[1] 更详细的解释参见Edwards（1971，43—44页）、Sampson（1990，78ff页）和Bromiley（1995，1150ff页）。

事实上，美索不达米亚在人类古代文明中拥有许多"第一"。代表世界水平的美索不达米亚天文学史始于公元前3500—前3200年，当时苏美尔人发明了最早的书写体系。苏美尔人发展的天文学对后来的巴比伦天文学产生了重要影响。占星术，即赋予诸多星神在美索不达米亚神话和宗教中的重要作用，始于苏美尔神话。苏美尔人还使用了60进制（或六进制）计数体系，大大简化了记录大数字的烦琐任务。此外，他们把一个圆分成360度的做法与现代人的做法相同；每小时60分钟的做法也是从苏美尔人开始的。此外，和埃及象形文字一样，苏美尔楔形文字和其他美索不达米亚文字——如阿卡德文字（公元前23—前20世纪）和亚述/巴比伦文字（公元前2000年—公元75年）——也是腓尼基字母的来源，而后者是希腊字母和拉丁字母的来源。[1]

在公元前8世纪和前7世纪，巴比伦天文学家发明了一种新的天文学方法。他们开始运用哲学来研究宇宙的本质，并开始在他们的预测行星系统中运用内部逻辑。这是对天文学和科学哲学的重要贡献，因此一些学者将这种新方法称为人类的"第一次科学革命"（Brown，2000，1页）。这种新的天文学方法在古希腊天文学中得到了进一步发展。巴比伦天文学是世界上第一个对天文现象进行精确数学描述的成功尝试，对后来的古希腊、印度、伊斯兰教和中亚的各种科学天文学，甚至对西方世界，巴比伦天文学也继续起到决定性和根本性的作用。[2]

在过去的几千年里，美索不达米亚人以水动力为导向的文明不断取得发展与进步。舒什塔尔古代水利系统位于伊朗西部的胡齐斯坦省，是古萨珊王朝时期的一座岛屿城市，拥有复杂的灌溉系统，其中一部分可以追溯到大流士大帝（公元前522—前486年在位，是一位波斯的阿契美尼德国王）时期。该灌溉系统包括在卡伦河上建造的两条主要引水渠，其

---

① 详见书后阅读材料A之图A-2。

② 见Aaboe（1974）。他还认为，所有西方在精确科学方面的努力都是直接源于巴比伦晚期天文学家的成果（Aaboe，1991，276—292页）。

中一条即加尔加运河，目前仍在使用中（通过一系列向工厂供水的隧道向舒什塔尔市供水）。这个系统见证了美索不达米亚人和埃兰人的技术诀窍，以及后来的纳巴特人的专业知识和罗马建筑的影响。它构造完备，功能齐全，规模庞大，可以说无与伦比。

读不尽的美索不达米亚

简而言之，美索不达米亚可以分为上（北）和下（南）两大平原。北部平原在炎热的夏季变得十分干燥。但到了秋天，凉爽的天气和小雨把美索不达米亚北部变成了一片翠绿的平原。在美索不达米亚南部，河流体系非常复杂。除了底格里斯河和幼发拉底河，卡赫河（前面刚刚提到）和卡伦河也是重要的河流。卡伦河（也叫卡隆河）是伊朗沿岸最富裕、唯一可通航的河流，它发源于扎格罗斯山脉的扎德库赫山脉，拥有许多支流（如迪兹河和库朗河）。卡伦河下游继续流向波斯湾，在三角洲上分叉成两条主要支流——巴赫曼希尔河和哈法尔河，这两条支流与阿拉伯河汇合，后者流入波斯湾。阿巴丹岛位于卡伦的这两个分支之间。卡伦河流域曾经居住着约公元前2700年兴起的埃兰文明。美索不达米亚人在历史上的几个时期曾经控制过卡伦及其周围地区。

在美索不达米亚北部至少有四条独立的河流——底格里斯河、幼发拉底河、哈布尔河、奥龙特斯河及其支流阿夫林河。所有这些河流构成了一个复杂的河流体系。哈布尔河是幼发拉底河的一条支流，但在幼发拉底河上游仍然可以被视为一条独立的河流。奥龙特斯河或阿西（Asi）河是一条向北流动的河流，发源于黎巴嫩，流经叙利亚和土耳其，然后流入地中海。作为黎凡特的主要河流，"Asi"这个名字在阿拉伯语中的意思是"反叛"，因为这条河不同于该地区其他河流的流向，是从南向北流动（Fitchett和McAdams，1973）。

许多考古遗迹位于地中海东部的黎凡特地区，其文化特点是用小型圆形泥砖建造的民居、农作物种植、狩猎以及独特的埋葬习俗（即尸体埋在民居地板以下）。最早的黎凡特文化可以追溯到10 000—11 500年前。①约旦河大致由北向南流经加利利海，在海平面以下200多米处汇入死海。这条河在犹太教和基督教中具有重要意义，即使在伊斯兰教中也具有一定的意义。约旦河谷比它的邻近地区更温暖，适宜的气候、肥沃的土壤和充足的水源使它成为一个可以追溯到大约1万年前的农业发源地。希伯来《圣经》记载了这一地区发生了对以色列人来说非常奇特的几大事件，例如，约旦河断流，使以色列人能够穿过河床，约柜（《旧约》中提到的一种容器，用来装载刻有十诫的石板）一到岸，河床就干涸了。②

在土耳其进行的考古发掘和研究表明，这一地区的人类定居历史可以追溯到公元前5000年或更早，几乎与美索不达米亚南部的苏美尔人一样古老。赫梯帝国形成于公元前19世纪中叶。它起初只是一个小国，后来与周边部落结成同盟，逐渐成为一个以哈图萨为中心的大一统王国。在巴比伦尼亚后期，赫梯帝国逐渐强大，经常入侵美索不达米亚。最大的入侵发生在公元前16世纪早期。赫梯的军队占领了巴比伦城，打败了巴比伦王国。从公元前15世纪末到前13世纪中叶，赫梯帝国处于最强大的时期，夺取了埃及在西亚的领土，与埃及争夺霸权。公元前13世纪末，"海民"腓尼基人横扫地中海东部地区，赫梯帝国被肢解。公元前8世纪，幸存下来的赫梯王国被亚述帝国摧毁。

赫梯王国使用的语言是卢威语。卢威语有时被称为卢维亚语或路易什语，是一种古老的语言，或者是安纳托利亚（又称小亚细亚）的一组语言，属于印欧语系灭绝的分支。赫梯人在早期发展了卢威象形文字（见书后阅读材料C），但后来他们借用了美索不达米亚的楔形文字。鉴于卢威语的出现略晚于苏美尔语或古埃及语，一些赫梯名字和术语的形成可能与苏美尔或古埃及名字和术语相似。因此，在赫梯楔形文字、苏美尔楔

---

① 参见 Kuijt 和 Finlayson（2009），Mithen（2006，63页）。
② 参见 https://www.bible.com/bible/111/jos.3。

形文字和埃及象形文字文本中，比在后来其他或更新的希腊语和拉丁语文本中更频繁地使用共祖词或音节。这一判断符合第1章所作推论。对以上三种古语的比较历史分析不仅可以还原历史原貌，还具有现实学术意义。由于早期出现的一些楔形文字和象形文字可能被讲欧洲语言的学者错误解读了，采取比较历史方法可以帮助我们重新解读某些楔形文字或象形文字真实面目。[①]

卢威人与赫梯有密切关系，是赫梯文化晚期的主导群体。他们的语言是从楔形文字中获得的。在赫梯的法律文献（约公元前1500年）中，卢威被描述为一个外族国家，可能大致与阿尔扎瓦（Arzawa）和基祖瓦德纳（Kizzuwadna）出现在同一时期。阿尔扎瓦是安纳托利亚西部或西南部由几个公国组成的一个大片区域，基祖瓦德纳是占据西里西亚平原的一个地区。阿尔扎瓦和基祖瓦德纳在旧赫梯时期（约公元前1700—前1500年）都是独立的王国。[②]湾（或译为"凡"）是土耳其东部叫同一名字省内的一座城市，位于凡湖东岸。这座城有着悠久的历史。从公元前1000年起，它就已经是一座大城市，最初是公元前9世纪乌拉尔图王国的首都，后来又成为亚美尼亚瓦斯普拉坎王国的中心（Özoğlu，1996）。如今，湾的主要居民以库尔德人为主，也有少数土耳其族人。

湾可能早在美索不达米亚的乌尔和乌鲁克时期就出现了。当然，像乌尔和乌鲁克的名字一样，土耳其语单词"Van"（库尔德语：Wan）很可能也来源于共祖词"wa"；中世纪的希腊语单词"Eua"等同于"wa"。在这里，"Van"或"Wan"的后缀"-n"与许多其他土著语言中的后缀一样，可能没有具体含义。[③]除了湾，图瓦纳（或图瓦努瓦）也是赫梯时代繁荣的社会政治实体之一（Melchert，2003，97—98页）。瓦帕拉瓦是公元前8世纪晚期赫梯（或新赫梯）王国的统治者。除了在伊斯坦布尔的古东方博

---

① 参见第3章对埃及太阳神"赖"的重新解读。
② 参见 https://www.britannica.com/topic/Luwian。
③ 更多讨论见第7章。

物馆展出的许多纪念碑，瓦帕拉瓦还特别让人为他雕刻了一座精美的浮雕。该岩石浮雕现位于科尼亚省图瓦纳以南的一个有泉水的遗址上。浮雕中，瓦帕拉瓦被描绘成风暴之神。

可以肯定的是，美索不达米亚及其周边地区曾经是东半球经久不衰的文化中心，尽管这些文化中心在空间上不时发生变化。因此，古代美索不达米亚人拥有一种软实力，可以影响到许多偏远地区，这些地区在当时仍然处于原始文化状态。例如，虽然很难确定"Europe"（拉丁语：Europa）这个名字的词源，但有一种理论认为它来自阿卡德语单词"erebu"，意思是"（太阳）下山"。另一个类似的建议是腓尼基语的"ereb"（意思是"晚上"，因此是指"西方"）。[①]

"亚洲"这个名字源于古希腊语"Ασία"。一个公认的理论是，希腊名字来自腓尼基语的"asu"（意思是"东方"），它本身来自阿卡德语的"asu"（意思是"走出来，升起"）。另一种可能性是"asu"最初被定义为与"Utu"有关（在苏美尔神话中表示太阳神）。"亚洲"一词与太阳有关，意味着"日出之地"。看来，日本人只是借用"亚洲"一词的意译来代表他们的国家，的确有借用"日出"为自己壮胆之意。本来是一个不错的名字，如果"脱亚入欧"后，就会变为"日落"之地了。

事实上，无论东西方如何争吵，与欧亚大陆的东西两侧相反，美索不达米亚，现在是中东或西亚的一部分，是古代世界的中心。

一半是天堂，一半是地狱

苏美尔文明的起源

乌贝德文化时期（约公元前6500—前3800年）的一个独特风格是遍

布美索不达米亚和波斯湾的优质彩陶。根据《王表》的记载，在这一时期的埃里杜被称为苏美尔（肯定世界范围内也是如此）最古老的城市。它的守护神叫"恩基"（也被阿卡德人称为"Ea"），等同于苏美尔神"阿布祖"（或"阿普苏"），意思是"地下甘泉之主"。这座古城的遗址现在位于伊拉克南部一个叫阿布沙赫雷恩的土丘上，主要的发掘工作在1946—1949年进行；它被证明是美索不达米亚最重要的史前城市中心之一。埃里杜建于公元前6000年的沙丘上，全面反映了早期乌贝德各文化层的年代序列。关于埃里杜城邦中心的恩基神庙遗址，一些考古发现描述如下：

> 对（恩基）神庙进一步的挖掘表明，它是经过数千年重建的。在最早的阶段（大约可以追溯到公元前5500年），它的尺寸约为12英尺×15英尺（即大约3.66米×4.57米），由泥砖制成，有一个简单的祭台或祭坛，还有一个壁龛，用来安放恩基神的雕像。根据后来在壁龛中发现的证据——包括鱼骨头和散落在祭坛周围地板上的骨灰——判断，恩基神最喜欢的食物是淡水鱼。这座庙宇的古老程度使它成为美索不达米亚建筑和宗教史上最古老的庙宇。[①]

埃里杜（楔形文字：███ ◈）[②]曾是美索不达米亚南部最重要的中心，有1000—2000年的历史，后来逐渐被附近的城邦乌鲁克超越。事实上，埃里杜的早期文化是三种文化模式的混合体：居住在沼泽地上用芦苇建造房屋的原始苏美尔人的狩猎文化，居住在黑色帐篷里说闪米特语的游牧民族文化，以及住在树篱和泥瓦房里、从事灌溉农业的文化（Leick，2003）。考虑到包括苏美尔人在内的任何土著人都不容易念出 [ri] 这个绕口的音节，史前城邦埃里杜（Eridu）的所谓三音节名字可能是由后来甚

[①] 引自 Bertman（2005，21页）。括号中的内容由作者添加。

[②] 请注意，许多代表苏美尔城邦的楔形文字名称中都发现了最后一个符号——第1章对这类符号进行了多文化比较。

至是说欧洲语言的人给出的。即使这段开头的两个楔形文字是拼音符号，它们也只能产生一个双音节单词。最古老城邦的原始苏美尔名称很可能与在埃里杜市被崇拜的苏美尔水神"Enki"（或"Ea"）有关。正如本章其他部分所阐述的，大多数早期苏美尔城邦的名称都来源于共祖词，为此，最大的可能是，"er"、"en"和"ea"等均来自人类的共祖音[wa]，而"Eridu"的原始名称只是一个单音节或双音节单词而已。

到了乌鲁克时期（约公元前4100—前2900年），沿着美索不达米亚南部的运河和河流运输的货物量促进了许多大型、以寺庙为中心的城市的兴起，在这些城市中，统治阶层雇用了专门的工人。可以肯定的是，在乌鲁克时期，苏美尔人开始利用在对外战争中抓获的俘虏作为奴隶为他们无偿劳动。从土耳其的金牛座山脉到西部的地中海，甚至到伊朗中部的远东地区，都发现了乌鲁克时期的文物甚至殖民统治痕迹（Algaze，2005，19页）。一方面，以苏美尔商人和殖民者为代表的乌鲁克文化对周围的民族都产生了影响，使他们逐渐改变了自己的经济和文化行为。另一方面，由于苏美尔城邦无法维持对所有偏远殖民地的有效管控，其最终的衰落似乎是不可避免的。①

苏美尔真正意义上的王朝时期大约始于公元前2900年。苏美尔的中心一直在美索不达米亚南部，尽管那里的统治者很快就开始扩展到邻近地区。因此，邻近的闪族部落渐渐吸收了许多苏美尔文化。苏美尔《王表》上最早王朝的国王是伊塔纳，他是基什第一王朝的第13位国王。经过考古证据支持的最早国王是基什的恩梅巴拉格西（约公元前26世纪）——他的楔形文字名字也出现在《吉尔伽美什史诗》中。正如史诗中描述的那样，这一时期与暴力事件的增加有关，人们开始为所居住的城市修建围墙。随着美索不达米亚南部未设防村庄消失，城市规模也随之

① 参见Algaze（2005，104—107页）。乌鲁克时期的结束与皮奥拉振荡（Piora Oscillation）相吻合，这是一个发生于公元前3200—前2900年的干旱期，标志着一个漫长、湿润和温暖的气候期的结束（Lamb，1995，111页）。

增加。吉尔伽美什被认为是修建了乌鲁克的城墙。

拉加什第一王朝（约公元前2500—前2270年）尽管没有被收录在《王表》上，但通过几个重要的纪念碑和许多考古发现，都可以证明它的存在。作为拉加什军事上最成功的统治者，伊纳图姆（又称乌尔卢玛）虽然短命，却吞并了许多苏美尔城邦，包括乌鲁克、乌尔和拉尔萨。此外，他的王国延伸到东方的伊拉姆部分地区和南部的波斯湾沿岸。伊纳图姆似乎把恐怖作为一种对敌方的交战策略——正如他的秃鹰碑①中所发现的那样，显示了对俘虏的暴力对待。他的帝国在他死后不久就崩溃了。后来，乌玛国王卢加尔·扎吉·西推翻了拉加什王朝在该地区的统治地位，征服了乌鲁克，使其成为首都，并建立了一个从波斯湾延伸到地中海的帝国。他是说闪语的阿卡德国王到来之前的最后一位苏美尔国王。

阿卡德帝国将美索不达米亚、黎凡特和今天伊朗的一部分的所有闪族阿卡德人和非闪族苏美尔人统一在一起。公元前第三个千年，苏美尔人和闪族阿卡德人之间形成了一种非常密切的文化共生关系，其中包括广泛应用的双语交流。阿卡德帝国伴随第一个国王萨贡（公元前2334—前2279年）对周边国家的成功征服，在公元前24—前22世纪达到最强盛的时期。在纳拉姆·辛（萨贡的第三任继承人和孙子，约公元前2254—前2218年在位）的统治下，帝国达到了顶峰。阿卡德帝国解体后，阿卡德人先后建立了两个主要说阿卡德语的帝国：北方的亚述，以及几个世纪后南部的巴比伦。在苏美尔语灭绝之前，阿卡德语和苏美尔语曾长期共存。

公元前22世纪中叶，随着阿卡德帝国垮台后，美索不达米亚南部被来自美索不达米亚东北部扎格罗斯山脉的蛮族（古蒂安人）统治了几十年。这其中包括拉加什第二王朝（约公元前2093—前2046年）。后来，到乌尔第三王朝（也称苏美尔中兴时期，约公元前2047—前1940年），在乌尔纳姆（约公元前2047—前2030年在位）和他的儿子及继任者舒尔吉的统治下，政治版图延伸到美索不达米亚北部。舒尔吉（公元前

---

① 1881年在伊拉克泰罗发现的一块碎裂的石灰岩石碑，现在保存在法国的卢浮宫博物馆。

2029—前1982年在位）被认为是乌尔三世时期最伟大的国王。他在他的父亲乌尔纳姆的基础上，继续建造和翻新庙宇（包括乌尔的大神塔——参见图2-3）、鼓励贸易并追求军事征服（Silver，2019）。他还建造了世界上第一座边墙，以防止来自西北方阿摩利人（即后来的巴比伦人）的入侵。

不过，这是苏美尔文明的最后一次辉煌。也许，已经垂垂老矣的舒尔吉国王站在他用九牛二虎之力建造的高高的边墙上，放眼往西望去，会发出"夕阳无限好，只是近黄昏"的感慨。

为什么"Ur"会成为时尚？

在古代的美索不达米亚，许多说苏美尔语和阿卡德语的统治者与国王的名字都带有前缀"Ur"（楔形文字：𒌨，意思是"狗、人、勇士等"）。[1] 该楔形文字符号不同于表示苏美尔城邦乌尔的符号（见下一节），它出现在代表神（女神）的楔形文字之前时，具有"谦卑的战士或仆人"的含义。例如，根据苏美尔《王表》，乌鲁克第一王朝的第六位苏美尔统治者，同时也是吉尔伽美什之子的乌尔努加尔（约公元前26世纪），是美索不达米亚第一位使用"乌尔"（Ur）作为自己名字前缀的统治者。难道苏美尔国王用楔形文字符号𒌨作头衔是用来表示他对神（女神）的敬畏或服从？是的。否则，我们就无法解释为什么吉尔伽美什的儿子乌尔努加尔是第一个在他的名字中使用前缀"Ur"的国王。他的父亲是苏美尔《吉尔伽美什史诗》中的主人公，既然父亲吉尔伽美什在史诗中被称为一个拥有超自然力量的人物或神，那么这个现在被称为乌尔努加尔的儿子怎么能与拥有超人力量的神相比呢？

一个相反的例子是，与他的前任（拉加什国王乌尔巴巴，也被称为

---

[1] 参见 http://psd.museum.upenn.edu/epsd/epsd/e6166.html，以了解有关此楔形文字的更多详细说明。从最早的证据来看，楔形文字符号𒌨最初是狗或某犬科动物的形象（Hayes，2000，37—38页）。

"女神巴巴的仆人")不同的是，自称为"拉加什之神"的国王古迪从未采用"Ur"作为自己名字的前缀，不过他的儿子和继承人乌尔宁吉尔苏后来再次使用了这个前缀。很明显，通过比较乌尔巴巴和女神巴巴的楔形符号，可以看出"Ur"的楔形符号意味着仆人或任何其他卑微的头衔。[①] 在乌尔第三王朝，该王朝的创立者和第一位国王乌尔纳姆（Ur Nammu）以女神纳姆或纳玛（楔形文字：✳ ☒）命名。在苏美尔神话中，纳姆是"孕育了伟大众神"的女神（Leick，1991，124页）。当然，乌尔纳姆国王从来不敢把自己比作神，因为他的名字中有一个前缀"Ur"。此外，他还被视为恩利尔神的卑微仆人，这一点在1925年费城宾夕法尼亚大学博物馆和伦敦大英博物馆联合探险队发现的一块石碑上生动地表现出来。[②] 正如前面提到的，作为乌尔纳姆国王的儿子，舒尔吉国王宣布自己是神，这是美索不达米亚的统治者自两个世纪前阿卡德帝国垮台以来首次。

可能是因为前缀"Ur"代表有谦卑甚至自贬的含义，许多美索不达米亚的国王和统治者（特别是那些非常自负，有时也很残忍的君主）没有在他们的名字中使用它。想想为什么纳拉姆·辛（Naram Sin）——阿卡德帝国的国王和第一位被称为"上帝之王"的美索不达米亚统治者——没有在自己的名字前加前缀"Ur"？许多苏美尔统治者和国王的名字都有前缀"Ur"，这被记录在《王表》中。还有更多的人或地方统治者在出土的陶片和其他地方发现他们的名字有前缀"Ur"（Ouyang，2016），但他们中的大多数人没有明确的身份描述或传记。

在《苏美尔电子语料库》（ETCSL）中，许多苏美尔人名（包括国王的名字）被解读为多音节单词。然而，其中一些，特别是那些非常绕口的多音节名字很可能不是各自楔形文字名称的音译——也许他们最早或最初

[①] 这可以通过以下事实来证明：女神 Bau（或 Baba）的楔形文字是 ✳ ◁ ▦，而乌尔巴巴的名字包括 ▟▏✳ ◁ ▦。请注意，对巴巴名字的解读一直存在一些争议（Rubio，2010），一些研究表明，该楔形文字名字的发音类似于"巴乌"（Marchesi，2002）。的确，考虑到女神的楔形文字名称包含两个不同的符号，它们的发音用两个相同音节 [ba ba] 来表示的概率较低。

[②] 参见 http://sumerianshakespeare.com/23501.html。

的音译永远不会被知道。尽管如此，"Ur"很可能来源于一个共祖词，而且它的发音在整个历史中并没有明显的变异。事实上，"wa"作为"Ur"的原型，在美索不达米亚和其他地方都是一个常见的词。

美索不达米亚的兴衰

在公元前3000年后期实现了短暂的苏美尔复兴之后，美索不达米亚经历了从南向北的人口大迁徙。由于苏美尔人生活的土地盐度上升，农业生产降低。这一地区的土壤盐分长期以来一直被认为是一个主要问题——现代历史学家发明的"沃土新月"概念在古代美索不达米亚人看来只是一个美好的想象罢了。在水分快速蒸发的干旱气候中，排水不良的灌溉土壤会导致土壤中溶解盐的积累，最终降低了农业产量。这大大削弱了苏美尔地区的生存条件，并相对有利于以阿卡德语为主要语言的地区。[①]美索不达米亚地区已经开始"去苏美尔化"了，说阿卡德语的闪族人的力量在上升，闪族亚摩利人的涌入导致几个相互竞争的地方力量（如伊辛、拉尔萨和巴比伦，如图2-1所示）兴起。最后一个力量最终统治了美索不达米亚的南部，成为巴比伦帝国，正如亚述人在北部所做的那样。

公元前3000年末，随着乌尔第三王朝的解体，形形色色的统治者开始控制美索不达米亚南部的部分城邦，并在那里建立了小规模的地方政权。已解读《王表》的记载可追溯到青铜时代中期（公元前1950—前1539年），并提到伊辛（一个重要的城邦，见图2-1）与拉尔萨和美索不达米亚南部其他邻近城邦争夺统治地位时，伊辛的霸权主张得到承认（Van de Mieroop，2004，41页）。在公元前2000年早期，这些地方的国王彼此间争夺霸权。公元前19世纪早期，位于伊辛以南、靠近乌尔的拉尔萨城邦抢占了附近其他城邦的领土。公元前17世纪90年代初，国王林辛（公元前1822—前1763年）征服了伊辛，并控制了美索不达米亚南部的大部分地区，包括一向重要的宗教城邦尼普尔（Knott，2017）。虽然在现代文

---

① 在公元前2100—前1700年，这一地区的人口减少了近3/5（Thompson，2004）。

献中，林辛国王没有其他古代美索不达米亚统治者的影响大，但他统治的时间比任何其他被证明确实存在的美索不达米亚国王都要长。

古巴比伦时期从公元前2004年持续到公元前1595年。其实，巴比伦刚建立后的一个世纪里，直到汉谟拉比统治时期（公元前1792—前1750年在位）开始前，它的领土规模非常小。[①] 作为第六任统治者，汉谟拉比在巴比伦进行了大量的建筑工程，将巴比伦从一个小城镇扩展到一个大城市。他是一个非常高效的统治者，建立了一个有效率的税收和集权政府的官僚机构。汉谟拉比逐渐扩大了巴比伦对整个美索不达米亚南部的统治。汉谟拉比征服了美索不达米亚南部和中部的各个城邦，形成了一个独立的帝国。他转向东方，入侵了1000年后称为波斯（今天的伊朗）的领地。在西部，黎凡特（现代叙利亚）的一些闪族国家，包括强大的马里（现代泰尔哈里里，距离幼发拉底河11公里）也被征服。

巴比伦人继续使用苏美尔灌溉和农业技术，以及苏美尔历法。此外，他们还开发生产了香水、化妆品、医药等技术含量非常高的产品。《汉谟拉比法典》是世界上最早、最著名的成文法典之一。巴比伦人和他们的前辈一样，与西方其他城邦的人民进行定期贸易。巴比伦的官员或军队有时被派往黎凡特和迦南；商人们可以在美索不达米亚自由地进行商业活动。巴比伦的君主与西方的联系在相当长的一段时间内很紧密。然而，美索不达米亚南部没有天然的、可防御的边界，因此容易受到攻击。汉谟拉比死后，他的帝国开始迅速解体，帝国的一小部分继续存在了两个世纪或更长的时间（Kriwaczek，2012，167—282页）。

卡斯特王朝存在于公元前1595—前1155年。卡斯特人和之前的亚摩利统治者一样，不是美索不达米亚人的后裔。相反，他们最初出现在今天伊朗西北部的扎格罗斯山脉。像苏美尔人、阿卡德人和亚摩利人一样，卡斯特人在外表上是高加索人。然而，他们的语言不是闪族语。卡斯特

---

① 关于汉谟拉比统治的起止时间，历史学家有不同的观点，其中中期年代学认为的起止时间比短年代学早几十年。根据Manning等（2016）最近的研究，中期年代学的提法较为可信。

王朝持续了四个多世纪。尽管巴比伦在这段时期经历了短暂的复兴，但在卡斯特人的长期统治下，巴比伦总体上还是相对薄弱的，在亚述人和伊拉姆人的统治下度过了很长一段时间。尽管卡斯特王朝是美索不达米亚历史上最悠久的王朝，但它的后期伴随着领土的丧失、军事力量的削弱以及整体文化水平的下降。

在公元前2000年的大部分时间里，亚述是巴比伦尼亚和米坦尼（以美索不达米亚北部为中心的印度—伊朗帝国，出现于公元前1500—前1360年）的属地。它在公元前14世纪作为一个独立的国家，在随后的时期，成为美索不达米亚、亚美尼亚，有时还包括叙利亚北部的主要大国。公元前1208年，图库尔蒂·尼努塔一世死后，亚述的权力开始衰落。公元前1026—前911年，美索不达米亚进入了一个混乱时期。从公元前912年开始，随着阿达德尼拉里二世建立新亚述帝国（公元前912—前609年），美索不达米亚在接下来的三个世纪里一直处于亚述人的统治之下。亚述的统治在公元前612年被推翻。

随着巴比伦人的独立和新巴比伦帝国（公元前625—前539年）的建立，一个极有特点的建筑时代接踵而至。新巴比伦帝国最优秀的建筑代表是巴比伦塞米勒米斯空中花园，它与埃及金字塔并称为世界七大建筑奇迹之一。公元前539年，新巴比伦帝国落入波斯国王居鲁士大帝手中。尽管在公元前522年、公元前521年和公元前482年发生了三次叛乱，巴比伦的土地和城市在波斯统治下仍然稳固了两个世纪。在大流士三世统治时期（公元前336—前330年），过度的税收和无数战争导致了巴比伦主要神殿和运河被破坏，以及周边地区解体。

亚历山大大帝（公元前356—前323年在位）于公元前333年征服了巴比伦，并于公元前323年死在那里。巴比伦和亚述后来成为希腊塞琉古王朝（公元前312—前64年）的一部分。公元116—118年，罗马人的征服有一个短暂的间歇期。从公元226年起，基督教（出现于公元1世纪）成为当地居民的主导宗教。除了北部亚述阿迪贝尼国的独立，直到公元7世纪阿拉伯—伊斯兰征服前，美索不达米亚基本上仍处于波斯人的控制之下。此后，美索不达米亚逐渐经历了阿拉伯化和伊斯兰化的过程，只有北部的亚述人和南部的曼德人保留了明显的美索不达米亚人的身份和语言。

瓦迪：一个文化地理术语

在过去的几千年中，无论美索不达米亚及其周边地区的文化发生了多大的变化，作为共祖词的"瓦迪（wadi）"也许从未改变过。目前，被命名为瓦迪的地方和场景包括：迪拜的野生瓦迪水上公园、约旦的瓦迪拉姆（Wadi Rum）和瓦迪派沙（Wadi e Baiza）。瓦迪萨拉姆（阿拉伯语："和平谷"）是一个伊斯兰墓地，位于伊拉克什叶派圣城纳杰夫。[1] 该遗址现已列入联合国教科文组织（UNESCO）世界遗产暂定名录。基尔特河发源于耶路撒冷附近，汇入耶利哥和西岸的死海附近的约旦河。约旦河西岸、靠近耶路撒冷的一个称为瓦迪凯尔特（Wadi Qelt）的地方，曾是修道院和基督教的旧址，包括圣乔治修道院和瓦迪凯尔特犹太教堂。

进一步研究瓦迪凯尔特的意义在于，它揭示了史前时期近东的"瓦迪（wadi）"环境是如何在水文上影响文化复杂性的。考古学家发现，在今天的耶利哥附近的瓦迪凯尔特河口，有最早的村庄或城镇以及石墙的建造痕迹。独特的新石器时代（公元前8000年左右）的石墙上还建了一座塔楼。这堵墙可能是为了防止洪水而修建的，而这座塔则是用于仪式或祭奠（Akkermans和Schwartz，2004，57页）。墙的高度（1.5—2米厚，3.7—5.2米高）和塔的高度（8.5米）也表明了它的防御目的（Haviland等，238页）。此外，这样一个项目的建设意味着某种社会组织、分工和阶级。考古学家在杰里科发掘了十多个定居点的遗迹，其中第一个定居点的历史可以追溯到公元前9000年左右（比城墙的历史要早得多），几乎可以追

---

① 该墓地是世界上最大的公墓，占地1486英亩（约6平方公里），有500多万具墓穴。它每年吸引数以百万计的朝圣者（Ham，2010，224页）。

溯到地球历史上全新世的最早阶段。

"wadi"在希伯来语和阿拉伯语中，指的是河谷。在某些情况下，它可能表示仅在暴雨或断断续续溪流期间含有水的干燥河床。阿拉伯语是一种中部闪族语言，最早在铁器时代的阿拉伯西北部使用，现在是阿拉伯世界的通用语，涵盖从东部的美索不达米亚到西部的前黎巴嫩山脉、从阿拉伯西北部到南部的西奈半岛的大片区域。希伯来语和阿拉伯语都属于亚非语系，传统上称为闪含（含米特）语系，是一个由几百种相关语言和方言组成的大家族，主要分布在中东和北非，包括非洲之角。在马格里布，包括非洲西北部和埃及西部的大部分地区，"wadi"（或"wad"，在马格里比阿拉伯语中有时是"oued"）适用于所有河流（包括永久或季节性河流）。

目前，瓦迪（源自共祖词"wa"）是中东及其周边地区最常用的姓氏，特别是在伊拉克、苏丹、叙利亚、沙特阿拉伯、埃及、约旦、阿拉伯联合酋长国和突尼斯。此外，其他流行姓氏包括：

- "Jawad"（阿拉伯语姓氏，意为"坐骑、慷慨、大方"等）在巴基斯坦、伊拉克、阿富汗、摩洛哥、阿富汗、印度、孟加拉国、沙特阿拉伯、叙利亚、黎巴嫩、阿拉伯联合酋长国、巴林、约旦、阿曼和埃及都很常见；
- "Awad"（男孩的古兰语名称，意为"仁慈、女神、同情"）在苏丹、埃及、叙利亚、沙特阿拉伯、也门、伊拉克、约旦、利比亚、黎巴嫩、阿拉伯联合酋长国、科威特、以色列和卡塔尔都很常见。

在希伯来语中，上帝耶和华是以色列神。耶和华（更准确的音译应为"耶瓦"）和另一个《圣经》人物诺亚（也叫"Nowa"）的名字很可能来自早期美索不达米亚神话中天神的名字。在美索不达米亚的神话中，许多神的名字都源自[wa]音节。此外，现代阿拉伯语单词"ahwar"（意思是

"沼泽地"或"低地")可能来自"wa",也可能还有其他我们仍然不知道的吉祥含义。"Sawad"是早期伊斯兰时代(即7—12世纪)伊拉克南部的名称,意思是"黑土地",指的是美索不达米亚冲积平原与阿拉伯沙漠之间的鲜明对比(Schaeder,1997,87页)。有时,它也被用来表示灌溉的农田。

神话中的恶神与善神

事实上,美索不达米亚南部在古代和现代都比美索不达米亚北部干燥——在过去几千年中,美索不达米亚的一般气候格局没有明显变化。与此同时,美索不达米亚南部诞生了第一个(苏美尔)文明,因此被普遍称为文明的摇篮。在这背后的驱动力是什么呢?也许没有人比苏美尔人更有动力去发展一种新的更好的生活方式——如果没有创造性生产、生活方式(即包括文明)的出现,苏美尔人很难在美索不达米亚南部生存下来。苏美尔人还创造了许多关键术语和名字,这些词和名字来源于"wa"和"wadi"这两个共祖词,具有吉祥甚至神奇的含义。显然,他们这样做仅仅是因为他们和他们的祖先面临许许多多的威胁和挑战,而这些威胁和挑战只能且必须通过"文明"来克服。但是,无论如何,他们只能克服其中的一部分,而剩下的部分只能由想象中的超自然力量来解决。毕竟,与变化无常的自然界相比,人类太渺小了。久而久之,对神灵的崇拜也成为文明的一部分了。

在介绍美索不达米亚神话的西方文献中,胡瓦瓦(Huwawa,在亚述语称为"胡巴巴")被描述为一个远古时代的怪物,由太阳神乌图抚养长大后,由于常常伤害人类,最后被吉尔伽美什打败(Moran,1992,233—235页)。然而,这种解读是基于早期的、不完整版本的《吉尔伽美什史诗》,可能是错误的,至少是不完整的。鉴于"胡瓦瓦"和"胡巴巴"这两个词分别是从共祖词("瓦/wa"和"巴/ba")派生而来,后者通常都有吉祥的含义,苏美尔人关于这位"怪物"的真实故事可能不完全像西方文献中所描述的那样。事实上，像埃及神塔瓦雷特（她在早期被称为凶猛的恶魔，但后来演变为在古埃及守护母亲和新生子女的神）一样，胡瓦瓦（胡巴巴）在大多数美索不达米亚文化中也应该是先扮演消极角色后来扮演了积极的角色。

上述判断可以从最近的考古证据中得到证实。2011年，考古学家发现一块刻有楔形文字的黏土碑（现在是伊拉克第二大博物馆斯莱马尼博物馆的收藏品）。这块石碑上有一部分《吉尔伽美什史诗》的遗失文本，其中有一部分内容如下：

> 胡巴巴来了，又走了，在那里踩踏出一条整齐小径。在整个森林里，有一只鸟开始唱歌，另一只木鸽在呻吟，还有一只斑鸠在呼应。猴子妈妈们在高声歌唱，一只小猴子也跟着学：它们像一个乐队的音乐家和鼓手一样，每天在胡巴巴面前奏出悦耳的乐章。[1]

显然，在这个最新版本的《吉尔伽美什史诗》中，胡巴巴（胡瓦瓦）应该被描绘成为一位仁慈的守护者。事实上，在美索不达米亚神话中，许多其他的神和女神都被描述为具有双重身份。苏美尔语的伊娜娜，在阿卡德语中被称为伊什塔，是一位代表战争、爱情、美丽和性爱的女神。在许多苏美尔人制作的工艺品中，伊娜娜（伊什塔）经常被描绘为一位手持狮子（权力的象征）的年轻女子。在另外一些传说中，她被描述为邪恶无情的人，故意杀害她的丈夫或情人。《吉尔伽美什史诗》（第六泥板）提到，她曾经追求过吉尔伽美什，但被后者拒绝。吉尔伽美什列举了她残忍地杀害或伤害她的情人，此举侮辱了她。随后，她给吉尔伽美什最好的朋友恩基杜带来了一种疾病，最终导致其死亡。

伊娜娜（伊什塔）是苏美尔万神殿中的重要女神，但现在还不确定她是否有闪族血统，或者伊娜娜与伊什塔是不是两个不同身份。在伊娜

---

[1] 引自 Tharoor 和 Maruf（2016）。

娜的形象中，有几个传统似乎结合在一起了：她有时是天神的女儿，有时是他的妻子；在其他神话中，她又是南娜（美索不达米亚月亮神）的女儿。在另一个传说中，据说伊什塔杀死了她的儿子和丈夫塔木兹（或者苏美尔语中的杜姆兹）。然而，由于塔木兹是植物之神，他的死导致了地面上的植物停止了生长，并引起了自然灾害。因此，伊什塔在阴间就经历了七次考验，再次给世界万物赋予活力。巴比伦人相信冬天没有收成，因为那时伊什塔和塔木兹在阴间。收获后，他们知道如何给土地施肥。肥料代表了塔木兹破碎的身体，他用自己的血肉来滋养土地。施肥时，妇女们会大声哭泣，并对塔木兹的死表示哀悼（Jacobsen，1976，140—143页）。在美索不达米亚宗教中，每年春天都代表着伊什塔和塔木兹的回归，这是人类对自然崇拜的产物。

伊娜娜（伊什塔）在神话中经常被拟人化，她是许多古希腊女神的原始版本（Marcovich，1996）。伊娜娜（伊什塔）对后来许多女神的形象和崇拜产生了重大影响，包括著名的希腊女神阿芙罗狄蒂和阿斯塔特等。希腊女神阿芙罗狄蒂后来被罗马人认定为维纳斯女神。

❧ 西方教科书中的解读是错误的

俺不是安，安是天神

在美索不达米亚的早期历史中（约公元前4000年中期），楔形文字是苏美尔人发明的书面语言。美索不达米亚缺少石材和木材，必须进口，但那里有的是黏土，而且可用作书写材料。"楔形文字"（cuneiform）一词源于拉丁语"cuneus"（意思是"楔子"），因为它是在湿黏土板上用带尖的芦苇笔画出的楔形符号。这是西方教科书中对楔形文字的标准介绍。然而，楔形符号的形成主要是由美索不达米亚的文化因素决定的，而不是由芦苇笔本身的使用决定的。每个楔形符号的标准化形式似乎是从象形图发展而来的。早期的楔形文字体系需要很多年的时间才能掌握，因此，只有少数接受过培训的抄写员可以理解楔形文字（Thomason，2005，25页）。然而，许多楔形文字标志是古代苏美尔人特意设计的，因此在当时具有重要的地缘政治和文化意义。遗憾的是，其中一些重要的符号在西方教科书中没有得到正确的解读。

根据剑桥大学出版社出版的《剑桥史》，伊拉克的阿拉伯名字（al-Irāq）源自苏美尔城邦乌鲁克（"Uruk"）的名字，中间的演变途径可能包括"Erech"（亚拉姆语）和"Erāq"（中古波斯语），全部含有"低地"的意思（Eilers，1983，481页）。古代人真的用过上述三个音节词吗？古代乌鲁克城邦的名字真的含有"低地"的意思吗？让我们先看看乌鲁克楔形文字名字中的关键符号：𒌷。这个符号最早出现在公元前3000年，在宾夕法尼亚大学《苏美尔语词典》（PSD）中被定义为表示"城市"。[1] 考虑到大多数（如果不是所有）早期楔形文字符号都是象形或表意符号，而不是拼音符号，很可能古代美索不达米亚人对其城邦的定义与剑桥历史学家的建议不一样。我的判断基于以下几点。

事实上，上述楔形符号很可能来自天神（"安/An"或"阿奴/Anu"）神塔的空间结构。根据放射性元素测年，这座建筑（17.5米×22.3米）的建造年代是公元前3517年到公元前3358年，是苏美尔城邦乌鲁克最著名的地标。德国考古研究所于2012年完成了对神塔的三维数字重建（如本页右上角所示）。[2] 看了这张鸟瞰图后，人们很容易将它与上面的楔形文字

---

① 参见 http://psd.museum.upenn.edu/epsd/epsd/e2717.html。

② 在乌鲁克，最大的神塔是阿奴神塔（Anu Ziggurat），白色的神庙建在塔的最高处。因为地处平原，这座高耸的庙宇从很远的地方就能看到（引自 http://www.artefacts-berlin.de/en/uruk-visualisation-project-the-white-temple）。

符号（ ⊞ ）联系起来。在这里，该符号左上角的缺口不应该是古代苏美尔人无意中造成的——有几十个类似的楔形文字符号都是用封闭的框架写成的。[1] 然而，在符号的左上角的空白处与阿奴神塔一个角落的缺口十分吻合。神塔的一角留有缺口是为了建造一架梯子，通过它可以走到神塔的塔顶。

考古学家们已经在乌鲁克的废墟中发现了多个不同年代所建造城市的痕迹，其中大多数宫殿和寺庙都是建成近似方形的结构（Charvát，2002，124—125页）。这种方形建筑结构，在建筑材料数量是给定的情况下，可以最大限度地扩大建筑面积。这种建筑结构在美索不达米亚及其他古文明发祥地的寺庙和宫殿的废墟中也存在。[2] 埃里杜被认为是世界上最古老的城邦，是苏美尔城市中最南端的城市群，这些城市群围绕各自的寺庙周围发展，一度成为美索不达米亚南部的政治和经济中心。在埃里杜，所有建筑都是由泥砖构成，因为文明持续了数千年，不同年代的建筑彼此之间相互叠加，但最初的结构是方形的（Taylor，1855；Pollard等，2015，51—52页）。关于乌鲁克的阿奴神塔，建造者将其一角留下缺口（在建造高塔时用于建斜梯）可能在当时被称为建筑创新。大约1500年后，附近的乌尔人才开始使用不同的方法来建造乌尔大神塔的阶梯（见图2-3）。

与其他古文明的书写体系早期所使用的符号（在后面的章节中将讨论）一样，大多数早期楔形符号的形成应该受到古代美索不达米亚人自身日常社会和经济活动的影响。虽然现有文献没有关于5500年前阿奴神塔的详细故事，但我相信它的特殊结构为古老的苏美尔楔形文字特征奠定了基础。此外，可能是受宏伟的阿奴神塔或从中衍生出来的楔形符号

---

[1] 例如，⊞包括在第一位苏美尔国王阿鲁林的楔形文字名称中（Wang，2014，36页）以及，如下文所述，苏美尔女神纳姆和乌尔国王乌尔纳姆的楔形文字名称中。

[2] 例如，在现代叙利亚泰尔哈里里（闪族古城马里）的齐姆里利姆五宫（公元前1780—前1759年在位）中可以找到更多的证据（Scarre和Fagan，2003，207页）。然而，古埃及的房屋和宫殿是长方形的，而中国古代的房屋和宫殿是方形或圆形的。作者将在第3章和第5章中详细讨论这些不同的房屋结构是如何受到环境影响的。

（　）的吉祥意义的影响，以下两个地方也发现在各自楔形文字名称中使用了上述符号（见附录C）：（1）德尔（Der）①是苏美尔一个边远城邦名字，该城邦的存在年代大约与乌尔第三王朝平行，位于底格里斯河以东、伊拉克瓦西特省巴德拉附近的现代泰尔阿克尔；（2）哈图萨（1986年列入教科文组织世界遗产名录）是公元前2000年赫梯帝国的首都，现位于土耳其境内。

几乎可以肯定的是，上述代表"乌鲁克"的楔形符号的发音应该接近共祖音[wa]（或其任何变体），而不是任何其他更绕口的发音（例如[eri]、[iri]或[uru]等），后者是宾夕法尼亚《苏美尔词典》（PSD）和牛津大学《苏美尔电子语料库》（ETCSL）给出的解读。古代美索不达米亚人（包括苏美尔人和阿卡德人）怎么能发出如此绕口的音节？事实上，在古代许多土著语言中，"瓦/wa"（或其任何变体）是一个共祖词，它表示"房子、宫殿和寺庙"。例如埃及象形文字的房（见第3章）、中文的"屋"（见第5章）和南美洲奎楚亚语的"房子"（见第7章）等。古代美索不达米亚不应该是一个例外吧。

此外，"　"这个符号的含义可能在PSD中没有得到完整解读。在古代美索不达米亚，如同其他古代文明一样，创造书面语言是文明发展的高端品牌，因此与居住在那里的人类的重要基础设施和人文活动有关。简而言之，每个符号，当设计为最早的楔形或其一部分时，肯定被用来代表（或曾经代表）一些重要含义。

古人为什么喜欢这些符号？

人类是地球上为数不多的能够使用工具或武器的物种之一。人类第一个也是最简单的工具或武器，肯定是最容易制造的类似棒或棍之类——当然握紧的拳头也算一个。直到后来，人类才能够使用更先进、更有效的工具或武器。权杖（或魔杖）是皇室权力的象征。现有考古发

---

① 由于其发音受到质疑（De Graef，2007），作者判断其原名的发音可能是[dewa]。

现，在古埃及和中国发现了各种各样的权杖，形状和材料各异。在中国古代，权杖是由木头、黄金、青铜或玉制成的。许多欧洲王国的国王所持有的权杖通常由黄金、银或其他贵金属制成，镶嵌宝石。这些权杖起源于古埃及，也可能是美索不达米亚。人们自然会相信，在全世界几乎所有最早的文化中的棍子形状符号（如"|"和"—"）首先被用来表示"一"或"第一"。① 如果古人用这些符号来表达他们世界中的许多一次性或第一件事物或事件，那么紧接下来的文化复杂化似乎是：在许多早期文化中，"||"与"＝"这两个符号通常表示"二"或"第二"。

此外，一些古人，特别是那些最终创造了土著文化的古人，能够使用两个棒状符号来设计更复杂的符号（包括但不限于"+"和"×"，现在通常用作数学符号）来表示其他更复杂的事物或事件。除了稍后将更详细讨论的美索不达米亚的情况，世界其他许多古代文化也使用类似"+"或"×"，包括：

× 古埃及一种常用的象形文字符号，最初是皇室或王权的象征，因为只有法老会被双手交叉地制成木乃伊；

+ 甲骨文，相当于现代汉字"甲"，表示1—12个汉语序列号中的"第一"，现在被用作汉字代表最大的数字10；

+ 古印度婆罗米文代表数字"4"，可能由东西南北四个方向的含义派生出来；

† 基督教中使用的符号，其他宗教也有使用。

此外，还有其他一些重要符号从"+"或"×"派生出，包括：

卐 佛教、耆那教和印度教的宗教象征，其原始含义将在第4章中予以解读；

① 有关楔形文字体系基础的更详细描述，请参阅下一节。

♀ 埃及象形文字，表示"生命"；

♀ 埃及象形文字，意思是"好，愉快，美丽"；

田 甲骨文与现代汉字，与田、猎有关；

⊞ 甲骨文，相当于+，后者刚在前面提到；

⊕ 古希腊线性文字B字符，用来代表共祖音[ka]；

⊗ 尚未解读的奥尔达克符号，由其衍生的符号出现在玛雅文
字表示国王和其他重要的名称和术语中。

让我们回到对乌鲁克的分析。顾名思义，5000年前建造的阿奴神塔
是献给天神阿奴的。在美索不达米亚的宗教中，安（如苏美尔人所称）或
阿奴（如阿卡德人所称）是最高的神，是所有其他神的祖先，当然，古代
美索不达米亚人坚信他可以给予他们权力和保护。天神阿奴的楔形名称
（✳，由十与✕组成），其中✕是苏美尔楔形符号（意为"首先、卓越，
父亲、男性、兄弟"），也是代表阿布神（"植物和植被之神"）的楔形文
字。[1] 十字交叉符号（十）与世界其他许多古代文化一样，在美索不达米
亚早期文化也具有重要意义，但这却没有在西方教科书中提及。用于表
示天神的楔形符号在公元前912—前609年的新亚述帝国文字中写为⟶十
（Kramer，1981，ⅩⅩⅢ页；Borger，2007，5页）。这样基本可以判断，
当作为代表乌鲁克楔形符号 ⊞ 的一部分出现时，十字交叉符号应该被用
作代表天神楔形文字的缩写。

乌鲁克（Uruk）应该是一个现代词，苏美尔人可能从来没有使用过这
个名字。拉丁字母"U"只是在古典时代以来被欧洲人使用（见书后在阅
读材料A表A-4）。因此，比欧洲人古老得多的苏美尔人当然也不太可能
使用这种发音。从词源上讲，由于"乌鲁克"一词的音译是阿拉伯语中的
瓦尔卡（Warka），苏美尔人或其他古代美索不达米亚人可能使用了更易

---

① 阿布神还有其他苏美尔楔形文字名字，"阿拉伯"一词的词根就是从这里衍生出来的（见
下一节和附录C）。

读的共祖词"waka"（或其任何变体）作为城市乌鲁克的名称。阿拉伯语最初出现在铁器时代，属于亚非语系传统上称为哈密托—闪族（查米托—闪族）语族，后者由几百种相关语言和方言组成，包括阿卡德语（也称为亚述—罗巴比伦语，是公元前3000—前1000年美索不达米亚所说的一种闪族语言）。[①] 此外，乌鲁克的原始含义不可能源自前面《剑桥史》中所定义的所谓"低地"。古人比现代人更迷信神灵。既然天神阿奴是乌鲁克人的主神，他们国家的名字应该含有"天神之地"的意思。

当撰写《圣经》的第一本书《创世记》时，作者一定是受到了《吉尔伽美什史诗》的启发。学术界一般认为，考虑到发音上是相似的，乌鲁克（Uruk）就是《圣经》中的"Erech"（《创世纪》10：10）。鉴于许多圣经故事都有美索不达米亚的背景，因此有理由判断"乌鲁克"在圣经中被多次以人名或地名使用。例如，希伯来文《圣经》中至少有四个不同的人名叫"Enoch"（《创世纪》4：17，5：18，25：4，46：9）。然而，正如《圣经》中所描述的那样，虽然有些翻译的名字叫"Enoch"，但最新的国际版本使用的是"Hanok"（《创世纪》25：4和46：9）。在这两段经文中，"Hanok"这个名字来自同一希伯来语单词"Enoch"（《创世纪》4：17和5：18）。即使在《圣经》中涉及乌鲁克时就有不同的音译名称，最早的苏美尔和阿卡德语是如何命名乌鲁克的，虽然已无从知晓，但几乎可以肯定与后来王朝时期所称的名字有很大不同。

根据《吉尔伽美什史诗》，"乌鲁克"被苏美尔人定义为一个吉祥的术语。其他土著语言中类似的音译词包括中美洲的"waka"（在那瓦特语中，意思是"神的地方"）和秘鲁的"wak′a"（在克丘亚语中，意思是"保护之神，圣物"）。此外，"eco"是大多数欧洲语言中"生态（ecology）"和"经济（economics）"二词的前缀，源自古希腊术语"oikos"（意思是"家庭、家庭财产、房屋"）。鉴于希腊靠近美索不达米亚，"oikos"一词很可能来自苏美尔语或任何其他早期版本的"Uruk"，所有这些词的词源都是共祖

---

① 参见 http://www.britannica.com/topic/Akkadian-language。

世界文明新史

词"waka"。

"愿诸神保佑我们的胜利！"

讲欧洲语言的历史学家可能犯的另一个错误与解读代表苏美尔城邦名字"乌尔"（Ur，在当地语言中读[oor]，类似于共祖词"wa"）的楔形文字有关。与乌鲁克一样，乌尔也是美索不达米亚南部一个重要的苏美尔城邦，位于现代伊拉克南部的蒂加尔省。乌尔曾是波斯湾幼发拉底河河口附近的一座沿海城市（见图2-1），但随着大片波斯湾北部变为陆地后，现在位于内陆，在幼发拉底河南岸，距纳西里耶16公里。考古学家发现了公元前6500—前3800年在乌尔早期的人类文化活动证据。公元前3000年通常被描述为美索不达米亚的早期青铜时代，大约在公元前21世纪乌尔第三王朝灭亡后结束。

塞缪尔·诺亚·克莱默（Samuel Noah Kramer，1897—1990年）是著名的苏美尔历史和苏美尔语专家，他认为"Ur"在苏美尔语中被称为"Urim"（Kramer，1963，28、298页）。这种观点在西方教科书中已被广泛采用。然而，"Urim"这个词无论怎么读，都有点像一个现代拉丁风格的词——它太绕口了，古苏美尔人可能读不出来。告诉你一个特别简单的判断方法：如果你身边没有来自讲土著语地方的朋友，你可以尝试让一位幼儿园小朋友读读这个音，然后比较一下。尽管苏美尔人比当时的其他远古人类受过更好的训练，但他们使用的音节数量可能比现代人少得多，而且通常不使用一些绕口音节——这一点在第1章已经讨论过。此外，苏美尔人的书写体系在其早期阶段只有象形或表意功能，一个符号代表一个事物或一个动作。然而，在现有的欧洲文献中，对苏美尔楔形文字名称代表"Ur"的符号含义没有合理解释。

表示苏美尔城邦"乌尔"的楔形文字由三个空间上独立的符号组成：。虽然最后两个符号是常用符号，其含义也没有异议，但第一个也是最关键的符号在PSD中并没有得到令人满意的解读。①其实，如果 ⌂⊰ 具有PSD中定义的"保护"含义②，⌂⊰ 也应具有类似的含义。这两个符号的原型（即顺时针90°旋转）看起来像是竖立在地上的三角形旗帜（如本段开头所示）。在古代美索不达米亚，旗帜可能被用作军事行动的指挥符，通常带有胜利、权力等的含义。③在中东及其周边地区（包括现代的巴林、吉布提、约旦、科威特、巴勒斯坦、卡塔尔和苏丹共和国）的国旗上仍然可以找到三角形符号。此外，在中国的甲骨文中还发现了一个有飘扬旗子的符号，现在解读为汉字"中"。其实，甲骨文的"中"在古代（甚至在现代的一些地方）也有"胜利"的含义。就像汉字"中"的中间垂直线一样，上述楔形符号的形状也体现同一个原理，这解释了 ⌂⊰ 左半部分底部的"长画线"符号（原来代表旗杆）为什么是居中的原因。

上面的解读应该是合理的，它填补了现有的楔形文字研究的一个空白，还较合理地回答了为什么该符号的左侧部分被设计成只占整个楔形文字左侧的上半部分，而不是全部。这种特殊安排在其他楔形文字中没有出现过，在现有的楔形文字研究中没有得到解释。此外，我们还应该仔细了解一下乌尔的大神塔（见图2-3）的结构。最初由乌尔纳姆④国王于公元前2047—前2030年建造的大神塔，在公元前6世纪崩塌成为废墟后，由新巴比伦帝国的纳博尼达斯国王（公元前556—前539年在位）修复。大神塔是为恩利尔神（即"风、空气、大地和风暴之神"）建造的（Coleman and Davidson，2015，108页），曾一度是苏美尔城邦乌尔最著名的地标性建筑。由于 ⌂⊰ 作为楔形文字符号比乌尔大神塔出现的时间早了几个世纪，因此前者不太可能受到后者的影响——相比之下，早期的

---

① 第一个符号被定义为"含盐的，盐"，参见 http://psd.museum.upenn.edu/epsd/epsd/e3783.html。

② 参见 http://psd.museum.upenn.edu/epsd/epsd/e6213.html。

③ 这可以从公元前26世纪的一个战争场面中看到。如书后阅读材料B图B-2所示，一位苏美尔国王在最高处的中心位置手里拿着一个类似旗帜的指挥棒。

④ 历史学家已经解读出这个苏美尔国王（楔形文字：𒈗𒉿𒆳）的四个不同的名字（此处从略），但只能有一个与其真实的名字完全相同或最相似。

世
界
文
明
新
史

这个吉祥符号可能启发了乌尔纳姆国王对大神塔的结构设计。

图2-3　乌尔大神塔（重建，原建于公元前2047—前2030年）

注：砖板（下图）中的五行苏美尔楔形文字（颠倒字形，这样印出来的字为正常字形）被翻译
　　为：

1. 乌尔纳姆（ ）

2. 乌尔国王（ ）

3. 苏美尔和阿卡德国王（ ）

4. 他为恩利尔神建造了（圣殿）（ ）

5. 80（？）（ ）

来源：（1）乌尔大神塔图片为英国学者伦纳德·伍雷爵士(Sir Leonard Woolley)1939年绘制（根据知识共享署名共享3.0通用许可）；（2）砖板为伊拉克苏莱曼尼亚博物馆藏品；（3）中文和苏美尔楔形文字注释为作者添加。

　　坦率地说，搞清楚上述具有5000年历史象形/会意符号的最初含义是一件相当困难的事情。然而，我们似乎可以得出以下判断：（1）上述代表古城邦乌尔的楔形文字符号的含义在PSD中被错误地解读了；（2）西方学者将代表乌尔的楔形文字的苏美尔语发音解读为"Urim"也是错误的，因为读起来太绕口了，苏美尔人或任何其他古代美索不达米亚人不可能使用过。如果现代的"Ur"一词是从苏美尔语的原始发音而来的，那么我们有理由相信这个城邦的名字，现在被称为"Ur"，最初为"wa"，后者是一个共祖词，代表房子、家园、祖国，甚至是国王或上帝的宫殿。直到后来，生活在那里或其他地方的人们才开始用其他更绕口的词来代替"wa"，包括我们现在所说的"Ur"。

古人说话与想象的不一样！

一般认为，苏美尔语是已知的最古老的书面语言，但也是完全不同于其他语言的孤立语言。它最早出现在约公元前3500年左右的美索不达米亚南部，流行于公元前3000年。大约在公元前2000年，苏美尔语被闪族的阿卡德语（亚述巴比伦语）逐步取代后，其楔形文字后来一直使用了很长一段时间。苏美尔人最早完成的写作革命为人类文明的方方面面提供了一个挑战性的、但令人着迷的新篇章。

苏美尔楔形文字由大约1000个不同的符号组成（见书后阅读材料A）。所有这些符号不可能彼此有完全不同的发音——即使现代人能够比祖先掌握更多的音节，也不能发出多达1000个音节。因此，这些楔形符号虽然有着不同的象形或表意含义，但它们中的许多要么是同音符号，要么根本没有发音功能。当今学术界对苏美尔语的一些基本语法仍然有很多争论。伊格纳斯·盖布——芝加哥大学东方语言学研究所和近东语言和文明系杰出教授——描述了这一古老语言的一些特点，如下：

> 苏美尔语的独特发音（音素）由四个元音（a、i、e和u）和16个辅音（b、d、g、ŋ、h、k、l、m、n、p、r、s、ś、š、t和z）组成。在古典苏美尔中，b、d、g、z和p、t、k、s的区别不是声调（带振动声带）和无声调辅音（无振动声带）之间的差别，而是无差异的辅音

的差别，后者伴随着呼气的声音发音。①

盖布教授的这篇文章被收入《大英百科全书》中，其中他将半元音 y 和 w 定义为滑动音位（Gelb，2019）。然而，如果古代（或土著）语言与现代（或非土著）语言之间确实存在差异的话，那么苏美尔语——也许是人类最古老的语言——的上述音位可能在古代世界中并不存在。苏美尔人生活在公元前 3000 年或更早的时候，他们果真能准确地发出或区分所有这些音位（如 s、ś,以及 š）吗？正如本书其他地方所讨论的那样，许多涉及古代国家、国王或其他统治者名字的发音大部分是源于共祖词，而不是现代人习以为常的绕口词。

关于苏美尔的乌尔和乌鲁克，没有确凿的证据证明它们最初的发音是什么——可能我们永远不会知道苏美尔人是如何叫它们，因为苏美尔语已经灭绝 2000 多年。然而，对于那些源自共祖词的词语，可能是一个例外，因为所有共祖词在历史上几乎没有突变。人们已习惯用现代词语"Ur"和"Uruk"来表示世界上最古老的两个城市，但它们的早期发音可能直接源自人类的共祖词。然而，很容易理解为什么乌尔和乌鲁克的名字在现代文献中被错误解读——它们很早之前就已经退出历史舞台了。例如，如前刚刚所述，即使在公元前第一个千年晚期出现的希伯来《圣经》（也称"旧约"）中，就开始出现对这些地名的混淆不清的定义了。

但是，在古代，甚至在现代，许多用来代表国家名字的词是共组词或者源于共祖词。这是个不争的事实。例如，日本人先是用"倭"后来用"和"（两字在现代日本语的发音近似于 [wa]）来代表"日本国"和"日本人"；在中国的古汉语以及当代南方一些汉语方言中，"华"的发音也是 [wa]；在中美洲土著文化和语言中，读音近似于或起源于 [wa] 的音节也很常见。

_____

① 引自 Gelb（2019）。

了解早期楔形文字书写的世界

楔形文字的形成与演化

楔形文字是人类世界最古老的、结构完备的文字体系，它使古代美索不达米亚人能够记录和保存其宏伟的文化和文字遗产。遗憾的是，这种书写方式在历史上经历了太多演变，并且早在公元1世纪就停止使用。在过去的几千年中，许多使用楔形文字的王朝一个接一个地消失了，他们的文字也被渐渐遗忘了。

这种神秘文字和语言的重新发现是欧洲近代的成就。对美索不达米亚楔形文字的解读始于18世纪末丹麦冒险家卡斯滕·尼布尔，他在今天的伊朗珀尔塞波利斯首次发现楔形文字铭文。对这些文本最重要的解读可以说是由德国学校教师格奥尔格·格罗特芬德在1802年完成的。由于他熟悉后来的萨珊铭文和希罗多德的著作，格罗特芬德正确地推断出那些楔形文字可能是"薛西斯是伟大的国王，是万王之王，是万王之王大流士的儿子"和"大流士，是伟大的国王，万王之王，他是希斯塔斯佩斯的儿子。"[①]

然而，直到尼尔斯·路易斯·韦斯特加德和爱德华·辛克斯分别在1845年和1846年取得重大突破后，珀尔塞波利斯的铭文才开始得到更充分的理解（Westergaard，1844）。几年后，驻扎在巴格达的英军军官亨利·克雷斯威克·罗林森得到一块刻有一段用三种文字撰写的碑文，这段碑文刻在伊朗比西屯一处几乎难以接近的高崖上。事实上，因为这一同一内容铭文包括三个文本——旧波斯文（已经可以满意地解读）、伊莱米特文和巴比伦文，这对解读美索不达米亚楔形文字至关重要。到19世纪50年代末，辛克斯和罗林森成功地完成了美索不达米亚楔形文字的破

---

① 引自 http://cdli.ox.ac.uk/wiki/doku.php?id=the_decipherment_of_cuneiform。

译工作（Cathcart，1983）。

尽管取得了巨大的学术成就，但问题仍然存在。从公元前3000年到公元前1000年，美索不达米亚楔形文字在书写风格和发音上都发生了巨大的变化，用后来的楔形文字来破译旧的楔形文字是会出现问题的，有时甚至会得出错误的结论。因此，正如本章其他地方和在书后阅读材料B中所提到的那样，苏美尔楔形文字远未被破译。幸运的是，一些苏美尔楔形文字符号来自人类共祖词或音节，因此，可以帮助我们复活它们原来的意义和发音。例如，代表天神的楔形文字✳在许多苏美尔语和阿卡德语文本中经常出现。尽管还不清楚这个楔形文字何时被解读为拉丁语的"An"（苏美尔语）和"Anu"（阿卡德语），但可以肯定是近200年的事情。它们可能不是原来苏美尔语和阿卡德语各自的发音。在一些古老的印欧语言中，出现在单词开头的音节[a]来源于[wa]。[①]那么，比这些印欧语言更古老的苏美尔语和阿卡德语肯定也是如此。

考虑到古代美索不达米亚人和世界其他地方的所有古代人类一样，只能使用比我们现在更少的音节，因此同音异义词在古代比今天更为普遍。回顾现有的苏美尔语和阿卡德语的术语和名称可以提供这方面的经验证据。乌多（Uttu，可能读作[wadu]）是苏美尔神话中织布和服装的女神，幼发拉底河的名字很可能来自它。此外，苏美尔风暴之神阿达德（Adad）或哈杜（Haddu）很可能来自祖先的"Wad"或"Wadu"——他的其他苏美尔名字，包括"Iskur"，很可能是现代名字。众所周知，风暴神对人类既有利也有弊：风暴神的破坏性在美索不达米亚南部往往很突出，而他在更大程度上被尊为给北方带来雨水的仁慈使者（Bienkowski和Millard，2000，2页；Schwemer，2007），这可能反映了美索不达米亚不同地区和不同季节降雨对农业的不同重要性。太阳神乌图的名字（楔形文字：✳◁）很可能在苏美尔时代读作[watu]。楔形符号◁（是◊的变

---

① 对"阿育王"和"亚历山大"两个印欧语系名字的进一步分析（将分别在第4章和第5章展开）可以支持我的论点。

体，后者来源于最古老的符号⌣，看起来像早晨升起的太阳）被苏美尔人用来表示"太阳"。类似符号也被许多印欧语和哈密托—闪族所修订和采用。[①] 在古埃及符号☉被用来表示"太阳"和太阳神，他们的埃及名字，如第3章所证明的，应该被音译为[wa]（或其任何变体）。这个符号在中国古代也被用来表示太阳，现在演变为汉字"日"。

苏美尔文明是世界上第一个人类文明。苏美尔神话影响了后来其他文化的神话。苏美尔太阳神乌图被后来的阿卡德人、巴比伦人和亚述人称为沙玛施。他们甚至为太阳神创造了一个新的、更优雅的标志（如本段开头所示，这是基于大英博物馆的收藏品：BM118805和BM91000）。这个符号由两部分组成：一部分表示太阳，另一部分几乎与天神的楔形文字相同。根据《大英百科全书》，尽管阿波罗是希腊—罗马神话中最希腊化的神，但他主要来自起源于安纳托利亚（小亚细亚）并通过叙利亚和巴勒斯坦传播到埃及的神。[②] 然而，它并没有说明阿波罗起源于安纳托利亚的哪种神，或者他最初来自哪里。答案可能是，苏美尔天神和太阳神以及埃及太阳神影响了阿波罗[③]——古希腊和罗马宗教中最重要的奥林匹亚神之一。在希腊和罗马神话中，阿波罗最初被认为是一个只扮演少数次要角色的神，如射箭、音乐和舞蹈。直到后来，希腊人与邻国（包括古代美索不达米亚人和埃及人）频繁接触，阿波罗才成为希腊最有影响力的太阳神。

楔形符号◁以及所有其他类似的符号（例如◁以及◁）是由原始楔形文字符号◁衍生出来的，后者由表示人脚的符号（最古老的楔形符号形式）逆时针旋转而来。在埃及象形文字中，类似的符号用于表示象形文字字母"B"（见第3章表3-1）。尽管上述三个楔形文字符号的不同含义尚未被破解，但它们都源自共祖词"ba""pa""aba""apa"或任何其他变

---

① 例如，阿拉伯语和希伯来语中的字母符号ﺵ和ﻢ（原形：ﻠﻠ）都表示"太阳"；波斯文ﺵ和ﻢ分别包含"天空"和"天堂"的意思。

② 参见 http://www.britannica.com/topic/Apollo-Greek-mythology。

③ 详见第3章。

体（在苏美尔语和许多其他土著语言中，这些词表示"父亲、长者、官员甚至上帝"）。那么，为什么苏美尔人和古埃及人用脚状符号来表示 [b] 或 [p] 音节呢？

请记住，这些属于最早的共祖音节意味着它们对苏美尔人和古埃及人至关重要，因此才被首先使用。为此，代表成年男性脚的原始符号含义应该是表示"权力、权威、地位"等。这一判断是合理的，因为男性在古埃及和苏美尔文明中都扮演了更重要的角色——即使在现代，他们仍然扮演着重要的角色。例如，阿布是苏美尔植物神，是现代单词"阿拉伯"的原型。这两个单词都源自共祖词"aba"。阿布的苏美尔楔形文字名称如下：

口 或 田 或 ✕

毫无疑问，上面三个象形符号在用来代表苏美尔植物神阿布时，均是象形或会意，不可能具有语音值——否则，同一个名字（即阿布）怎么会被苏美尔人在语音上有不同的定义呢？即使可以，上述三个符号仍然不是拼音的——它们怎么能同时被用来表示同一个双音节单词"Abu"？几乎可以肯定的是，在古代，同音词的使用比现在更为频繁。下面代表苏美尔和阿卡德神的名字可能来自一些共祖词（或其任何变体）："Ukur"是一个阴间的神，"Wer"是阿卡德风暴神，"Wa-Ildak"是负责牧场和白杨树的女神，以及"Abzu"（或 Absu）是地下泉水神。

如第 1 章所述，许多现代音译词中的 [a] 和 [o] 等音节作为土著文明的关键术语和名称，包括上述提到的那些，与在古代的共祖音节 [wa] 相同或相似。如果这个判断是正确的，那么一些苏美尔语、阿卡德语和亚述语的名字和术语可能被现代或更早的历史学家曲解了。可以肯定的是，如果上述术语"Abzu"的发音是正确的话，那么"Abyzou"（也拼写为 Abizou、Obizu、Obizuth 等）——近东神话和民间传说中的女妖——应该被错误解读了。原因很简单：这两个词的发音太相似，古代美索不达米亚人可能无法区分。

解读苏美尔楔形文字

在最初的一段时期，苏美尔楔形文字是垂直书写的。公元前3000年中期以后，书写方向开始由左向右水平排列，即文字符号逆时针旋转90°（见表2-1）。然而，这种结构变化只是逐渐发生的，这两种不同的写作结构在一定时期内是并存的。尽管楔形文字的书写系统是象形、表意和音位的，但大多数早期楔形文字的符号都没有语音功能。因此，现代历史学家解读苏美尔楔形文字的正确方法是不要纠结其可能的发音，而重点在其符号的意义。

表2-1 关于"头"的楔形符号演变历史

阶段	符号	出现时期	说明
1		约公元前3000年	—
2		约公元前2800—前2600年	逆时针旋转90° [a]
3		约公元前2600年	象形文字变得更抽象
4	[b]	公元前第三千年中后期	笔画呈楔形
5		公元前第二千年初，赫梯人采用	楔形象形文字变得更加抽象
6		公元前第一千年初，直到（亚述楔形文字）灭绝	楔形象形文字变得更加抽象

注：（1）代表"头"的楔形符号具有"人、英雄、资本"等含义。（2）这些楔形符号的苏美尔语、阿卡德语和亚述语的发音可能不同。（a）：有些楔形符号没有经历这种变化。（b）：该符号还具有"奴隶"等含义（Hayes，2000，374页）。本阶段使用的其他类似象形符号包括 ⫷⊦、⫷⊦，和 ⫷⊦ 等。

资料来源：作者基于 Kramer（1981，XXIII页）整理（文字说明除外）。

事实上，在代表"苏美尔人"一词的楔形文字名称中出现的表示"头"的符号及其几十个变体（如表2-1的注释所示）可能从未被苏美尔人用语音值定义过。所有这些符号最初都源于一个表示"头"的符号，彼此之间意义可能略有不同。因此，对这些符号进行拉丁化解读可能永远无法实现。

另外，让人们了解最早文明的真实故事也是一项重要任务。在过去的一两百年中，讲欧洲语言的历史学家在楔形文字的解读中发挥了广泛的作用，所取得成就包括（但不限于）以下方面：

- 《楔形文字数字图书馆倡议》（CDLI，加利福尼亚大学洛杉矶分校、牛津大学和柏林马克斯·普朗克科学史研究所的联合项目）；
- 《苏美尔电子语料库》（ETCSL，牛津大学东方研究学院）；
- 《宾夕法尼亚苏美尔语词典》（PSD，宾夕法尼亚大学人类学和考古学博物馆巴比伦分馆）。

然而，在上述资料中，对某些楔形文字符号的解读不是令人信服的，甚至是错误的。[1]此外，我在前文提到代表"苏美尔人"楔形文字中的最后一个符号（▆⬤）在ETCSL和PSD中被错误地定义为"牛奶、乳兽"。事实上，这个定义不太可能被古代苏美尔人使用。最有可能的解读是，该符号有神奇或与男性祖先相关的含义。支持我的判断的理由如下。

首先，这个楔形文字符号被苏美尔人和阿卡德人使用得比其他后来的民族更频繁。更具体地说，苏美尔人在公元前2500年左右最喜欢使用这个符号，在公元前2000年之后就基本没有使用了。[2]尽管中东地区的牛奶或奶制品历史悠久（Curry，2013），但该符号（或其任何变体）与牛奶

---

① 详见本章前面几节及书后阅读材料B。

② 这可以通过以下事实来证明：PSD中报告的这个符号在公元前3000年、公元前2500年、公元前2000年、公元前1500年和公元前1000年前后的出现频率分别为155、4044、181、0和1；另外还有25个没有具体可识别的日期。参见http://psd.museum.upenn.edu/epsd/epsd/e1480.html。

或哺乳无关。古代苏美尔人怎么会用与乳牛相关的符号来代表自己呢？正如后面几章将详细描述的，在古代文明中，人们或统治者通常采用吉祥的名称来代表自己。苏美尔人和其他古代美索不达米亚人也不例外。

其次，如第3章将要介绍的，所有古埃及人、哈拉帕人（包括后来的印度人）、中国人甚至印加人和玛雅人都在各自的文化图腾或书写系统中使用了代表男性生殖器的符号。显然，这反映了古代社会中男性的重要角色。事实上，与其他古文明相比，古代美索不达米亚男性比女性更优越。相关证据包括（但不限于）以下方面：（1）与中国古代女神（或神话女英雄）要么独立于男神（或神话男英雄），要么所扮演的角色与男神（或神话男英雄）相比是独立性的情况不同，在苏美尔神话中，女神（或神话中的女统治者）要么仅扮演次要角色，要么从属于更强大的男神（或神话中的男统治者）；（2）与古埃及曾经由少数女性统治者或女法老统治的情况不同，女性作为统治者或国王在古代美索不达米亚并不常见。①

最后，在世界上最早的象形文字体系中，没有一个楔形符号用来代表类似阴茎的含义，这是不正常的。在楔形文字以及其他最早的书写体系（如埃及象形文字和汉字）中发现了代表其他人体器官的符号（如头、脚和手等），但在这些文字符号中也发现了阴茎符号，只有苏美尔楔形文字例外。② 可能有楔形文字符号最初是从代表男性生殖器符号中衍生出来的，就像在埃及象形文字和中国文字体系中一样，它们的含义包括"祖先、父亲，活力、阳刚或伟大"等。③

---

① 苏美尔《王表》只包括一位名叫库巴巴（Kubaba或Kubau）的孤独女性，她在公元前2500年左右统治了基什（Kish）城邦（引自http://www.brooklynmuseum.org/eascfa/dinner_party/heritage_floor/kubaba）。

② 一些介绍恩基神的文献确实包含了对他进行大胆的性感方面的描写（参见Cooper，1989，87—89页；Dickson，2007）。然而，许多细节仍没有包括在现代翻译的文献中（Horry，2016）。

③ 事实上，在其他苏美尔楔形文字文献中，这个符号（▆▆），该符号也出现在代表吉尔伽美什的苏美尔楔形文字中——Hayes，2000，155页）构成与男性相关（如"英雄、勇士或叔叔"等）术语或名称有关的楔形文字——见书后阅读材料B。

楔形文字的形成条件

在对楔形文字符号进行令人信服的解读之前，我们需要知道古代美索不达米亚人为什么采用楔形文字。根据《大英百科全书》的记载，"公元前3000年，图画般的文字逐渐变得更加抽象，象形文字发展成传统的线性图形。由于普遍使用黏土泥板作为书写材料（偶尔也使用石头、金属或木头），线状笔画是用笔尖的斜边压入软泥土中而形成楔形的"。[①] 这与主流历史学家对楔形文字形成机制的观点是一致的，因此在现有的教科书中被广泛采用。然而，我相信历史学家可能是错的，他们没有提及在楔形文字形成过程中起作用的另一个重要因素。

在许多象形书写体系中发现了代表武器的符号，其中包括埃及象形文字、梵文和汉字。目前对楔形文字的解读中似乎不包括代表武器的符号。武器在古代美索不达米亚的历史演变中没有扮演过重要角色吗？还是古代美索不达米亚从未发生过战争？当然不是！古代美索不达米亚的城邦之间经常发生战争。苏美尔的统治者和其他国家的统治者一样残暴残忍。[②] 既然汉字和埃及的象形文字体系都包括代表武器的符号，而且苏美尔的暴力文化不亚于中国和古埃及，为什么楔形文字体系不包括代表武器的符号呢？

是的，我们都错了——楔形文字符号确实包含暴力内容。

首先，构成大多数楔形文字的笔画（楔子）绝不是在古代美索不达米亚湿泥板上使用锐利（或楔形）芦苇笔的自然结果。事实上，用芦苇笔可以在湿泥板上画出各种均匀（不仅仅是楔形）笔画。因此，楔形符号是古代美索不达米亚人故意制作的——这些符号必须有特定的含义或目的。例如，在公元前3000年中期或之前书写的古代风格的苏美尔铭文中，大

---

① 引自 https://www.britannica.com/topic/cuneiform。

② 例如，美索不达米亚的暴力文化可以通过在乌尔（公元前2600—前2350年）发现的王室坟墓来见证：仅在一座坟墓里就发现有多达74名陪葬者的遗骨，他们可能在埋葬前被杀（Scarre和Fagan，2003，88—90页）。

多数符号几乎是用统一的线条书写的。[1] 此后，大多数楔形文字符号开始用楔形笔画书写。因此，关于美索不达米亚楔形文字背后的真实故事可能不是教科书中所说的那样——肯定存在其他更重要的因素。

其次，出现在美索不达米亚的石碑、柱式印章和浮雕中通常有的所谓"杆—环"符号，在古代肯定具有我们尚且不知道的重要含义。场景大都如下：一位神（女神）通常手持一个棍状和环状器物，在非常庄重的仪式上授予站立着、表现谦卑的国王（Black 和 Green，1992，156 页）。这些可以在汉谟拉比法典石碑和伯尼浮雕（美索不达米亚的陶土牌匾，现陈列在伦敦大英博物馆）上找到印证。另外，在前面所介绍的国王乌尔纳姆建造乌尔大神塔的背后也有相关故事。已出土的浮雕碎片显示，恩利尔神授予乌尔纳姆国王的东西看起来像一根权杖和一卷测量用的绳子。[2] 至此，可以认为，权杖与绳子最初象征着统治者权力。[3] 然而，正如后面将要讨论的，所谓的杆状符号实际上看起来像一个尖锐的器物，而不是一般意义上的棍或棒。

考虑到在古代美索不达米亚政治和宗教生活中的长期流行，"杆—环"符号，或者任何变异符号，都应该可以在楔形文字符号中找到。一种文化的所有最早的书面符号或文字都反映了其中最重要和最关键的社会经济因素。我相信，一方面，具有权力或统治意义的"环"的符号是由封闭楔形框架符号表示的；另一方面，古苏美尔人应该是使用"棒"符号来代表矛，作为楔形文字书写体系的核心笔画。更确切地说，早期楔形符号与芦苇笔的应用无关；相反，它们用来模仿锋利的器物（如箭头、长矛等）。由于代表锋利器物的符号频繁出现在美索不达米亚的石碑、柱式印章和浮雕上，因此它代表着权力或统治，或是对古代美索不达米亚人至

---

① 有关这些楔形文字的详细信息，参见 http://www.schoyencollection.com/religions_files/ms3029.jpg。

② 参见 Jacobsen（1987，4 页）。宾夕法尼亚大学博物馆和大英博物馆联合探险队在 1926 年发现了纪念乌尔纳姆的纪念碑的一些碎片。相关图像见 https://www.penn.museum/collections/object/251212。

③ 绳索在古埃及的类似作用将在第 3 章中进行分析。

关重要的武器。事实上，鉴于上述石碑或浮雕上所示的"棍子"的物理形状，所谓"棍子"的标志是长矛的标志，长矛是美索不达米亚和其他地方古代战争中常用的武器。

最后，总结起来，楔形符号的设计可能是苏美尔人使用手斧、箭或矛时受到启发的产物。手斧最早是用燧石制成，而矛在古代美索不达米亚的战争中是一种非常流行的武器。在青铜时代（始于公元前3500年左右），铜和金属矿产资源在美索不达米亚尤为稀少。因此，大多数苏美尔士兵在早期的战争中只能使用棍棒等器物作为他们的武器，这可以由乌尔王室墓葬中出土的一个描述战争场面的文物得出结论：那是镶嵌着贝壳、红色石灰石和拉祖利镶嵌物的长方形器物，大约制作于公元前2550年（见书后阅读材料B图B-2）。然而，由青铜和其他金属制成的武器对美索不达米亚城邦战争至关重要。当然，既然珍贵、稀少，它们一定是那里的统治者炫耀、收藏的对象。

"俺只喜欢利器！"

苏美尔城邦之间的持续战争几乎贯穿于整个历史中。拉加什与乌玛之间的战争在公元前2500—前2340年，被认为是人类历史上最早的国际战争（见书末阅读材料B）。战争的一些细节被记录在秃鹰碑[①]上：拉加什国王率领一支军队，士兵手持长矛和长方形盾牌，戴着铜头盔，排列整齐。另外，在"纳拉姆·辛的胜利碑"上清楚地描述了一个鲜活的战争场景（见图2-4）。战争发生在公元前2254—前2218年，阿卡德国王纳拉姆·辛是美索不达米亚第一位自己宣称是"神王"的统治者。因此，可以认为矛在这段时间或之前已经得到广泛使用。有趣的是，楔形文字体系的逐渐成熟也发生在公元前2500年之后的数百年里。

---

① 它最初是由一块石灰岩板雕刻而成，但19世纪末在伊拉克南部的泰洛发现的只有7块碎片，现在在卢浮宫展出（识别号：AO16 IO9、AO 50、AO 2246和AO 2348）。更详细的描述可以在CDLI中找到（见https://cdli.ucla.edu/search/archival_view.php?ObjectID=P222399）。

图2-4　纳拉姆·辛的胜利碑（约公元前2230年）

注：左图：显示在上方的石碑中心的人物是国王纳拉姆·辛，下面是他的士兵，每人拿着两个尖锐的物体——可能是匕首和长矛。这座精致的石碑（现在是卢浮宫的藏品）不是在美索不达米亚发现的，而是在伊朗苏萨遗址发现的。公元前12世纪，埃兰国王舒特鲁克·那亨特（Shutruk Nahhunte）把它以及在巴比伦战役中缴获的其他战利品一起带到了那里。

右图（即左图的中上部放大图）：除了原来的阿卡德楔形文字铭文外，埃兰国王还用以拉姆楔形文字另外添加了用于纪念他自己荣耀的铭文，并在铭文中宣称，这座石碑是在西帕市被攻克后缴获的。

来源：知识共享署名共享2.0法国许可证（注释除外）。

　　毫无疑问，棍和剑在美索不达米亚早期起了重要作用。此外，绳子和用它制成的套索，也被许多古代人类视为对抗敌人的非常有效的武器。例如，在埃及象形文字中，缠绕的亚麻芯绳子符号表示"有力"，套索状符号用作埃及音节 [o]。与此同时，用它制成的绳子和网是古人类在早期以狩猎或捕鱼为基础的社会中最有效（尽管不是唯一）的谋生工具。[①]这对美索不达米亚南部的早期人类也起到了至关重要的作用。

　　关于"楔形文字"的名字，在其他几种语言中的说法也不尽相同，但都与武器或尖锐的器物有关。例如芬兰语中的"nuolenpääkirjoitus"代表"箭头文字"，希伯来语的"בתכ יתדות"代表"木桩文字"，以及阿拉伯语的"كتابة مسمارية"、荷兰语的"spijkerschrift"和波斯语的"میخی"都代表"钉文字"。苏美尔人如何称呼他们发明的楔形文字，现已无从考证。估

---

　　① 关于渔网在古代文化作用的更详细的描述，见第7章。

计听起来一定很恐怖，至少它与古代美索不达米亚的武器有关。也许它的设计只是出于一个偶然的决定，发明者可能是苏美尔国王，他也是一位宝剑爱好者。[①] 考虑这样一个场景：公元前3000年中期某一天，当书记员在泥板上不知如何下笔记录国王的指示时，国王不假思索地下令：

俺只喜欢利器！

像汉字和早期埃及象形文字（这两种文字都是以象形或表意文字为基础）一样，许多长矛状（现在称为楔形）符号，特别是那些在早期创造的符号，不仅具有不同的地缘政治和文化意义，而且还与权力、统治甚至使用暴力有关。看看这两个最常见的楔形符号（✦ 和 ✗）是不是像两个交叉的矛或剑？即使是现代国家在为自己军队或武装力量设计徽标时，也借用了这两个古老的但很恐怖的楔形符号：

在过去的几千年中，世界各地的人类及各种文化和文明并没有太大不同。尽管这一部分的发现为我们理解楔形文字的形成和演变提供了一个新的视角，但对美索不达米亚楔形文字文化的解读仍然存在困难。坦率地说，远古的美索不达米亚人和他们已经灭绝了近2000年的书写体系太古老了。

然而，有一点是肯定的：楔形文字起源于古代美索不达米亚广泛使用的矛状武器。即使在今天，拥有先进武器仍然是代表一个独立国家实力的关键因素之一。很可能在他们各自的早期文明时期，苏美尔人、古埃及人和中国人首先使用坚硬的刀状工具在石头、木头和动物骨头等固

① 在公元前3000年中期之前，苏美尔文字仍然不是楔形的（见表2-1）。

体物上写字，并展示和记录他们各自的实力和力量。因此，文字过去是，现在仍然是人类最为关键的软实力。

参考文献

中国社会科学院（CASS）考古研究所. 甲骨文编 [A]. 北京：中华书局，1965.

胡厚宣. 甲骨文合集材料来源表（全三册）[M]. 北京：中国社会科学出版社，1999.

刘钊，洪飏，张新俊. 新甲骨文编 [M]. 福州：福建人民出版社，2009.

AABOE A, 1974. Scientific astronomy in antiquity [J]. Philosophical Transactions of the Royal Society, 276(1257) (May): 21–42.

AABOE A, 1991. The culture of Babylonia: Babylonian mathematics, astrology, and astronomy [M]// John Boardman, I.E.S. Edwards, N.G.L. Hammond, E. Sollberger and C.B.F. Walker (eds.). The Cambridge Ancient History: Volume III, Part 2 (The Assyrian and Babylonian Empires and other States of the Near East, from the Eighth to the Sixth Centuries BC). Cambridge: Cambridge University Press, pp. 276-292.

AKKERMANS P M M, SCHWARTZ G M, 2004. The Archaeology of Syria: From Complex Hunter-Gatherers to Early Urban Societies (c.16,000-300 BC) [M]. Cambridge: Cambridge University Press.

ALGAZE G, 2005. The Uruk World System:The Dynamics of Expansion of Early Mesopotamian Civilization [M]. Chicago: University of Chicago Press.

BERTMAN S, 2005. Handbook to Life in Ancient Mesopotamia [M]. Oxford: Oxford University Press.

BIENKOWSKI P, MILLARD AR, 2000 (eds.). Dictionary of the Ancient Near East [M]. London: British Museum Press.

BLACK J, GREENA, 1992. Gods, Demons and Symbols of Ancient

Mesopotamia, an Illustrated Dictionary [M]. Austin, TX: University of Texas Press.

BORGER R, 2007. List of Neo-Assyrian cuneiform signs (version 1.2) [R/OL], [2019-1-8]. http://www.sumerisches-glossar.de/download/SignListNeoAssyrian.pdf.

BROMILEY G W, 1995 (ed.). The International Standard Bible Encyclopedia [M]. Grand Rapids, Michigan: Wm. B. Eerdmans Publishing.

BROWN D, 2000. Mesopotamian Planetary Astronomy-Astrology ("Cuneiform Monographs" series, 18) [M]. Leiden: Brill.

BULLIET R, CROSSLEY P K, HEADRICK D, HIRSCH S, JOHNSON L, NORTHUP D, 2009. The Earth and Its Peoples: A Global History, Volume I (Fifth Edition) [M]. London: Cengage Learning.

CARTER E, STOLPER M W, 1985. Elam: Surveys of Political History and Archaeology [M]. Los Angeles, CA: University of California Press.

CATHCART K J, 1983. Edward Hincks (1792—1866) and the decipherment of cuneiform writing [J]. Proceedings of the Irish Biblical Association, 7, 24-43.

CHARVÁT P, 2002. Mesopotamia Before History [M]. London: Routledge.

COOPER J S, 1989. Enki's member: Eros and irrigation in Sumerian literature. In: H. Behrens, D. Loding and M. T. Roth (eds). Dumu-e2-dub-ba-a: Studies in Honor of Åke W. Sjöberg. Occasional Publications of the Samuel Noah Kramer Fund [M]. Philadelphia, PA.: Samuel Noah Kramer Fund, University Museum, pp. 87-89.

COLEMAN J A, DAVIDSON G, 2015. The Dictionary of Mythology: An A-Z of Themes, Legends, and Heroes [M]. London: Arcturus Publishing Limited.

CURRY A, 2013. Archaeology: The milk revolution [J/OL]. Nature, 500:20–22. doi:10.1038/500020a.

DE GRAEF K, 2007. Another brick in the wall: Durum in the old-Elamite Susa [J]. Akkadica, 128:85-98.

DEUTSCHER G, 2007. Syntactic Change in Akkadian: The Evolution of Sentential Complementation [M]. New York: Oxford University Press.

DICKSON K, 2007. Enki and Ninhursag: the trickster in paradise [J]. Journal of Near Eastern Studies, 66:1-32.

DOW S C, 2005. Axioms and Babylonian thought: A reply [J]. Journal of Post Keynesian Economics, 27(3): 385-391.

EDWARDS I E S, 1971. The early dynastic period in Egypt [M]// I.E.S. Edwards, C.J. Godd and N.G.L. Hammond (eds). The Cambridge Ancient History (I, Part 2). Cambridge: Cambridge University Press, pp. 1-70.

EILERS W, 1983. Iran and Mesopotamia [M]// E. Yarshater (ed.). The Cambridge History of Iran, 3. Cambridge: Cambridge University Press, pp. 481-504.

FITCHETT J, DEFORD M, 1973. A river called rebel [J]. Aramco World, May/June: 12–21.

FOSTER BENJAMIN R, FOSTER K P, 2009. Civilizations of Ancient Iraq [M]. Princeton, NJ: Princeton University Press.

GELB I J, 2019. Sumerian language [R/OL], [2021-4-23]. https://www.britannica.com/topic/Sumerian-language/Characteristics.

GORDON C H, 1958. Abraham and the merchants of Ura [J]. Journal of Near Eastern Studies, 17(1):28-31.

GUO R, YANG K AND LIU Y, 2020. Explaining the human and cultural puzzles: A new development theory [J]. Technological Forecasting & Social Change, 155:119971.

HAM A, 2010. Middle East [M]. New York: Lonely Planet.

HAMBLIN W J, 2006. Warfare in the Ancient Near East to 1600 BC: Holy Warriors at the Dawn of History [M]. London: Routledge.

HARMANSAH Ö, 2007. The archaeology of Mesopotamia: ceremonial centers, urbanization and state formation in southern Mesopotamia [R/OL], [2017-04-21]. http://proteus.brown.edu/mesopotamianarchaeology/699.

HARRIS R, 1991. Inanna-Ishtar as paradox and a coincidence of opposites [J].

History of Religions, 30(3):261-278.

HAVILAND W A, WALRATHD, PRINS H E L, MCBRIDE B, 2013. Evolution and Prehistory: The Human Challenge (10th edition) [M]. Belmont, CA: Wadsworth Publishing.

HAYES J L, 2000. A Manual of Sumerian Grammar and Texts (Aids and Research Tools in Ancient Near Eastern Studies, No 5). Second Revised and Expanded Edition [M]. Malibu, CA: Undena Publications.

HOROWITZ W, 1998. Mesopotamian Cosmic Geography [M]. Warsaw, IN: Eisenbrauns.

HORRY R, 2016. Enki/Ea (god) [A]// Ancient Mesopotamian Gods and Goddesses. Oracc and the UK Higher Education Academy [M/OL], [2020-11-19]. http://oracc.museum.upenn.edu/amgg/listofdeities/enki/.

ISSAR A S, ZOHAR M, 2012. The impact of climate changes on the evolution of water supply works in the region of Jerusalem [M]// Andreas N. Angelakis, Larry W. Mays, and Demetris Koutsoyiannis (ed.). Evolution of Water Supply through the Millennia. London: IWA Publishing, pp. 147-168.

JACOBSEN T, 1976. The Treasures of Darkness: A History of Mesopotamian Religion [M]. New Haven, MA: Yale University Press.

JACOBSEN T, 1987. Pictures and pictorial language (the Burney relief) [M]// M. Mindlin, M.J. Geller and J.E. Wansbrough (eds.). Figurative Language in the Ancient Near East. London: University of London School of Oriental and African Studies, pp. 1-11.

KNOTT E, 2017. The Isin-Larsa and Old Babylonian Periods (2004–1595 BC) [A]. In: Heilbrunn Timeline of Art History [M/OL]. New York: The Metropolitan Museum of Art, 2000–, [2020-3-19]. http://www.metmuseum.org/toah/hd/isin/hd_isin.htm.

KRAMER S N, 1963. The Sumerians, Their History, Culture, and Character [M].

Chicago, IL: University of Chicago Press.

KRAMER S N, 1981. History Begins at Sumer: Thirty-Nine Firsts in Recorded History [M]. Philadelphia, PA: University of Pennsylvania Press.

KRIWACZEK P, 2012. Babylon: Mesopotamia and the Birth of Civilization [M]. New York: St. Martin's Press.

KUIJT I, FINLAYSON B, 2009. Evidence for food storage and pre-domestication granaries 11,000 years ago in the Jordan valley [J]. PNAS, 106(27): 10966-10970.

LAMB H H, 1995. Climate, History, and the Modern World [M]. London: Routledge.

LEICK G, 1991. A Dictionary of Ancient Near Eastern Mythology [M]. London: Routledge.

LEICK G, 2003. Mesopotamia: the Invention of the City [M]. New York: Penguin Books.

MANNING S W, GRIGGS C B, LORENTZEN B, BARJAMOVIC G, RAMSEY C B, BERND KROMER, WILD E M, 2016. Integrated tree-ring-radiocarbon high-resolution Timeframe to resolve earlier second millennium BC Mesopotamian chronology [J/OL]. PLoS ONE, 11(7): e0157144. https://doi.org/10.1371/journal.pone.0157144.

MARCHESI G, 2002. On the divine name dBa.Ú [J]. Orientalia , 71:161-172.

MARCOVICH M, 1996. From Ishtar to Aphrodite [J]. The Journal of Aesthetic Education, 30 (No. 2, Special Issue: Distinguished Humanities Lectures II):43-59.

MELCHERT H C 2003, (ed.). The Luwians (Handbook of Oriental Studies) [M]. Leiden: Brill.

MITHEN S, 2006. After the Ice: A Global Human History, 20 000–5 000 BC [M]. Cambridge, MA: Harvard University Press.

MORAN W L, 1992. The Amarna Letters [M]. Baltimore, MD: Johns Hopkins University Press.

OUYANG X, 2016. The mixture of sexagesimal place value and metrological notations on the Ur III Girsu Tablet BM 19027 [J]. Journal of Near Eastern Studies, 75 (no. 1): 23-41.

ÖZOĞLU H, 1996. State–tribe relations: Kurdish tribalism in the 16th- and 17th-century Ottoman empire [J]. British Journal of Middle Eastern Studies, 23 (1): 5-27.

POLLARD E, ROSENBERG C, TIGNOR R, 2015. Worlds Together, Worlds Apart: A History of the World: From the Beginnings of Humankind to the Present (Concise Edition) [M]. New York: W.W. Norton & Company.

POTTS D T, 2015. The Archaeology of Elam: Formation and Transformation of an Ancient Iranian State-2nd edition [M]. Cambridge: Cambridge University Press.

PRINCE J D, 1904. Review: The Code of Hammurabi [J]. The American Journal of Theology, 8, No. 3 (July): 601-609.

RUBIO G, 2010. Reading Sumerian names, I: Ensuḫkešdanna and Baba [J]. Journal of Cuneiform Studies, 62:29-42.

SAMPSON G, 1990. Writing Systems: A Linguistic Introduction [M]. Stanford, CA: Stanford University Press.

SCARRE C, FAGAN B M, 2003. Ancient Civilizations [M]. Upper Saddle River, NJ: Prentice Hill.

SCHAEDER H H, 1997. Sawad [M]// The Encyclopedia of Islam, New Edition, Volume IX: San–Sze. Leiden and New York: Brill, p. 87.

SCHWEMER D, 2007. The storm-gods of the ancient Near East: summary, synthesis, recent studies, part I [J]. Journal of Ancient Near Eastern Religions, 7: 121-168.

SILVER C, 2019. The mighty deeds of King Shulgi of Ur, Master of Mesopotamian monarchs [R/OL], [2021-2-8]. https://www.ancient-origins.net/history-famous-people/king-shulgi-0011602.

TAYLOR J E, 1855. Notes on Abu Shahrein and Tell el Lahm [J]. Journal of the

Royal Asiatic Society, 15:404-415.

THAROOR K, MARUF M, 2016. The genie of Nimrud. Assyrian International News Agency [R/OL] , [2021-1-13]. http://aina.org/ata/20160308195145.htm.

THOMASON A K, 2005. Luxury and Legitimation: Royal Collecting in Ancient Mesopotamia [M]. Farnham, UK: Ashgate Publishing.

THOMPSON W R, 2004. Complexity, diminishing marginal returns, and serial Mesopotamian fragmentation [J]. Journal of World Systems Research, 10(3): 613-652.

VAN DE MIEROOP M, 2004. A History of the Ancient Near East: c. 3000-323 BC (2nd Edition) [M]. Malden, MA: Blackwell.

WANG H, 2014. Writingand the Ancient State: Early China in Comparative Perspective [M]. Cambridge: Cambridge University Press.

WESTERGAARD N L, 1844. On the deciphering of the second Achaemenian or median species of arrowhead writing. Mémoires de la Société Royale des Antiquaires du Nord, 271-439 [R/OL], [2020-3-21]. http://cdli.ox.ac.uk/wiki/doku.php?id=the_decipherment_of_cuneiform.

WILKINSON T J, 2000. Regional approaches to Mesopotamian archaeology: The contribution of archaeological surveys [J]. Journal of Archaeological Research, 8(3): 219-267.

③ 古埃及文明

　　和美索不达米亚人一样，古埃及人也依赖于季节性河流所提供的淡水资源。与美索不达米亚不同，古埃及只有一条主要河流。文化活动主要集中在非洲东北部尼罗河下游、现在属于埃及的地方。作为世界上六大主要本土文明之一，古埃及的经济（主要是农业）高度依赖尼罗河。这条河还提供各种鱼和鸟类作为食物。古埃及的历史包括在一系列稳定的王朝中，而后者则被几个相对不稳定时期（称为"中间时期"）所区分。古埃及的周期性转变被广泛认为是尼罗河流域气候扰动的结果。

　　作为东半球最长的河流，尼罗河使埃及文明在上、下埃及的两个区域同时存在、发展并形成"对冲"机制，在公元前3150年前后合并为一个统一的王朝。此外，如同美索不达米亚、印度河流域和黄河流域，尼罗河流域也有类似的地理和环境因素，即所有这些流域的沙漠或半沙漠土地特性在各自文明的形成中发挥着关键作用。而埃及环境敏感的瓦迪（wadi）和尼罗河在埃及古代文明的兴衰中起到了更为关键的作用。

　　象形文字是古埃及文明的重要组成部分，影响着古埃及社会经济活动的各个方面，也是后人了解古埃及文明形成机制的重要素材。然而，现有教科书对许多象形文字的解释令人困惑。几乎可以肯定的是，一些记录古埃及文明的早期象形文字被讲欧洲语言的历史学家错误地解读了。

　　许多来自古埃及的文化经典对古希腊哲学产生了重要影响，而后者几乎是所有西方文化的根源。遗憾的是，希腊人和其他欧洲人在解读、引进这些古埃及文化遗产时做出了不道德的事情。具体地说，他们有意或无意之间对一些用埃及象形文字记载的经典进行了误读甚至曲解。准确地解读这些象形文字可以帮助我们发现更多关于古埃及隐藏的故事。

🌿 古埃及：不一样的故事

> 万岁，尼罗河！
> 您来到这片大地，
> 您的平安到来，给埃及以生命。
> 您是隐秘之神，您已将黑夜引导到白昼，
> 我们祝贺您，给我们指引方向。
> 是您种植了赖（太阳神）开垦的花园，
> 给一切行走者以生命；
> 永不停息地浇灌着大地，
> 沿着您从天国下来的旅程。
> 食品的珍爱者啊，是您将谷物赐予我们，
> 普塔神啊，您给每个家带来了光明！
>
> ——《尼罗河赞歌》（约公元前2100年）①

Kmt：不仅只有黑土地

埃及的西部与利比亚相连，南部与苏丹接壤，东部与加沙地带和以色列为邻。埃及在地缘政治中的重要作用源于其战略地位。埃及是一个横贯大陆的国家，拥有一座连接非洲和亚洲的陆桥（苏伊士地峡），由一

---

① 引自 https://www.sacred-texts.com/ane/rp/rp203/rp20310.htm#fn_217。

条通航水道（苏伊士运河）穿过，通过红海连接地中海和印度洋。由于埃及气候极端干旱，人口主要集中在狭窄的尼罗河流域和尼罗河三角洲，背靠地中海。

每当提到古埃及文明时，肯定离不开谈及尼罗河的重要性。尼罗河是北非一条主要的北流河流，被公认为是世界上最长的河流。作为一条国际河流，尼罗河为11个国家提供了水资源。特别是，尼罗河是埃及和苏丹的主要淡水源。尼罗河有两条主要支流——白尼罗河和蓝尼罗河。白尼罗河被认为是尼罗河本身的源头和主要河流。然而，蓝尼罗河是大部分水和肥沃土壤的来源。尼罗河的北段几乎全部向北流经苏丹沙漠，到达埃及后最后形成一个巨大的三角洲，最终流入地中海。尼罗河携带的大部分水来自埃塞俄比亚，主要来自夏季季风期的降雨。中非地区有两个雨季，一个在春季，另一个在秋季。尼罗河沿岸有许多大湖作为水库，河水从尼罗河上游流出。

图3-1　下埃及的主要城市和遗址（约公元前3150—前30年）

注：孟菲斯（Memphis）是古王朝时期（约公元前2686—前2181年）的埃及首都，公元前3世纪在中王朝时期（公元前2055—前1640年）被命名为安卡-塔威（Ankh-Tawy）——引自Najovits（2003，171页）。

来源：作者根据杰夫·达尔绘制的地图整理（注释除外）。

世界文明新史

尼罗河三角洲形成于尼罗河延伸并流入地中海的地方（见图3-1）。尼罗河三角洲是世界上最大的河流三角洲之一，它覆盖了240公里的地中海海岸线，从西部的亚历山大港到东部的塞得港（附近有《圣经》中的佩鲁西姆城）。从北到南，三角洲长约160公里。三角洲有时被分成几个部分，而尼罗河被分成两个主要的支流——达米埃塔和罗塞塔——它们均流入地中海。早期三角洲有许多支流，但由于尼罗河上游的洪水控制，大部分支流已经消失（Wilson，1985，46页），现在只有两个主要分支：东部的达米埃塔和西部的罗塞塔。

代表"埃及"的英语单词"Egypt"来源于希腊语单词"Aegyptos"。它的埃及名称是"Kemet"或"Kmt"（象形文字：显示在本段开头，其中⊗是一个象形符号，具有"城镇、街道"的意思；剩下的符号◁、𖤐与▱分别代表K、M和T）[1]。在现有教科书中，埃及语中的"埃及"一词通常被定义为"黑土地"（Scarre和Fagan，2003，105页；Romer，2013，146页）。这是指尼罗河泛滥后所形成的黑土层。然而，另一些历史学家推测，古埃及的名字与埃及的自然环境无关（见Diop，1974，246—248页）。我同意后者的推测，但不同意他们其他的现已证明是错误的建议，即埃及的名字与来自尼洛—撒哈拉人的肤色有关。最近的研究结果证明，古埃及人没有撒哈拉以南地区的古人类基因（Schuenemann等，2017）。此外，所有这些西方历史学家似乎都忽略了一个关键点：埃及的古人，像美索不达米亚和中国的古人一样，通常将关键术语和名称定义为具有神秘或神奇的含义。另一个疑惑是，既然古埃及早就有自己的名字，为什么希腊人一定要费力不讨好地用另外一个词来表示古埃及？

在古代，特别是远古时期，现代文献中所用的一些王朝名称可能没有被古人使用过；更糟糕的是，它们中有一些正

---

① 如本章后面所述，位于埃及象形文字术语或名称的一侧或两侧的符号，特别是在王朝早期书写时，通常仅为象形符号，可能没有语音值。

式或书面名字可能根本不存在。为此，在界定最早的文化或文明时，应谨慎行事。事实上，希腊语单词"Aegyptos"本身也源自埃及语"Ka ptah"（意思是"普塔神的圣地"）。在比较"Ka ptah"（或"Copt"）和"Kemet"这两个词之后，人们可能会发现这两个词分别来自"pa"和"ma"的词源。普塔（Ptah，象形文字：如本段开头所示，其中▢、◠和𓎡分别代表P、T和H的三个象形音节）①是古王朝时期（公元前2686—约前2181年）埃及首都孟菲斯的主神。作为太阳神赖（"Ra"或"Re"）——古埃及的主神——的儿子，普塔神是使万物得以存在的神。他在所有埃及造物神中是独一无二的，因为他的方法是智慧，而不是体力。普塔也是能工巧匠和建筑师的守护神。他手中的权杖（在埃及语中称为"was"，上端是一个样式化的动物头像）是古埃及权力或统治的象征。

现在，让我们回到"Kemet"（或"Kmt"）。从语音上讲，这个埃及语单词与另一个埃及语单词"Sekhmet"（中文名：塞赫美特、赛克迈特以及塞克荷迈特等）②的词根几乎相同。塞赫美特是普塔的妹妹和妻子，是战争女神，是太阳神赖的敌人的毁灭者。与埃及万神殿中其他凶猛的女神一样，塞赫美特被称为"太阳神之眼"，通常被描绘成一个女性，有一个母狮头，头上有一个盘绕着眼镜蛇的太阳圆盘（见图3-3左侧）。她的名字有着"强大和暴力"的含义。③古埃及人也一定用这些含义来形容他们的国家，这样"Kemet"一定是与塞赫美特女神有关的关键术语。然而，这个四音节的术语"Sekhmet"（发音为[sekimeta]）可能不是她最初的埃及语名字；相反，它是后来由古希腊人或其他欧洲人创造的。事实上，代表"塞赫美特"的象形文字只包括两个埃及语音节，即"M"（𓄿）和"T"（◠）。因此，她最初的埃及名字应该是一个双音节的共祖词。这种双音节名称

① 很可能代表"H"的象形文字符号最初是作为一个象形符号设计的，但后来的历史学家错误地将其解释为拉丁风格后缀。
② 象形文字：𓃭𓄿◠𓃭，其中第一个和最后一个符号是象形符号，表示权力、主权、皇室、神和神权。
③ 参见http://www.egyptianmyths.net/sekhmet.htm。

的例子包括上埃及底比斯（埃及语：瓦塞特）的母亲神穆特（Mut）和上面刚刚谈到的普塔（Ptah）神。因此，我们可以认为古埃及应该有两个名字：

（1）凯穆特（Kemet，意思是"祖国或穆特神之地"），其含义与西方教科书所描述的"黑土地"没有任何关系；

（2）凯普塔（Ka Ptah，意思是"祖国或普塔神的圣地"），古希腊人将其修订为"Aegyptos"，英语单词"Egypt"也是从中衍生出来的。

很明显，古埃及的两个名字"Ptah"和"Mut"（或者我们今天所知道的"Sekhmet"），就像欧洲和其他地方大多数现代语言中所说的父亲和母亲的名字一样，分别来自共祖词"pa"和"ma"。事实上，在许多其他早期象形/表意文字系统的神话中，神和女神是用一个或两个音节的词命名的——至少最初是这样。直到后来，人们，包括说欧洲语言的人，才开始使用语音上更复杂的复合词。

此外，音节 [ka] 和 [ke] 等同于或源自共祖词，均有"大、伟大、土地"等含义。相关证据在许多土著语言中都可以找到。在一些土著语言中，许多由"K"、"M"、"P"（或"B"）和"T"等音节构成的相关词是共祖词。①

"我的名字不叫'赖'！"

现有考古发现表明，古埃及的书写体系比美索不达米亚的书写体系产生得晚一点。② 古埃及人，像所有其他远古人类祖先一样，尽管其语言技能随着时间的推移而不断提高，但仍然不能（至少不能流利）使用现代语言中大部分绕口音节。一个被证实的例子是，欧洲人在古典时代只使

---

① 例如，"M"和"P"（或"B"）来自"ma"和"pa"（或"ba"）；而"K"（包括 [ki]、[ka]、[ga] 等音节）和"T"（包括 [tai]、[ti]、[di] 等音节）最初指的是"土地"或"伟大"或其他吉祥含义。

② 例如，已发现有300个刻有早期原始象形文字的泥板，其年代在公元前3200—前3000年；大约有800个象形文字来自旧王朝、中王朝和新王朝。参见 Edwards（1971，43—44页）、Loprieno（1995，12ff 页）和 Mattessich（2002）。

用了23个拉丁字母（见书后阅读材料表A–4）。很可能在更早的时期，古埃及人使用的音节比表3–1所示的要少。[①] 几乎可以肯定的是，所谓的埃及字母表，即使它是由埃及人自己发明的（如果不是现代人即兴创作的），也只是基于或大致符合埃及文明晚期的情况。然而，与公元前3000年的文字相比，埃及后期，特别是经过古希腊和古罗马的统治下的埃及，与早期的埃及已经是完全不同的样子了。

表3–1　这些埃及象形符号相应的拉丁音节都正确吗？

A	B[(i)]	C	D	E	F	G
H	I	J	K[(iii)]	L	M	N[(ii)]
O	P	Q[(iii)]	R[(iv)]	S	T	U[(iv)]
V[(iv)]	W[(iv)]	W	X	Y	Z	KH[(vi)]

注：（1）古埃及人不可能使用本表中象形符号所定义的全部音节/音素，因为26个拉丁字母（及其发音）的一部分在古典时期（更不用说古埃及时期）是不存在的（见书后阅读材料A）。

（2）每个象形字母通常代表一个音节。

（i）在一些埃及象形文字中也读作[r]、[v]或[w]。

（ii）如正文中所述，此符号（表示"水"）的音值可能在此处被错误解读了。

（iii）在语音上可以互换或相似。

（iv）在古埃及语音上可以互换或相似。

（v）在一些早期文献中（参见第1章图1–4），表示"v"或"w"的符号看起来像一只朱鹮而不是鹌鹑。

（vi）可能代表音节[ka]。

来源：公共领域——感谢匿名作者的精美小图片。

---

① 更多证据见第1章。

普遍认为，现代拉丁语书写体系——当今世界使用最广泛的书写体系——主要是通过腓尼基字母从埃及象形文字等衍生出来的。例如，拉丁字母"M"和"m"是腓尼基字母的变体，源于埃及象形文字 〰〰〰（代表"水"）（见书后阅读材料表A–1）。在现有的西方有影响的文献中，包括Gardiner（1957，490页），该象形文字符号已被解读为埃及字母"N"（见表3–1）。然而，这可能是一个欧洲式的严重错误。可以肯定的是，生活在尼罗河沿岸的古埃及人一定使用了表示水的象形文字符号来代表他们自己最重要和最早关注的事物或活动，因此，这一定是一个共祖音节。如果是这样的话，所谓的埃及字母"N"可能是讲欧洲语言的人（包括古希腊人）定义的。对这一问题，我们将在本章其他地方进行分析，并且在有必要时进行重新解读。

在经过长期的外国统治之后，大多数埃及土著人已经被去埃及化了。因此，他们的文化和语言身份越来越不同于他们的祖先。尽管埃及语、阿拉伯语和其他闪米特语要么属于一个语系，要么可以通过使用共祖语言相互联系，但埃及语、希腊语和拉丁语属于不同的语系。最重要的是，希腊语和拉丁语倾向于使用比许多土著语言更复杂或绕口的音节。因此，可以肯定的是，古埃及人（尤其是那些生活在欧洲统治者到来之前的古埃及人）和许多其他与世隔绝的现代土著民族一样，倾向于使用易读的音节构成的名称或术语（如太阳神和埃及法老及金字塔，后者将在后文中进一步叙述）。

古埃及人和所有其他古民族一样，倾向于使用共祖词作为早期的关键术语和自己的名字。如果这个理论适用于埃及太阳神的名字，他肯定比他的儿子（Ptah）和女儿（Mut，后来称Sekhmet）的名字出现得更早，因此也应该来自共祖词。然而，太阳神（当是人的形态时，最常见的描述是他是一个鹰头人，头上戴着金盘，并盘缠着一条蛇，像一顶皇冠，如本段开头所示）现在被称为拉丁风格的"Ra"（或"Re"），中文发音类似于"赖、拉、瑞"等。很可能，这十

分绕口的拉丁风格名字不是古埃及人自己给出的。古埃及人和许多现代（特别是远离现代社会的）土著民族一样，不会发出许多绕口的拉丁音节，包括[ra]（读为"rä"）和[re]（读为"rā"）。后来，人们为埃及太阳神创造了另一个名字（即阿特姆）。那么，埃及太阳神的名字最初到底是什么？

要回答这个问题，让我们看看太阳神的象形文字名称的几个常见形式：

（1）⬭⌐；（2）⬭⌐⬤；（3）⬭⌐🧍；（4）⬭⌐⬤🧍

根据通常的解读，以上象形文字名称中代表"口"（⬭）和"手与臂"（⌐）的符号，其语音值分别为表3-1中所示的"r"和"a"；其余的符号是为象形：盘（⬤）代表太阳，而坐着的人类形态代表太阳神自己。[①]如果以上两个语音符号的定义是正确的话，它们应该是两个独立的埃及语音节。然而，现在的问题是，埃及太阳神的名字现在被解读为单音节词"Ra"（或"Re"）。因此，这里一定有问题。

由于埃及从公元前305年到公元前30年被希腊人统治，并且他们之间的文化交流发生在希腊入侵前的几个世纪，因此埃及和希腊的语言或文字一定有互相影响。事实上，如第1章所述，发出[o]音（甚至[wa]音，因为后者没有任何其他特定的希腊字母表示）的希腊字母O被认为是取自埃及象形文字中代表太阳或太阳神号（☉）。关于[re]或[ra]现代音节语言演变的许多例子中，来自[wa]的现代音节包括土耳其首都安卡拉（Ankara）——以及以前所称的安可拉（Ancyra）或安哥拉（Angora）等的现代名称——起源于一个更古老的名字：安库瓦（Ankuwa）。[②]当然，在所有常见的共祖音节中，[wa]与现代音节[ra]最相似，也符合语言的演变规律。如果上述语言演变不是偶然的，那么它们一定揭示了一些可以用来破译埃及太阳神原名的信息。

---

① 这两个象形符号也被发现独立作为太阳神的象形文字名称。
② 字母的下画线是作者故意添加的。

比较语言历史分析在这里很有用。安纳托利亚（Anatolia）是现代土耳其的主要组成部分，又称"小亚细亚"（Asia Minor），是西亚的一个重要半岛，也是亚洲大陆最西端的突出地区。它曾经是赫梯帝国（约公元前1600—前700年）的核心部分。安库瓦，现在被称为安卡拉，是强大的赫梯帝国所建立的重要城市之一，在各种楔形文字中经常提到（Gorny，1997）。有意思的是，目前所解读出来的许多古名称和术语被发现包括[wa]音节。鉴于古埃及语比赫梯人和古希腊人所说的要古老得多，由此可以合理地判断，埃及太阳神的象形文字名字的发音应该更像是[wa]（至少是其变体），而不是绕口的、具有拉丁风格的[ra]或[re]）。

从太阳神到尼罗河

没有尼罗河，就不会有我们所知道的古埃及文明，当然也不会有今天的西方文明。尼罗河流域是西方文明的发祥地之一，美索不达米亚是另一个。在过去的数千万年中，尼罗河的水利系统没有发生重大变化（Fielding等，2018）。尼罗河洪水泛滥（在古埃及语的最后分支、科普特语中称为"Wafaa El Nil"）[①]每年都会发生，它可以增强河岸土壤的肥力，这是埃及农业在沙漠环境中发展的基础。1970年，随着阿斯旺大坝的建成，埃及每年的洪水周期结束。如今，农民必须使用化肥来保持土地的肥力，因为每年不再出现淤泥沉积。

考虑到尼罗河洪水的重要性及其周期性的泛滥，难怪埃及人甚至在史前时期就开始测量水位的上升，以便预测收成并减少与洪水有关的灾害和损害。起初，这些记录只不过是河岸上的标记，但后来建造了有标记的楼梯、柱子或水井，并保存了测量记录。[②]由于尼罗河的河道经常在河流的东侧和西侧发生迂回变化，因此随着时间的推移，尼罗河河道的

---

① 科普特语是用希腊字母加上一些从埃及通俗语中借来的符号写成的，大约出现在公元300年，在公元1000—1500年就不再使用了。

② 最重要的尼洛米宫位于埃利番廷岛上，其他尼洛米宫建于不同的时期，分别位于菲莱、埃德夫、赫努斯、孟菲斯、赫利奥波利斯、布托和其他地方（Baines，1974，40页）。

物理变化看起来没有想象的情况那么严重。尽管如此，尼罗河在文明时代一直是向东移动。根据这一地理特征，随着河床的移动，新的肥沃的土地随之转移，沿河边建造了新的房屋，而旧河岸边衰败的旧房屋会被遗弃。由此产生的问题是，许多用石头建造的永久性建筑，如寺庙，都有可能失去通往主要供应路线的便利。更糟糕的是，如果它们建在低地上，它们可能会被洪水淹没，几十年后，甚至最终被尼罗河水吞没。

尼罗河这条河的名字，现在被称为"Nile"，来自希腊语"Neilos"，意思是"河谷"。拉丁文献说，古埃及人称他们的河为"Ar"或"Aur"（科普特语：Iaro），意思是"黑的"。[①] 然而，这些定义似乎仍然过于欧化了。像其他远古人类一样，古埃及人倾向于使用共祖词作为术语和名称（并为之赋予一些超自然含义）。根据许多埃及传说，太阳是所有生命的源泉。虽然古埃及人依附尼罗河从事农业和旅游，但他们只是将太阳视为最直接、最具创造力的力量。他们还看到，尼罗河，就像太阳的周期性运动一样，周期性地带来财富与灾难，有着始终如一的善与恶之间的转换。事实上，考虑到尼罗河对古埃及人至关重要，一方面，尼罗河和太阳神的埃及名字发音相似；另一方面，尼罗河埃及名字的含义也应该与太阳神相似。至少，欧洲人所定义（篡改？）的埃及名字（即"Ra"或"Re"代表太阳神，"Ar"或"Aur"代表尼罗河）都起源于共祖词"wa"。

尼罗河一年一度的洪水从南方带来了含有养分的细泥沙，淹没了农田。在古埃及宗教中，哈皮（Hapi）是尼罗河年度泛滥和谷物之神（Wilkinson，2003，106和117页）。它被描绘成一对精灵，象征性地把两个纸莎草茎绑在一起（见本段开头所示），最终的结果很可能是一个扭曲的亚麻芯或绳子（表示"强大"）。在西方教科书中，代表该神的埃及象形文字的语音定义如下[②]：象形符号、、和分别代表H、A、P和I，从而形成了

---

① 参见 http://www.britannica.com/place/Nile-River。
② 虽然还有其他不同版本的埃及名字，但其中的主要部分是相同的。

"Hapi"一词。然而，似乎"Hapi"一词并不完全等同于原始的象形文字名称。为了得到更令人信服的解读，让我们达成一个共识，即四个象形文字符号中的每一个如果真是语音符号，应该独立地作为一个完整的音节（埃及语与现代欧洲语言不同，它没有元音、辅音之分，通通各代表一个完整的音节）。这样问题就来了，因为"Hapi"只是一个双音节单词。因此，上述的四个符号肯定不全是音符。事实上，第一个和最后一个符号（ 和 ）并不代表音值，只是两个象形符号，分别表示"强大"和"二元"的意思。同样的分析逻辑也适用于"Ptah"这个埃及名字的形成。

　　在古代，绳子是人类最重要的发明之一。各种形式的绳索在古代被广泛用作武器和工具，具有捆绑、测量、记录或其他功能。[①] 关于埃及象形文字的形成，表示"O"的套索状符号（见表3–1）很可能等同于古埃及的共祖音节 [wa]。现在，让我们再来看看 在象形文字名普塔（Ptah）中的作用。如果它真的被埃及人用来代表一个音节，那么整个埃及语单词就不会被读成"Ptah"（这里，字母"h"在语音上几乎是无声的）。[②] 古埃及人怎么能创造出一个无声的象形文字字母符号呢？很可能这个符号最初被设计成一个象形符号（表示"能工巧匠"），但后来的历史学家错误地将其解读为欧洲风格的后缀音。事实上，该符号被错误地解读为"H"（或"h"）的判断可以得到更多证据的支撑。在拉丁文的文献中，"阿皮"（Api）、"阿皮司"（Apis）和"哈皮"（Hapi）这三个词同时被用来表示在古埃及孟菲斯地区的公牛神。[③] 我们现在不可能弄清楚为什么这三个不同的词同时代表公牛神。然而，仔细对比"Api"、"Apis"和"Hapi"（其中只有一个包含了表示所谓H字母的符号）的字母构成后，根据这三个名字所包括音节/素的"最大公约数"原理，我们可以简单地得出这样的结论：古埃及人在给公牛神起名时从未使用过"H"音。

---

① 详见第2章和第7章。
② 如第5章所述，"伊姆霍特普"的象形文字名称——被称为"普塔之子"的圣人——不包括表示所谓"H"的符号。
③ 参见 https://infogalactic.com/info/Apis_(deity)。

在古代，牛神是埃及人所有神圣动物中最重要的，而且与其他动物一样，它的重要性随着时间的推移而加强。为此，牛神与尼罗河年度泛滥和谷物神密切相关。可以肯定的是，正如土著语言和非土著语言之间有许多显著的差异一样，古埃及人的说话方式与欧洲人的语言截然不同。许多象形文字的名称和术语，特别是那些在古埃及文明早期创造的名称和术语，仅仅是符号或表意文字，从语音上来说，现在永远无法精准破译。[①] 如果真想破译，那么它们最可能来自那些共祖词或其变体。

至于现在被称为"哈皮"、"阿皮"、"阿皮司"和"哈皮—安克"的埃及神，它们在古埃及最可能被称为"瓦波"（Wapa），这是一个与父系社会相关的共祖词。[②] 真正的情况很可能是，古希腊人——当时的埃及统治者，在借用古埃及诸神的灵感并创造了他们自己的神（现在称为"阿波罗"）之后，就开始对前者不屑一顾了，它们就变成了我们现在所知的名字。古希腊人剽窃古埃及的文明成果，是一个不争的事实。

种瓜的想要豆，种豆的想吃瓜

希腊历史学家希罗多德（公元前484—前425年）在西方社会被称为"历史之父"。他写道"埃及是尼罗河的恩赐"，尼罗河是源源不断的食物来源，对古埃及文明的发展起着至关重要的作用。尼罗河的泥沙淤积使周围的土地肥沃，因为河水每年都会漫过河岸。古埃及人在尼罗河流域种植和交易小麦、亚麻、莎草纸和其他农作物。以尼罗河为基础的运输和贸易体系确保了埃及与其周边地区的外交关系，并为那里的经济和政治统一作出了贡献。自古以来，尼罗河沿岸就存在广泛而影响深远的贸易活动。

古埃及文明依赖尼罗河。几乎所有古埃及的重要文化和历史遗迹都

[①] 例如，这在大约公元前644年建造的一块供奉着所谓的阿皮神石碑上，找不到它的象形文字名称；取而代之的是，只有三个象形符号被破译为"Ptah"。参见 https://infogalactic.com/info/Apis (deity)。

[②] 我们已在第1章谈到许多词的现代音节"啊/[a]"源于"瓦/[wa]"，如表1-1所示。

在尼罗河（包括故道）的岸边。即使在今天，埃及的大多数人口和城市都位于阿斯旺以北的尼罗河三角洲和沿岸。尼罗河流域是一个复杂的流域，因此，主河道上的水流量取决于许多因素，包括天气、改道、蒸发以及地下水流。淡水对人和家畜都至关重要。尼罗河也是一个对人和货物都方便有效的交通运输通道。尼罗河也是古埃及人精神生活的重要组成部分，因此，古埃及人对尼罗河的词源定义肯定有更为吉祥或超自然的含义。

历史学家得出的结论是，古埃及文明成功的最重要因素是尼罗河每年泛滥造成的肥沃土壤。的确，古埃及人住在尼罗河附近，能够获得丰富的食物供应，使那里的居民能够将更多的时间和资源用于文化、技术和艺术追求。然而，古埃及的成功是许多其他地理因素以及与尼罗河相关的挑战的结果，而与那里肥沃的土壤也许没有多大关系。

尼罗河一直是埃及人的生命线。尼罗河平原给古埃及人发展农业提供了机会，也使他们逐步演变为一个更为复杂、更为集中化的社会成为可能，成为人类文明史上的基石。大约125 000年前（即中更新世末期），游牧狩猎采集者开始生活在尼罗河流域。[①] 到旧石器时代晚期，这个地区的人口开始向尼罗河流域集中。夏天尼罗河水位开始上升，河水淹没了两岸的河滩，这几乎是每年必然要发生的事情。但当河水水位涨得不够高或涨得太高时，即使在最繁荣的时期也会造成灾难。当尼罗河流域的恶劣气候持续下去时，埃及的整个社会结构可能会瓦解。例如，与尼罗河和埃及文明有关的五大灾害如下：

（1）公元前11 500年：500年的洪水泛滥导致早期的农业尝试被放弃，直到公元前6000年人们重新开始了捕鱼、狩猎和采集的游牧生活；

（2）公元前3000—前2800年：尼罗河平均水位下降了1—1.5米，约占总流量的30%，随后努比亚出现大面积骚乱使人口减少；

（3）公元前2250—前1950年：洪水泛滥，导致莫里斯湖干涸，标志着第十一王朝的终结；

---

① 参见Bower（2011年1月27日），Wells和Read（2002，138—140页）。

（4）公元前1840—前1770年：洪水泛滥削弱了中王朝的中央权力，被希克索斯人（Hyksos，意为"外国统治者"）利用，占领了埃及大部分地区；

（5）公元前1170—前1100年：尼罗河水位下降导致新王朝的衰落。[①]

在整个非洲大陆，历史上居住在大草原上的狩猎采集者和牧民群体未能创造过有影响力的文化。当他们逃离不断扩张的沙漠并聚集到尼罗河沿岸时，形成了数十万的庞大人口，这是文明产生和壮大的先决条件。他们居住的地区除三角洲的沼泽外，还有莫里斯湖周围的法尤姆绿洲和沿尼罗河直到阿斯旺的狭长地带，总面积为几万平方公里，那里有可灌溉的土地，非常适合人类居住和繁衍（Aperghis，2004，56页）。然而，讲欧洲语言的历史学家，包括希罗多德在内，只讲述了埃及古代文明的一半故事，而他们讲述的另一半（至少是一小部分）故事是根据自己想象杜撰的。

没有埃及的沙漠和干旱的气候，也不会有我们所知道的古埃及文明。如果尼罗河流域是热带雨林，古埃及就会变成类似于亚马孙式的生物天堂。但我们永远不会在那里看到伟大的人类文明了。人们普遍认为，农业定居点最早出现在公元前5000年左右的尼罗河沿岸，这些地方的城镇之所以繁荣，是因为它们受到红海、地中海和沙漠作为屏障的保护。只要有游牧民族在埃及周围的土地上游荡，尼罗河就会在他们最艰难时期继续吸引着他们。许多人一旦过来，就再也没有离开过那里。

总之，尼罗河在文明的形成中起着至关重要的作用。然而，现在就断定尼罗河流域的富饶最终导致了古埃及文明的崛起还为时过早。具体地说，如果生活在尼罗河流域的所有人的生活必需品（包括农产品）都相当充足，古埃及就不会有任何贫富阶层；古代也不会有奴隶和统治者。正是食物的稀缺，而不是无限的供应，促使人类为自己创造了复杂的社会（或文明）。这一点对全面认识古埃及文明尤为重要：尼罗河上、下游

---

① 参见Butzer（1976，9、28—29、56页）。

差异化的土地所导致古埃及农业经济结构性的差异，还促进了地区间的依赖与贸易交流，正可谓"种瓜的想要豆，种豆的想吃瓜"。这样，被东西两方沙漠所裹挟的上、下埃及应该统一，也一定会统一。

古埃及简史

到公元前5000年，尼罗河沿岸的人们开始进入新石器时期。撒哈拉岩石浮雕描绘的场景被认为是当时人们的牛崇拜，这种典型场景在东非和尼罗河流域的部分地区甚至今天仍可看到。到公元前3600年左右，尼罗河沿岸的埃及社会已经把他们的文化建立在种植庄稼和驯养动物的基础上。此后不久，埃及社会开始迅速发展和进步：出现了一种新的和独特的陶器，与黎凡特南部（目前地中海东南海岸）的陶器相似，铜器开始被广泛使用。美索不达米亚风格的晒干砖和建筑原则，包括使用拱形和凹形墙作为装饰，在那个时期变得流行起来（Keita，1990；1992）。

下埃及、上埃及

古埃及分为两个部分。北面是下埃及，尼罗河在那里伸展为几条支流形成尼罗河三角洲（见图3-1）；南部是上埃及，一直延伸到阿斯旺（见图3-2）。这里，"上"和"下"二字表示埃及的南高北低的地貌，尼罗河从东非高地向北流向地中海；上埃及和下埃及之间的边界位于尼罗河西岸达赫舒尔附近，位于现代开罗以南大约40公里。与美索不达米亚、黄河流域、秘鲁安第斯地区，甚至中美洲最早的文化遗址通常位于下游或低地不同，尼罗河三角洲没有发现最早的文化或文明。上埃及属于热带沙漠气候，夏季气温较高。下埃及（包括尼罗河三角洲和北部沿海地区）为亚热带地中海气候，气候相对温和。很明显，这种气候差异是由上埃及和下埃及君王戴的王冠使用的不同颜色所反映的，因为白色更适合炎热

图3-2 上埃及的主要城市和遗址（约公元前3150—前30年）

注：（1）左下角图为底比斯蒙纳墓（公元前1550—前1292年）的壁画。（2）底比斯（最初被古埃及人称为瓦塞特、瓦塞或沃斯）是上埃及的主要城市，在中王朝时期和新王朝时期是埃及的首都。

来源：作者根据杰夫·达尔绘制的地图整理（注释除外）。

的沙漠环境。

下埃及主要由尼罗河三角洲组成，这个地区在文明的早期大部分是未开发的灌木丛，不适合人类生活，但生长了各种有价值的鱼类与植物，如后来古埃及人用来制造书写纸的纸莎草和草药。下埃及的首都是孟菲斯；统治者戴着红色王冠（如本段开头所示）。大约到公元前5500年，生活在尼罗河流域的一些小部落已经发展了一系列文化，并通过陶器和个人用品（如梳子、手镯和珠子），显示了对农业和畜牧业的需求。在上埃及，这些早期文化中最大的是巴达里人，可能起源于西部沙漠，以高质量的陶瓷、石器和铜的使用而闻名（Hayes，1964，220页）。在大约1000年的时间里，一个强大的文明从几个小的农业社区发展而来，完全控制着尼罗河流域的人口和资源。在古埃及，尽管大型灌溉工程将在后来才有，但大多数定居点都位于尼罗河附近，并

世
界
文
明
新
史

利用了那里水道的大部分天然水源。

上埃及一般指尼罗河三角洲和北纬30°以南的区域。因此，它由整个尼罗河流域组成，从开罗南部到纳赛尔湖（由阿斯旺大坝形成）。这种划分也包括所谓的地理概念上的中埃及。在前王朝晚期（公元前5500—前3100年），上埃及是一个独立于下埃及的政治实体。上埃及的统治者戴着一种"白色王冠"（如本段开头所示）。那里的人与北方的埃及人进行贸易，从考古学家在那里的坟墓中发现大量埃及人存放的商品可以证实古时存在上下埃及间的贸易行为。进口商品包括金器、铜器、彩陶制成的护身符和珠子、印章、石板调色板、石器和各种陶器。[①]在纳布塔普拉亚发现的巨石似乎是世界上最早的天文装置，比英国的巨石阵早了近2000年。

非洲有更多的早期文明或文化传统。上努比亚和下努比亚都发现有早期定居点。第三大瀑布以南的肥沃农田被称为上努比亚"前克尔马文化"的遗址。克尔马文化是一个大型的城市中心，围绕着一座巨大的泥砖寺庙而建，被称为西德福法（Emberling，2011，8页）。作为一种早期文明，克尔马文化从公元前2500年左右开始在努比亚、上埃及和苏丹北部繁荣，以苏丹克尔马为中心（Hafsaas-Tsakos，2009）。努比亚是尼罗河沿岸的一个地区，位于今天的苏丹北部和埃及南部。它是古代非洲东北部最早的文明之一，其历史至少可以追溯到公元前2000年。有证据显示那里曾经有一个统一王朝。在尼罗河东岸的下努比亚的一个考古墓地的发现表明，在公元前3300年前后，那里与上埃及的文化保持着实质性的互动。它与中王朝时期的古埃及并行发展，直到后来被后者吞并。

在取得这些文化进步的同时，上埃及出现了社会和城镇的统一进程。与此同时，尼罗河三角洲（或下埃及）的社会也经历了一个统一的过程。上下埃及之间的战争频繁发生。在上埃及统治期间，国王纳尔默打败了北部的敌人，并将上埃

---

① 参见Keita（1990；1992）。

及和下埃及合并在他的单一统治之下。[①] 上埃及和下埃及的两个王朝在公元前3000年前后统一。因此，法老被称为两个王朝的统治者，他们戴着"双王冠"（如本段开头所示）——是"红王冠"（代表下埃及）和"白王冠"（代表上埃及）的组合，代表整个埃及王国的主权。古埃及的传统认为梅尼斯（现在被认为是纳尔默）是统一上下埃及的国王。在描绘纳尔默的壁画上，他在一个场景中戴着红色王冠，在另一个场景中戴着白色王冠，从而表明他是两个王朝的统治者（Wengrow，2006，207—213页）。

在原始王朝过渡期，一位叫纳卡达的国王为了征服和统一整个尼罗河流域，征服了周边许多王国和部落，并使其与埃及文化保持一致。受到上埃及的影响后，努比亚开始"被埃及化"了。努比亚文化从公元前28世纪早期开始衰落。埃及人通过努比亚从热带非洲进口黄金、熏香、乌木、铜、象牙和外来动物。随着埃及和努比亚之间的贸易增加，财富也随之增加。在中王朝时期，埃及开始向努比亚扩张，以获得对努比亚北部贸易路线的更多控制权，并直接与努比亚南部进行贸易。他们沿着尼罗河建起了一系列堡垒。这些驻军与当地努比亚人有着和平的关系，但在这一时期很少有互动，古埃及征服了努比亚领土，并将部分努比亚领土并入其各省（Watterson，1998，50—117页）。

从一开始，埃及的农业就严重依赖自然盆地所储存的尼罗河的水——这是村级的小规模的活动，不需要官方监督。逐渐地，随着时间的推移，一个高度集中的政府开始组织大规模的灌溉计划。大规模灌溉需要更复杂的维护和监督。此外，土地管理在古埃及至关重要，因为税收是根据一个人拥有或租用的土地数量来评估的。考虑到古埃及的土地大部分是沙漠，那里的可耕地与地中海及其周围的土地相比尤其宝贵（美索不达米亚也许是个例外）。在前王朝时期的最后一个阶段，埃及人开始使用书写符号，最终发展成完整的象形文字系统。

旧王朝时期略迟于美索不达米亚早期苏美尔文明。然而，在古埃及，

---

① 详细说明参见Roeback（1966，51—53页）。

向统一国家的过渡也越来越明显。约公元前3150年，第一位法老在孟菲斯建立了首都，从而巩固了对下埃及的控制，特别是控制了肥沃的三角洲地区的劳动力和农业，以及通往黎凡特的利润丰厚和关键的贸易路线。法老在旧王朝时期的权力和财富的增加反映在阿比多斯（Abydos）①精心制作的马斯塔巴墓穴和祭祀设施中，这些是用于法老死后的祭奠及对其进一步神化（Shaw，2002，70页）。法老建立的强大的王权制度，使国家对土地和其他资源的控制合法化，这些资源对古埃及文明的发展壮大至关重要。

胡夫："朱鹮才是我的最爱！"

在古王朝期间（公元前2686—前2181年），埃及在建筑、艺术和技术等领域都取得了重大进步，这是由于农业生产率上升和人口规模的增加以及高效中央政府所推动的。古埃及的一些辉煌成就，包括吉萨大金字塔和狮身人面像，都是在这一时期建造的。在法老任命的官员（称"维齐尔"）的高效治理下，埃及各级中央和地方官员参与税款征收、灌溉工程协调，从而提高了作物产量，为征集农民从事吉萨大金字塔等建设项目成为可能。大金字塔里的主人是胡夫法老，他是第四王朝（约公元前2575—约前2465年）的第二位国王。在胡夫统治时期，他在前人南北征战的基础上，继续远征努比亚（即现代埃及南部和苏丹北部），巩固了尼罗河三角洲至努比亚的统一政权。他也可能发动了对西奈半岛的战争。

现在还不清楚为什么这位法老在拉丁语中被称为"Khufu"（中文：胡夫）。这个名字在希腊语中称为"基奥普斯（Cheops）"。如果拉丁语和希腊语名字都来源于埃及象形文字（如本段开头所示，从右到左阅读），那么它们中的一个（甚至两个）的发音一定是不正确的。② 由于每个象形符号在埃及语中通常代表一个独立的音节，

---

① 古埃及城市遗址，位于尼罗河西岸的拜勒耶纳东南11公里。
② 更多象形文字名称及其变体，参见 https://pharaoh.se/pharaoh/Khufu。

所以这个象形名称应该是一个三音节的单词。似乎这两个欧式单词都没有三个象形符号所代表的等效音值。具体来说，≡这个符号通常被定义为读[kh]，古埃及人很可能用它来表示共祖音节[ka]（或其任何变体），而剩下的两个符号分别代表"f"和"w"（见表3–1）。因此，这个象形文字的名字应该是"Kafwa"（源自共祖词"kawa"）。当然，后缀"wa"可能会变为无声，或者在古埃及晚期被简单地删除，因为这种情况在其他地方也发生过。在这种情况下，原来的"Kafwa"应该逐渐变成"Kafa"，而欧洲风格的"Khufu"就是从这个词派生出来的。

如何理解胡夫的埃及和希腊名字之间的词源关系？如果"Cheops"（古希腊语：Χέοψ，发音：[khéops]）是借用了埃及象形文字的名字，那么第一个希腊音节[cheo]（或[xéo]、[khéo]）一定相当于第一个象形文字符号——即相当于共祖词"ka"的变体。然而，希腊语和埃及语单词的剩余音节似乎并不关联。事实上，如果希腊字母ψ的发音如果没有变异，那么它肯定是从共祖词"pa"或其任何变体中衍生出来的。如果这个判断是正确的，那么埃及象形文字的名字应该包括一个相当于[pa]的音节或任何变体。① 还有另一种可能性：[pa]（或[ba]）和[wa]（或[va]）的音节在古代可以互换使用。当然，现在还不清楚古希腊单词"Cheops"是否起源于埃及。然而，上面的解释，包括我在此基础上的分析，很难自圆其说。几乎可以肯定的是，埃及法老现在被称为"胡夫"的象形文字名称被错误地解读了。

将代表"胡夫"的象形文字符号（见本小节开头部分）与新出土的一张莎草纸的复印件（见第1章图1–4）的对应符号进行比较后，我们可能会发现，原始的鸟形符号并不像现代文献中广泛提出的那样代表鹌鹑——相反，它被描绘成一只朱鹮（如本段开头所示）。尼罗河沿岸生长了许多鸟类，包括猎鹰、鹅、鹤、苍鹭、鸽子、朱鹮、秃鹫、猫头鹰等。事实上，这些鸟中有许多被古埃及人视为神灵，

---

① 注意，在埃及宗教中，一个以人身鸟头为代表的神，被称为"Ba"。

有些鸟甚至被尊崇为寺庙的灵物。古埃及人把他们创造的许多主要神化身为鸟，这是因为鸟类可以飞行，因此可以抵达人类无法到达的地方。或者也许它们被视为能够在恶劣的沙漠条件下生活的强大力量。不幸的是，这些鸟不包括鹌鹑。但是，绘有朱鹮的符号通常被称为"国王的智慧与光照"，更多的细节可以从现在是大英博物馆的收藏（编号EA10554，39）莎草纸上看到。[1] 在埃及的宗教中，透特（Thoth，描述为有人的下半身体、朱鹮的头）是月亮之神，掌管计算、学习和写作，他被认为是文字的发明者、语言的创造者、诸神的抄写员、解释者和顾问，以及太阳神的代表。[2]

毫无疑问，在新发现的莎草纸片中至少有三种类似朱鹮的符号（如图1-4所示）。几乎可以肯定的是，吉萨大金字塔主人胡夫肯定更喜欢朱鹮而不是鹌鹑！吉萨是古埃及的一座城市，位于尼罗河西岸，与开罗相对。它是三座金字塔和狮身人面像的所在地。吉萨大金字塔在古埃及具有重要意义（见图3-3）。在1889年巴黎埃菲尔铁塔建成之前的4000多年里，它一直是世界上最高的建筑。今天建造这样一座建筑也是一项令人印象深刻的壮举，更不用说几千年前了。金字塔是用最简陋的工具建造的，就算在今天，如果没有一定的雄心壮志和物力、财力，也是很难完成的。在胡夫的统治结束数千年后，人们普遍认为胡夫是一个残酷的君主。例如，胡夫及其儿子的统治被希腊历史学家希罗多德描述为106年的压迫和苦难。[3] 但也有人认为，那些建造金字塔的劳工的工作得到了相应的报酬。我相信前者是正确的，那些不喜欢胡夫的人改变了他的象形文字名字，用一个表示小小鹌鹑的符号代替吉祥的朱鹮的符号，就是一个有力的证明。

埃及盛产建筑和装饰石材、铜、铅、黄金和宝石，这些自然资源使古埃及人得以建造纪念碑、雕刻、雕像、各种工具和时尚珠宝。防腐

---

[1] 该绘画作品可以追溯到公元前950—前930年。

[2] 参见 https://www.britannica.com/topic/Thoth。

[3] 参见 https://www.britannica.com/biography/Khufu。

师们用来自瓦迪奈特伦（阿拉伯语：Wadi al-Natrun，意思是"奈特伦河谷"）的盐制作木乃伊。埃及人在东部沙漠和西奈半岛遥远、荒凉的洼地中发现含有矿石的岩层，需要动用国家力量才能获得那里的自然资源。埃及人也开采和提炼黄金和铜等金属。努比亚有大量金矿；铜是古埃及工具制造中最重要的金属，在西奈半岛开采的孔雀石矿的熔炉中熔炼而成（Scheel，1989，14页）。古埃及的相关产业有酿酒、啤酒、纺织、皮革、陶器、烘焙和木工加工。因为木材稀少，埃及用小麦、黄金和其他物品用作交换。他们与今天苏丹北部和埃及南部的努比亚人以及今天巴勒斯坦和叙利亚的美索不达米亚人及其他民族进行贸易。

没有尼罗河以及其他连接的运河和水道，金字塔的建造是不可能的。2013年，一个由法国和埃及考古学家组成的联合小组在位于埃及红海海岸港口城镇瓦迪伊尔加尔夫（Wadi al-Jarf）发现了古王国的一处重要遗址。该遗址在第四王朝早期是一个非常重要的港口。在那里发现了几十张莎草纸碎片（图1-4显示了其中一张莎草纸的一部分），这是埃及出土的最古老的有文字的莎草纸，揭示了法老胡夫统治末期吉萨最大的金字塔的建造细节。正如埃及考古学家皮埃尔·塔莱特（Pierre Tallet）和格雷戈里·马鲁亚德（Gregory Marouard）在2014年的文章中详述的那样，他们发现的古代文献包括一本胡夫法老统治第27年的日志，其中描述了吉萨大金字塔的建造细节。在日志中，一名"王国工程"督察官、胡夫的同父异母兄弟安哈耶夫（Ankhhaef）监督这项巨大的建筑工程，如下所述：

> 记载在日志上的象形文字是4500多年前由一位名叫梅勒（Merer）的中级检查员写的，他在几个月的时间里详细描述了即将完工的大金字塔的施工作业，以及尼罗河对岸图拉采石场的工作情况。梅勒的日志写在一个两栏的表格，报告了建筑工人的日常生活，并指出在图拉挖掘的石灰石块，用于覆盖金字塔的外部，是通过船只沿尼罗河和运河系统运输到施工现场，前后需要两天到三天的时间。[①]

古埃及有了"歪果仁"

在旧王朝末期，地方总督开始挑战法老至高无上的地位。地方统治者抛弃了对法老的忠诚，开始在控制领土并开展政治权力上相互竞争。到公元前2160年，这些统治者控制了北部的下埃及，而一个位于底比斯（现代的卢克索）的敌对部落（因特夫家族）控制了南部的上埃及。再加上公元前2200—前2150年的严重干旱，人们认为这导致古埃及进入了140年的饥荒和冲突时期，即第一个中间时期（公元前2181—前2055年）。

---

① 引自Klein（2016）。请注意，Tallet和Marouard（2014）解读的"Merer"名字太拉丁化，无法成为公元前3000年埃及人所说的名字。

　　大约在公元前2055年，北方军队最终统一了整个埃及，开启了一个被称为中王朝的经济和文化复兴时期。[①] 中王朝的法老恢复了埃及的繁荣和稳定，从而刺激了艺术、文学和纪念性建筑项目的复兴。中王朝的最后一位统治者阿蒙涅姆哈特三世（Amenemhat Ⅲ）允许讲闪米特语的迦南定居者从近东进入尼罗河三角洲，为他的采矿和建筑活动提供了足够的劳动力。然而，这些雄心勃勃的建筑和采矿活动，加上他统治后期尼罗河的严重洪水，使经济陷入危机。在这一衰落过程中，迦南定居者开始夺取三角洲地区的控制权，并最终在埃及掌握了政权。

　　希克索斯（意思是"外国统治者"）保留了埃及原来的政府模式，并确定了他们自己的法老，从而将埃及元素融入其文化（Shaw，2002，189页）。败退到南部的底比斯后，埃及的统治者发现自己被困在统治北方的希克索人和南方的努比亚盟友库什人之间，这种冲突局面一直持续了30多年，到公元前1555年才结束（Ryholt，1997，310页）。埃及被外国人统治的时期（公元前1786—前1552年），包括第十三至第十七王朝。在新王朝时期（公元前1550—前1069年），军事成为法老扩张埃及边界和掌握近东地区的中心要务（Shaw，2002，224页）。图特摩斯一世（公元前1520—前1492年在位）和他的孙子图特摩斯三世（公元前1479—前1425年在位）发动的军事行动扩大了法老的影响。在他们统治期间，恢复了贸易路线，扩大了领土范围。到图特摩斯三世死后，埃及帝国的版图从叙利亚西北部的尼雅一直延伸到努比亚的尼罗河第四瀑布，巩固了周边对埃及的忠诚，并放开了青铜和木材等重要商品进口（James，2005，48页）。

　　当阿蒙霍特普四世（公元前1352—前1334年在位）登基并实施一系列激进而混乱的改革时，新王朝的稳定受到了威胁。拉美西斯二世（公元前1279—前1213年在位），也被称为拉美西斯大帝，登上王位后，继续修建更多的神庙，并竖立了更多的雕像和方尖纪念碑（Clayton，1994，146页）。与此同时，埃及的财富使其成为入侵的诱人目标。起初，埃及

---

　　① 参见Clayton（1994，29、69页）。

军队能够击退这些入侵者，但埃及最终失去了对其在迦南南部剩余领土的控制，其中大部分落入亚述人手中。腐败和内乱等内部问题加剧了来自外部的威胁。底比斯阿蒙神庙的大祭司重新夺权后，积累了大片土地和财富，他们的权力扩张在公元前1069年至公元前664年分裂了这个国家，这一时期也被称为第三个中间时期。

拉美西斯十一世（公元前1107—前1077年在位）去世后，斯门德斯一世（公元前1077—前1051年在位）接管了埃及北部地区。在此期间，来自后来被称为利比亚的柏柏尔部落一直在西三角洲定居。利比亚在舍顺克一世（公元前943—前922年在位）的统治下控制了三角洲大约200年。另外，从公元前10世纪开始，亚述为控制黎凡特南部向埃及发动了战争。黎凡特南部的城市和王朝经常向埃及寻求援助，帮助其对抗北方强大的亚述军队。亚述人开始入侵埃及后，由于没有永久的征服计划，把埃及的控制权留给了一系列的附庸，这些附庸后来被称为第二十六王朝的赛特王国。到公元前653年，赛特国王普萨姆提克一世（公元前664—前610年在位）能够相对和平地将埃及从亚述的附庸中解放出来。

公元前609年，尼科二世（公元前610—前595年在位）与巴比伦尼亚开战，试图拯救黎凡特的亚述。埃及人在这一地区停留了几十年，先后与巴比伦两位国王（纳波拉萨和尼布甲尼撒二世）争夺前亚述帝国部分地区的控制权。然而，他们最终被赶回埃及，尼布甲尼撒二世甚至在公元前567年还短暂入侵了埃及（Roux，1993，330—332页）。位于新首都赛斯的埃及法老见证了经济和文化的短暂而充满活力的复苏；但在公元前525年，强大的波斯人开始征服埃及，最终取代了法老普萨姆提克三世（公元前526—前525年在位）。虽然有几次反抗波斯人的成功起义，但都是暂时的，埃及人没有能够推翻波斯人的统治。

在被波斯吞并之后，埃及与塞浦路斯和腓尼基（大概位于现代的黎巴嫩）合并为波斯帝国的一个地方政权。波斯统治埃及的第一个时期称为第二十七王朝（于公元前402年结束），持续到第三十王朝（公元前380—

前343年）。后来虽然埃及统治有短暂的恢复，有时被称为第三十一王朝，但此后不久，公元前332年，波斯统治者没动一兵一卒，将埃及移交马其顿统治者亚历山大大帝。

公元前332年，亚历山大大帝轻而易举征服了埃及，并受到埃及人的欢迎。亚历山大的继任者马其顿托勒密王朝在埃及建立的行政当局，从公元前305—前30年持续了275年。这也是古埃及的最后一个王朝，是以埃及模式为范式，以亚历山大为新首都。希腊文化并没有取代埃及本土文化，托勒密人建造了埃及风格的新庙宇，支持传统的宗教，并把自己也描绘成法老。一些来自异域的传统文化融合在一起，希腊和埃及神融合成复合神，不过古典希腊雕塑形式开展影响传统的埃及风格。①

与此同时，罗马人更加依赖埃及的粮食运输，他们对埃及的政治局势非常感兴趣。埃及持续不断的起义、雄心勃勃的政治家和来自近东的强大叙利亚反对派使局势变得不稳定，导致罗马人在公元前30年派遣军队保卫埃及并使之成为罗马帝国的一个省。从公元1世纪中期开始，基督徒开始在埃及扎根。公元391年，基督教皇帝狄奥多西（Theodosius）颁布法律，禁止异教仪式，关闭寺庙（Shaw，2002，445页）。由此，埃及的本土文化开始衰落。当本地居民仍然继续说他们自己的语言时，他们阅读象形文字的能力慢慢消失了。这些庙宇要么被改造成教堂，要么被遗弃在沙漠中。

公元4世纪，罗马帝国分裂为两部分后，埃及成为东罗马帝国的一部分。东罗马帝国，也被称为拜占庭帝国，变得越来越"东方化"，因为它与希腊—罗马世界的联系逐渐消失。公元618年，波斯人的萨珊王朝短暂地夺回过对埃及的统治权，但在628年被拜占庭皇帝赫拉克利乌斯逐出埃及。公元639年，阿拉伯人从巴勒斯坦进入埃及，迅速进入尼罗河三角洲，公元641年占领了亚历山大城。拜占庭组建了一支舰队，并在645年夺回了亚历山大城。但是穆斯林在一年后的646年重新夺回了这座城市，

---

① 参见Shaw（2002，418页）。

完成了阿拉伯穆斯林对埃及的征服。结果是，持续了975年的希腊—罗马统治埃及的局面结束了。

在阿拉伯人的统治下，埃及的土著居民在随后的几个世纪里逐渐被伊斯兰化了。埃及从公元639年起被阿拉伯人统治，1517—1840年被奥斯曼土耳其统治，1882—1922年被英国统治。然而，古埃及人的身份和语言在科普特人中仍然存在，科普特人说科普特语，这是古罗马时代所说的通俗埃及语①的直接后代。科普特语在现代的埃及仍有使用，但主要局限于宗教仪式。

他是谁，又来自何方？

埃及为研究古人口遗传学提供了一个特殊的环境。一方面得益于尼罗河相对丰富的自然资源，另一方面得益于地处各大洲交汇处的战略位置，古埃及与非洲、亚洲和欧洲的重要文化区有着悠久的政治和经济互动历史。与其他地方相比，古埃及的人口结构更为复杂，这与古埃及在过去2000年或更长的时间里几乎一直受到外国人统治有关。

古埃及人是谁？他们从哪里来的？这些问题长期困扰着历史学家和人类学家。现有研究表明，希腊和罗马移民的遗传基因在尼罗河三角洲和西北部影响更为明显，在那里，大多数古希腊和古罗马定居点集中在埃及社会的较高阶层中（Rathbone，1990；Vandorpe，2012，260—269页）。在托勒密王朝时期，尤其是在罗马统治时期，拥有欧洲血统对于精英群体至关重要，并在社会中享有特权地位。例如，拥有罗马公民身份的人必须与其他罗马公民结婚才能继承其公民身份，这可能在一定程度上影响了罗马人和非罗马人（包括古埃及人）的通婚（Vandorpe，2012，270—276页）。

到目前为止，对埃及人口历史的研究一直基于文献、考古和DNA数据。基于对文献和考古资料的解释曾经是学术研究的重点，但是，这些

---

① 科普特语本身是由晚期埃及语演变而来的。

研究有局限性，由于古代文献在描述上的不准确，往往会使问题变得复杂。相比之下，对古人DNA的分析为解释埃及人口历史提供了一个关键的依据，也可以作为对从文献、考古和现代DNA数据中得出的推论的重要纠正或补充。

最近，德国图宾根大学的科学家们已经能够从中埃及王朝时期以来的木乃伊中提取和分析DNA，这些木乃伊从新王朝时期到罗马时代，大约跨越了1300年的古埃及历史。他们的研究结果表明，古埃及人在基因上实际更像生活在近东地区的人，包括以色列人、黎巴嫩人或叙利亚人，而不是现代埃及人或任何其他民族。[①] 现代埃及的人类特征变化可能是因为伊斯兰教的传播或更多的贸易增加了非洲大陆不同地区之间的接触造成的。

尽管存在关于古埃及人在建造金字塔的过程中得到外星人帮助的可能性的讨论，但令人信服的证据已经表明埃及人完全有能力设计和建造古埃及的每一座金字塔。根据科学方法，现代科学家们推断如下：

- 古埃及男性人口的平均身高在古王朝时期是169.6厘米，在新王朝时期是161厘米，在整个古埃及时期的平均身高为165.7厘米。
- 古埃及女性在旧王朝时期的平均身高为159.5厘米，在晚王朝时期（公元前712—前332年）为155.6厘米，在整个古埃及时期的平均身高为157.8厘米。
- 总体来说，国王/法老的平均身高基本稳定在166厘米，与一般人相比变化要小得多。皇后和公主平均身高为156.7厘米。
- 在整个古埃及时期，女性和男性的平均身高与今天相差不大。[②]

---

① 例如，他们的研究结果显示，木乃伊没有来自撒哈拉以南非洲的任何DNA，而现在大约20%的埃及人有撒哈拉以南基因（Schuemann等，2017）。

② 引自 https://www.seeker.com/mummies-height-reveals-incest-1769829336.html。

世界文明新史

不过，需要进一步说明的是，上述数据，如果果真能反映真实情况的话，还是高估了古埃及人的真实身高。毕竟，能保存到现代的绝大部分木乃伊的主人（如果不是全部的话）来自法老与贵族精英，他们拥有优越的生活条件；而绝大部分的下层奴隶不仅生前过着悲催的生活，死后的安葬条件也好不了多少。因此，他们的遗骨在数千年的岁月里，连同那些孤魂野鬼，早已消失在人们对灿烂古埃及文明的记忆之外了。

古埃及人和生活在美索不达米亚的苏美尔人一样，也经历过类似的困难和磨难。而正是这些困难和磨难，也可能再加上早期埃及人自身的身体弱点（而不是其他有利因素），激励着古埃及人推进他们的文明进程。

🌸 重新解读埃及象形文字

历法对埃及人很重要

古时候，埃及经济（主要是农业）高度依赖尼罗河。农作物包括小麦（用来做面包）、大麦（用来造啤酒）、蔬菜及水果等。田地里收获后的庄稼废料为牛、羊和其他牲畜提供饲料，这些牲畜又为人们提供肉类和奶制品。埃及的工具是简单的锄头、镰刀等，用牛或牛拉的犁。那么，是尼罗河流域的富饶才导致了文明的兴起吗？绝对不是。如果早期人类已经拥有相对充足的食物供应，那么他们就没有更多的动力来创造新的或促进现有的文化和文明了。

第一次成功的治水努力可能是在美索不达米亚或古埃及进行的，那里仍然存在着史前灌溉工程的遗迹。古埃及修建的运河是中央统治者和地方统治者互相合作的成果。地方官员的第一项职责就是挖掘和修复运河，在尼罗河处于洪水期时运河被用来灌溉大片土地。那些田地就像由一座座堤坝构成的大棋盘。尼罗河是埃及这个沙漠地区唯一的重要水源。

尼罗河从南向北流到地中海。每年都会发生洪水，河水携带着淤泥；当洪水退去时，淤泥就会留在河水流经的地面，使土地变得更加肥沃，有助于种植庄稼。但如果洪水太大，它会冲出保护村庄的泥堤；小洪水或根本没有洪水，意味着会有旱灾。洪水的强度必须恰到好处。

尼罗河三角洲的灌溉系统与美索不达米亚和古代中国的灌溉系统相似，通过在堤坝上挖一个缺口来连通灌溉系统，通过将泥土回填原来的缺口就可关闭灌溉系统。古埃及的洪水问题与美索不达米亚相似，但不如古代中国严重，因为尼罗河、底格里斯河和幼发拉底河作为一个整体，每单位体积的水所携带的泥沙都比黄河少得多。黄河所携带的泥沙大多是对庄稼生长无益的细沙，这导致了黄河河床的快速上涨和河道的频繁变化。关于尼罗河流量的不确定性问题仍然存在。在河水的流量非常高时，堤坝会被冲垮，村庄会被淹没。在低流量期间，土地没有得到足够灌溉，农作物也无法生长。在许多田地太高而无法从运河取水的地方，古埃及人发明许多直接从运河或尼罗河中通过抽汲或提调方式取水的办法（El-Gohary，2012，134页）。

一般在每年的6月初，尼罗河的第一个瀑布——阿斯旺就会出现河水上涨的迹象。尼罗河水位持续上升，直到9月初，水位在大约3个星期内保持稳定。在10月，它再次上升，并达到最高水平。从这一时期开始，它开始消退，虽然有时还会上升并偶尔达到以前的最高水位，但它会渐渐稳定地下降并达到最低水位，直到下一年6月洪水再次来临。[①]

古埃及人没有意识到洪水实际上是由南部山区的降雨引起的；相反，他们相信这是每年神的到来。在源头，雨水会灌满不同的支流和小溪，最终一起汇入尼罗河。埃及的农业依赖于尼罗河的周期性的洪水。埃及人用两周的时间把它作为一年一度的节日庆祝，从埃及历法第3个月的第

---

① 洪水比开罗提前了一周到达阿斯旺，卢克索比开罗早5—6天。典型的洪水高度为：在阿斯旺为13.7米（45英尺），在卢克索和底比斯为11.6米（38英尺），在开罗为7.6米（25英尺）（Budge，1895，45—49页）。

1天开始（即公历的8月15日左右），称为"Wafaa El Nil"（科普特语，意思是"尼罗河泛滥"）。科普特教会也以向河里投掷各种祭品来庆祝这个重大节日。

是谁造成了埃及历法的混乱？

由于尼罗河是埃及人生活中的最重要因素，所以在古埃及历法中，新年甚至是从尼罗河泛滥的日期开始的。古埃及历法大概是在公元前2780年（Stern，2012，130页）甚至更早的第一王朝（约公元前3100—前2890年）制定的。然而，由于一些稍后将要描述的原因，古埃及的象形历法在埃及文献中被解释错了，当然也没有被现代历史学家更正过来。我们先来看看埃及历法三个季节的象形文字（这里我把它们定义为第一版），它们在现有文献中被广泛采用，如下所示。

第一版：[1]

（1）阿克赫（象形文字： ⬚⬚⊙ ）：洪水季节（6月15日至10月14日）；[2]

（2）佩雷特（象形文字： ⬚⊙ ）：出苗（种植和生长）季节（10月15日至次年2月14日）；

（3）释谟（象形文字： ⬚⊙ ）：收获季节（2月15日至6月14日）。

由于⊙（代表着"太阳"或"太阳神"）在表示三个季节的象形文字中都有，它没有更特别的含义。在位于上埃及阿斯旺省的康翁波（Kom Ombo）神庙内，现在可以看到上述象形年历的石碑。这座庙宇始建于托勒密六世（公元前180—前145年在位）初期，后来的托勒密法老也参与了这座庙宇的修建，最著名的是托勒密十三世（公元前51—前47年在位），他修建了内部和外部的柱式大殿（David，1993，99页）。这是一个

---

[1] 关于象形文字日历的详细说明，参见http://www.ancientegyptonline.co.uk/calendar.html。此外，还有其他稍有不同的版本，例如Winlock（1940，453页）、Clagett（1995，4—5页）和Tetley（2014，39—40页）。然而，所有这些版本中每个季节的主要象形文字与第一版基本相同。

[2] 在本章剩下部分中，除非另有说明，所有日期均采用公历（国际标准）的日历。

不寻常的双重庙宇，即庙宇庭院、大殿、圣所等处均供奉两套神：鳄鱼神索贝克（也称为生育神和世界的创造者）以及猎鹰神哈罗里斯（也称为荷鲁斯长老）。许多关于"康翁波神庙"和"古埃及历法"的文章，包括维基百科或其他地方发表的文章，都将古埃及象形文字历法（见图3-4）中的"新月"定义为阿克赫（洪水季节）第1个月的第1天。然而，如果这些定义是正确的话，那么图中所示的从第12个月的最后一天到次年第1个月的第1天的过渡并没有提到5个过渡日——在托勒密王朝（公元前305—前30年）之前很久就被采用的闰月计法。因此，图3-4中象形历法的解读肯定有问题。那么，象形历法（如第一版中所定义的）有什么问题？

基本可以肯定的是，图3-4所示代表新的一个月开始的象形文字并

图3-4 埃及象形历法：古埃及书记员可能错了

注：（1）康翁波（Kom Ombo）神庙里的石碑（局部），石碑右侧头部为母狮头，头上有一个太阳圆盘和眼镜蛇的人物代表塞赫米特（Sekhmet）女神。（2）中央部分的三个象形文字日期，明显带有来自世界各地的游客频繁触摸的痕迹，被用来代表洪水季节第2个月的第29天和最后一天以及第3个月的第1天，最后一个日期代表了"Wafaa El Nil"（尼罗河洪水节）的开始——埃及人一年一度的节日。（3）新月份的主要象形文字（ ）被错误地用来表示洪水季节。（4）与上述3个日期有关的其他象形符号有 （表示埃及数字"9"）、 （表示埃及数字"10"）、 （表示一个月的第30天或最后一天）和 （表示埃及数字"1"）。

不代表新的一年的开始（即"阿克赫"季的正月初一）；相反，古埃及的书记员（他们当时被希腊人统治）用它来代表洪水季节的第三个月的第一天，这也是"Wafaa El Nil"（尼罗河洪水节）的开始。在古埃及，每个季节由4个整月组成。因为在古代360天为一年的历法中，每个月都被设计成30天（Tetley，2014，40页），每隔5—6年就会多出一个大致30天。因此，埃及的季节会随着时间的推移发生巨大的变化。后来，古埃及人才采用更精确的365天历法，其中一个闰月或5个额外天数被视为一年以外的时间。[①] 至于使用360天历法的情况，大约22.9年后将额外出现一个120天的季节，即约等于120÷（365.24−360）。

上述事实在现有文献中得到了很好的阐述，但象形历法中季节的突变却没有得到解释。事实上，下面的故事可能发生在古埃及的某个年代：（1）自从第一次实行360天为一年的埃及历法以来，经过几十年（或者更具体地说，22年或23年），"种植和生长"季节（10月15日至次年2月14日）在历法上提前进入了"洪水"季节（6月15日至10月14日）；（2）前者的象形文字被古埃及人直接用来表示"洪水"季节的象形文字；（3）后来在设计并实施了更精确的365天为一年的历法后，其各自代表3个季节的变异象形文字（即第一版中的象形文字）被沿用下来；（4）从那时起，通过在新历法中额外使用一个闰月或5个额外天数，季节性突变基本上（甚至完全）得到了克服。

重新解读这些象形文字

然而，第一版中的象形历法中的符号是不正确的，或者至少不是古埃及人最初创造的。我们可以通过以下象形符号的常规定义得到合理的证明：

---

① 由于一年比太阳年短了将近1/4天，埃及日历相对于太阳或公历，每4年仍损失1天左右。

- ⬚⬚⬚⬚ 表示"植物"或"生长";
- ⬚ 表示"房子",具有保护和储存的含义;
- ⬚ 表示"水池";
- ≋ 表示"水"或"洪水"。①

　　显然,在上述这些符号中,第一个和最后两个符号分别出现在代表"洪水"(第一版中称为"阿克赫")和"收获"(第一版中称为"释谟")季节的象形文字中,肯定存在错误。此外, ◼ 或 ◿ (意为"面包"或"蛋糕")虽然也被用作表示"T"或"t"的音位符号,但最早的古埃及人应该用它来表示丰收等含义。但是,该符号却包含在"洪水"季节而不是"收获"季节的象形文字中。如果没有充分的理由,这些安排是不令人信服的。

　　实际上,不少现代历史学家也对古埃及历法的象形文字的含义疑惑不解,其中一个印象深刻的说法是埃及的"冬天"来自"夏天"。② 然而,他们没有提供更多关于其论点的细节;他们也没有从象形或表意文字的角度具体纠正这三个象形文字的错误。事实上,在第一版的象形历法中,早期埃及发明的"阿克赫"和"释谟"的象形文字被后来的埃及人用反了,从而进一步被现代历史学家曲解;所有的埃及词语("阿克赫"、"佩雷特"和"释谟")都被现代历史学家和后期的埃及人定义错了。最后,为了确保埃及的三个季节在词源和表意上都是正确的,下面提出了一个新版本的埃及历法(这里我把它定义为第二版,也应该是早期埃及人自己最初采用的版本)。

　　第二版:

　　(1)≋⊙(释谟:指夏季和洪水季节,6月15日至10月14日);

---

　　① 事实上,除了第一版中的象形文字外,其他包括该符号的象形文字确实具有"水和/或淹没"的含义(Gardiner,1957,490页;Tetley,2014,39—40页)。

　　② 参见Weill(1926,55、107—111页)和Stern(2012,137页)。

（2）⬚⊙（佩雷特：表示种植和生长季节，从10月15日到次年2月14日）；

（3）⬚⊙（阿克赫：表示收获季节，从2月15日到6月14日）。

显然，第二版代表第一、第二、第三季节的象形文字依次正是第一版代表第三、第一、第二季节的象形文字。尽管如此，第一个季节的埃及术语在第一个版本中称为"阿克赫"，现在在第二个版本中被定义为"夏季和洪水季节"，这在象形或表意上是合理的，因为 ⬚ 表示一个水池，而 〰 应该与"洪水"有关。

在现有文献中，"释谟"（Shemu或Shomu）和"佩雷特"（Peret）这两个词无疑分别被称为埃及的夏季和冬季。欧洲历史学家甚至提出，英语单词"summer"和"winter"应该来源于这两个埃及术语。[1] 从理论上讲，如果埃及术语"Shemu"和英语术语"summer"之间的联系是正确的，那么前面所述的第一版埃及历法就肯定错了。埃及的夏季是如何被定义为从2月15日持续到6月14日的？显然，第二版中的"释谟"季节（即6月15日至10月14日）更符合埃及夏季的气候条件。如果第二版是正确的，那么象形符号 ⬚（意思是"水池"）和 〰（意思是"水"或"洪水"）都是用来表示"夏天"（Gardiner，1957，490页）。如果这个理论正确，那么这两个象形符号应该分别表示基于"s-"（如 [she] 或 [sho]）和"m-"（如 [mu] 或 [mer]）的音节。在这里，加德纳（Garduner）对埃及基于"m-"的音节的判断可以进一步用来支持我的论点，即类似的象形文字符号 〰〰（意思是"水"）并不表示表3-1中的象形文字字母"N"。

第二版的"种植和生长"季节虽然也从10月15日持续到次年2月14日，这段时间涵盖了北半球的冬季，但与第一版的象形文字不同。不过，与该词源相关的是英语单词"plant"，而不是"winter"。单词"peret"和"winter"的发音不同；但是单词"peret"和"plant"的发音是相似的。此外，"plant"一词在许多其他与埃及邻近的欧洲国家的语言中也有类似用

---

① 参见Stern（2012，129页）。

法："plante"（法语）、"planta"（西班牙语和葡萄牙语）和"pinata"（意大利语）。然而，关于"冬天"一词，这些语言在词源上没有相似之处。

关于最后一个季节，即"收获"季节，我现在将其定义为第二版中的"阿克赫"，其中的象形符号表示"房子"（⊏⊐），也可称为任何储存谷物或食物的建筑物。这种安排在音位上也是合理的，因为正如我重新解释的那样，该象形符号应该读作[aa]或[wa]，而不是主流西方文献中所建议的[pr]或[per]。① 此外，如前所述，◼这个符号不仅表示"面包"或"蛋糕"，还表示"T"或"t"的语音符号。因此，与第一版第三季的象形文字相比，第二版第三季象形文字的表意更能代表埃及的收获季节，其音位意义也与埃及单词"Akhet"（"阿克赫"）的发音基本一致。

代表"房子"的象形符号也包含在代表"法老"的象形文字中（见下一节）。因此，我们可以推断，代表"房子"的象形符号也代表古埃及法老或任何最高级别的统治者。普通的古埃及人，更不用说奴隶了，可能没有那种房子作为他们的住所。例如，与精英和法老所住的结构复杂的宫殿不同，农民和其他普通埃及人的住宅都是用易腐材料简单建造的，在现代没有遗留下来（Badawy，1968，50页）。因此，第二版中代表"收获"季节的主要象形文字可能揭示了古埃及政治和经济制度的真实情况。

事实上，古埃及是一个高度不平等的社会，可以从第十八王朝（约公元前1539—约前1292年）时期底比斯的蒙纳墓壁画中看到这一点。底比斯是一座古埃及城市，位于尼罗河以东的现代卢克索。人们对蒙纳仅有的一些了解都源自他的坟墓。正如在他的墓穴中发掘出的文字记载的那样，他曾拥有许多与卡纳克神庙和国王的农业地产有关的头衔，包括：

- 他是一位文书记录员（在古埃及地位很高）；
- 他是阿蒙神田地的督察；

---

① 注意，通常的定义（例如Gardiner，1957，71—76、492、496页）与埃及日历第一版的定义一致。不幸的是，这个版本是错误的。

世界文明新史

- 他是阿蒙神耕地的督察；
- 他是上、下埃及主人田地的督察；
- 他是南北方主人田地的督察；
- 他是上、下埃及主人的文书记录员。①

这座墓穴的壁画生动地描绘了农民如何耕种田地、收割庄稼、打谷等，每一步都在监工的指导下（见图3-2）。换句话说，如果画中的收获场景反映了一个真实的故事，那么所有农民（可能是奴隶）不是为自己而快乐地工作；相反，他们是被迫为了统治者或法老劳动。②是的，文明从一开始就不是一件快乐的事情。但是，活下来最要紧，古往今来都是这个道理。

文明既能解决疑惑，但又产生疑惑

尼罗河洪水周期的复杂性对古埃及的农业活动提出了各种挑战。的确，正如赫伯特·尤斯蒂斯·温洛克（Winlock）1940年所指出（当然，古埃及人早就以另一种方式，即使用阴差阳错的象形历法抱怨过）的那样：

用尼罗河洪水的到来为基础制定的历法，就像用紫罗兰的回归来定日历中春天的到来一样模糊不定。"③

然而，埃及历法的发明以及后来的各种正确和错误的修订本身就构成了古埃及文明的一个重要组成部分。古埃及人在书写象形文字季节时所出现的错误是因为他们基于先前对天文学（即360天为一年的先前假

---

① 引自Hartwig（2013，16页）。请注意，短语"两个土地"也意味着"上埃及和下埃及"或"埃及作为一个整体"。

② 巴勒莫石（Palermo Stone）是公元前2400年左右第五王朝编撰的皇家年鉴的一部分（Wilkinson，2010，58—60页），它证明了政府早期控制埃及经济各个方面的野心。

③ 参见Winlock（1940，450页），引自维基百科。

定）的初步认识。当古埃及人更精确地测算出一年有365天的时候，他们对自然的理解和对文明的贡献就开始有了更大的飞跃。

无论古埃及人在旧历法中如何定义"洪水"季节，尼罗河的洪水确实在河岸和周围广阔的低地上沉积了一层富含矿物质的淤泥，非常适合种植农作物。在每年的洪水退去后，是古埃及人开始种植的季节，从10月到次年公历的元月，持续4个月。农民在地里犁地播种，用沟渠灌溉。埃及大部分地区几乎没有降雨，所以农民们依靠尼罗河来灌溉庄稼。从2月到5月，古埃及人用镰刀收割庄稼。亚麻植物在开花前被连根拔起，并加工成纤维。将这些纤维纺成线，用来编织亚麻布和制衣。生长在尼罗河岸边的纸莎草被用来造纸。蔬菜和水果种植在靠近居民区和地势较高的花园里，必须靠人工浇灌。[①]

关于本节前面刚刚分析的埃及象形历法，我的重新解读仍然是初步的。在第一版的象形历法中，◉作为"洪水"季节象形符号令人困惑。由于该符号被称为"土地、田地或播种/种植"（参见第1章），因此该符号现在包含在第二版的"种植和生长"季节的象形文字中；但由于它有"kh"的语音值，表明它应该包含在第二版的"收获"季节，因为只有单词"Akhet"（"阿克赫"）包含该音节。因此，最可能的解释是，代表着三个象形历法季节的拉丁文单词在古埃及后期发生了变异。在过去的几千年中，口语可能经历了巨大的变化，使得现代历史学家和语言学家很难甚至不可能从语音上恢复它们最早的形式。这种矛盾的情况可能是由于象形文字日历（即第二版）的创建时间比相应的字母术语早得多，而后者仅基于变异后的（即第一版）象形历法。

细心的读者应该看到，我在前面对欧洲人连同后期的古埃及人一起评判了之后，并没有给出绝对肯定的答案。事实上，大多数埃及象形文字出现的年代太久远了。在埃及文明的发展过程中，象形符号所代表的发音（如果有的话）甚至含义都无法保持始终一致，更不用说埃及被非埃

---

① 更详细的叙述，参见Nicholson（2000，514、577、630页）。

及人统治后埃及语言文字也会受到影响这个事实。

这些象形符号代表什么意思？

当提到古埃及的历史时，人们不能忽视埃及法老。关于法老有许多故事和谜团，有些法老的木乃伊目前是西方世界一些著名的博物馆里的贵宾。在古埃及历史上的30多个朝代中，大约有170多个法老、国王和其他统治者统治了尼罗河流域长达3000年的时间。[①] 埃及法老的王位主要是由父亲继承给儿子，尽管这一王权的连续性在许多情况下被谋杀、动乱和神秘失踪所打断。每当一个新的家族控制了王位，一个新的王朝就开始出现在古埃及的历史舞台上。

在古埃及人眼里，埃及法老既是神，也是凡人的统治者。"法老"一词直到第十八王朝开始的新王朝时期才作为埃及统治者和国王的同义词出现。在第二个中间时期以及在新王朝时期的图特摩斯三世统治时期，随着希克索斯人（意思是"外族入侵者"）的到来，法老成为代表国王的正式称谓（Pitard，1998，42页）。托勒密王朝结束后，随着埃及在奥古斯都·恺撒的统治下成为罗马的一个省，"法老"一词也随之寿终正寝。

尽管在旧王朝时期，许多埃及国王和统治者在文学上都被称为法老，但他们实际上有其他头衔：荷鲁斯、尼苏比提和内比。到了中王朝时期，统治者的头衔由5个名字组成：荷鲁斯、内比、金荷鲁斯、诺门和普雷诺门（Shaw，2002，477页）。然而，所有这些名字都是被讲欧洲语言的历史学家破译的，真假难辨，反正古埃及的统治者们已经不能说话了。然而，仔细研究一下，这些名字显然不符合古埃及的语言风格，它们看起来更像现代风格。可以肯定的是，在3000年或更长的象形文字历史中，特定埃及术语或名称的象形文字有着不同的发音。毫无疑问，文化和语

---

① 参见 http://www.ancient-egypt-online.com/ancient-egyptian-pharaohs.html#famous-pharaohs。

言的重大变化通常发生在有跨文化接触或影响的时期。

"法老"：一个被误解的术语

埃及法老的象形文字在西方主流教科书中的解读是错误的。让我们首先看看代表法老的象形文字的两个常见符号⬚。[①] 在现有教科书中，"法老"一词被定义为最初来自埃及术语 "pr aa"（意思是 "大房子"）。这也是著名的埃及学者和语言学家艾伦・亨德森・加德纳爵士（1879—1963年）所采用的，他的作品被认为是古埃及象形文字研究的标准参考书。加德纳认为，这个用两个象形文字书写的双音节埃及单词代表 "房子"（用 "pr" 或 "per" 表示）和 "大"（用 "aa" 表示）。[②] 这一点在学术界得到了广泛的认可。然而，也许这不是正确的，至少在构词上不符合语言上的基本规律。

⬚是从一个有墙的建筑（"房子" 或 "宫殿"）衍生出来的，有一个敞开的门。法老及其随从的住所在公元前 4000 年末期呈现出独特的建筑形式，基本上是由高墙和塔楼组成的矩形结构（CMH，2018）。为什么埃及宫殿没有被设计成美索不达米亚的空间高效的方形风格（如乌尔大神塔，见图 2-3）还不太清楚，但很可能矩形结构近似黄金比例，并且被认为比其他结构更美观（Summerson，1998，38 页）。这是由古埃及的建筑资源（如石头）比古代美索不达米亚和古代中国都丰富这一事实决定的。[③]

普通百姓住宅的总体框架大致沿用法老宫殿的框架，尽管两者的建筑材料有所不同。古埃及的土壤经过尼罗河洪水的冲刷、沉淀后，通常会产生黑色的、致密的、均匀的黏土，干燥后变得坚硬如石，埃及农民普遍用它来建造自己的房屋。正如法国埃及学家加斯顿・卡米尔・查尔

---

① 注意，代表早期的法老或古埃及其他统治者的象形文字的符号中，还通常包括代表皇冠、男子、妇女或拟人神像的标志。

② 参见 Gardiner（1957，71—76、492、496 页）和 Allen（2014，39 页）。

③ 例如，当建筑材料的数量是固定的（例如，8 米长的建筑材料），古代美索不达米亚人可以建立一个 4 平方米（即 2 米 × 2 米）的宫殿地基。然而，古埃及人只能建造一个 1.5 米 × 2.5 米（即 3.75 平方米）或 3 平方米（即 1 米 × 3 米）的宫殿。

斯·马斯佩罗（Maspero，1846—1916年）在1887年所作的观察：

自古以来，费拉欣人（指阿拉伯国家的农民）就用坚硬黏土建造房屋。最穷农民的小屋不过是一堆粗糙的土房。一个长方形的空间，大约9英尺或10英尺（即2.44—3.05米）宽，长约16英尺或18英尺（即4.88—5.49米），用棕榈枝做成的柳条围起来，两边涂上一层泥。当涂层在干燥过程中出现裂缝时，裂缝再被填满，并涂抹更多的泥浆，直到墙壁厚度达到4英寸（约0.10米）到1英尺（约0.30米）。最后，整个建筑用棕榈枝和稻草盖上屋顶，顶部覆盖着一层薄薄的碎土。高度不同。在大多数棚屋里，天花板很低，突然站起时会碰到头部，这对人和房子结构都是危险的；有一些好一点房屋的屋顶距地面有6英尺到7英尺（1.83—2.13米）。当然，都没有窗户。有时在屋顶中间留一个洞可以让烟冒出来，但这对许多人来说就算是盼望已久的豪宅了。①

在西方通常使用的文献中，对埃及象形文字中代表"房子"或"宫殿"符号的发音解读是错误的。可以肯定的是，该象形符号的发音应该是[wa]（或其任何变体），而不是[pr]（或[per]）。我的判断得到以下方面的有力支持：（1）代表阿瓦里斯（Avaris：公元前1783—前1550年是埃及首都）的象形文字（如本段左上角所示）在埃及语中被解读为"Hut-waret"（意为"大房子"）（例如Hollady，1997，183—200页）；（2）在本段右上角显示的象形文字的意思是"城堡、豪宅、寺庙和坟墓"（Gardiner，1957，493页），在埃及语中应称为"hut wa"。②很容易判断，这两种情况下，▭ 这个符号只能读成

---

① 引自Maspero（1902；2010，2页）。括号内的内容由作者添加。

② 注意Gardiner（1957，493页）将三个象形文字符号定义为"h-w-t"。然而，根据Holladay（1997，183—200页）对"Hut-waret"的定义，它们的值应改为"h-t-w"。

[wa]。事实上，正如其他章节详细提到的那样，"wa"是一个共祖词，在许多土著文化和语言中具有"房子、家园、家乡、祖国等"的含义。在整个古埃及历史中，"房子"一词的埃及语发音确实在演变。然而，作为一个共祖词，"wa"在古埃及和旧世界其他地区也从未发生过明显变异。

尽管以上象形文字所代表的含义有所不同，但表示"房子"的象形文字符号在这些词中的发音不太可能不同。具体来说，在代表"法老"的象形文字中，表示"房子"的符号在西方教科书中被错误解读了。这个判断还可以从对这个符号以及其他符号的重新解读来进一步证实。

首先，考虑到埃及名字"法老"作为一个双音节单词的复合词的发音和意义是固定的，如果对埃及单词"房子"的判断是正确的，那么象形文字符号 ⟍⟍⟋ 应该明确地读[p]（[pa]），而不是[aa]（或其任何变体）。埃及语音节[p]（或其任何变体）源于共祖词"pa"或"ba"，原义为"父亲"，引申为"生命、活力、伟大"等。

其次，这个象形符号也可能来自男性生殖器，其理由至少是因为古埃及法老大多数是男性，而且最早的统治者都是男性。[①] 当写作系统在最初的形成阶段，古埃及人也许已进入父系社会（当然，男人在父系社会中对人类生活的方方面面有压倒性的影响）。同样，与现代人不同的是，刚刚摆脱了野生狩猎采集社会的古埃及人，可能在性和裸体方面没有任何尴尬或拘谨。[②] 一个典型的例子是，在图坦卡蒙（也称图坦卡门，公元前1333—前1323年埃及法老）被制成木乃伊时，他的阴茎以90°勃起方式做过独特处理。

在古代的文字或文化图腾中，用勃起阴茎的符号来表示"父亲"、"伟大"、"活力"甚至"生育能力"是非常普遍的，包括（但不限于）以下例子：

---

① 然而，例外的情况是，索别克内弗鲁（有时称为内弗鲁斯奥贝克，从公元前1806—前1802年统治了4年）是历史上第一位被确认的女性法老，哈特谢普苏特（公元前1507—前1458年）是埃及第十八王朝的第五位女性法老（Clayton，1994，104页；威尔金森，2010，229—230页）。

② 更详细的分析参见Gordon和Schwabe（2004，100—110页）。

- 代表"苏美尔人"一词的楔形文字中的最后一个符号可能源自阴茎（见第2章）；

- "Min"（也叫"Menew"或"Amsu"）通常是一个阴茎勃起的男性，是埃及生育神之一，从埃及前王朝时代一直到罗马时代都受到崇拜。

- 汉字"祖"等同于古汉字"且"与商代甲骨文🔯（中国社科院，1965，9、433、527页；刘钊等，2009，9、745页），后者一般被认为源自勃起的阴茎。此外，还有几十个现代汉字也由此衍生而来。

- 湿婆灵伽或灵伽通常被称为湿婆神和帕瓦蒂女神之间的性结合，是印度教生殖象征或生育象征之一。

- 在中美洲的奥尔梅克和玛雅遗址中发现了各种带有竖立阴茎形状的石雕（详见第6章）。

- "Inka Uyu"（艾马拉语：Inka wayu，意为"印加男性成员"）是一个考古遗址，有86块1.5米高的阴茎符号形状的石雕，矗立在秘鲁楚库伊托村的一座生育神庙内。

最后，西方教科书中对法老的象形文字名称的解读不符合土著语言的基本语言规则。在许多土著（包括一些现代）语言中，一个复合词应该由一个前缀形容词和一个后缀词干构成，就像英语单词"patriarchy"（父权制）="patri"（父亲）+"archy"（统治）。为此，几乎可以肯定的是，西方学者对"法老"——即"pr aa"（"大房子"）来自"pr（房子）"+"aa（大）"——的现有解读是不符合常规的，可能是错误的。

共祖型词汇和埃及语

事实上，西方学者目前普遍认可的将代表房子的埃及象形文字的读音解读为[pr]并没有可靠的语言或文化依据。例如，在Gardiner（1957）对埃及象形文字的解读中——这是迄今为止埃及象形文字领域最早、也许也是最权威的著作之一，他对为什么"房子"的象形文字读音为 [pr]（或 [per]）是基于一个不确定的判断：[pr] 与科普特语单词 "djenepor"（代表"屋顶"）中的 [por] 音节很相似（Gardiner，1957，492 页）。显然，这种解读至少在以下方面存在问题：一方面，"房子"和"屋顶"是两个不同的术语；另一方面，在科普特语单词 "djenepor" 中，"por"（读音大致相当于 [per] 或 [pr]）用作后缀或后缀词干，其情况与前面提到的情况完全不同（在埃及语"法老"的读音 [pr aa] 中，"per"或 "pr" 是前缀形容词）。因此，这两个读起来非常类似的音节其实在词源上肯定不相同。虽然欧洲（包括希腊）也有许多类似的关于古埃及的名称和术语的音译，但它们不能作为解读埃及象形文字的最佳参考。

所有人类语言，包括欧洲语言，在过去几千年中都发生了显著的变异，这里有自然的影响因素，也有人为因素。埃及文学语言史一般分为 5 个时期：古埃及语（约公元前 2200 年及以前）、中埃及语（约公元前2200—约前1600年）、后埃及语（约公元前1550—约前700年）、通俗埃及语（约公元前 700—约公元 400 年）和科普特语（公元 2—17 世纪），它们的口语方言有很大不同。[①] 因此，用后来的科普特语来解读几千年前的埃及象形文字，尤其是古埃及和中埃及象形文字的发音是不正确的。例如，哈索（Hathor）在旧王朝时期是古埃及宗教中掌管天空、妇女、生育和爱情的女神。不过，目前这个名字可能不是她的原名。[②] 事实上，这个女神的埃及名字最初被记录为 "hwt hr.w"，随着时间的推移发生了变异，后来直接变成了科普特语 "Hathor" 或 "Horus 的房子"，其中 "Horus"是古埃及神话中法老的守护神，王权的象征。[③] 事实上，科普特语中的"Hathor"一词现在已经被高度欧化了，其后缀 "-or" 或 "-r" 应为共祖词"wa"（意思是"房子"）。

---

① 参见 http://www.britannica.com/topic/Egyptian-language。

② 更多细节见 https://www.britannica.com/topic/Hathor-Egyptian-goddess。

③ 参见 https://ancientegypt.fandom.com/wiki/Hathor。请注意，在上一节中，埃及语 "hwt"（或 "hut"）被解读为具有"伟大"的含义。

世界文明新史

讲欧洲语言的埃及学家们在试图用语音解读法老（⬚）这两个象形文字时一定犯了一个错误。在古埃及语言中，将"房子"和"伟大"的象形符号分别解读为"pr"和"aa"是个错误。似乎本书关于法老的新定义与希腊字母 Ω 的解读是一致的，这与第1章中的共祖词"wa"语音相似。希腊字母 Ω 的古音可能是[wa]，因为后者没有任何其他希腊字母表示。更具体地说，古希腊人将 Ω 定义为"伟大的o"也是指法老（埃及语中意思是"伟大的房子"，其中"房子"发音是[wa]）。毫无疑问，现代希腊音位[o]相当于古希腊的音位[wa]。事实上，希腊字母 Ω 和上面表示"法老"的象形文字看起来像埃及象形文字⊙（表示从山上升起的太阳）或⊙（埃及象形文字中代表"王圈"，圈内的文字代表法老的名字；另一种王圈如本段开头所示）。

然而，欧洲学者对法老这个词的误读可能是由于人类在过去历史上的语言（特别是欧洲语言）变异所致。在某些欧洲语言中，音节[ba]（或[pa]）和[va]（或[wa]）已互换使用（因此被判定具有相同或类似的含义）。例如，在西班牙，"巴斯克"（Basque）一词在巴斯克语①中写为"Vasco"，后者本身就源自共祖词"瓦卡"。其实，"Vasco"和"Basque"这两个词都是从拉丁语"Vascone"继承而来的，而后者又源于希腊语的一个族名，最早在约公元7年希腊地理学家斯特拉博的著作中使用过（Trask，1996，10页）。

与楔形符号相比，埃及象形文字结构更复杂，在撰写时的空间序列不一致，不遵循任何具体规律。尽管汉字的结构最复杂，但埃及象形文字绝大多数与单音节汉字不同。根据前面的重新解读，埃及术语"法老"的两个象形符号应定义为：

- ⟼ 代表"生命、父亲、活力、伟大"，读作[pa]（或[ba]）；
- ⬚ 代表"房子，宫殿"，并读作[wa]（或其任何变体）。

---

① 这是一种起源于横跨西班牙北部和法国西南部相邻地区最西端的比利牛斯山脉的语言。

埃及金字塔:"马瓦"

古埃及人和世界其他地方的许多土著人一样,倾向于使用共祖音节来形成自己的关键术语和名称。例如,穆特(Mut)是古埃及宗教中的一位女神和母亲神,被认为起源于尼罗河三角洲或埃及中部。她在第十八王朝成为底比斯阿蒙神的伴侣,当阿蒙成为太阳神赖(Ra)后,她成为太阳神的眼睛,后来成为穿越天空的保护神。

埃及金字塔是现存的古代世界七大奇迹之一。它被设计成一个巨大的楼梯,通过这个楼梯,已故法老的灵魂可以升天(Quirke,2001,118—220页)。鉴于金字塔的规模巨大,它一定是古埃及最重要的文化成就。讲欧洲语言的学者指出,古埃及人将金字塔(见图3-3)称为"mr"或"mer"(例如,参见Gardiner,1957,495页;Pinch,2002,82页)。这种音位解读似乎是完美的,因为在许多其他土著语言中也可以找到与"坟墓"一词有关的其他类似的共祖词汇。例如,在许多东亚语言(包括汉语和各种方言)中,"坟墓"被称为"mu"、"mo"、"mou"或类似于"ma"的其他术语。此外,在许多印欧语言中,与死亡有关的术语来源于共祖词"ma"(或其任何变体):例如"mourir"(法语),"morire"(意大利语)、"morer"(葡萄牙语)和"mara"(梵语)。

另一个与"坟"有关的汉字,在普通话中称为"坟",在不同的汉语方言中有不同的发音。然而,在吴语中被称为"wen",这两个词都可能来自共祖音[wan]甚至[wa]。总之,所有这些与"坟墓"有关的词汇都来自共祖词"ma"(或其任何变体,所有这些都应该与母亲/母亲身份相关)或"wa"(或其任何变体,所有这些都应该与"家或家园"相关)。古人和许多现代人一样,一定把坟墓当作逝者在另一个世界的房屋或家园。因此,可以肯定的是,生活在古代世界的人们——包括古埃及和中国——会比今天的无神论者更认真地关心他们死后的物质存在。几乎可以肯定的是,埃及语的"mer"、汉语的"墓",以及许多其他土著语言中的相关词，都是最早的共祖词（或其变体）。

前面刚刚被证明，埃及的"法老"一词是父系社会的产物；而埃及的"金字塔"一词，甚至中国的"坟墓"一词，一定是各自母系社会的文化产物。然而，埃及金字塔的象形文字被讲欧洲语言的历史学家解读为单音节单词"mr"或"mer"，这可能是错误的（至少理论上是错误的）。在代表金字塔的埃及象形文字中，有两个语音符号：猫头鹰（如本段开头所示，在古埃及通常表示与智慧和知识有关的守护神鸟）[1]和⬭。这样，实际上它们代表两个音节。更具体地说，🐦与⬭应该分别代表[ma]（或[mu]）和[wa]的音值。因此，古埃及人可能会称金字塔为"muwa"或"mawa"（或任何其他变体，都表示"母亲/祖先"的"房子/宫殿"或类似含义）。在埃及象形文字术语和名称中，每个符号代表一个独立的音节。在欧洲语言中，一个音节由两个字母组成（即一个辅音和一个元音）非常常见。然而，当讲欧洲语言的埃及学家使用这种欧洲风格来解读埃及象形文字的术语和名称时，可能会出现严重的错误。

许多与古埃及文明有关的埃及术语和名称，同古希腊人及其他讲欧洲语的历史学家自以为是的说法并不完全相同。在过去的几千年中，人类世界的语言发生了巨大的变化，这使得现代人无法体验或理解3000年或4000年前古埃及人说话的真实情景。事实上，如本章前面所述，一些埃及象形文字被错误地解读了。埃及术语"金字塔"有时还包含的另外两个象形文字符号：（1）▲（见本段左上角，表示"金字塔，祖先之家"）可能含有共祖音[wa]；（2）代表凿子的符号（如本段右上角所示）的发音被定义为[mr]（Gardiner，1957，518页）是一个错误。凿子——一种头部有锋利平刃的工具，用于雕塑木头、石头或金属——对于古埃及人在修建金字塔时切割花岗岩非常有用。[2]因此，当出现在金字塔的象形文字名称中时，凿状符号可能被古埃及人用来表示某种超自然

---

① 参见 https://www.atthemummiesball.com/owls-ancient-egypt。
② 这些古老的石头切割方法在 Illig 和 Löhner（1993）有详细介绍。

的力量（或魔力）。如果它有一个语音值，它应该不同于 [mr]，原因很简单：因为所谓的 [mr] 音节已经由其他象形文字符号表示，因此，古埃及人不太可能使用表示"凿"的象形符号来表示 [mr] 音节。那么，古埃及人是如何定义这个符号的语音值的（如果有的话）？

帕马：这里才是永恒的家

可能还有另一种情况：古埃及人仅在古埃及早期才称他们的金字塔为"muwa"（或"mawa"）。而在后来的阶段，后缀"wa"逐渐消失——原因可能是，前人所定义的埃及术语和名称包括了太多的 [wa] 音节。这种 [wa] 音节逐步消失的情况在其他语言中也经常出现。[①]

埃及金字塔的名字有一个类似词："pimar。"[②] 如果是这样，那么埃及"pimar"的第一个音节应该读 [pi]，它本身源自共祖词"pa"或其任何变体。虽然"pa"和"ma"是常见的共祖词，它们分别被广泛用于表示"父亲"和"母亲"，但在某些情况下肯定有其他含义。这种判断源于一个事实：人类（尤其是远古人类）只能自由地使用有限数量的音节来构建越来越多的词汇和名称。至于金字塔的结构，它是一个多面体，其侧面在平面上倾斜到一个共同的顶点。它在拉丁语（14 世纪晚期）中被称为"piramis"，在中古英语中被称为"piramis"，后者来自法语"pyramine"（古法语："piramide"，意思是"方尖碑、石碑"）、拉丁语"pyramides"（复数"pyramis"）和希腊语"pyramis"（复数"pyramides"）。[③] 尽管这个单词在所有这些语言中的形式各不相同，但都包括两个词根："pa"和"ma"（或其变体）。因此，似乎所有代表"金字塔"的单词都是来自同一个共祖词。

在新巴比伦时期的一个爱情故事中，皮拉摩斯（Pyramus，其词源是"pa"和"ma"的变体）和提斯比（其词源不详）被描述为一对传奇男女，

---

① 关于古波斯语术语"波斯"演变的类似情况，见第 1 章。
② 参见 Hirst（2018）等。
③ 参见 https://www.etymonline.com/word/Pyramid。

他们只能通过房屋之间的墙壁裂缝进行交流。这个故事是由罗马诗人纳索（Publius Ovidius Naso，公元前43年—公元17年）在《变形记》（第四卷）中提到的，后来在杰弗里·乔叟的《好女人的传奇》中讲述。在威廉·莎士比亚的《仲夏夜之梦》中，"粗鲁的机械师"扮演了一个滑稽的角色：

> 尽管他们的父母拒绝同意他们的结合，这对恋人（皮拉摩斯和提斯比）最终决定一起私奔，并商定在一棵桑树下会面。第一个到达的提斯比被一头母狮的吼叫吓坏了。在匆忙的反击中，她扔掉了自己面纱，母狮撕碎了面纱，留下了牛的血迹。皮拉摩斯不一会儿也到了，他看到地上痕迹，认为她被母狮吃掉了，便毫不犹豫地用刀结束了自己的生命。当提斯比回来后，发现她心爱的爱人在桑树下奄奄一息时，她也结束了自己的生命。传说从那时起，所有桑树的果实，以前是白色的，现在是紫黑色的。[①]

一些古埃及术语和名字，就像古代世界其他地方的术语和名字一样，在历史演变中都发生了变化。埃及人对金字塔的称呼也应该是其中之一。由于埃及金字塔在古埃及文明中长期存在，它首先有一个与母系社会有关的名字（"mawa"）。然后，随着父系社会的出现，一个新的父系术语（即添加"pa"前缀）被创建来表示金字塔。与此同时，和其他语言一样，"wa"后缀也开始从一些埃及单词中被省略。[②] 因此，埃及语中"金字塔"一词（最初称为"mawa"）变成了"pama"（现在称为"pimar"）。很明显，在一个词中同时包含"pa/ba"和"ma"在当时肯定有重要的意义或暗示。虽然我们无法澄清古埃及到底发生了什么，但以下来自古希腊和中国的证据可以揭示在文明早期，对于古代人类最重要的是什么。希腊语"pyramis"也有"用小麦面烤成的蛋糕"的意思。顺便说一句，在中国

---

① 引自 https://www.britannica.com/topic/Pyramus，括号的内容由作者添加。
② 注意，"wa"后缀词在现代斯拉夫语和其他一些语言中仍然很常见。

黄河沿岸几乎所有地区，"bai mo"（其中"bai/白"表示"白色"和"用小麦做成的面粉"，而"mo/馍"是指"馒头"）都来源于两个共祖词"ba/pa"和"ma"，表示"一种用小麦粉做成的馒头"。

在过去几千年的大部分时间里，中国和希腊的小麦产量都是不足的。既然是奇缺资源，古人们对它们的命名自然会"动用"共祖词，这样不同文化之间的相似性就不可避免了。因此，中国式的莫馍（现代汉语中称为"馒头"）和希腊式的"pyramis"，两者看起来都有点像"金字塔"（或"坟"），反之亦然；这些名称也都源于共祖词，显示出它们在各自文化中的重要意义。在古埃及、美索不达米亚和印度河流域也有类似的情况。当然，我在这里并不是想要编造一些本不存在的远古洲际人类幻想曲：其实，这些十分类似的古汉语、古埃及语、古美索不达米亚语和欧洲语的词汇被创造出来的时候，大都没有直接的跨文化影响。所有重要或关键的术语和名称，即使是在不同文明的最早阶段独立创造的，都自发地（或不得不）采取了一些共祖词语。这些共祖词是人类早期文化或文明的基石。

在过去的一段时间里，有些学者经常根据某个词的中文和外文在语音或语义上的相似性来判断那个外国文化或民族曾源自中国的某个地方，这是很不严肃的推断。实际上，人类（特别是早期人类）能掌握的音节/音素很有限，在他们用这些音节或音素来创造各自的语言时，在语音、语义上难免会出现个别相似之处。

瓦迪与埃及

埃及有多少瓦迪？

埃及广袤的土地主要由沙漠构成，而沙漠中有无数个瓦迪。一个著名的法老埋葬地是"Wadi al-Muluk"（阿拉伯语，意为"国王谷"）——尼罗河西岸的一个干旱河谷，与现代埃及的卢克索隔河相望。从公元前16世纪到公元前11世纪，为法老和其他有权势的贵族所建的金字塔都在那里，因此这个河谷现在也是世界上最著名的考古遗址之一。1979年，它与底比斯墓地的其他部分被一起列入世界遗产。"Wadi es-Sebua"（也叫"狮子谷"）是两座新王朝时期埃及寺庙的所在地。公元5世纪，寺庙被改建为基督教教堂，一些寺庙的浮雕上覆盖着一层灰泥。当这些寺庙受到阿斯旺大坝工程建设洪水的威胁时，它们于1964年由埃及文物局在美国资助下拆除转移。现在，塞瓦河神庙位于一个新的地点，距离原来的位置仅4公里。

除尼罗河从南到北穿过埃及之外，还曾经有多条河流从红海山脉向西流入埃及。后来，非洲大陆的地壳变动所形成的大裂谷和隆起重新改变了北非的水系，从而使过去的东西流向变成了从北向南流动。例如，现在基纳干谷（Wadi Qena）就是从北向南流动的流域。瓦迪阿拉齐（Wadi Allaqi）也与尼罗河的历史有着密切的联系，它是埃及东部沙漠以南最大的河谷，位于纳赛尔湖东岸阿斯旺以南约180公里处。作为面积宏大的流域，它从红海的沿海山脉一直延伸到尼罗河并最后连接纳赛尔湖。瓦迪阿拉齐地区总体上表现为超干旱。在埃及东部沙漠地区，年降雨量很少超过5毫米，而且季节间变化很大。这一平均值没有太大意义，因为降雨有时每隔2—3年才有，而且不确定在哪个季节或哪个地方会下雨。[①]因此，在那里生长的物种都特别能抗旱，即使多年无雨，也能完成繁殖和生命更新；当然古埃及人也如此。

在瓦迪阿拉齐地区也有特别丰富的考古记录，包括岩画和其他史前人类定居的证据，但文化上不同于尼罗河流域。第五王朝的碑文证实，这一地区不仅被用作商队路线，而且制作金字塔石棺的石材也是在这里开采的。在旧王朝时期，瓦迪阿拉齐和瓦迪加巴嘎巴（Wadi Gabgaba）是

---

① 参见http://whc.unesco.org/en/tentativelists/1810。1993年，该地区被联合国教科文组织宣布为生物圈保护区。

埃及人与努比亚沙漠各部落接触的地方，在这部分沙漠地域的经济、社会和文化生活中发挥着非常重要的作用。驴和猫很可能就是在这里被古埃及人驯养的。苏丹一侧的瓦迪加巴嘎巴有新石器时代的文化遗迹——坟墓、石刻等，都表明瓦迪对那里的早期文明作出了重大贡献。作为瓦迪阿拉齐的一条支流，瓦迪加巴嘎巴在埃及几乎是独一无二的，其物质文化不同于尼罗河流域或东部沙漠以北的其他阿拉伯贝多因人群体。

瓦迪哈马马特（Wadi Hammamat，又称"多浴之谷"）是埃及东部沙漠中的一条干涸河床。在古代，它是尼罗河流域以东的主要采矿区和贸易通道。哈马马特成为从底比斯（现代卢克索）到红海，然后到阿拉伯和非洲之角的主要路线。这段200公里长的旅程是从尼罗河到红海最直接的路线。哈马马特路经从位于卢克索北部的科普托斯（也称为"Qift"）到红海沿岸的库塞尔。科普托斯是一个重要的行政、宗教和商业中心。这条路线两端的城市始建于埃及第一王朝（约公元前3150—约前2890年）时期，尽管沿途也发现了史前文化的证据。当然，哈马马特并不是中东部沙漠中唯一的一条瓦迪。从尼罗河东岸到红海西海岸，在科普托斯和埃德夫之间，至少有15条大大小小的瓦迪。[①]

在古埃及，瓦迪是花岗岩、杂砂岩和黄金的重要来源地，在各个王朝都曾是主要的采石区。燧石是最早开采并用于制造工具的矿石，燧石手斧是尼罗河流域最早的人类工具，其制作剥离石块外沿的多余部分，以使"刀片"和"箭头"具有一定的硬度和耐用性。这种技术发明一直使用到铜被发现为止。古埃及人通过从冲积矿床的沉积物中洗出金块、收集黄金，或者通过研磨和清洗含金石英岩这一更为密集的劳动过程来收集黄金。上埃及发现的铁矿床一直被开采到很晚的时期。埃及盛产优质建筑石材；古埃及人沿着尼罗河流域开采石灰岩，从阿斯旺开采花岗岩，

---

① 它们包括哈马马特、阿特瓦尼、卡什、阿布瓦西里、米尼、卡纳伊斯、巴拉米耶、哈贾利（南部和北部）、乌姆萨拉姆、米耶、阿布穆阿瓦德、达哈比耶、阿布伊卡伊迪和沙鲁尔。参见http://www.eastern-desert.com。

从东部沙漠的瓦迪开采玄武岩和砂岩。斑岩、杂砂岩、雪花石膏和玛瑙等装饰性石头的沉积物遍布东部沙漠，所有这些甚至在第一王朝之前就已被开采了（Nicholson，2000，28、51、166页）。

瓦迪区域上有许多雕刻和铭文，可以追溯到最早的埃及王朝，包括已知的东部沙漠唯一的绘画岩画和埃及芦苇船的图画。例如，弗朗西斯·兰切斯特博士在做博士论文期间，调查了包括北至瓦迪哈马马特、南至Kopots-Qusaeir公路和东至红海丘陵的15个瓦迪。他告诉我：

> （埃及）中东部沙漠由一个复杂的瓦迪系统组成，与（纯粹意义上的）沙海非常不同。营地必须建在斜坡上，以防山洪暴发，因为红海山丘上会下雨。汹涌的水流和岩石可以从河底水道上倾泻下来。几百万年前，它们曾经是河流。在夜晚，没有光污染遮住星星，通常可以看到银河宛如"蜿蜒的水道"。星星像挂在树上的装饰品一样悬挂在天空中。难怪古埃及人相信他们国王的灵魂有可能在不朽的极地星群中旅行并永生。

居住在这些瓦迪的史前埃及人，可能像兰切斯特博士自己一样，一定会面对更困难、甚至更危险的生活环境。然而，正是环境的威胁和挑战激励着古埃及人为瓦迪类型的文化和文明作出了贡献。

事实上，古埃及确实是孕育以瓦迪文化为基础的文化和文明的理想之地，瓦迪为所有后来的文化和文明建立了大部分地理文化基础。从地理上讲，绿洲是沙漠中一个孤立的植被区，通常被泉水、池塘或小湖相连。绿洲对古埃及人来说很重要。这是因为埃及大部分地区被沙漠覆盖，绿洲数量有限，面积较小。在科普特语（尼罗河三角洲使用的一种古埃及语言）中，"绿洲"一词被解读为"wahe"或"ouahe"，意思是"居住地"。沙漠覆盖了埃及的大部分土地。它从地中海向南延伸到苏丹边境，只有尼罗河流域例外。沙漠是撒哈拉沙漠最干燥的地区之一。然而，该地区有7个重要的瓦迪，其中6个被认为也是绿洲（西瓦、巴哈里亚、法尤姆、法拉弗拉、达赫拉、哈尔加）。毕竟，"wadi"与"wahe'只有一字之差。

绿洲为动物和人类提供了栖息地。绿洲对维持沙漠地区漫长的贸易和运输路线至关重要。而且，从现实意义来看，在沙漠地区，绿洲比洼地对人类的生存更有利。在马格里布（包括非洲西北部和埃及西部的大部分地区），"wadi"一词有时被称为"wad"，或者在马格里比阿拉伯语中被称为"oued"。此外，在埃及的古代语言中，许多其他重要的埃及术语也以"wa"为前缀："Wadjet"（古代当地的女神）、"Wafaa"（尼罗河泛滥）和Was（法老的权杖，权力或统治的象征）等。

古埃及人和世界其他地方的古人一样，不可能像我们现在这样自由地发音。因此，他们倾向于使用易于阅读的音节（如[wa]）来组成对古埃及人自己来说最重要的词汇和名称。在埃及语或科普特语中，许多具有重要地缘政治意义或文化含义的术语包括音节[wa]或其任何变体（见附录C）。例如：

- Aswan（阿斯旺）：埃及南部的一座古城。同样拼写为"Assuan"，在古埃及人中被称为"Swenett"，在科普特语中被称为"Souan"，在古希腊语中被称为"Syene"。

- Hut-Waret：又称阿瓦里斯，位于今天的泰尔埃尔—达巴，位于尼罗河三角洲东北部地区，在公元前1783—前1550年，它是希克索斯统治下的埃及首都。

- Kawa（卡瓦）：苏丹尼罗河第三和第四大瀑布之间的一处遗址，是埃及阿蒙神神庙的所在地。

- Pwenet：也被称为"Pwene"或"Pwan"，意思是"上帝的土地"。

- Tawaret（塔瓦雷特）：在古埃及神话中既是一位凶猛的恶魔，又是一位受欢迎的守护母亲和新生儿的神。

- Wadjet（瓦杰特）：古埃及神话中的地方女神（与纸莎草属植物的

颜色）。

- Wafaa：在科普特语中表示"洪水"，从8月15日开始，埃及人将"尼罗河洪水"作为一年一度的节日。

- Wahe（瓦赫）：在科普特语中表示"沙漠中的绿洲，居所"。

- Wap-Wawat Wap：也被称为"Wepwawet""Wepawet""Upuaut"等（意思是"冥界之门"），是狗形的守护神。

- Wasar（瓦萨尔）：在拉丁语中被称为欧西里斯，是埃及的生神、死神、生育神和冥界之神。

- Waset（瓦塞特）：在古埃及也被称为"Wase"或"Wo'se"，指的是底比斯，其遗址位于埃及南部现代城市卢克索。

对埃及学研究的建议

　　埃及学是一门研究包括古埃及历史、语言、文学、宗教、建筑和艺术的交叉学科，涵盖了从公元前5000年一直到公元4世纪结束之前古埃及本土文化的方方面面。象形文字可以追溯到公元前4000年后期，总共有1000个不同的字符（Loprieno，1995，12页）。后来在日常书写中，古埃及人使用一种草书形式（称为"hieratic"），这是一种更快更容易的书写方式。

　　埃及象形文字的书写体系，它结合了象形/会意、音节和字母的元素，按行或列的形式书写，可以从左到右或从右到左阅读。读者可以根据具体情况分辨出文本的书写方向，因为代表人或动物的象形符号一般出现在首端。此外，在大多数情况下，上部的符号在先，下部的符号在后。然而，由于埃及象形文字经历了几千年的发展演变，并已灭绝了近2000年，现代埃及学家面临许多严峻的挑战。一是古埃及人所说的语言在音节/音素的使用上与现代人（尤其是西方人）所说的语言有很大不同；二是古埃及早期和晚期的象形文字不同。忽视这些事实会导致混淆甚至误解。

这里有一个例子，"Taweret"（也称为"Taurt" "Tuat""Ta-weret""Tawaret""Twert"等）是古埃及宗教中保护性的埃及分娩和生育女神。"Taweret"对面临危险的人类具有安抚意义（Pinch，1994，39页）。该神通常被描绘成一只双腿直立的雌性河马，有猫科动物的属性，拥有人类女性的乳房，还有尼罗河鳄鱼的背部。它通常有各种各样的称呼，包括"天堂的夫人"'地平线的夫人""泼水的女人""产房的夫人"（Wegner，2002，351—352页）。在所有7个代表"Taweret"的象形符号（如本段开头所示）中，除了蛋状符号和表示眼镜蛇的符号（在古埃及，用作主权、皇室、神和神圣权威的象征），其余5个符号被定义为代表字母元素（见表3-1）。然而，其中一些符号可能不是语音符号——古埃及人不太可能使用这种多音节词。为此，我宁愿相信埃及女神的名字是双音节词"塔瓦"或三音节词"塔瓦塔"。

尽管在公元后最初的几个世纪中正式的象形文字继续被用于一些宗教仪式，但除了少数牧师，大多数埃及人都看不懂了。随着传统宗教机构的解散，人们对象形文字的了解也随之消失。事实上，早在公元1世纪左右，科普特字母就开始与通俗文字一起使用，通俗文字是埃及的一种草书形式的象形文字，从公元前7世纪早期到公元5世纪一直用于手写文字（Allen，2000，7页）。尽管破解象形文字的尝试可以追溯到更早的时期，但直到1799年发现罗塞塔石碑，才取得实质性进展。罗塞塔石碑（见图3-5）是一块花岗闪长岩石碑，现为大英博物馆收藏。这块石头上刻着公元前196年托勒密王朝代表国王托勒密五世（公元前204—前181年在位）在埃及孟菲斯颁布的三个版本的法令。罗塞塔石碑的顶部和中部文字分别为古埃及象形文字和通俗文字，底部文字为古希腊文字。[①]

与苏美尔楔形文字一样，埃及象形文字从一开始通常只是象形或会意符号，但后来变成了音符和字母。此外，象形符号的含义通常比音节

---

① 关于罗塞塔石碑的早期文献包括Budge（1929，105、125页）。

世
界
文
明
新
史

注：（1）这是一块高114厘米、宽72厘米、形状不规则（可能在早期被损坏）的黑色花岗岩石头，现藏于伦敦大英博物馆。1799年8月，由一个法国人在埃及亚历山城东北56公里处的罗塞塔镇附近发现。铭文是在托勒密五世埃庇法尼斯（Epiphanes，公元前204—前181年在位）第九年用三种文字书写的：埃及象形文字（上部）、埃及通俗文字（中部）和希腊文字（下部）。正文首先列出了国王的一些高尚事迹和成就（例如向神庙赠送礼物、给予各种减税，以及在其前任托勒密四世统治期间开始的叛乱之后恢复埃及的和平）。鉴于他对埃及的这些功绩，祭司理事会承诺采取一系列行动来纪念托勒密五世，例如建造新的雕像，为他的神龛提供更好的装饰，为他的生日和登基日举行庆典活动等。最后，还规定该法令应该用象形文字、通俗文字和希腊文刻在石头上，放在埃及各地的寺庙里。（2）需要注意的是，尽管罗塞塔石碑已被广泛用于解读埃及象形文字的含义和发音，但在解读早期埃及象形文字时，会出现偏差或错误。
来源：维基百科（文字说明除外）。

和字母符号的含义更准确——古代人类的声音是无法记录的。罗塞塔石碑被认为是破解埃及象形文字的关键（Parkinson等，1999，20页）。然而，使用古希腊语来破译这些埃及象形文字的发音，有时可能不会令人满意。由于石头上记录的象形文字是在托勒密五世统治时期制作的，因此一些象形文字在公元前2000年左右的发音肯定是不同的（很可能含义也是不同的）。在过去的几千年里，所有的人类语言都有变异。

就像艾伦·亨德森·加德纳爵士所说的那样，尽管已经做了一些开创性的工作，但人们对埃及象形文字的研究至少在20世纪50年代之前还处于起步阶段（Gardiner，1957，441页）。事实上，就连加德纳爵士也不确定他对某些象形文字符号的象形或表意方面的解读是否正确。由于语言随着时间的推移发生了巨大的变化，即使是最粗略的程度，我们现在也几乎不可能恢复埃及象形文字的原始发音。然而，仍有一些例外：许多共祖词和直接来源于它们的词发生的语音变异较少，土著语言更是如此。事实上，许多埃及象形文字符号源自共祖词"wa'。此外，所谓的A、O、R、U、V和W的象形字母（见表3-1）实际上与共祖音节[wa]相似甚至相同。

是的，研究古文明就不要怕有困惑。就文明本身来看，它既能解决疑惑，但又产生疑惑。古埃及人和现代人之间有几千年的代差。毫无疑问，人类在古代使用的同音词和名称比现在多得多。这也许就是为什么几乎所有早期书写体系都只有象形或会意功能的原因之一吧。只有在人类的发音在后期变得更加复杂和多样化之后，他们才能够发展出字母书写体系。在所有情况下，共祖词都首先被用来表示对人类早期古代社会最重要的术语和名称。

例如，权杖（象形文字如左侧所示）是一根长而直、顶端有动物头像、末端分叉的棍子，埃及语读作[was]。拉丁文献中的"crux ansata"，即"带柄十字架"，源于古埃及的生命之符，又称"安卡"（ankh，"T形十字章"，象形文字：♀），有"生命"的含义并在精神上象征着神圣、永恒的生命。有学者认为这个符号最初含有"性"的意思（Gordon和Schwabe，2004，104页），甚至认为这个符号代表男性和女性生殖器官的结合（Inman，1875，44页）。[①] 埃及诸神和法老通常把自己视为人的统治者和神灵，他们通常被描绘成手持权杖与T形十字章（参见图3-2左角）。因此，现代的"ankh"一词可能是从一个古老的埃及人或一个共祖词"waka"或其任何变体中衍生出来的。在古代美索不达米亚，统治者和国

---

① 引自Webb（2018，81页）。因此，♀可以从 ⟠ 派生出来，反之亦然。

世界文明新史

王也自称与各种神有着密切的关系。①在古埃及，"was"和"ankh"都被用作权力或统治的象征，通常与神以及法老联系在一起。

走出尼罗河

在希腊神话中，阿斯克勒庇乌斯（Asclepius，有时在希腊语中也拼写为Asklepios）之杖（也被称为埃斯库拉皮乌斯之杖）是希腊神阿斯克勒庇乌斯挥舞的一根蛇缠绕的手杖（如下段开头所示），他被信奉为与治疗和药物有关的神。这个符号在现代继续被使用，在许多国家和国际组织中通常与医学和保健联系在一起。阿斯克勒庇乌斯最初与埃及的伊姆霍特普（Imhotep）联系在一起。伊姆霍特普是一位古埃及圣人、建筑师、占星家，以及古埃及第三王朝法老乔瑟（约公元前27世纪）的大臣。这位埃及人后来在埃及和希腊以及整个欧洲被奉为医神。他的埃及名字有5个象形文字符号（如本段开头所示），已被破译成5个埃及音节——I、M、H、T和P。然而，他的名字不应该被解读为"Imhotep"。这个词大约有5个埃及音节。4600多年前，一种土著语言怎么会使用这样绕口的多音节单词呢？事实上，如果我对"Ptah"的象形文字名称的解读是正确的，那么将上述象形文字名称解读为"Imhotep"就是错误的。

我的论点是基于以下事实：埃及医学神被称为"普塔神之子"；而"P"和"T"的象形符号都包含在他和"Ptah"的象形文字名称中。因此，这两个埃及名字应该都包含相同或类似的音节（即"P"和"T"）。②尽管许多象形符号在后期演变成字母符号，但它们可能在早期阶段没有这样做。因此，我怀疑，这个现在被称为"Imhotep"的人实际上被古埃及人称为"Ptamu"（或其任何变体）。后缀"mu"（或任何其他变体）是一个常见的共祖词，有如"普塔神的转世"等含义。在许多早期埃及象

---

① 例如，如第2章所示，表示天神的符号在古苏美尔城邦的许多统治者和国王的楔形文字中都可以被找到。

② 更具体地说，如果"Ptah"一词的前两个音节（即[pta]）是正确的，那么它们也应该包含在"Imhotep"一词中，但是现在它们错误地显示为"tep"。

形文名称中，第一个（或最上面）和最后（或最下面）的符号是象形／表意符号，但没有语音含义。事实上，医学和医疗在古代世界中起着神秘的作用。阿斯克勒庇乌斯之杖的符号（如本段开头所示）由古埃及文明的两个基本元素（蛇和权杖）组成，希腊语"Asklepios"的第一个词素（"as"）几乎与埃及单词"was"（意思是"权杖"）完全相同。[1]

显然，希腊人创造了自己的医学神之后，这位古埃及神（Imhotep）对他们不再有任何意义。怪不得他们给他起了这么一个读起来绕口、听起来离里古怪的名字。不过，希腊神话中，许多主人翁的名字也都这样，像前面刚刚提到的希腊医药神阿斯克勒庇乌斯（Asklepios）。也许是古希腊人对偷来的东西不自信，故意在语言上掩饰得复杂些，掩人耳目罢了。

古埃及人懂很多几何知识，在日常生活和生产活动中广泛运用各种几何方法。毫无疑问，这可以通过在埃及象形文字书写体系中应用的数百种几何符号来证明，其中包括圆形、正方形、矩形和梯形。[2]由于在古埃及的生活和教学经历，欧几里得（Euclid，公元前330—前275年）作为古希腊最杰出的数学家，在准备最著名的几何学著作《元素》时，一定是受到了象形文字符号的启发。事实上，最初对几何学作出贡献的并不是欧几里得。泰利斯（Thales，公元前624—前548年）出生于古希腊的港口城市米利都。他去了美索不达米亚，在那里学习了数学和天文学，观察巴比伦日食和月食的方法，测算海上船只距离的方法，以及古埃及土地测量的方法和规则。

尤多克斯（Eudoxos，公元前408—前355年）也是古希腊杰出的数学家和天文学家，他对数学的最大贡献是创造一种新的比例理论。大约公元前355年，他访问了埃及，并在斯巴达国王的委托下，向埃及法老提交了一封外交亲善书。由于得到朋友的款待和财政支持，他在埃及住了15个月左右，在那里他能够观察到在他的家乡希腊看不到的南星座和尼罗

---

[1] 关于支持音节 [a] 最初来自共祖音节 [wa] 的更多多元文化证据，见第1章表1–1。
[2] 例如 Gardiner（1957，545—548页）。

世界文明新史

河水的涨落。他谦卑地向埃及僧侣学习天文学，仔细研究埃及历法，考察当地风俗、神话和传说。根据亚里士多德著作中的相关记载和后来对欧几里得著作的分析，我们可以得出结论，欧几里得著作的第五卷和第十二卷是出自尤多克斯之手。

在1954年首次发表的著作中，乔治·詹姆斯（George G. M. James）教授有条不紊地展示了希腊人是如何首先从神秘的埃及牧师那里借用然后窃取知识的。他展示了最受欢迎的哲学家（包括泰勒斯、阿那克西曼德、柏拉图、亚里士多德和苏格拉底）都被视为把外国教义带到希腊的人。最后，詹姆斯教授得出结论："希腊根本没有哲学。"例如，他指出：

> 亚里士多德死于公元前322年，在亚历山大大帝的帮助下，他从埃及的皇家图书馆和寺庙获得了数量最多的科学书籍。然而，尽管有如此巨大的智力财富，亚里士多德的死标志着希腊人中哲学的死亡，他们似乎不具备发展这些科学的自然能力。因此，历史告诉我们，希腊人被迫对伦理进行研究，他们也借鉴了埃及的"至善"或"极善"理念。这里必须提到另外两位雅典哲学家。我指的是苏格拉底和柏拉图，他们也是历史上著名的哲学家和伟大的思想家。每个小学生都相信，当他听到或读到"认识你自己"（know thyself）的口号时，他就是在听或读苏格拉底所说的话。但事实是，埃及寺庙的外面有写给新信徒的碑文，其中有"认识你自己"的责戒。苏格拉底不是原作者，他仅仅从埃及寺庙复制了这些文字。埃及内外所有的神秘寺庙都有这样的铭文，就像我们现代教堂的每周公告一样。①

的确，古希腊人从古埃及那里"盗窃"了许多文化财产，尽管也有创新。后来的欧洲人不也是这样的吗？

---

① 引自James（1954，9页）。

参考文献

中国社会科学院（CASS）考古研究所. 甲骨文编 [A]. 北京：中华书局，1965.

刘钊，洪飏，张新俊. 新甲骨文编 [M]. 福州：福建人民出版社，2009.

ALLEN J P, 2000; 2014. Middle Egyptian: An Introduction to the Language and Culture of Hieroglyphs [M]. Cambridge: Cambridge University Press.

APERGHIS G G, 2004. The Seleukid Royal Economy: The Finances and Financial Administration [M]. Cambridge: Cambridge University Press.

BADAWY A, 1968. A History of Egyptian Architecture: The Empire (the New Kingdom) from the Eighteenth Dynasty to the End of the Twentieth Dynasty 1580-1085 BC [M]. Berkeley, CA: University of California Press.

BAINES J, 1974. The inundation stele of Sebekhotpe VIII.Acta Orientalia [R/OL], [2020-3-21]. http://www.reshafim.org.il/ad/egypt/geography/nile.htm,rem4x.

BOWER B, January 27, 2011. Hints of earlier human exit from Africa: Stone tools suggest a surprisingly ancient move eastward [N/OL]. Science News, [2015-11-5]. https://www.sciencenews.org/article/hints-earlier-human-exit-africa.

BUDGE E A W, 1895. The Nile: Notes for Travelers in Egypt [M]. Ithaca, NY: Cornell University Library.

BUDGE E A W, 1929; 1989. The Rosetta Stone (Egypt) [M]. Mineola, NY: Dover Publications.

BUTZER K W, 1976. Early Hydraulic Civilization in Egypt: A Study in Cultural Ecology ("Prehistoric Archeology and Ecology" series) [M]. Chicago, IL: University of Chicago Press.

CLAGETT M, 1995. Ancient Egyptian Science: A Source Book (II: Calendars, Clocks, and Astronomy) [M]. Philadelphia, PA: American Philosophical Society.

CLAYTON P A, 1994. Chronicle of the Pharaohs [M] London: Thames and

Hudson.

CMH, 2018. Egyptian civilization architecture: Palaces [EB/OL]. Canadian Museum of History (CMH), Quebec, Canada, [2018-2-24]. http://www.historymuseum. ca/cmc/exhibitions/civil/egypt/egca04e.shtml.

DAVID R, 1993. Discovering Ancient Egyptology [M]. London: Michael O'Mara Books.

DIOP C A, 1974 (translated and edited by Mercer Cook). The African Origin of Civilization: Myth or Reality [M]. Chicago, IL: Lawrence Hill Books.

EDWARDS I E S, 1971. The early dynastic period in Egypt. In: I.E.S. Edwards, C.J. Godd and N.G.L. Hammond (eds.). The Cambridge Ancient History (I, Part 2) [M]. Cambridge: Cambridge University Press, pp. 1-70.

EL-GOHARY F A, 2012. A historical perspective on the development of water supply in Egypt. In: Andreas N. Angelakis, Larry W. Mays, and Demetris Koutsoyiannis (ed.). Evolution of Water Supply through the Millennia [M]. London: IWA Publishing, pp. 127-146.

EMBERLING G, 2011. Nubia: Ancient Kingdoms of Africa [M]. Princeton, NJ: Princeton University Press.

FIELDING L, NAJMAN Y, MILLAR I, BUTTERWORTH P, ET AL, 2018. The initiation and evolution of the river Nile [J]. Earth and Planetary Science Letters, 489(1): 166-178.

GARDINER A, 1957. Egyptian Grammar: Being An Introduction to the Study of Hieroglyphs [M]. Oxford: Griffith Institute (Oxford University Press).

GORDON A H, SCHWABE C, 2004. The Quick and the Dead: Biomedical Theory in Ancient Egypt [M]. Leiden: Brill.

GORNY R L, 1997. Review: Zippalanda and Ankuwa: The geography of Central Anatolia in the Second Millennium BC [J]. Journal of the American Oriental Society, 117(3):549-557.

HAFSAAS-TSAKOS, H, 2009. The kingdom of Kush: An African center on the periphery of the Bronze Age world system [J]. Norwegian Archaeological Review, 42(1): 50-70.

HARTWIG M, 2013. The Tomb Chapel of Menna (TT69): The Art, Culture, and Science of Painting in an Egyptian Tomb [M]. Cairo: The American University in Cairo Press.

HAYES W C, 1964. Most Ancient Egypt: Chapter II. The Neolithic and Chalcolithic communities of northern Egypt [J]. Journal of Near Eastern Studies, 23(4): 217-272.

HIRST K K, 2018. Pyramids: Enormous ancient symbols of power [EB/OL], [2021-3-6]. https://www.thoughtco.com/what-are-pyramids-172257.

HOLLADAY J S Jr, 1997. The Eastern Nile delta during the Hyksos and Pre-Hyksos periods: Toward a systemic/socioeconomic understanding [M]// Eliezer D. Oren (1997). The Hyksos: New Historical and Archaeological Perspectives (University Museum Monograph Book 96). Philadelphia, PA: University Museum, University of Pennsylvania.

HOUSER-WEGNER J, 2002. Taweret [M]// Donald Redford (ed.). The Ancient Gods Speak: A Guide to Egyptian Religion. Oxford: Oxford University Press, pp. 351-352.

HERIBERT I, LÖHNER F, 1993. Der Bau der Cheops-Pyramide: Nach der Rampenzeit (in German) [M]. Munster: Mantis Verlag.

INMAN T, 1875. Ancient Pagan and Modern Christian Symbolism(Second Edition) [M]. New York: J. W. Bouton, 706 Broadway.

JAMES G G M, 1954. Stolen Legacy: Greek Philosophy is Stolen Egyptian Philosophy [M/OL], [2020-05-04]. https://www.sacred-texts.com/afr/stle/index.htm.

JAMES T G H, 2005. The British Museum Concise Introduction to Ancient Egypt [M]. Ann Arbor, Michigan: University of Michigan Press.

KEITA S O Y, 1990. Studies of ancient crania from northern Africa [J]. American Journal of Physical Anthropology, 83: 35-48.

KEITA S O Y, 1992. Further studies of crania from ancient northern Africa: an analysis of crania from First Dynasty Egyptian tombs, using multiple discriminant functions [J]. American Journal of Physical Anthropology, 87: 345-354.

KLEIN C, 2016. Egypt's oldest papyri detail Great Pyramid construction [EB/OL], [2020-5-17]. https://www.history.com/news/egypts-oldest-papyri-detail-great-pyramid-construction.

LOPRIENO A, 1995. Ancient Egyptian: A Linguistic Introduction [M]. Cambridge: Cambridge University Press.

MASPERO G C C, 1902[2010]. Manual of Egyptian Archaeology and Guide to the Study of Antiquities in Egypt (Reissue Edition) [M]. Cambridge: Cambridge University Press.

MATTESSICH R, 2002. The oldest writings, and inventory tags of Egypt [J]. Accounting Historians Journal, 29(1): 195-208.

NAJOVITS S R, 2003. Egypt, Trunk of the Tree: A Modern Survey of An Ancient Land (1) [M]. Sanford, NC: Algora Publishing.

NICHOLSON P T, 2000. Ancient Egyptian Materials and Technology [M]. Cambridge: Cambridge University Press.

PARKINSON R B, DIFFIE W, FISHER M, SIMPSON R S, 1999. Cracking Codes: The Rosetta Stone and Decipherment [M]. Los Angeles, CA: University of California Press.

PINCH G, 1994. Magic in Ancient Egypt [M]. London: British Museum Press.

PINCH G, 2002. Egyptian Mythology: A Guide to the Gods, Goddesses, and Traditions of Ancient Egypt [M]. Oxford: Oxford University Press.

PITARD W T, 1998. Before Israel: Syria-Palestine in the Bronze Age [M]//

Michael D. Coogan (ed.). The Oxford History of the Biblical World. Oxford: Oxford University Press, pp. 25-57.

QUIRKE S, 2001. The Cult of Ra: Sun Worship in Ancient Egypt [M]. London: Thames & Hudson.

RATHBONE D W VILLAGES, 1990. Land and population in Graeco-Roman Egypt [J]. Proc. Cambridge Philolog. Soc., 36: 103-142.

ROEBUCK C, 1966. The World of Ancient Times [M]. New York: Charles Scribner's Sons Publishing.

ROMER J, 2013. A History of Ancient Egypt: From the First Farmers to the Great Pyramid [M]. New York: Thomas Dunne Books.

ROUX G, 1993. Ancient Iraq [M]. New York: Penguin Books.

RYHOLT K, January 1997. The Political Situation in Egypt during the Second Intermediate Period [M]. Copenhagen: Museum Tusculanum Press.

SALAMA R B, 1997. Rift basins of Sudan [M]// R.C. Selley (ed.). African Basins Sedimentary Basins of the World, 3 (Series Editor: K.J. Hsu). Amsterdam: Elsevier, pp. 105-149.

SCARRE C, FAGAN B M, 2003. Ancient Civilizations (2nd Edition) [M]. Upper Saddle River, NJ: Prentice Hill.

SCHEEL B, 1989. Egyptian Metalworking and Tools [M]. Haverfordwest, UK: Shire Publications Ltd.

SCHUENEMANN V, PELTZER A, WELTE B., ET AL., 2017. Ancient Egyptian mummy genomes suggest an increase of Sub-Saharan African ancestry in post-Roman periods [J/OL]. Nature Communications, 8(15694). https://doi.org/10.1038/ncomms15694.

SHAW I, 2002. The Oxford History of Ancient Egypt [M]. Oxford: Oxford University Press.

STERN S, 2012. Calendars in Antiquity: Empires, States, and Societies [M]. Oxford: Oxford University Press.

SUMMERSON J, 1998. Heavenly Mansions: And Other Essays on Architecture (Norton Books for Architects & Designers) [M]. New York: W.W. Norton.

TALLET P, MAROUARD G, 2014. The harbor of Khufu on the Red Sea coast at Wadi al-Jarf, Egypt [J]. Near Eastern Archaeology, 77(1): 4-14.

TETLEY M C, 2014. The Reconstructed Chronology of the Egyptian Kings (I) [R/OL], [2018-2-24]. http://www.egyptchronology.com/uploads/2/6/9/4/26943741/ch_3_investigating_ancient_egyptian_calendars.pdf.

TRASK R L, 1996. The History of Basque [M]. London and New York: Routledge.

VANDORPE K, 2012. Identity in Roman Egypt [M]// C. Riggs (ed.). Oxford Handbook of Roman Egypt. Oxford: Oxford University Press, 260-276.

WATTERSON B, 1998. The Egyptians [M]. Oxford: Blackwell.

WEBB S, 2018. Clash of Symbols: A Ride Through the Riches of Glyphs [M]. Berlin; Springer.

WEILL R, 1926. Bases, Méthodes et Résultats de la Chronologie Égypienne (in French) [M]. Paris: Librairie Orientaliste Paul Geuthner.

WELLS S, READ M, 2002. The Journey of Man-A Genetic Odyssey [M]. New York: Random House.

WENGROW D, 2006. The Archaeology of Early Egypt: Social Transformations in North-East Africa, c. 10 000 to 2650 BC [M]. Cambridge: Cambridge University Press.

WILKINSON T, 2010. The Rise and Fall of Ancient Egypt: The History of a Civilization from 3000 BC to Cleopatra [M]. London: Bloomsbury.

WILSON I, 1985. The Exodus Enigma [M]. London: Wiedenfeld & Nicolson.

WINLOCK H E, 1940. The origin of the ancient Egyptian calendar [C]// Proceedings of the American Philosophical Society, No. 83. New York: Metropolitan Museum of Art, pp. 447-464.

WILKINSON R H, 2003. The Complete Gods and Goddesses of Ancient Egypt [M]. London: Thames & Hudson.

# 哈拉帕／印度河流域文明

大约5000年前，几乎在美索不达米亚和古埃及文明出现的同时，另一个土著文明，现在被称为哈拉帕文明或印度河流域文明，在南亚冲积平原上产生了。该文明所处的自然环境与美索不达米亚和古埃及的环境几乎一模一样，干旱、少雨，其依赖的河流是季节性的。哈拉帕文明赖以生存的土地具有与美索不达米亚和古埃及相似的特征。此外，哈拉帕文明建立在比其他古代文明更复杂（或不稳定）的水系上。在公元前2000年到公元前1000年的吠陀时期，拉维河——印度河的一条支流，哈拉帕的发祥地——被称为"伊拉瓦蒂"。因此，这条河很可能被古代哈拉帕人称为源自共祖词"wadi"的河流。此外，曾流经印度河以南平原并在哈拉帕文明中发挥重要作用的克格尔–哈克拉河也被称为"萨拉斯瓦蒂"。

哈拉帕文明没有留下太多关于自己的故事，包括它的起源和它最终消失的原因。我们甚至不知道它的原名——所有与哈拉帕文明或印度河流域文明有关的文字线索都是后来人提供的。尽管大多数关于古代哈拉帕人的故事永远不会为人所知，但哈拉帕文明并没有完全消失，它的一些文化元素仍然可以在南亚和其他地方看到。毫无疑问，哈拉帕文明具有"瓦迪"特征。哈拉帕／印度河流域文明与苏美尔、古埃及和中国这三个古文明不同，它没有一个完善的书写体系，古代哈拉帕人在公元前3300—前1900年所使用的一些书写符号目前基本上尚未被解读。

尽管如此，印度河两岸废墟上古城所展示的规模与出土文物所展示

的精湛工艺，足以让后人对这个史前文明刮目相看。其实，哈拉帕给我们留下了许多会说话的东西，通过解读可以了解这个古老文明背后许多隐藏的故事。

哈拉帕：千年等一回

时尚女孩

从1914年至1920年，两支英国探险队分别在莫亨乔·达罗（Moenjodaro，今天巴基斯坦东南部的信德省，在当地语言中的意思是"死丘"）和哈拉帕（今天巴基斯坦东部的旁遮普省）工作。作为两座古城的遗址，莫亨乔·达罗位于印度河流域，哈拉帕位于印度河支流拉维河流域。几年后的1924年，英国考古调查局局长约翰·马歇尔爵士（1876—1958年）向全世界宣布发现了一个被遗忘的文明，并在那里进行了十年的密集发掘。

事实上，早在1842年查尔斯·马森（Masson）就首次描述了哈拉帕的废墟。例如，在《俾路支省、阿富汗和旁遮普省的各种旅行记叙》一书中，他写道：

> 我们经过长途跋涉，到达了哈拉帕……当我进入营地的时候，我发现在村子前面还有一座破败的砖砌城堡。在我们身后是一个巨大的圆形土堆，或称为隆起，西面是一个不规则的岩石高地，顶上是建筑物的遗迹，墙壁的碎片、壁龛等，颇具东方的风格……旧的文献肯定了这里曾存在一座城市，这座城市相当大，延伸到了奇卡瓦尼，有13个科斯（长度单位，其约25英里）。它曾被上帝的一次特别访问给摧毁了，或者被君主的欲望和罪行摧毁了。[1]

---

[1] 引自 Masson（1842，472页）。

1856年，英国工程师约翰·布伦敦和威廉·布伦顿兄弟二人在哈拉帕作业。他们的任务是铺设连接卡拉奇和拉合尔的东印度铁路公司线路。在工作开始之前，约翰对如何为铁路线路铺设道砟非常犯难。但他很快就被告知，在这条线路附近有一个古老的遗址，叫作布拉米纳巴德。到那里后，他发现到处都是烧得很硬的砖，确信那里曾有一个大采石场，可以用来采石，因为布拉米纳巴德几乎到处都是石砟。几个月后，威廉在更北的地方发现"（沿着）另一座废墟城市线路附近的哈拉帕村的村民已经在同一地点用过那些砖。这些砖块为沿着卡拉奇到拉合尔的93英里铁路提供了道砟"[1]。

1875年，在那里发现了第一枚哈拉帕印章（上面刻有一些可识别的符号）。然而，直到1912年，也就是近半个世纪之后，才出土更多的哈拉帕印章，这促使了20世纪20年代初约翰·马歇尔领导下的考古发掘。1922年，莫亨乔·达罗被重新发掘。它建于公元前2500年左右，与哈拉帕一起，是世界早期主要城市定居点中最大的定居点，与美索不达米亚的苏美尔文明和古埃及文明大约在同一时代。至此，考古学家的所有努力最终导致了一个古老文明的再发现。这个古老文明在地域上，最西边到俾路支省的苏特克根多尔（Sutkagen Dor），最北边到今天阿富汗阿姆河（古代名称是Oxus）附近，最东边和最南边分别到印度北方邦的阿兰吉布尔（Alamgirpur）与苏拉特县的马尔湾（Malwan）。

巨大古城莫亨乔·达罗完全用未烧制的砖块建成，目前是南亚保存最完好的史前城市废墟遗址，对后来的城市化发展产生了相当大的影响。考古遗址位于印度河右岸，距卡拉奇东北510公里，距巴基斯坦信德省拉卡纳市28公里。莫亨乔·达罗遗址包括两个部分：西部是一个城堡区，那里的佛塔是用未烧制的砖块建造的；东部是沿着印度河两岸分布的下城遗址，那里的建筑沿着互相垂直交叉的街道布置，形成了高度有序的城市规划形式，其中还包括卫生和排水系统。

---

① 引自Davreau（1978，22页）。

世　界　文　明　新　史

莫亨乔·达罗的城市规划非常先进和科学，这是当时土木工程的一大成就，堪称"青铜器时代的曼哈顿"。这座城市看上去就像一个棋盘，拥有完整的下水道系统。一条宽阔的道路被设计成从北向南贯穿整个城市，沿途每隔几米就有一条东西向的街道与之相交。此外，还有一个不规则的道路网，由连接这些街道的小巷组成。住宅的墙壁很厚，说明它们至少是两层多房间的建筑。一些房子很大，包括庭院，而其他许多是简单的、单人的房子。所有房子都是用烧砖建造的，即使按照现代标准，砌砖的精细程度也是完美的。大多数房子的一楼面朝马路，没有窗户，这是一种城市习俗，旨在防止恶劣天气、噪声、异味、邻里骚扰和盗匪行为，这种设计在近东许多地区仍然可以看到。通常，房子的前门位于后巷，有一个宽敞的大厅和一个庭院。房子的采光和通风条件都很好。

现有考古证据表明，莫亨乔·达罗的商业、农业、加工业和其他工业极为发达。受当时生产技术的限制，普通人的生活方式可能相当简单。然而，许多奢侈品仍在考古发现中被发现，包括一些精美的陶器、金属雕塑和装饰品。此外，在莫亨乔·达罗发现了大量带有神秘符号的印章。莫亨乔·达罗遗址和印度河流域及其后发现的其他古城遗址，分布在东西长约1500公里、南北长约1100公里的广大地区。在所有这些已发现的古城中，莫亨乔·达罗和哈拉帕是最大的两个城市。从这两处遗址的发掘来看，那里的古人具有非凡的创造能力。这两座古城的结构大致相同。莫亨乔·达罗由两部分组成：城堡和下城。城堡四面有高塔。城里有浴室、粮仓、宽敞的会议厅和许多其他公共建筑。

大浴池是莫亨乔·达罗遗址中最著名的建筑之一（见图4-1）。考古学证据表明，大浴池建于约公元前2500年，即在它所处的"城堡"建成后不久。莫亨乔·达罗大浴池被称为"古代世界最早的公共浴池"，面积为11.88米×7.01米，最大水深2.43米。现在大浴池连同莫亨乔·达罗遗址是世界遗产，也是南亚第一个被联合国教科文组织（UNESCO）列入文化遗产名录的项目。^① 此外，在遗址现场还发现了各种雕塑、印章、陶器、黄金首饰以及陶俑、青铜俑和滑石俑。当约翰·马歇尔在莫亨乔·达罗看到一位身材苗条的舞女铜像（见图4–1左下角）时，他的反应很惊讶：

> 当我第一次看到那些文物时，我很难相信它们是史前的作品；它们似乎完全颠覆了所有关于早期艺术和文化的既定观念。像这样的造型在古希腊时代以前是不为人所知的，因此我想，一定是什么地方出现了问题；这些人物形象的实际所属年代比我们想象的要早

图4–1　巴基斯坦信德省莫亨乔·达罗大浴池（约公元前2500年）

注：（1）右上角是哈拉帕时期一个由巨大的泥砖平台和砖房组成的二堆。在建筑的顶部是一座佛教时期的泥砖佛塔遗址，建于公元1世纪。塔的顶部是作者修复的，这类建筑现仍然可以在印度河流域看到。（2）左下角是"舞女"（青铜）雕像（约公元前2500年），于1926年在莫亨乔·达罗出土，现在收藏在印度新德里国家博物馆。

来源：维基百科（知识共享署名共享4.0国际许可）。

① 详见 http://whc.unesco.org/en/list/138。

约3000年……现在，这些小雕像在解剖学上竟如此令人震惊。我们不禁要问，在这一至关重要的问题上，远古印度河沿岸的雕塑家们是否能预见到后来的希腊艺术。[1]

那位打动约翰·马歇尔的哈拉帕女孩是谁？作为哈拉帕社会的一员，她在做什么表演？另外，考虑到大浴池的规模，它不太可能用于私人用途——比如说，供国王（或其他贵族）本人使用。那么，它的使用者是谁？在描绘那里可能发生的故事之前，让我们先来了解一下印度河流域这块神秘土地。

哈拉帕是什么？

从地理上看，这个消失的文明涵盖了巴基斯坦大部分地区以及印度西北部、阿富汗和伊朗的部分地区，从西部的俾路支省延伸到东部的北方邦，从北部的阿富汗东北部延伸到南部的马哈拉施特拉。这些文化遗址不仅在印度河及其支流上，而且在其他河流和沿海地区也有发现。沿海定居点从巴基斯坦的苏特克根多尔到现代印度古吉拉特邦的卡奇。有证据表明，一些干枯河床与巴基斯坦的哈克拉（Hakra）河道以及印度的季节性克格尔河（Ghaggar）交汇（见图4-2）。在克格尔－哈克拉（也称为Saraswati）河床沿线发现了许多文化遗址，其中包括鲁帕尔、拉基加希、索蒂、加里班甘和甘瓦里瓦拉。在海岸（如巴拉科特）和岛屿（如多拉维拉）也发现了各种古代遗址。此外，位于阿富汗北部的阿姆河岸还有一处哈拉帕文明遗址，另一处位于辛登河的阿兰吉布尔遗址，距离德里仅28公里。[2]

在克格尔－哈克拉河及其支流干涸的河床沿线发现了500多个哈拉帕遗址，而印度河及其支流沿线只有大约100个。因此，根据一些考古学

---

[1] 引自Keay（2001，172页）。
[2] 参见Ray（2003，95页），Bisht（1989，379—408页），以及Possehl（1990，263页）。

图4-2 公元前4000—前3000年印度河和克格尔-哈克拉河河道

来源：Io Herodotus 根据 Kenoyer（1991）绘制（2017年3月5日，知识共享署名共享4.0国际许可）。

家的说法，所谓"哈拉帕文明"也可以称为"印度河-克格尔-哈克拉文明"。其他建议的名称包括"萨拉斯瓦蒂文明"或"印度河-萨拉斯瓦蒂文明"。[1] 根据考古学上常用的以第一个发现点命名文明的说法，"哈拉帕文明"仍然是正确的。尽管如此，本书将交替使用"印度河流域文明"和"哈拉帕文明"这两个术语，当然后者将被更频繁地使用。所有与哈拉帕文明有关的地名，包括哈拉帕本身，可能都不是哈拉帕人命名的；事实上，它们都是现代名字。然而，这并不意味着它们之间没有任何历史联

---

[1] 参见 Gupta（1995，183页），Maisels（2003，184页）和 Singh（2008，137—138页）。"Sarasvati"和"Saraswati"在这些文献中可以互换使用。

系。哈拉帕位于巴基斯坦旁遮普省萨希瓦尔[1]以西约24公里处。

像苏美尔人和古埃及人一样，古代哈拉帕人生活在为了生存必须自我改造的环境中。与此同时，一年一度的洪水意味着来年植物和生命的复苏或毁灭。尽管还缺乏文献证据，但我们可以推测，南亚宗教的原始根源可能是古老的生育崇拜，它具有以下逻辑：生命将继续，无休止的种植和收获循环将得到更新。这些功能与许多其他古文明的神话（如苏美尔女神）的功能相同（Scarre 和 Fagan，2003，162页）。事实上，湿婆神的宗教原理可能与哈拉帕文明有关；哈拉帕的名字也跟湿婆的另一个名字有关。根据《大英百科全书》，哈里—哈拉（Hari-Hara）在印度教中是一个由毗湿奴（哈里）和湿婆（哈拉）神结合起来的大神。[2]显然，这一定义是基于这样一个事实：哈拉帕是一个父系社会，在这个社会中，"pa" 或 "ba" 首先被用来表示 "父亲" 或父亲身份。

1931年，英国考古学家约翰·马歇尔将印度河宗教的显著特征确定为：一位伟大的男性神和一位母亲女神；对动物和植物的神化或崇拜，以及在宗教实践中使用浴池和水。在印度河流域出土的印章展示了一个头戴角饰的人物坐像，马歇尔认为这尊雕像是印度教湿婆神的早期形式，被视为动物之王。因此，这枚印章被称为帕舒帕蒂印章，帕舒帕蒂（Pashupati，代表所有动物之主）是湿婆的一个绰号（Possehl，2002，141—144页），也是尼泊尔中部的一个城镇，位于加德满都以东的巴格马蒂河上的加德满都河谷。它被视为尼泊尔最神圣的地方，是一座古老的塞维特神庙（即供奉印度教湿婆神）的所在地。

考古学家在哈拉帕遗址发现了数千枚印章，大多数是由滑石（即一种软石）制成的。其中一些也由陶土、黄金、玛瑙、燧石、象牙和彩陶制成。在哈拉帕遗址出土的许多印章描绘了牛，其中一个如图4-3（a）所

---

① Sahiwal，在乌尔都语和旁遮普语中，该词可能源自 "Siwa/Shiva"，后者的古汉语译名为"湿婆"，现代汉语译名为 "西瓦"。

② 参见 https://www.britannica.com/topic/Harihara-Hindu-deity。

示，描绘了一个坐着的可能是"三头"的人像，周围可能有六种动物——老虎、大象、犀牛、水牛、鹿和某种动物（由于印章的残缺，已无法知晓）。[①] 它被认为是代表湿婆——印度教的主要神之一（Flood，1996，8—29页；Vohra，2000，15页；Rosen和Schweig，2006，45页）。哈拉帕/印度河流域文明时期所出现的文字由刻在滑石（皂石）或陶土石碑上的象形符号（其中一些还部分包括人类和动物图案）组成，有时也刻在金属上，如图4-3（b）所示。自20世纪20年代以来，共发表了100多篇关于尝试解读这些符号的文章（Robinson，2015）。尽管有不少人声称他们破译了一些文字，但大多数都没有被学术界广泛认可。

尽管如此，当今耳熟能详的万字符（卐或者卍）可能是哈拉帕人首创的，尽管在其他地方也发现了这种类似符号。它也是古印度宗教符号，但显然后者不是原创而是借用的，这可以从印度河流域出土的哈拉帕印章得以证明。这种用非常独特的几何图形表示的古老图标在许多欧

（a）   （b）

图4-3　印度河流域出土的印章

注：（a）印章（引自维基百科）显示的一个坐着的"三头"人像被认为是湿婆的象征。（b）三枚印章（引自大英博物馆，知识共享署名共享3.0国际许可）上刻有万字符（卍 与卐）或一个由五个未知符号组成的字符串。

---

① 请注意，由于图4-3（a）所示的印章在其右下角是残缺的，因此可能缺少一只动物的标志。

亚文化中都有，但只有在古印度才得以发扬光大。万字符的拉丁语单词 "swastika" 是梵文（स्व स्ति क）的音译，在梵语中的意思为"变为幸福或吉祥"，在许多印度宗教中被用作神灵性的象征（Cort，2001，17页）。万字符是印度教的一个重要符号，在佛教中，它被认为象征着佛陀吉祥的脚印。

在西方世界，符号卐在20世纪40年代中期以前曾被纳粹盗用作为党徽，象征作为雅利安人的种族身份，因与种族主义和反犹太主义联系在一起而被污名化。当然，纳粹党的一时作恶改变不了卐所表达的广大善良人们的美好心愿，更改变不了它在长达数千年间在跨文化上的精神升华以及所积攒的正能量。

梵文是如何炼成的？

鉴于在古代美索不达米亚的陶瓷和货币上发现了类似万字符的符号，在史前时期，美索不达米亚和印度河流域之间可能存在密切的跨文化联系。万字符的起源被认为是在美索不达米亚，并从那里传播到许多其他文化，因为已知最古老的万字符图案是在一个有1万年历史的石器时代洞穴中发现的。然而，现在还不明确万字符空间转移的具体路线图。[①] 几乎可以肯定的是，万字符至少在美洲是独立创造的。例如，在一些传统的美洲土著艺术和肖像中可以找到万字符的图案。历史上，在俄亥俄州和密西西比河流域密西西比时代遗址的挖掘中发现了这种设计。它也被西南部的一些部落广泛使用，最著名的是纳瓦霍人，以及达科他州等平原印第安人部落。在不同的部落中，万字符有着不同的含义：对霍皮人来说，它代表着流浪的霍皮族人；对纳瓦霍人来说，它是一个旋转符号，代表土著人在一些特定仪式上所使用的神圣标记。[②]

---

① 也可能这种所谓的转移根本不存在，作为一种起源于人类共祖型符号，它很可能是在各个地方独立发展而来的。

② 参见 http://www.collectorsguide.com/fa/fa086.shtml。

　　与其他许多西方词典类似,《韦氏词典》对梵文词"万字符"的词源解读只是基于现代风格。[①] 但是，西方文献忽略这个古老词汇在长达数千年历史过程中可能发生的演变，没有从历史文化演变角度分析其真实含义，当然更没有分析其在哈拉帕文明中的可能含义。事实上，在仔细比较了"swastika"和"siwa"两个词之后，人们可能会简单地得出结论，"swastika"一词在词源上来自"siwa"。由于"stika"在许多印欧语系中是指"stick"（棒、棍、手杖等），因此"swastika"一词可以理解为两个词的组合，即"swa[siwa]"+"stika[stick]"，表示"siwa′s stick"（意思是"湿婆神的手杖"）。当然，这也不一定是对"swastika"一词的原始（包括哈拉帕风格）的解读。古印度有数百种土著语言。当今世界上大多数国家只采用一种民族语言。然而，印度目前29个州的语言各不相同。既然万字符在哈拉帕时代就已经存在，那么它的原义是什么呢？现有的解释是不令人信服的，因为没有描述其符号的意义。我将在本章后文对万字符进行新的解读。

　　现代单词"siwa"（或"shiva"）和"swastika"分别基于梵文的天城体शिव和स्वस्तिक的音译。然而，由于梵文的天城体从公元7世纪才开始使用，直到11世纪才实现完全成熟的形式，这些音译可能不会在整个古印度（更不用说哈拉帕）历史中固定下来。现在还不清楚万字符在哈拉帕文明中是如何称呼的。然而，基于许多印欧语系的万字符术语中都包含了音节[wa]或[va]，万字符肯定是从[wa]或其任何变体派生而来的。下面来自古代中国的历史证据也提供了一条线索，我们可以据此推断卐的梵文发音来自共祖词"wa"。因此，这个包含五音节单词（swastika）可能在古代南亚或其他地方从未被使用过。

　　当梵文文献首次在中国被翻译成中文时，曾经采用过不同的音译，例如中国晋代晚期高僧鸠摩罗什（Kumarajiva，公元344—413年）和唐朝早期高僧玄奘（公元602—664年）将卐翻译为汉字"德"。公元693年，

---

① 参见http://www.merriam-webster.com/dictionary/swastika。

它的翻译被武则天（公元624—705年）正式定为"万"字，现在在汉语普通话中发音为[wan]。据赞宁（公元919—1001年）所著《宋高僧传》记载，将万字符的梵文翻译成现在的"万"字是音译。① 如果赞宁的说法是正确的话，那么我们可以判断梵文"swastika"和汉字"万"的音译——或者它们早期的发音——应该源于共祖音节或单词"wa"或"va"。在过去1000年或更长的时间里，它们的发音可能发生了变异。

印度教相信湿婆（或西瓦）通过播种来赋予生命，并毁灭包括人类在内的任何生物——也许古代哈拉帕人也这么认为。在某种程度上，它们可能象征着洪水和饥荒等不可预测的危险，可能威胁到一个村庄或城市（Scarre和Fagan，2003，163页）。有一种解释是，在梵语词源中，"Siwa"（或湿婆）的词根是"si"（意思是"万物都在其中，无所不在"）和"wa"或"va"（意思是"恩典的化身"）（Prentiss，2000，199页）。这里定义的"wa"（或"va"）的含义与其他古代文明中使用的含义没有区别。毫无疑问，所有早期人类，包括古代哈拉帕人，都曾用"wa"或"va"来代表那些对他们至关重要或他们认为可以在身体或精神上保护自己的人（或神）。许多共祖词或在文化上至关重要的音节在人类历史上没有经历重大的音位变化，这包括梵文音节[va]或[wa]（天城体写为व）。

在古代，人的生活并不总是伴随着悲伤与痛苦，也包括一些快乐时光。梵文词"va"的发明就证明了这一点。梵文音节[va]是世界土著语言中最重要的共祖音节。尽管梵文是一种字母书写体系，但它的许多字母，和许多希腊字母及拉丁字母一样，最初是基于一些象形符号。例如大多数梵文字母表示梵文元音的天城体字母包括印度教Om符号中类似3的符号。另外，我相信天城体的设计者制定व（表示音节[va]）的灵感来自印度的七弦琴或维纳琴的流行，

---

① 例如，赞宁指出，在宋朝之前佛经的汉译中共采取了四种不同的译法（即"释义"、"音译"、"既释义又音译"以及"既不释义也不音译"）。他还认为，翻译万字符（卍）时使用的是"音译法"（赞宁，1987）。

二者无论是在象形上还是在语音上都很相似。维纳琴（如本段开头所示）是印度最重要的传统乐器，其名称中第一个音节源自 [va] 或 [wa]。一个可能的场景是，当古印度的专家们第一次想到如何撰写表示 [va] 音节的梵文字母时，他们可能正在观看一场音乐会并被维纳琴演奏的美妙旋律所吸引。[①]

西瓦：一个共祖词汇

所有古代文化或文明，包括哈拉帕和世界其他任何地方的文化或文明，都是在相同或相似的自然、地理和人类条件下建立起来的，因此曾经（或在少数情况下目前仍然）具有各种共同的风格或特征。如果哈拉帕印章是西瓦（或湿婆）神的象征，并且上述梵文字母的象形或表意来源是真实的话，那么生活在印度河流域的古印度人和更早的哈拉帕人及其文化一定有许多隐藏的故事。

可以肯定的是，"Siwa" 或其任何变体，是一个共祖词，或者至少是从共祖词 "wa" 派生而来的。事实上，它也被世界其他地方的土著民族所使用，以下是几个例子：

- 在靠近利比亚边境的埃及绿洲西瓦和加拉，有一个说西瓦语（或西瓦柏柏尔语）和阿拉伯语的民族。
- 兹瓦（Ziwa）位于津巴布韦的尼扬加（Nyanga），在从石器时代的狩猎采集社会到后来的文明时期的所有主要考古时期都有人类聚集的证据。
- 在中国西部的甘肃，寺洼（古汉语读音可能为 [xiwa]）文化从公元前 14 世纪到公元前 11 世纪处于蓬勃发展时期。

[①] 中国古代也有类似的故事：一个类似于天城体代表 "va" 符号的古汉字（现在写成 "可"，其发音和会意与 "歌" "河" 等汉字相同，古汉语读音均是共祖音 [ka]）是从一个手持乐器的演奏场景中表意衍生出来的。更多详细描述见第 5 章。

- "Siwa"（或 "Žiwa" "Ziva" "Živena" 等，意思为 "生活、存在"）是斯拉夫的生命和生育女神，在今天的波兰、捷克、斯洛伐克和德国（特别是在易北河流域）在基督教扩展到该地区之前被人们广为祭拜。
- 在中美洲阿兹特克人所说的纳瓦特语中，"西瓦" 的意思是 "女人"，而 "西瓦特兰" 意为 "女人的地方"。[①]
- 《古兰经》中提到 "苏瓦" 是前伊斯兰时期的阿拉伯女神。[②]
- 在日语中，"sawa" 的意思是 "河谷、沼泽、山谷"。

  此外，在线性文字 B——迈锡尼时期希腊语的书写文字中，有一个专门代表 "swa" 的字符（Chadwick，1968）。此外，"Preswā" 已被解读为代表女神的名字，现在称为珀斯，即奥卡诺斯的女儿和赫利俄斯（古典神话中的太阳神）的妻子。此外，根据 Chadwick（1973，127、286、288、411、463、570 页），"Preswā" 和 "Perswā" 在线形文字 B 中是相同的，而 "波斯" 这个现代名字就是从它们中衍生出来的。

  事实上，"Siwa"（或它的任何变体）一直是人类的共祖词。至于 "Siwa"（或 "Shiva"）作为印度教中最为重要的三神之一，其现代汉语音译一般为 "西瓦"，但在古汉语中为什么被翻译成 "湿婆"？我们将在第 5 章进一步说明。

---

  ① 参见 http://www.ancientscripts.com/aztec.html。

  ② 例如，《古兰经》（71：23）中的经文说："他们说：决不离开你们的神，也不离开瓦德（与蛇有联系的米南月亮神），也不离开苏瓦。"所有这些名字都是指前伊斯兰时期的阿拉伯诸神：瓦德被崇拜成男人的样子，苏瓦被崇拜成女人的样子，雅格胡特被崇拜成狮子的样子，雅格被崇拜成马的样子，纳斯尔被崇拜成鹰的样子（Ali，2002，1138 页）。

❧ 哈拉帕文明的产生条件

走进南亚

南亚的气候变化很大，从南部的热带季风到北部的温带季风，这种变化不仅受到地形的影响，而且还受到诸如靠近海洋或季风等因素的影响——这是南亚气候的一个关键特征，在上一个冰河世纪末已经牢固确立。南部地区夏季大部分炎热，季风期雨量充沛。印度恒河平原的北部地带夏天也很热，但冬天比较凉爽。北部山区较冷，喜马拉雅山脉的高海拔地区有降雪。由于喜马拉雅山阻挡了北亚凛冽的寒风，下面的平原气温相当适中。南亚大部分地区的气候称为季风气候，夏季保持湿润，冬季保持干燥。

简而言之，南亚大致可分为以下气候区：

- 印度最南部和斯里兰卡西南部属于赤道气候；
- 印度半岛大部分地区为热带气候（包括印度西北部炎热的亚热带气候，孟加拉国冬季酷热的热带气候，中部的热带半干旱气候）；
- 印度北部边缘和巴基斯坦大部分地区为温暖或寒冷的沙漠／半干旱气候；
- 喜马拉雅地区南部（印度）降水量大（雨雪兼备），但北部属于干旱气候。

哈拉帕／印度河流域文明主要建立在今天巴基斯坦信德省和印度西北部的一个广阔沙漠地带。那么，为什么南亚那些更"好"的地方没有更早的文明呢？可以说，生活在环境友好地区的人们从根本上就缺乏提升其文化复杂性的动力。然而，并不是说所有环境不友好的地方都适合人类

图4-4　哈拉帕文明的范围（公元前2600—前1900年）

注：本图的海岸线为现代版本——关于哈拉帕时期的古海岸线的大致范围，参见图4-2。
来源：Avantiputra7（2014年6月4日）。

推进文明。要在一个地方产生一种土著文明或文化，人类必须有能力或有机会克服其中的不利因素（或条件）。

当河水流经瓦迪时……

印度河流经巴基斯坦、印度和中国的一些地区，是亚洲的一条主要河流。拉丁语"Indus"一词源于古希腊语"Indos"，本身来自梵语"Sindhu"。在古代，"印度"最初指的是印度河东岸的地区，但到公元前300年，一些希腊作家开始将这个词应用于向东延伸得更远的整个次大陆（McCrindle，2010，48页）。印度河发源于青藏高原的曼萨罗瓦尔湖附近，流经查谟和克什米尔的拉达克地区，流向吉尔吉特和巴尔蒂斯坦（Baltistan），然后沿巴基斯坦全境向南流动，在信德省港口城市卡拉奇附近汇入阿拉伯海。桑嘎河是它在拉达克的左岸支流。在平原上，印度河的左岸支流是杰纳布河，后者本身有四条主要支流，即杰卢姆河、拉维河、比亚斯河和萨特累季河。它的主要右岸支流是什约克河、吉尔吉特河、喀布尔河、戈马尔河和库拉姆河。从一个山泉开始，以喜马拉雅山的冰川和河流为源，印度河支撑着温带森林、平原和干旱乡村等多元化的生态系统。

印度河系主要由喜马拉雅山、喀喇昆仑山和兴都库什山脉、印度查谟和克什米尔州以及巴基斯坦北部地区的积雪和冰川融水补给。河流的流量也取决于季节——在冬季，流量会大大减少，而在7—9月的季风月份，则会发生洪水。也有证据表明，自史前时代以来，这条河的河道发生了很大的变化。最新的一个例子是，印度河在1819年的卡奇河地震后，其河道从流入卡奇河和邻近的班尼草原向西偏离。印度河的传统源头是森格哈巴布（Senge Khabab，意思是"狮子的嘴"），这是神圣的凯拉什山附近的一个常年泉水。其实附近还有其他几条可能比森格哈巴布更长的支流，但与后者不同的是，前者都是依赖融雪。拉维河是印度河的一条支流，现在是印度和巴基斯坦的边界，是印度河流域的重要部分，也是后者的主要水源。拉维河的水通过巴基斯坦的印度河流入印度洋。这条河发源于印度喜马偕尔邦康拉区的巴拉邦。

事实上，在公元前3000年和公元前4000年，还有另一个与印度河平行的大型河流系统，那就是克格尔－哈克拉。目前，该河在印度和巴基斯坦成为间歇性河流，只在季风季节才有水。克格尔－哈克拉河在上游被称为克格尔河，而在下游被称为哈克拉河。一些学者认为克格尔－哈克拉河和吠陀经中所提及的"萨拉斯瓦蒂河"是同一条河。但这个观点存在争议，因为在梨俱吠陀中称其为"萨拉斯瓦蒂"，而历史学家认为，在古代，一条发育成熟的河流确实流入了克格尔－哈克拉河，并确定其为梨俱吠陀中的萨拉斯瓦蒂河（Danino，2010，10页）。这种争议是可以理解的，而且也许永远没有答案，因为瓦蒂（wati或vati）基本等同于共祖词瓦迪（wadi）。

古时候人们对该词的使用频率非常高，许多重要名词都来源于该词。

克格尔河是一条断断续续的河流，发源于喜马偕尔邦的什瓦里克山，流经旁遮普省和哈里亚纳邦进入拉贾斯坦邦，为延伸到拉贾斯坦邦的两条灌溉渠提供水源。哈克拉河是巴基斯坦阿巴斯堡市附近一条干涸的河道，是印度的克格尔河的延续。今天的萨拉斯瓦蒂河发源于亚山区（安巴拉区），在旁遮普省的沙特拉纳附近与克格尔河汇合。在萨杜加尔（哈努曼加尔）附近，奈瓦尔水道（即萨特莱杰河的一条干涸支流）与伽伽玛河汇合。在苏拉特加尔附近，干涸的德利沙德瓦迪河（Drishadvati）与克格尔河汇合。克格尔河宽阔的河床表明，在大约1万年前喜马拉雅冰河期冰川大崩塌期间，这条河水量曾经非常大。然后它继续穿过整个地区，在哈克拉河成为目前的干涸河道，有水时可能会流入卡奇沼泽。据推测，由于印度河系统和亚穆纳河对其支流的截流，以及后来由于森林砍伐和过度放牧导致其大部分集水区的水资源流失，该地区已经干涸。[1]

印度河与尼罗河、底格里斯河、幼发拉底河甚至黄河一样，本质上是一条流经沙漠或半沙漠地区的季节性非常强的河流。而且，如果没有水流，该地区的人类的生存将极为困难。然而，印度河和尼罗河的主要区别在于印度河系统及其众多支流的空间复杂性。尽管其他河流也有支流，但只有印度河作为古代文明发祥地有众多的支流。此外，古代哈拉帕人并没有沿着单一的（印度河）河道定居，而是也沿着其他平行河道定居。与适用于中东底格里斯河和幼发拉底河之间的地区的"美索不达米亚"的含义（希腊语，意思是"两河之间"）一样，哈拉帕古遗址的地区包括不止一个河流系统。

哈拉帕文明赖以存在的至少两条河流都被命名为"wadi"的变体，如"wati"或"vati"，所有这些词在现有的文献中被认为是源自"vata"（梵语，意思是"沙漠之主"等）[2]，但更大可能是后者（"vata"）源自作为共祖词的

---

① 这应该最迟发生在公元前1900年，但实际上发生得更早（Tripathi等，2004）。

② 参见https://www.wisdomlib.org/definition/vata。

前者（"wati"）。当然，所有这些术语仍然是由后哈拉帕时期的人们定义的，这可能与古代哈拉帕人自己所称的术语有所不同。在水力和气象学上，哈拉帕文明建立在东半球最复杂的河流系统之上。印度河和克格尔－哈克拉河几乎彼此平行，而且各自有许多支流，其中一些支流在哈拉帕时代的文化形成过程中发挥了关键的水力作用。例如，印度河的一条支流——拉维河，就是哈拉帕遗址所在地。此外，另一个哈拉帕遗址位于阿拉姆吉尔普尔，距离德里28公里，是沿着亚穆纳河的支流辛登河。亚穆纳河，有时被称为贾穆纳河，是恒河的第二大支流，也是印度北部最长的河流。

因此，覆盖哈拉帕遗址的整个区域，包括塔尔沙漠和流经它的各种河流，所隐含的水文、水利方面的复杂性要超过与其相邻的美索不达米亚。

人往低处走，水往高处流

从地理和地质条件上看，瓦迪（wadi）位于沙漠中缓慢倾斜、近乎平坦的地段；通常，它们开始于远端部分的扇形区域，最后延伸到内陆地理学意义上的所谓"干盐湖"（playas）。由于缺乏持续的水流，有时不存在永久性渠道。由于水的缺乏和沉积物的丰富，河道呈辫状河形。水渗入河床，造成能量的突然损失，导致泥沙大量沉积。瓦迪可能会通过自然力形成泥沙坝，从而导致下一次山洪暴发时河流形态发生变化。

在现代英语用法中，在水的作用和水流出现的力度上，瓦迪与河谷（canyon，指周围有悬崖峭壁）或冲沟（wash）有所不同。瓦迪作为排水道，是由水形成的，但与河谷或冲沟不同的是，其地表水的流动是断断续续或短暂的。一年中的大部分时间里，除了雨后，瓦迪一般都是处于干枯状态。沙漠环境的特点是突然而罕见的强降雨，往往导致山洪暴发。然而，在大多数情况下，尤其是二者均位于沙漠中时，瓦迪与一般河流并无多大区别。

在古代，在淡水比其他地方更缺乏的沙漠环境中，洼地是人类生活的中心。因此，洼地往往与人类的人口中心有关，因为在洼地的淡水源（包括地下水）通常比在高地更容易获得。如果附近没有绿洲（古埃及人称之为"wahe"，即"洼河"），生活在沙漠中的游牧民族将依赖于在洼地附近寻找季节性植被，甚至在撒哈拉沙漠这样干旱的地区也是这样做的。人们还必须在不同的季节里寻找不同、复杂的旅途路径，这真是"沙漠有路洼为径"。在沙漠地区，"人往低处走"是一个不同于别处的生存法则，不过雨季除外。

由于水流的突然损失和水渗入多孔沉积物，河道中的沉积物形成得很快。河道沉积物通常是劣质的砾石和砂，天长日久后，这些沉积物经常被风化为其他物质。[①] 随着时间的推移，大量的沉积物（而且下游的沉积物往往比上游的沉积物多得多）可能会变成一条"倒转的河"（给人以"水往高处流"的印象）。这简直是时光倒流，远比我们常说的"三十年河东、三十年河西"复杂得多了。在这里，地下水的存在一度导致植被和沉积物填满了侵蚀的河道，以至于以前的冲刷看起来像是穿越沙漠地区的山脊。

让我们回到印度。就像犹太教、基督教和中国的传统文化一样，在印度教的传统中，古代的历史通常伴随着洪水。洪水冲走了旧秩序的晦涩，达到了一个新目标，因为那段历史是幸存者谱写的，而且是为他们自己谱写的。然而，与《圣经》中的洪水是上帝不满的结果不同的是，困扰古印度人民的洪水是自然发生的。这一点和中国古代传说的场景有点类似。

南亚洪水的最早版本记录在《婆罗门撒旦》中，这是被称为"吠陀经"的神圣赞美诗的几个冗长附录之一。吠陀经本身也是世界上最古老的宗教作品之一，它用梵语的古典语言写成，一些吠陀经可以追溯到公元前1000年或更早些（Keay，2011，2页）。连同后来的作品，如《婆罗门

---

① 引自 Achite 和 Ouillon（2007）。

书》，再加上两部宏大的梵文史诗，即《摩诃婆罗多》和《罗摩衍那》，它们共同组成了古印度光辉的文学遗产，其中所有关于印度的史前知识可以追溯到公元前500年以前。洪水，虽然现在更多地与印度次大陆和孟加拉国的东海岸联系在一起，仍然每年继续淹没恒河和印度河流域的广大地区。事实上，对于《摩诃婆罗多》中记载的泰坦巨人（titanic）式的战争中，关于"大洪水"发生的主要日期记载有三个：约公元前3102年、约公元前1400年以及约公元前950年。而且所有这些都伴随着重大的社会变化，如下所示：①

- 公元前3102年：根据神话传说，曼努·瓦瓦瓦塔（Manu Vaivaswata）成为印度第一位国王；印度河流域的村庄开始发展成城镇。
- 公元前1400年：雅利安人开始口头创作吠陀经，这是印度最早的赞美诗集。
- 公元前950年：婆罗塔战争在印度各部落之间点燃。战争是由复杂的家族关系中的遗产纠纷发展而来的，潘达瓦兄弟（Pandava）在血腥屠杀中获胜。

约翰·凯伊在其题为《印度发现：恢复一个失落的文明》一书中提到并质疑"曼努·瓦瓦瓦塔是印度第一位国王"，因为没有证据支持这一主张。然而，5000年前，印度河流域确实存在相当先进或集体基础的社会，其中一些方面，如"大浴池"和"舞女"雕像（见图4-1）所示，文明至少可以追溯到大约公元前2500年，在某些方面似乎并不比任何现代社会逊色多少。所有这些考古发现都表明，印度河流域可以有一位国王或统治者。

所有的苏美尔人、古埃及人甚至中国人对他们最早的故事都有一段真实的历史或至少是神话。难道古哈拉帕人是唯一的例外吗？

① 参见 Keay（2001；2011，3—4页）。

哈拉帕到底缺少什么？

哈拉帕文明似乎还缺少一些东西。人们发现，所有最早的土著文明都是建立在相似的自然和地理环境基础上的，其中三个古代文明——苏美尔文明、古埃及文明和中华文明——都有着与各自起源有关的相似神话。鉴于哈拉帕/印度河文明几乎与苏美尔文明和古埃及文明一样古老，而且比中华文明还要古老，它的起源肯定也有类似的神话，至少有不同的神话。更具体地说，苏美尔文明、古埃及文明和中华文明都有关于太阳或太阳神的神话。他们还在其文字中创造了表示太阳的符号——甚至早期的梵文（如婆罗米文和笈多文）字母也包括后哈拉帕时代的类似太阳的符号。

古哈拉帕人的精神世界是否也与太阳有关？在回答这个问题之前，让我们先看看以下事实。太阳神被描述为苏美尔和古埃及神话中最重要的人物，在新大陆也是如此。虽然中国还没有关于太阳神的著名神话，但"夸父追日"在中国是一个非常流行的故事。传说，几千年前，在黄帝统治时期，人们遭受极度干旱，天气异常炎热。于是，夸父族首领决定追上太阳，捉住太阳。他把黄河和渭河的水都喝光了，最后渴死在路上。最后，他的手杖变成了桃树林，他的身体变成了夸父山。

在新大陆，几乎每个文化或部落都有关于太阳或太阳神的神话。在玛雅文化中，太阳与新的开端密切相关，太阳神与王权密切相关。在许多美洲土著文化的口头民间传说中，特别是在美国西南部，塔瓦（Tawa）是太阳神。霍皮神话中最激动人心的一幕始于塔瓦和科廷·瓦迪（Kotyang Wadi，蜘蛛祖母神）用自己的身体创造了其他较小的神和人类。在南美洲，在克丘亚语中，"Wak'a Inti"的意思是"太阳之家/圣殿"，位于一座大山的东面，即现代秘鲁的"Cerro Blanco"（白山）。因蒂（Inti，也被称为阿婆·蓬乔）是印加宗教中的太阳神，通常以人类的形式出现。除此之外，克丘亚语中的"提娃"（Tiwa）既代表神也代表太阳，这两个词都有超自然的力量。①

太阳作为地球上所有生命的来源，自人类文化诞生以来，一直是基本的日常知识。所有与太阳有关的事物及太阳本身都必须在最早的情况下被古人提及，因此通常用共祖词命名。事实上，汉语"夸父"一词的现代发音（汉字"父"的古汉语发音是"瓦"）源于共祖词"kawa"，后者在许多其他土著文化或语言中具有"上帝"和"太阳"等含义。如果这个判断是正确的，那么所谓的"夸父追日"神话可能在中国文学中被曲解——事实上，今天中国人所称的"夸父"一词，可能来自祖先口头（当时可能还没有文字）传说的所谓"kawa"一词的发音所创造的，而该词原本的含义是指太阳或太阳神，只是中国古人（也许现代人也这样）有种"不信邪"、敢于战天斗地的精神，最后将太阳神"拟人化"了而已。虽然苏美尔和古埃及的太阳神在目前流行的教科书中分别被定义为"Utu"和"Ra（Re）"，但苏美尔楔形文字和埃及象形文字表明，其原始名称应源自共祖词"wa"。当然，考虑到印度河流域地理位置的邻近，印度河流域将受到美索不达米亚的文化影响（反之亦然），而不是古埃及（更不用说中国）。

在印度教中，苏里亚（Surya）被称为太阳和太阳神。在吠陀时期，其他一些神也具有太阳的特征。苏里亚曾与毗湿奴、湿婆、沙克提和甘尼沙并列，印度各地都有许多为他而建的寺庙。事实上，梵天、毗湿奴和湿婆三位一体是理解印度教和整个印度教社会的关键。梵天（Brahma）是印度教的创造之神，也被称为祖父，后来相当于原始第一神普拉贾帕蒂（Prajapati，印度神话中对创造神的称谓）。然而，鉴于这个名字的关键语素是"ma"（共祖词，表示"母亲、母性"），该神本来应该有女性特征，或至少源于母系社会。这一点也可以从以下事实中得到证明：梵天在公元前500年到公元500年仅被称为印度教的主要神之一，他逐渐被毗湿奴、湿婆和大女神所取代，尽管特里穆蒂（Trimurti，代表三位一体神）

---

① 详见第6章和第7章。

在文献和雕塑中继续扮演着重要的角色。[①]

事实上，由于萨拉斯瓦蒂也被称为瓦卡（Vac，代表说话的女神，在印度神话中被称为梵天的配偶、女儿和孙女等），梵天的原始身份及性别也是一个有争议的话题。在梵语中，"Siwa"（或"Shiva"，中文译为"湿婆"或"西瓦"）一词的意思是"吉祥、仁慈、善良、友好"。湿婆的配偶帕瓦蒂（Parvati 或 Parwati）是印度教中代表生育、爱和奉献以及神圣和力量的女神。帕瓦蒂被称为印度教的母亲神，她在印度的印度教故事中有100多个名字（Gross，1978）。她与拉克希米（Lakshmi，代表财富和繁荣的女神）和萨拉斯瓦蒂（Saraswati，代表知识和学习的女神）一起组成了印度教女神的三位一体神。

相比之下，印度另一个主神——毗湿奴的进化史则不同。毗湿奴（梵语中的意思是"渗透者"）主要通过他的化身将许多较小的神化人物和当地的英雄结合在一起。[②] 毗湿奴有1000个名字，包括瓦苏提婆、纳拉亚纳和哈里。尽管在一些写于公元前1400—前1000年的梨俱吠陀赞美诗中，毗湿奴与太阳有关，但在吠陀时期，毗湿奴并没有被视为主神，这表明毗湿奴比梵天和湿婆都年轻或不那么重要。这可以从毗湿奴的化身在摩诃婆罗多时代（约公元前400年）还没有被确认这一事实得到证明。[③] 此外，与湿婆（Siwa）和梵天（Brahma）不同的是，梵语"毗湿奴"的音译（Vishnu）并不包括任何共祖音节，这表明它是一个较新的词（尽管不是现代词）。在印度教的吠陀文献中，瓦鲁纳神（Varuna），最初与天空联系在一起，后来又与海洋和雨水联系在一起。它的原始印欧语系词根是"wer-"或"wel"，它本身来源于共祖词"wa"。考虑到印度河流域和美索不达米亚之间的距离，瓦鲁纳和阿奴（Anu，或苏美尔语中的An，美索不

①　参见http://www.britannica.com/topic/Brahma-Hindu-god。
②　阿凡达（Avatar）起源于梵语，意思是"世系"，当它在18世纪末首次出现在英语中时，它指的是一个神的世系，通常是毗湿奴或另一个印度教神在地球上的化身。它后来指的是任何人类形态的化身，然后是任何化身。引自http://www.merriam-webster.com/dictionary/avatar。
③　参见https://www.britannica.com/topic/Mahabharata。

达米亚的天神）肯定相互影响。然而，在苏美尔神话中，天神和太阳神虽然有着密切联系，却是两个不同的神。

现在，让我们来谈谈哈拉帕社会中的宗教生活会是什么样子的问题。历史学家通常使用后来的文献或其他相关证据来印证或解读早期的历史。但是，这种方法有一定的局限性。鉴于这一点，正如刚才提到的，古印度太多版本的古代（或后哈拉帕）神话，有时是相互冲突的，我们几乎不可能在哈拉帕和后哈拉帕神话之间建立一个确定的联系。我决定放弃使用后哈拉帕时期的证据来解读哈拉帕文化的另一个原因是，这种联系（如果有的话）可能是基于历史操纵的证据或不可靠的文献。最引人注目的例子包括，如第2章所述"苏美尔人自称'黑头'"，第3章所述"埃及的名字'Kmt'代表'黑土地'"，以及第5章所述"奥尔梅克是'橡胶人'"。这些定义在西方主流教科书中得到了广泛采用。然而，根据其他相关章节讨论的古代文明的宗教背景来看，所有这些定义都是错误的。它们被后来的统治者和历史学家操纵、扭曲了。

为了避免"根据错误的文献资料得出错误的判断"，我将采取一个新的方法进行解读。首先，图4-3（b）中万字符（卍）可以认为是哈拉帕文明的重要符号。其次，尽管图4-3（b）中最后一个印章中的符号（⊗）含义尚未被解读出来，但该符号应该表示太阳、天空或它们的组合体，具有重要的宗教意义。[①] 这一判断可以从以下证据得到进一步的印证：已发现类似的符号表示美索不达米亚太阳神（在苏美尔语中称"乌图"，在阿卡德语、亚述语和巴比伦语中称"沙玛什"）。[②] 最后，正如前面提到的许多其他文化中太阳神的名字一样，哈拉帕太阳神的名字如果存在，也应该包括共祖音节[wa]或其任何变体。

---

① 有关更详细的说明，请参见书后阅读材料C。
② 见大英博物馆的两件藏品：（1）亚述国王石碑（公元前883—前859年）（BM 118805）；（2）描绘国王纳布·阿普鲁·伊迪纳被带到太阳神面前的石灰石石碑（公元前860—前850年）（BM 91000）。

从哈拉帕到古印度

事实上，如第1章表1–3所示，在婆罗米文字（公元前7世纪）、笈多文字（4世纪）和天城体文字（7世纪）的书写体系中都发现了类似太阳的标志。南亚的后哈拉帕文化很重视而且的确包含类似太阳的符号。例如，Om（也称Aum）——印度教中最重要的符号——是由升起的太阳和类似3的符号组成。很自然，我们相信这种类似太阳的符号被用来代表至高无上的神或主的形态，而3代表梵天、毗湿奴和湿婆的三位一体（Tridev）。那么，在现代文献中哈拉帕文明缺少点什么呢？哈拉帕社会有太阳神或其他神吗？让我们先等一会儿（大神往往是最后才出现），然后阅读下一小节中的精彩故事。

掀开哈拉帕的面纱

人们普遍认为，哈拉帕文明最早的起源是迈赫加尔文化（约公元前6500—约前2500年），位于巴基斯坦俾路支省卡奇平原博兰山口附近，在印度河以西200公里。由于地理位置接近，有一些证据支持新石器时代迈赫加尔人和哈拉帕人之间的联系。哈拉帕文明最早是在公元前3300年作为青铜时代文明出现的。它从公元前2600年到公元前1900年进入成熟期，从今天的阿富汗东北部延伸到巴基斯坦和印度西北部，面积125万平方公里。它在印度河和克格尔–哈克拉河的流域中繁衍生息，后者曾流经印度西北部和巴基斯坦东部。在鼎盛时期，这个文明的人口可能在100万—500万人。[①]

将早期哈拉帕和晚期哈拉帕文明一同考虑，整个哈拉帕文明从公元前33世纪延续到公元前14世纪。简而言之，哈拉帕文明的整个周期概况如下：

---

① 参见Wright（2010，115—125页），La Blanc（2013，11页）以及Robinson（2015）更详细的描述。

- 哈拉帕早期（约公元前3300—前2600年），包括以下两个阶段：（1）约公元前3300—前2800年称为哈拉帕1期，此时哈拉帕人开始城市化；（2）公元前2800—前2600年称为哈拉帕2期，此时在印度河流域出现了几十个城镇。
- 哈拉帕成熟期（公元前2600—前1900年），包括以下三个阶段：（1）公元前2600—前2450年称为哈拉帕3A期，此时哈拉帕人于约公元前2500年开始使用书写符号；（2）公元前2450—前2200年称为哈拉帕3B期；（3）公元前2200—前1900年称为哈拉帕3C期。
- 哈拉帕晚期（公元前1900—前1300年），包括以下两个阶段：（1）公元前1900—前1700年称为哈拉帕4期，此时哈拉帕人开始制作赭色陶器；（2）公元前1700—前1300年称为哈拉帕5期，此时哈拉帕人逐渐放弃他们的定居点。[1]

　　哈拉帕早期，大约从公元前3300年持续到公元前2600年，主要是基于附近的拉维河。拉维河是印度河的一条支流，哈拉帕的遗址就在这里。吠陀经是最古老的神圣文本之一，因此产生了公元前1500—前500年或前600年的吠陀时期。根据追溯到的吠陀历史，拉维河被称为伊拉瓦蒂（Hastings和Selbie，2003，605页）。因此，可以假定，哈拉帕文明赖以存在的河流更可能被古代哈拉帕人称为伊拉瓦蒂（Iravati、Irawati或Irawadi），而不是现在所说的拉维。事实上，"Ravi"这个词几乎是"Iravati"的字母缩写（至少是音节简化词）。

　　既然"wa"或"va"是人类第一个共祖词，为什么印度河不是从"wa"衍生出来的呢？一个原因可能是印度河只是由后来者命名的，而不是由古代哈拉帕人自己命名的。这条印度河在梵语中被称为"信德湖"（Sindhu），字面意思是"巨大的水体或海洋"（Mountjoy，2004，8—

---

[1] 参见Kenoyer（1991）、McIntosh（2001，11页）和Wright（2010）。

9页）。然而，语言学家指出，"信德湖"或"印度"的原义并不是一片水域，而是指边疆或河岸。印度河形成了伊朗和印度—雅利安之间的边界（Bailey，1975；Boyce，1989，136—137页）。当然，印度河也有可能像其他河流和支流一样，拥有哈拉帕遗址，但在其悠久的史前岁月中，确实应该有一个基于共祖词"wa"（或其任何变体）的早期名称，但这在现有文献中并未被提及。

从公元前2600年到公元前1900年，哈拉帕已经形成了一种复杂和技术先进的城市文化。城市中心包括哈拉帕、加内里瓦拉和莫亨乔·达罗（均位于现代巴基斯坦境内），以及多拉维拉、加里班甘、拉吉加希、鲁帕尔和洛塔尔（均位于现代印度境内）。总共发现了1000多个城市和定居点，主要分布在克格尔-哈克拉河和印度河及其支流附近的区域。令人印象深刻的船坞、粮仓、仓库、砖平台和防护墙展示了哈拉帕的先进建筑。这些城市巨大的城墙很可能保护了哈拉帕人免受洪水的侵袭，也可能是用于防卫。在整个区域的城市中使用的排水系统比中东当代城市中发现的任何系统都要先进，甚至比今天巴基斯坦和印度许多地区的淡水供应与污水排泄系统效率更高。

哈拉帕文明的经济活动似乎在很大程度上依赖于贸易，贸易是由运输技术的重大进步所促进的。在这个文明的鼎盛时期，它在巨大的地区范围内开展贸易，包括在阿富汗部分地区、波斯沿海地区、印度北部和西部以及美索不达米亚等。贸易商品主要包括铜、象牙和珍珠，以换取苏美尔羊毛。其他贸易包括金、银和铅。有证据表明，一些居民已经从印度河流域以外迁徙到了那里，贸易往来扩展到克里特岛，可能还延伸到埃及。[1] 随着板式船艇的创新发展，这种远距离海上贸易变得可行。出土的哈拉帕时期航船遗存复原后，发现许多船只配有中央桅杆，支撑着一个编织的冲绳或布帆，这在5000年前的世界其他地方是很少见的。

考古证据还没有回答哈拉帕的权力中心在哪里，以及哈拉帕社会中

---

[1] 参见Doniger（2010，67页）。

的当权者是谁。然而，正如哈拉帕出土的文物（陶器和海豹）所表明的那样，哈拉帕是一个复杂政治决策体系。一般来说，主要有以下结论：

（1）考虑到文物的相似性、定居点的证据、砖的标准化比例以及在原材料来源附近建立定居点，哈拉帕是一个单一的国家形态；

（2）没有单一统治者，但可能有多个：莫亨乔·达罗有一个独立的政体，哈拉帕也有一个独立的政体，等等；

（3）哈拉帕社会没有统治者，人人享有平等地位（但可能性较低）。

大约在公元前1900年，哈拉帕逐渐衰落的迹象开始显现了。人们开始离开他们各自的城市。考古证据显示，留在那里的人们明显有营养不良的症状。到公元前1700年左右，大部分城市被遗弃。1953年英国考古学家莫蒂默·惠勒爵士（Sir Mortimer Wheeler）根据在莫亨乔·达罗的一些地方发现的一些骨骼，提出土著哈拉帕人的衰落是由一个来自中亚的名为"雅利安"（Aryan）部落入侵造成的。然而，其他学者驳斥了他的理论，因为这些骨骼仅属于城市被遗弃后的一个时期（Bryant，2001，159—160页）。最近对从印度北部哈里亚纳邦拉吉加希哈拉帕遗址采集的古代DNA的研究（见图4-4）也没有支持前者的"中亚入侵说"（Vishnoi，2018）。当然，这只是在哈拉帕文明边缘地区采集的有限样本。在历史学家接受或推翻著名的雅利安入侵理论之前，似乎还需要更多的经验证据。

莫亨乔·达罗：最后的祭奠

莫亨乔·达罗是巴基斯坦信德省北部印度河下游的一组土堆和废墟。该遗址位于印度河平坦的冲积平原上，是包含哈拉帕／印度河流域文明的两个主要遗迹之一，另一个在哈拉帕。莫亨乔·达罗遗址中还遗留着各种农业生产工具和手工艺品。农产品有棉花、小麦、大枣、甜瓜等水果；

畜禽被广泛驯养，有水牛、绵羊、骆驼、狗、马、鸡等；工业产品有素陶、彩陶、纱、布、青铜器盘等。在遗骸中发现了大量的石重码，由此可知那里的古人当时已经掌握了十进制的计算规则。在一把用贝壳做成的尺子上面，有精密的刻度做成的记号；先进船只的发现使人们相信，远距离的海外贸易是在莫亨乔·达罗农业和手工业长足发展的基础上进行的。

古城周长约5公里，估计当时至少有3万人口。这座城市被分成两部分：城堡和下城。很明显，城堡是统治者居住的地方。那里有非常复杂的地下排水和供水系统。城堡四周是高大坚固的城墙。城市里有一个巨大的粮仓——这似乎是迄今为止发现的最早的粮仓。学者们认为，这说明当时的阶级分化已经非常严重。下城区是老百姓的居住区。城市规划整洁，主街宽10米。虽然哈拉帕被用作失落的古印度文明的名字，而且它肯定拥有最早的文化遗址，但莫亨乔·达罗文化遗址几乎和哈拉帕的文化遗址一样古老。更重要的是，考古学家在莫亨乔·达罗发现了许多其他地方找不到的宝贵文化遗产。

在莫亨乔·达罗最激动人心的考古发现之一是"舞女"铜像。这座小青铜像的精美程度不仅让我们见识了当时印度河流域工匠的高超技艺，而且还让那些曾经赞美过古希腊艺术的欧洲人有点儿不好意思。这座铜像是一位站立着的苗条的年轻女子，她的右手放在臀部后面，左手放在左大腿上。她的五官突出，有大眼睛和卷发。她全身裸体，戴着项链和手镯。一个有趣的事实是，她两只手上的手镯数目不同。她一只手有24个手镯，另一只手却只有4个。雕塑是用"脱蜡铸造"方法制作的，艺术家先用这种方法制作了一个蜡模，然后用这个模型制作了一个模具。最后用黏土覆盖蜡模型，留下一个灌入通道。当黏土覆盖的模具在烤炉中加热时，蜡就熔化了。当模具冷却后，外层的黏土封套被削掉，然后工匠可以对实心铜像进行最后的打磨。[1]

---

[1] 参见 http://indianculture.gov.in/museums/dancing-girl。

　　事实上，没有证据表明这个女孩当时正在跳舞，她甚至可能不是表演舞蹈，但在判断了她的姿势之后，当时发掘铜像的考古学家只是简单地将她命名为"舞女"。当然，现代人很难理解4500年前古代哈拉帕人的社会生活。但很可能他们的精神生活（如果不是物质生活）与现代人的生活有很大不同，也许没有类似于现代人举办的选美比赛。但有一件事几乎可以肯定：古代哈拉帕人，像古代美索不达米亚人、古埃及人和古代中国人一样，一直热衷于从事与原始宗教或神有关的活动。也许，这四个最早的文明都有类似于15世纪和16世纪新大陆的祭祀仪式。① 如果大家非常想知道那个女孩当时在干什么，那么我们就一起往下看吧。

　　舞女背后最有可能发生的一幕是很恐怖的：哈拉帕的统治者们正在举行祭祀仪式，以寻求太阳神（是当时为数不多的、很可能是唯一的主神）对他们的保护。在这种情况下，这位女孩是被用作了祭品。你认为不太可能吗？比较一下美索不达米亚的暴力文化：在乌尔古城（公元前2600—前2350年）的皇室墓穴里，保存着多达74名殉葬者的尸骨，他们可能在埋葬前被杀（Scarre 和 Fagan，2003，88—90页）。在古埃及和中国也曾发现类似的暴力文化。印度河文明通常被描述为和平的，甚至被理想化为没有战争。然而，哈拉帕废墟中的人类骨骼遗骸提供的证据表明，在大约4000年前人与人之间确实发生过暴力（Schug 等，2013），这表明印度河流域也存在类似的暴力文化，至少在特定时期如此。那么，我们怎么能说哈拉帕人最重要的神是太阳神呢？

　　在莫亨乔·达罗出土了一个端坐的男子（今天通常称为"祭司王"）石雕（约公元前2900—前2400年），由滑石制成，高17.5厘米，宽11厘米，现在是巴基斯坦卡拉奇国家博物馆的收藏品。男子前额的装饰是一个镶嵌圆形标志

---

　　① 在中美洲15世纪和16世纪的阿兹特克，祭祀是生活中一个常规和仪式化的部分；而南美洲祭祀仪式将儿童作为祭品被解释为印加帝国用来整合和控制其庞大帝国的策略。Duncan（2019-1-20）概括了世界各地古代用儿童进行祭祀的文化习俗。

的缎带，在右上臂上也有另一个类似的但较小的圆形标志（如本段开头所示）。他的左肩覆盖着一件斗篷，斗篷上装饰着精致的三叶草、双圈和圈形图案，这些图案原本是用红色颜料描绘而成。尽管这名男子（或所谓的"祭司王"）的真实身份尚未得到证实，但在前额和右上臂上的两个圆形或太阳状装饰物却不同寻常。虽然现在还不清楚三叶草与梵天、毗湿奴和湿婆三位一体神之间是否有关系，后者是理解印度教和整个印度教社会的关键，但这两个太阳状装饰物必定具有特定的宗教意义。[1]类似于这座可追溯到公元前3000年末或公元前2000年初的雕像，包括代表类似太阳的装饰品，也在中亚和南亚的一些遗址中曾有过发现。[2]

　　在人类拥有自己的五花八门的神之前，他们最初有一个共同的、原始的神——太阳神。非常有趣的是，不同古文明对太阳神或其他相关人物名字的叫法彼此有相似之处，并源自共祖词——南美洲和北美洲的"提瓦"、玛雅社会的"阿贾瓦"（也称"基尼希阿豪"）、中国的"夸父"（可能源于古汉语音的"卡瓦"）、美索不达米亚的"瓦图"（现代西方文献中一般读作"乌图"）以及古埃及的"瓦"（现代在西方文献中错误地解读为"Ra"）。如果以上石雕中描绘的坐着的男性真的是哈拉帕的祭司王，正如今天大家普遍都认为的那样，而且如果古代哈拉帕人确实相信太阳神，那么该祭司王佩戴的太阳状装饰物可能表明他能够与太阳神交谈，或者有权代表太阳神统治其王国。同一时期的一些苏美尔国王（如乌尔的国王"乌尔纳姆"）的名字是由一个前缀加上神的名字组成的复合词，以表达国王对神的虔诚姿态或显示其具有神赋予的权力等。

　　当欧洲人住在荒野或原始村落正为下一顿饭发愁的时候，或者在英国的三个岛屿上开始建造巨石阵的时候，古老的哈拉帕人正在享受着当时世界上最先进的市井物质文化生活。在莫亨乔·达罗遗址上，人们发现网状分布的管道为每个街区提供了方便的"自来水"，几乎每个

---

[1] 哈拉帕的太阳状装饰物和传统的印度教宾迪之间可能的历史联系将在本章后文讨论。
[2] 例如，其中一个是2018年左右在伊朗锡斯坦发现的，参见 Vidale（2018）。

家庭都有一个洗澡平台和厕所。大浴池（如图4-1所示）是一个由大型建筑群环绕的大型砖砌水池。它位于城市公共部门的中心，有一个深水池。这在当时是一个技术奇迹，在古代建筑中也是独一无二的。大多数研究人员认为，它不仅仅是一个公共浴场。大型浴场和众多的洗浴平台表明，洗礼在古代哈拉帕社会非常流行，在今天的巴基斯坦和印度仍然非常普遍。

然而，大浴池不太可能是为莫亨乔·达罗的普通百姓建造的——因为那时几乎每个家庭都有自己的洗澡设施；这个浴池也不是供国王本人或其家人私用的——怎么可能在公共场所建造私人浴池呢？因此，它很可能是为一个重要的宗教活动建造的。把所有这些主要元素——祭司王、舞女、豪华的浴池以及靠近它的高塔——放在一起之后，我们自然会认为当时的场景是这样的：哈拉帕人正在莫亨乔·达罗举行一场盛大的祭祀仪式；刚刚完成最后一次沐浴的小女孩，正准备被送到土堆上部平台上的"婚房"去嫁给太阳神——那个高台是最高的地方，也是通往太阳旅程最短的理想之地。在那一刻，一切都变得死寂。在国王作出指令后，群众开始发出雷鸣般的掌声和欢呼：[①]

西瓦！西瓦！西瓦！

尽管上述场景在现有文献中从未被提及，但类似的祭祀仪式在古代其他地方很常见。古代世界所有孕育了土著文明的地方都面临类似的自然和环境挑战与威胁。生活在莫亨乔·达罗（位于印度河下游河岸）和哈拉帕（位于拉维河附近）的古人可能不知道这些河流洪水背后的源头。这些洪水虽然每年都会到来，但有些年份是有益的，有些年份是有害的。

---

① 请注意，与其他古代文明的神话相似，哈拉帕的第一个主神也可能是天神或太阳神，名字来源于共祖词（如"swa"）。只是在后期，特别是在后哈拉帕时期，才出现了各种各样的神和女神。

因此，古人很容易将这些有益和有害的洪水分别与太阳神（或后期其他神）的奖惩联系起来。

在梵语中，"拉维"的意思是"太阳"。在印度神话中，拉维是太阳神苏里亚的另一个头衔。在传统的印度教文化中，宾迪（bindi）——用于装饰额头中心的小红点——可能与"祭司王"额头上的圆形镶嵌装饰有关。如果前面所示的"祭司王"石雕是被人为故意损坏的，那么那两处太阳神标记可能是那些憎恨统治者但又敬畏太阳神的人故意保留下来的吧。自从哈拉帕文明作为一个整体结束以来，几千年已经过去了。但是，在当今社会，印度和其他南亚国家的许多人仍然把红色宾迪与古老的献血以及安抚众神的习俗联系在一起。

基于此，后文中将给出另一个关于"舞女"的故事，包括她丢失的宾迪，等等。

这些共祖词代表什么？

事实上，哈拉帕的发祥地伊拉瓦蒂——后者是拉维河的早期（但可能不是最早）名字的来源——从未在南亚消失，其文化足迹仍然可以在那里和其他地方找到。在南亚，许多地名被称为"Wadi"或后缀为"wadi"，反映了基于干旱（或沙漠化）而不是热带雨林环境的早期文化所产生的影响。例如，瓦迪是印度马哈拉施特拉邦那格浦尔区的一个人口普查城镇；而在印度卡纳塔克邦的古尔巴加区，还有另一个名为瓦迪的人口普查镇。瓦迪亚是一个小村庄，位于古吉拉特邦北部的巴纳斯坎塔区。萨万特瓦迪是英国统治时期（1858—1947年）的马拉塔王国之一，现在是印度马哈拉施特拉邦信德胡德地区的一个城镇。阿帕奇瓦迪是印度卡纳塔克邦南部贝尔高姆区的一个村庄。拉吉瓦迪是马哈拉施特拉邦勒德纳吉里区的一个小村庄。

在巴基斯坦和印度，"wadi"是一个非常流行的词。"泰瑞·瓦迪·瓦迪·古蒙"（Teri Wadi Wadi Ghoomon）是"巴基斯坦的国歌"，用乌尔都语写成。乌尔都语是巴基斯坦的通用语言和民族语言，也是查谟和克什米尔、印度首都新德里以及印度北部其他州或地区的官方语言。乌尔都语这个词本身来源于突厥语单词"ordu"（或"orda"，意思是"军队"），英语中的"部落"也来源于这个词（Austin，2008，120页）。但也有一种可能性：所有这些词都来自共祖词"wadu"（或其任何变体，包括"乌多/Uttu"，后者在古代美索不达米亚作为苏美尔神话中"纺织和服装的女神"的名字）。幼发拉底河的苏美尔名字很可能来自它。此外，瓦迪、瓦多和韦德等派生词也在其他一些印欧语系语言中使用，都指河谷、干河床或任何其他被视为人类早期家园的地理术语。古吉拉特语中的瓦迪语是从梵语演变而来的印度雅利安语，指的是农舍、大果园或花园，通常与印度教寺庙相连。

"Wadi"的其他类似变体"wati"和"vati"也可以在南亚找到。"Saraswati"（萨拉斯瓦蒂）也拼写为"Sarasvati"，是"surasa"和"wati"（或"vati"）的梵语合成词，意思是"有充足的水的人"，也意味着"通向自我认识本质的人"。[①] 在古印度，"萨拉斯瓦蒂"一词最初指萨拉斯瓦蒂河，也包括与其汇合的印度西北部的其他支流，如德利沙德瓦迪。"萨拉斯瓦蒂"还可以与阿富汗南部的赫尔曼德河或哈拉克瓦蒂河相联系（Kochhar，1999，262—263页）。此外，萨拉斯瓦蒂既作为一条河，又作为《梨俱吠陀》中一个重要的神。《梨俱吠陀》是古印度圣典《吠陀》的四部本集之一。在第二卷中，《梨俱吠陀》称萨拉斯瓦蒂为最好的母亲、河流和女神。[②] 在《梨俱吠陀》第十卷中，萨拉斯瓦蒂被誉为一位女性神灵，拥有疗愈、净化丰富流水的能力：

> 愿水，我们的母亲，来净化我们，
> 愿那些用奶油洁净的人，用奶油洁净我们，

---

① 参见Pollock和Turvey Sauron（2008，144—147页）。
② 参见Muir（2009，337—347页）。

因为这些女神能够除去所有玷污，

我从他们那里出来后，变得洁净而无瑕。[①]

　　萨拉斯瓦蒂是印度教中代表知识、音乐、艺术、智慧和学习的女神。她是萨拉斯瓦蒂、拉克希米和帕瓦蒂三位一体女神中的一员。在印度教神话中，萨拉斯瓦蒂也被认为与瓦卡（Vac）是同一位神，后来被命名为梵天神的配偶、女儿或孙女；拉克希米和帕瓦蒂则分别是毗湿奴和湿婆的配偶。这三种形态分别帮助梵天、毗湿奴和湿婆三位一体创造、维持和再生宇宙。从吠陀时期到现代印度教，萨拉斯瓦蒂一直是一位重要的女神。一些印度教徒庆祝瓦桑潘查米节（春天的第五天）以纪念她，并在这一天帮助小孩子学习如何书写字母。印度西部和中部耆那教的信徒以及一些佛教教派也尊崇这位女神。

　　萨拉斯瓦蒂河是《梨俱吠陀》和后吠陀文本中提到的主要河流之一。它在印度教中扮演着重要的角色，因为吠陀梵语和《梨俱吠陀》的第一部分被认为是起源于公元前2000—前1000年吠陀人在河岸上生活的时候。女神萨拉斯瓦蒂最初是这条河的化身，但后来发展成一个独立的身份。《梨俱吠陀》中的纳迪斯图提赞美诗提到了东方的亚穆纳和西方的萨特莱之间的萨拉斯瓦蒂。后来的吠陀经文，如坦迪亚和杰米尼娅婆罗门，以及摩诃婆罗多，提到萨拉斯瓦蒂在沙漠中干涸。印度教徒也认为萨拉斯瓦蒂以形而上学的形式存在，它与恒河和亚穆纳的神圣河流在桑伽姆处汇合（Giosan等，2012）。

　　萨拉斯瓦蒂河被认为是流经印度西北部和巴基斯坦的克格尔–哈克拉河，这一说法最早是由19世纪和20世纪初的学者提出的。最近，结合历史地图、考古遗址、水文地质和钻探数据的卫星图像及数字高程模型证实，确实有一条重要的河流曾经沿着今天的克格尔河流淌（见图4-2）。据观察，位于加里班甘（拉贾斯坦邦）、巴纳瓦利和拉吉加希（哈里亚纳

---

① 引自 http://www.sacred-texts.com/hin/rvsan/rv10017.htm。

邦）、多拉维拉和洛塔尔（古吉拉特邦）的许多主要哈拉帕遗址也沿着这条路线分布（见图4-4）。有一种观点认为，古印度（包括今天的印度和巴基斯坦）最早的雅利安人家园是在梨俱吠陀时代的旁遮普和萨拉斯瓦蒂河及德里沙瓦蒂河流域。[①]

在现有文献中，萨拉斯瓦蒂被用作印度次大陆不同地区的神话术语。例如，南亚现在的几条河流都是以梵文合成词命名的，这些合成词包括同祖词"vati"（或"wati"），如下所示：[②]

- 萨拉斯瓦蒂河（Sarasvati）是一条发源于拉贾斯坦邦阿拉瓦利山脉的河流的名字，它经过锡德布尔和帕坦，然后淹没在卡奇河的沼泽地。
- 萨拉斯瓦蒂河（Saraswati）是阿拉克南达河的一条支流，发源于印度北方邦查莫利区的巴德里纳特附近。
- 孟加拉国的萨拉斯瓦蒂河曾是胡格利河（Hooghly）的一条支流，自17世纪以来已经干涸。
- 萨拉斯瓦蒂是一条发源于安巴拉区的河流的现代名称，在沙特拉纳附近与克格尔河汇合。

哈拉帕余波

梵语对其他印度语言产生了重大影响，如印地语（目前是印度的官方语言之一）和印度—雅利安语（如卡纳达语和马拉雅拉姆语）。它通过佛教文本在中国乃至整个东亚的翻译和传播，对汉藏语言产生了影响。此外，泰国和斯里兰卡也受到梵文的巨大影响。爪哇语是一种受梵语影响的语言，同时也受到印度尼西亚现代语言和马来西亚传统马来语

[①] 参见 Allchin B. 和 Allchin R.（1982，358页）。
[②] 引自 Thapar（2004，42页）。

的影响。在印度，萨拉斯瓦蒂在孟加拉语和马拉雅拉姆语中通常被称为"Saraswati"，但在泰米尔语中被拼写为"Sarasvati"。在印度以外，萨拉斯瓦蒂在缅甸语中称为"Thurathadi"或"Tipitaka Medaw"，在泰语中称为"Suratsawadi"或"Saratsawadi"（Kinsley，1988，95页）。在泰国，德瓦拉瓦蒂（Dvaravati或Thawarawadi）时期从公元5世纪持续到13世纪。它可能源于古印度的城市Dvārakā，指的是一种文化和一个完全不同的公国集团。德瓦拉瓦蒂王国曾经控制着现代泰国的大部分地区，可能早在公元5—8世纪初就存在了（Coedés，1968，63、86页）。

萨拉斯瓦蒂是印尼巴厘岛一位重要的印度教女神。她与印度印度教文学中的萨拉斯瓦蒂有着相同的属性和肖像。在这两个地方，萨拉斯瓦蒂是知识、创造艺术、智慧、语言、学习和纯洁的女神。在巴厘岛，人们在萨拉斯瓦蒂节庆祝她，这是印尼印度教的主要节日之一。这一天标志着帕武肯历法中210天年份的结束。在萨拉斯瓦蒂节，人们在寺庙里以鲜花的形式献祭，并向神圣的经文献祭。萨拉斯瓦蒂节的第二天是班尤皮纳鲁，一个净化的日子。[①]萨拉斯瓦蒂节在巴厘岛有着悠久的历史，近几十年来在印尼的印度教社区已经很普遍。

萨拉斯瓦蒂从印度经中国传到日本，公元6—8世纪，萨拉斯瓦蒂在日本以"弁财天"的形象出现。在日本，萨拉斯瓦蒂经常被描绘成手持日本传统琵琶（biwa）乐器（Ludvik，2001）。萨拉斯瓦蒂在柬埔寨的印度教教徒中被授予了祈祷的荣誉，并出现在10世纪和11世纪的铭文中。高棉诗人称赞她是雄辩、写作和音乐的女神。在雅索瓦曼时代的高棉文学中，她也被称为瓦吉斯瓦里和巴拉蒂（Wolters，1999，87—89页）。在古代泰国文学中，萨拉斯瓦蒂（泰语：Suratsawadi）是说话和学习的女神，是梵天的配偶。随着时间的推移，印度教和佛教对神的概念在泰国融合。在泰国，人们还发现了带有萨拉斯瓦蒂和孔雀的护身符，以及印度其他神的图标。

---

① 参见Zurbuchen（2014，49—57页）。

缅甸的早期文明包括上（北）缅甸的藏缅语卑城邦和下（南）缅甸的孟王国（又称汉撒瓦迪）。在公元9世纪，巴玛人进入伊洛瓦底江上游河谷，在10世纪50年代异教王国建立之后，缅甸的语言、文化和上座部佛教慢慢成为该国的主导（Lieberman，2003，152页）。伊洛瓦底江流经缅甸，是全国最大的河流和最重要的商业水道。它发源于恩迈河和马里河的交汇处，从北向南相对笔直地流动，然后通过伊洛瓦底江三角洲流入安达曼海。虽然当地克钦邦人将马里河命名为恩梅卡河，但伊洛瓦底江的缅甸语名称源自印度拉维河的巴利语名称——"Iravati"或"Irawati"（Penn，2001，115页）。艾拉瓦提（或巴利语中的"Eravati"）是萨卡象山的名字，后者是佛教中一个重要的天神。在缅甸，一个可以追溯到公元1084年的碑文记载了萨拉斯瓦蒂的名字如下："萨拉斯瓦蒂总是帮助国王说正确和明智的话，以造福于他的所有臣民。"（Than，1976）每年，缅甸的许多学生在考试前都会祈祷萨拉斯瓦蒂的祝福。

穿越文明的时空

哈拉帕代币券

古代哈拉帕人没有留下任何关于其历史和文化的文字资料。在哈拉帕出土的印章、陶片、石碑、工具和武器可追溯到公元前3300—前3200年，都含有三叉戟形状和植物状的标记。[1]哈佛大学哈拉帕考古研究项目主任理查德·梅多（Richard Meadow）教授表示，这些符号与后来的哈拉帕文字（又称印度河流域文字）有相似之处。[2]哈拉帕／印度河流域文字是古代哈拉帕人在公元前3300—前1900年创作的一组符号。然而，大

---

[1] 更多详细描述请参阅书后阅读材料C。
[2] 参见 http://news.bbc.co.uk/1/hi/sci/tech/334517.stm。

多数包含这些符号的铭文都非常短，因此很难判断这些符号是否构成记录语言的符号，或是否形成一个完整的书写体系（Bryant，2001，178页；Robinson，2015）。

关于哈拉帕人书写的空间结构，学界有比较广泛的共识：在大多数情况下，写作方向主要是从右到左，也就是说，在印章上看是从左到右的（例如，见Parpola，1994）。还有一个假设是，哈拉帕/印度河流域印章被用来促进易货经济中的货物和劳动力交换（Rao，2017，521页）。在面板上类似于U或V的符号特别引人注意，[1]因为在罐子上也发现了类似的铭文。在估计了其中一个罐子的大致体积后，考古学家、碑铭研究专家和地理学家威尔斯（Wells）提出，这个符号是一个体积度量单位，其值约为40升（Wells，2015，55—65页）。如果这是正确的，U⦀所代表的数值，考虑到符号⦀可能表示其右侧的数字是4，其总共代表的数字将是约为160升（Rao，2017，519页）。还不清楚古代的哈拉帕人如何称呼这个体积测量单位，但如果它确实在很早的时期就存在的话，那么"V"形或"U"形的符号应该更可能与一个共祖词联系在一起。[2]

有人提议，有些陶筹（token）可能被哈拉帕人用作交易或在配给时用作货币及其他等价物的凭证，由一个商人家庭或商业机构为一群受雇在哈拉帕运输货物的搬运工使用。这一提议基于这样一个事实，即四个符号（🜲、🜲、🜲和🜲）中的每一个都清楚地描绘了一个人用捆绑在一根横过肩膀的杆子扛着两捆货物（Rao，2017，520页）。如今，在印度农村地区，仍能偶尔看到使用同样工具搬运货物的农民。1949年以前，中国使用了一种被称为"担"的传统重量单位（其汉字的含义类似于上述哈拉帕符号），一担相当于50—60公斤粮食的重

---

① 在哈拉帕的一堵墙上共发现16块三面微型石碑，在其中的一块石碑的每一面都刻有少许字符（图片来自http://www.harappa.com，由哈拉帕考古研究项目提供）。

② 例如，碗（bowl）用来盛食物，可以追溯到最早的文化历史，现在在普通话中被称为"wan"，在中国的许多方言中也被读作"wa"或其各种变体。

量。① 如果中国的重量单位与古代哈拉帕相似，那么，鉴于其右侧的符号
‖ 可能表示数字 3，那么本段开头所示的符号应该被古代哈拉帕人用来表
示 150—180 公斤的农产品。

在哈拉帕陶筹中发现的类似数字的符号已经作为一些（如果不是全部
的话）婆罗米数字的基础。婆罗米数字至少在公元前 3 世纪就已经被证明
出现了。前三个婆罗米数字的来源似乎很清楚：在阿育王时代，1、2 和 3
分别由 I、II 和 III 代表（就像罗马数字一样），但后来就像中国数字那样，
用横笔画代表。在古老的婆罗米文中，"4" 通常写为 "+"，可能是四个方
向的代表。在甲骨文数词系统中，"+" 代表数字 7，后来在现代汉语中代
表数字 10。然而，大多数数字似乎是任意符号（见表 4–1）。当讨论今天
的十进制数字系统时，人们通常把它们称为 "阿拉伯数字"。然而，它们
的起源是在南亚，最早的文献证据于公元 458 年 8 月 28 日在梵文《洛卡维

表4-1　不同书写体系中0—9数字的图形比较

书写体系	0	1	2	3	4	5	6	7	8	9
苏美尔	NA									
埃及	NA									
中文（甲骨文）	NA	一	二	三		X	∩	十	﹚(	
中文（现代汉字）	NA	一	二	三	四	五	六	七	八	九
婆罗米文	NA	一	二	三	+(a)	ʰ	φ	ʔ	ↄ	ʔ
印地文	०	१	२	३	४	५	६	७	८	९
阿拉伯文	·	١	٢	٣	٤	٥	٦	٧	٨	٩
希腊文	NA	α′	β′	γ′	δ′	ε′	ζ′	ξ′	η′	θ′
罗马文	NA	I	II	III	IV	V	VI	VII	VIII	IX
玛雅文		•	••	•••	••••	—	·	··	···	····

注：（1）"NA" 表示不存在。（2）数字 "10" 在苏美尔楔形文字中写为 "⟨"、在埃及象形文字中写
为 "∩"、在甲骨文和现代汉语中分别写为 "|" 和 "十"，在希腊文中写为 "ι′"，以及在罗马文
中写为 "X"。（a）十有时写成 ϔ。

———————————
① 在中国香港，"担"（一担相当于 60.478982 公斤）仍然被用作法定重量单位。

巴加》(Lokavibhaga)中首次发表(Ifrah，2000，430页)；至少，它们应该被称为"印地—阿拉伯数字"。婆罗米数字是南亚、西亚和欧洲后来数字符号的直接图形祖先。

转型中的哈拉帕

在公元前2000—前500年，印度次大陆的许多文化开始进入铁器时代。这一时期包含了印度—雅利安人向次大陆迁移的几次浪潮。后哈拉帕时代，或正式称为吠陀时期，最初建立在以印度次大陆西北部为中心的部落、田园社会基础上；公元前1200年后，它蔓延到恒河平原。随着来自印度河流域和其他地方越来越多的考古证据，后哈拉帕文明或吠陀文明被认为是哈拉帕文化和印度—雅利安文化的组合。例如，瑟金特(Sergent)指出：

> 目前，很明显可以看出，印度—雅利安人在到达印度后，大量借鉴了哈拉帕人的传统，将其一些仪式习俗（建造火祭坛、室内仪式、使用星幔、沐浴仪式、固定化的节日……）融入了他们自己的宗教。印度河流域（哈拉帕）文明显示出与瓦鲁纳有关但与密特拉无关的特征，与湿婆有关但与毗湿奴无关的特征，与丰富的吠陀万神殿相比，总体上很少有神。它不是吠陀和印度宗教的直接来源，而是它相当重要的组成部分。[1]

如Sergent(1992)所说，以哈拉帕为基础的瓦鲁纳神代表了印度神话在吠陀时期的神的主权和神权的化身。他是众神的首领，天空王国的统治者，宇宙和道德法则的维护者，这是众神共同的职责。他经常与密特拉一起被祭拜，密特拉代表着他们主权中更具司法性的一面，而瓦鲁纳则代表着神与人之间神奇而投机的关系。[2] 在印度教早期，瓦鲁纳是吠陀

---

① 引自Sergent(1992)。

② 参见http://www.britannica.com/topic/Varuna。

太阳神，掌管着环绕地球的天空海洋。"Varuna"这个名字的词源还不确定，尽管它可能指的是梵文词根"wa"或"va"，这也是我们在其他地方讨论的常见共祖词。① 然而，考虑到美索不达米亚在地理上与印度河流域并不遥远，除其古代文化是同时代以外，苏美尔诸神的名字发音与瓦鲁纳诸神的名字有着相似的含义，肯定对后者产生了影响（反之亦然，取决于谁最先出现）。在苏美尔神话中，"Anu"和"Utu"分别是天神和太阳神，所有这些都包括共祖音节[wa]（或其任何变体），这也包括在吠陀瓦鲁纳（或者哈拉帕，如果有的话）太阳神中。

毫无疑问，湿婆起源于哈拉帕／印度河流域文明，Sergent（1992）和前文提及的考古发现都见证了这一点。那么，湿婆的妻子现在通常叫帕瓦蒂是怎么回事？帕瓦蒂女神传说是喜马拉雅山的女儿，也是印度教中湿婆的妻子，她经常在雕塑中被描绘成湿婆的陪衬人物，或看着他表演奇迹般的壮举，或在他们的山地王国里和他一起玩游戏。在这里，[pa]音节包含在帕瓦蒂（Parvati）女神的名字中是不寻常的。关于这种矛盾的语言学，我们有理由相信帕瓦蒂应该是一个较新的名字，或者是一个有点大男子主义的统治者起的名字。她还应有其他名字。

早期出生的女神通常与母系社会的神秘联系在一起。帕瓦蒂也是如此，上面提及她的丈夫可能来自哈拉帕时代。那么，为什么她的名字中包含[pa]而不是[ma]音节（如古埃及女神Sekhmet中的"me"）或[wa]音节（如中国女神女娲）？事实上，帕瓦蒂女神也被称为乌玛（Uma）。她在印度教神话中有100多个名字（Gross，1978）。包括乌玛在内的一些名字，应该比帕瓦蒂出现得更早。由于"Parvati"来自梵语中的"parvata"，这是一种古老的印度—雅利安语，很可能雅利安人作为后来的古印度统治者想要以此证明他们新定义的女神和统治者与其前任不同，或者比前任更强大。

---

① 这个名字也可能来自原始印欧语系词根"wer"或"wel"，意思是"to cover"。参见http://www.newworldencyclopedia.org/entry/Varuna。

世界文明新史

Om（也拼写为 Aum）是印度教最重要的符号（见本段开头），它的声音用于冥想。印度教是地球上现存最古老的宗教，它的其中一些丰富的经文和习俗传统可以追溯到公元前1000年或更早。它的许多梵文和其他白话文经文充当了将宗教传播到世界其他地方的工具。大约从公元前4世纪开始，印度教在东南亚占据主导地位，这种统治持续了1000多年。① 在印度教中，"Om"是所有祈祷词的第一个音节。在现有文献中，Om 符号被定义为代表神的三个方面——梵天、毗湿奴和湿婆，象征着宇宙和终极现实。不过，我认为许多学者解释的，诸如梵文天城体符号中 A、U 和 M 的三个字母分别代表梵天、毗湿奴和湿婆是错误的。我相信 Om 符号是一个与三神有关的符号，它比梵文音节出现得早得多。我的论点得到如下支持。

首先，Om 符号不是由三个可区分的符号组成的，而是只包括两个独立的符号，其中一个是象形符号，另一个是表意符号。这可以从稍有不同且更简单的孟加拉语 Om 符号（如本段开头所示）中看出。其次，事实上，印度版和孟加拉语版的 Om 符号的下半部分都由天城体数字符号3（梵语："trí"，相当于"3"）的不同变体表示。② 梵文数词3的尾状部分现在移动到印度版 Om 符号的右下方，而在孟加拉语版 Om 符号中给删除了。最后一点也很重要，任何已知的印度文献中都没有解释◡这个符号的起源。Om 符号的上部，看起来很像"天空中的太阳"。类似符号在其他印欧语系和非洲语系（哈密托—闪族语言）中也有发现。例如，字母符号◡和◡（古体：◡）包含在阿拉伯语和希伯来语中，分别表示"太阳"；波斯文◡和◡分别包含在代表"天空"和"天堂"的词中。考虑到古代印度—雅利安人与那些在西亚讲阿拉伯语、波斯语和希伯来语的人之间长期而密切的联系，他们之间的跨文化影响肯定自古就存在，

---

① 截至21世纪初，印度教在全世界有近10亿信徒，是印度约80%人口信仰的宗教。参见 http://www.britannica.com/topic/Hinduism。

② 这就解释了为什么在19世纪末20世纪初，中国人用"阿三"称呼西方人在上海雇佣做警察的印度人。

尽管这些最早都受到了美索不达米亚楔形文字的影响。[①]因此，人们很自然地相信，这个"天空中的太阳"的符号被用来代表印度教中至高无上的神（最早就是太阳神）。

Om（Aum）符号在形式上应称为"三神符号"，但它与一些学者所说的所谓"A、U、M分别代表三个神"无关。广义地说，大多数字母，包括那些常用的拉丁字母，都是从具有可辨别和重要的象形符号或表意符号中衍生出来的（见书后阅读材料A）。南亚的梵文和其他地方的拼音文字也不例外。天城文书从公元7世纪开始使用，从11世纪开始以成熟的形式出现；悉昙体直到7世纪才成为一个独特的书写体。然而，Om符号，或其中的梵文数字3和"天空中的太阳"符号的任何一个，比梵文的天城体或悉昙体的历史要长得多。

就像梵语中"A"、"U"、"Ū"、"Au"、"Am"、"Ah"和"O"（见表4-2）的发音一样，"Om"或"Aum"最初来自"wa"。正如第1章所提到的，"wa"是一个常见的共祖词，来自人类在绝望中哭泣的声音。这是由那些受到环境威胁的人创造的，因此他们曾经绝望地寻求来自外部（通常是超自然）力量的保护。古代南亚人，包括哈拉帕人和印度河流域的其他后来者，以及美索不达米亚人、古埃及人和中华先民们一样，都生活在相似的地理和外部条件下。更经常的情况是，每当面临威胁时，人类的哭声是表示谦卑的最好方式，以获得或乞求保护。三位一体神自古以来就被印度教高度重视。因此，很容易判断出，当印度教徒开始设计3（或3）来表示"三"这个数字时，他们不仅受到婆罗米文数字"三"（见表4-1）的启发，也将其与三位一体神联系起来。可以肯定的是，与"三神一体"有关的符号是印地语数字3（或3及其任何变体，也即Om符号的一部分），出现在公元458年之前（Ifrah，2000，430页），它被古印度人用作吉祥符号，并用来表达梵文的笈多体、天城体和悉昙体的音节或字母（见表4-2）。

---

① 人们在苏美尔楔形文字中发现了类似的表示太阳神的符号（见第2章），在埃及象形文字中也发现了其他带圆圈的表示太阳神的符号。类似符号在中国的早期书写中也表示"太阳"。

表4-2　梵文从婆罗米文到笈多文和天城体/悉昙体的演变

拉丁文字字母或音节	（1）婆罗米文（约公元前7世纪）	（1）对（2）可能的影响	（2）笈多文（约公元4世纪）	（2）对（3）可能的影响	（3）天城体/悉昙体（约公元7世纪）
A	𐀀(a)	有	𑘀	有	अ / 𑖀
Ā	𐀀(a)	有	𑘁	有	आ / 𑖁
U	⌐	有	↋	有	उ / 𑖂
Ū	⌐	有	↋	有	ऊ / 𑖃
Au		无	𑘄	有	औ / 𑖔
Am			𑘅	无	अं / 𑖿
Ah	└	无	𑘆	有	अः / 𑖂
O	└	无	𑘆	有	ओ / 𑖌

注：笈多文代表Au、Am和Ah的符号以及天城文代表"Am"的符号很可能源于ॐ（印度教中的重要符号，如文中所述）。（a）可能源于腓尼基字母"K"，参见书后阅读材料A之表A-1。

考虑到它们在音译上的相似性，"Om"（或"Aum"）一词很可能来自印地语女神的名字乌玛Uma，现在常被称为帕瓦蒂，或其他更早的词。在美索不达米亚，苏美尔语、阿卡德语和亚述语中的"Ummu"是"母亲"或"母亲女神"的名字，而"Ummah"是一个阿拉伯词，既表示"种族"，又表示"穆斯林的第一个恺撒罗帕斯主义"，很可能就是从"Ummu"派生出来的。然而，由于所有这些与女性有关的名字都来自共祖词"ma"（通常表示"母亲"）和"wa"①，上述语言相似性不能充分证明美索不达米亚和印度河流域之间在这方面存在过交流或影响。考古发现——而不是语言上的相似性——应该被用作判断史前、区域间或文化间影响的最重要的标准。

---

① 请注意，在许多土著文化和语言中，共祖词"wa"被用来表示与女性和男性相关的术语及名称。

后哈拉帕文化

吠陀时期（公元前1500—前500年）是依据吠陀经创作的时期定义的。在吠陀时期的早期，印度—雅利安人进入并定居在印度的北部，带来其特有的宗教传统。从吠陀后期开始，南亚发生了以下主要事件：

- 公元前530年，波斯帝国的统治者居鲁士入侵印度，发起了征服该地区的战争。波斯人在印度北部占据统治地位，直到公元前327年被亚历山大大帝征服。

- 亚历山大离开后，孔雀王朝（公元前322—前185年）在旃陀罗笈多·孔雀的统治下崛起，直到公元前3世纪末，统治了几乎整个印度北部。在阿育王（公元前269—前232年在位）的统治下，王朝进入鼎盛时期。

- 南亚在所谓的中期分裂成许多小王国和帝国。这个时代见证了与罗马贸易（始于公元前130年）的增长。这是各个王国文化发展的时期，在笈多帝国统治时期（公元320—550年）被认为是印度的黄金时代。

- 笈多帝国被哈沙瓦丹（公元590—647年）的统治所取代，在当时和随后的几个世纪里，该地区发展出现了停滞。

- 公元712年，穆斯林将军穆罕默德·本·卡西姆征服了印度北部，在现代巴基斯坦建立了自己的领地。

- 南部王国是公元500—750年建立的。琐罗亚斯德教（拜火教）进入印度。

- 北方王国建立于公元750—1206年。这一时期也出现了拉吉普特部族。

- 莫卧儿帝国建立于1527年，当时一位名叫巴布尔的酋长从阿富汗入侵印度。其中最有影响力的莫卧儿皇帝沙贾汗，其统治自1628

年至1658年。他扩张了版图，积累了巨大的财富，使伊斯兰教成为官方宗教。当他的妻子去世时，他为她建了泰姬陵。

- 在16世纪末和17世纪，欧洲贸易公司在南亚，特别是在印度竞争激烈。
- 到了18世纪的最后几十年，英国商人在军队的支持下，成为印度的主导力量。
- 英国人管理印度大约两个世纪，英语已经成为印度的官方语言。
- 1947年，经过几十年的民主抗争，印巴最终实现独立。

虽然印度的部分晚期和现代历史是屈辱的，但印度有着辉煌的古代历史。吠陀时期的结束不仅见证了大城市化国家的建立，也见证了各种宗教运动的出现，包括耆那教、印度教和佛教。

佛教的早期分支在巴利语中也被称为"小乘"（意思是"长老教义"），这是一种古老的普拉克利特语（源于梵语），是小乘佛教的经文和礼拜语言。从词源上讲，巴利语术语小乘佛教与吠陀文化密切相关。"小乘"的中文字面意思是"较小的交通工具"，是相对保守的，一般最接近早期佛教。大乘佛教（意为"大的交通工具"）从公元5世纪开始在印度蓬勃发展。但是，以上解释是针对外行人的，在行内却不合适。一般来讲，用"上座部佛教"表示"小乘佛教"更合适。大乘佛教承认佛教的全部或部分经文，对这些经文的信仰和崇敬是后来成佛的基础（Guo，2017，32页）。藏传佛教虽然以大乘佛教为基础，但却是修行金刚乘（意思是"钻石车"）的流派之一。它接受大乘佛教的所有基本概念，但也包括大量的精神和物理技术，旨在提高佛教实践。"金刚"（梵语：vajra，也即"钻石"）一词源自共祖音节 [wa]，是用来表示绝对真实和坚不可摧的人。①

种姓制度的起源尚不完全清楚，但种姓似乎与印度教有关，最有可能起源于印度北部和尼泊尔，这是雅利安人的到来及其对生活在那里的

①参见 http://www.britannica.com/topic/Vajrayana。

所有土著人民的有效统治的结果。虽然最初的等级制度只是权宜之计，但很快就变成了世袭制度。每个人出生时都有一个不变的社会地位。在种姓制度中，来自不同种姓的父母双方所生下的后代被称为杂种姓。种姓制度有四个主要的阶级（也称为瓦纳斯），最初是基于人格、职业和出身划分的。这些种姓类别按降序排列如下：

- 婆罗门（第一等级）：主要是僧侣贵族，拥有解释宗教经典和祭神的特权以及享受奉献的权利，负责垄断文化教育和报道农时季节以及宗教话语解释权；
- 刹帝利（第二等级）：他们是军事贵族和行政贵族，婆罗门思想的受众，主政军，拥有征收各种赋税的特权，负责生生世世守护婆罗门阶层；
- 吠舍（第三等级）：他们是普通的政治上没有特权的雅利安人，必须以布施和纳税的形式来供养前两个等级，主要从事商业活动；
- 首陀罗（第四等级）：他们绝大多数是被征服的土著居民，属于非雅利安人，由伺候用餐、做饭的高级佣人和工匠组成，是人口最多的种姓，从事低贱的职业。

告别哈拉帕

哈拉帕衰落的原因

今天，许多学者认为哈拉帕文明的最终崩溃是由干旱以及与埃及和美索不达米亚贸易的衰落造成的。也有人认为，外族的入侵、森林砍伐、洪水或河道的变化可能是导致哈拉帕文明崩溃的原因。最近的考古发掘表明，哈拉帕文明的衰落驱使人们向东迁移。哈拉帕文明衰落几个世纪后，那里的城市聚落才开始消失。

文明衰落的一个可能性很大的自然原因与当时季风普遍减弱导致的气候变化有关。从公元前1800年开始，气候明显变冷变干，这可能是导致克格尔－哈克拉河水系大部分消失的关键因素。例如，一个研究小组得出结论：季风东移的气候变化导致了这个文明的衰落。他们发现季风泛滥的河流容易发生毁灭性的洪水；随着时间的推移，季风减弱，农业和文明在洪水泛滥的河岸上繁荣了近2000年。太阳辐射周期性的变化会影响季风。在过去的1万年里，北半球在5000—7000年前有最高的日照，此后日照开始减少了。因此，这些以季风为基础的河流往往蓄水过少，最终干涸，从而对文明不利甚至具有破坏性。[①]

哈拉帕文明的衰落是由干旱（或洪水，或两者兼而有之）造成的假说可能是成立的，因为古埃及和中国在公元前20世纪前后都有极端气候事件的记录。不过，对这方面也有不同的分析。2004年的一篇论文指出，过去2万年来，克格尔－哈克拉河携带的沉积物同位素并非来自喜马拉雅山的冰川，而是来自喜马拉雅山的次水源，因此推测河流系统是由雨水补给的（Tripathi等，2004）。最近由彼得·克利夫特领导的一个小组进行的地质研究调查了自8000年前以来该地区河流的流向是如何变化的。他们发现这些冰川河流的沉积物至少在1万年前就停止了，远远早于哈拉帕文明的发展（Clift等，2011）。这就无法支持气候或河流重组应该对文化衰落负责的假设。

哈拉帕文明的许多定居点都分别在克格尔－哈克拉河及其支流的河床沿线或河床内。不幸的是，随着河水干涸，古代哈拉帕人不得不离开家园。公元前2500—前1900年，一些构造扰动导致印度西北部地形倾斜，进而导致塔尔沙漠中的克格尔－哈克拉河干涸（McIntosh，2007）。然而，

---

① 地球上的整个气候系统都是由太阳驱动的，因此季风受到较低日照的影响，作用力减弱。这意味着随着时间的推移，进入受季风影响的大陆地区的雨水会减少（Giosan等，2012）。

其他研究表明，这条河完全是在哈拉帕之前，即在公元前4000年中期就开始干涸了；在哈拉帕时代，人们仅仅使用了一个复杂的灌溉渠网。所有证据都可能表明，克格尔–哈克拉河有时载水较多，有时载水较少。后一点与最近的同位素研究是一致的，表明河流在公元前1000年左右已经干涸。[①] 城市的废弃始于公元前1700年左右，文明在此200年内衰落。但目前的考古资料表明，被归类为哈拉帕晚期的物质文化可能一直持续了很久。例如，哈佛考古学家理查德·梅多（Richard Meadow）指出，位于今天巴基斯坦俾路支省的皮腊克（Pirak）的一个哈拉帕晚期定居点，从公元前1800年一直繁荣到公元前327年亚历山大大帝入侵（Lawler，2008）。

一个地质构造事件可能将克格尔–哈克拉河的源头转移到恒河平原，尽管这一事件的日期完全不确定，因为克格尔–哈克拉河床内的大多数定居点尚未确定日期。文明衰落的实际原因可能是这些因素的任意一个或多个：洪水、入侵、地震、干旱都被认为是造成这种情况的原因。其后果是，文明的重心转移到恒河平原以东，从小麦种植转向水稻种植。到公元前1500年，恒河流域开始种植水稻，开辟了一个不适合小麦和大麦种植的新的农业环境。与此同时，谷子——其中一些来自非洲——在古吉拉特地区变得很重要，特别适合印度南部较潮湿的地区。[②] 这些新作物的引进可能为那里新的和不同的文明提供了坚实的技术基础。

然而，所有这些不友好的地理和环境因素并不意味着克格尔–哈克拉河沿岸没有繁荣的文明，也没有透露谁应该对哈拉帕文明的最终灭绝负有责任。无论克格尔–哈克拉河何时干涸，它与印度河之间的土地，以及印度河和克格尔–哈克拉河流域作为一个整体，一定对哈拉帕文明的崛起作出了重大贡献。然而，随着克格尔–哈克拉河的逐渐消失，哈拉帕文明的水力复杂性和河谷间的对冲机制也逐渐减少（如果不是立即消失的话）。

---

① 见Mughal（1997）和Bryant（2001，168页）。
② 见Scarre和Fagan（2003，165页）。

肥沃的土壤绝不是一种文化长期可持续发展的积极因素。此外，不利的环境因素可能成为激励因素，而有利的环境因素可能成为人类推进文化发展的抑制因素（Guo等，2020）。然而，哈拉帕/印度河流域在全球地质、生态环境变化的大背景下，普遍的生态破坏减少了那里的农业剩余，进而带来了生存问题。一系列洪水和地震也困扰着文明。

宾迪与乓：最后的礼物

以前，人们认为哈拉帕文明的衰落导致了印度次大陆城市生活的中断。然而，文明并没有完全消失；[①] 相反，许多文明元素仍然可以在后来的文化中找到。谁是古代哈拉帕人的后代现在是一个有争论性的话题。尽管如此，人们相信讲德拉威语的人已经遍布整个南亚次大陆。正因如此，哈拉帕/印度河流域文明也被一些学者认为是德拉威文明，尽管其他人不这么认为（Kaur，2014）。无论哪种理论是正确的，有一点是肯定的：哈拉帕文明在现代印度和其他地方的影响是存在的。

在南亚，特别是在印度、孟加拉国、尼泊尔、斯里兰卡和毛里求斯，宾迪（bindi）是一种流行的前额装饰，由一个女人戴在她的眉毛之间的额头上。"宾迪"来源于"bindu"——梵语中是"点"的意思，通常是红色。传统上，红点是用姜黄粉和柠檬或酸橙汁做成的糊状物，在阳光下晒干。现在，许多印度妇女更喜欢戴一颗珠宝来代替它。即使在今天的印度，宾迪也有着特殊的意义。印度教传统上认为，所有人都有第三只内眼：两只眼用于观察外部世界，而第三只内眼则聚焦于神。因此，红点象征着虔诚，同时也作为一个持续的提醒，让神成为一个人思想的中心。传统上，人们经常把红色宾迪与古老的献血以安抚众神的习俗联系在一起。然而，在现代，宾迪的象征意义主要被用作美容配饰或女性时尚的一部分。

关于宾迪传统的起源一直没有权威性的解释，尽管人们一致认为宾迪传统起源于古代。湿婆的第三只眼被描绘在他的额头中间，在印度教

---

① 例如，参见White（2006，28—29页）。

中具有宗教意义。左右眼代表他在物质世界中的活动，而第三只眼则象征着他的精神智慧和力量。当湿婆睁开他的第三只眼时，火从里面冒了出来，表明其内心深处能燃烧他认为对其不好的东西。宾迪的起源可能追溯到哈拉帕时期，尽管哈拉帕文化和后哈拉帕文化之间仍然存在差异。例如在"祭司王"雕塑的前额和右上臂发现了圆形或太阳状的饰物，但在"舞女"雕像上没有发现任何饰物（见图4-1）。这意味着哈拉帕风格的宾迪是一种特殊或神圣的装饰品，只能由国王或其他精英人士佩戴，而不能由普通人或女性（包括舞女）佩戴。相比之下，在印度教传统中，宾迪是一种主要由现代女性佩戴的额头装饰。

然而，正如其他地方所提到的，哈拉帕与印度和整个南亚后来的文化之间确实存在某种关系。事实上，无论上述认为红色宾迪与所谓湿婆神的第三只眼或古代献血安抚众神的习俗有关的说法是否属实，它可以立即提醒我们为大约4500年前在莫亨乔·达罗举行的祭祀仪式上那个舞女的最终命运再设计一个喜剧性的版本。在这个版本中，女孩没有成为太阳神的新娘；相反，她，当然还有那些生活在最底层的哈拉帕民众，获得了新生：

- 仪式上的侍从们杀了国王，救了那个无辜的女孩，王国从此灭亡了；
- 那个国王是个色鬼，他被女孩的美貌所吸引，最终娶她为妻；为免受太阳神的惩罚，就给她戴上现在我们称为宾迪的法物；
- 国王厌倦了这种一年一度的用年轻女子祭太阳神的活动，决定改革传统的祭祀仪式，由年轻女孩穿着精致的衣服、佩戴镶嵌饰物（包括宾迪）的舞蹈表演。

传统意义上讲，宾迪是一个明亮的红点，并装饰在前额中心靠近眉毛的地方。关于它的原义还没有任何权威的解释。然而，当世界上其他地区的大多数古代文明都在向更先进、更人性化的水平迈进时，用动物祭祀或象征性形式来祭拜众神，取代原来可怕的人类祭祀已经成为一种常见的宗教习俗。在人生的不同场合和阶段，有不同颜色的宾迪。有时，宾迪也可以是一个标识或一块珠宝。如果一个女人佩戴红色的宾迪，那就表明她已经结婚了，象征着真爱和繁荣。印度的寡妇通常不佩戴宾迪，但在印度的一些地区，她们可以佩戴黑色的宾迪，以表示她们的失去。然而，现在很多女性不再遵守这些规则。

　　事实上，创造和抛弃已有的事物都是文明的重要机制。不幸的是，不可能知道谁是第一个佩戴宾迪的女孩——如果她不是前面那位"舞女"的话。然而，印度教的宾迪传统最早起源于哈拉帕文化。否则，如果是印度的雅利安人创造了如此独特的文化，为什么在南亚以外的其他雅利安人的家乡却找不到？

　　哈拉帕/印度河流域文明经常被描述为甚至被理想化为比其他古代文明更和平。这或许是部分正确的，或者至少在一段时间内是正确的。坦率地说，在哈拉帕/印度河流域文明中，还没有发现类似于苏美尔文明、古埃及文明和中华文明中用来表示武器的符号。此外，我们是否可以这样认为，如果没有其他更令人信服的原因来解释的话，构成产生于哈拉帕/印度河流域文明的万字符的奇怪折线形状，看起来像是一个"武器去功能化"符号。在词源学上，尽管在现有文献中有其他解释，我认为"万字符"的梵文"swastika"一词是一个复合词，由"swa"和"stika"两部分组成。在这里，"swa"是一个共祖词，而湿婆神的名字（Siwa或Shiva）可能是从中衍生出来的。

　　现代词"stick"通常被认为是源于古英语"sticca"（代表"杆、细枝"），古日耳曼语"*stikkô"，中古英语"stikke"（代表"棍子、细枝"），或者原始印欧语"*(s)teyg-"（代表"刺穿、锋利"）。[1] 如果这些说法是正确的，那么"stick"一词应该具有"锋利的棍子"的原意，而"锋利的棍

---

[1] 参见 https://en.wiktionary.org/wiki/stick。

子"最初在印欧语系文化中是被用作武器的（当然在其他文化中也是如此）。现在，根据它的象形符号，万字符只能由一对折断了的棍子组成。既然是折断了，这些棍子不再具有原始印欧语单词的原意（"刺穿、锋利"）了。尽管如此，这些折断的或"去功能化"的棍子立即让我想起了为中断的祭祀仪式想象出的一个额外的插曲（在这个过程中，哈拉帕国王创造了万字符）：

仪式推迟了一段时间后，国王命令他的两个刽子手折断并放下他们的长而锋利的凶器（棍棒或剑，如果当时有的话）。也就在那一刻，奇迹发生了：那一对被折断的凶器奇迹般地在地上排列成了卐。看到这一令人惊叹的场景后，国王兴奋地宣布，这就是太阳神的旨意，它就是湿婆的权杖（代表万字符的梵文为"swastika"，意思是"湿婆的棍子"）。他还告诉他的人民，湿婆的第三只眼（现在称为"宾迪"）和万字符，比任何其他锋利的武器都能更好地保护他们。

考古学家发现，印度河流域确实经历了一段没有暴力和征服的和平时期。上述故事是一部科幻小说，但相似的故事在古印度和其他地方应该曾经有过。阿育王"弃恶从善"的故事就是其中之一。在以教导对他人非暴力的佛教中，万字符被认为象征着佛陀的脚印。无论真实性如何，两者都包含和平或吉祥的含义，因此并不矛盾。在现代世界的许多地方，人们经常用"放下屠刀，立地成佛"来劝说坏人停止做坏事。对佛教徒来说，他们用这个警句来劝说人们不要诉诸邪恶的言行和思想。

然而，纳粹在第二次世界大战中的所作所为是另一个插曲。尽管在20世纪纳粹党盗用了万字符作党徽并屠杀了数以百万计的无辜百姓，但他们根本不知道那个符号的真实含义：5000年前哈拉帕人创造的万字符，以及后来的数门宗教弘扬的万字符的精髓不是杀戮而是和平、仁慈。

与其他早期代表打打杀杀的古象形符号相比，用折断的武器代表的万字符确实是个另类。先人用他们的聪明与智慧给后人留下来的宝贵文化遗产，我们不能忘记，更不能曲解。

哈拉帕及其他

公元前3000—前1700年经历兴衰轮回的哈拉帕文明是古代历史的开端，而南亚还有许多其他各式各样的文化，每个文化都有自己独特和独立的身份。这些文化大多集中在今天的印度拉贾斯坦邦、印度中部和德干高原地区，它们之间有着很强的贸易联系。一般来说，它们是：[①]

- 亚哈巴纳斯文化（约公元前3000—前1900年）：这是印度最早的文化之一，有100多处遗址，大部分位于流经拉贾斯坦邦的巴纳斯河谷沿岸，是尚巴尔河向东的一条支流。亚哈巴纳斯的物质文化以大量生产陶瓷、金属制品和发展珠子工业为标志。这个地区可能为古代哈拉帕人提供了铜。

- 布尔扎霍姆文化（约公元前3000—前1000年）：在布尔扎霍姆遗址的一些发现表明这里的人们与其他文化（包括哈拉帕文化）有许多相似之处。

- 卡雅塔文化（约公元前2500—前2000年）：这里的古人住在小木屋里，木屋的地板用荆棘木制成，泥墙支撑着茅草屋顶。从自给农业、畜牧业和狩猎渔业的证据来看，这里实行的是混合经济。有趣的是，该遗址在公元前1800年被废弃，但后来又重新成为亚哈文化的中心，文化的突然终结被认为是地震造成的。

- 萨诺里文化（公元前2000年）：这个定居点与哈拉帕晚期相吻合。

- 马尔瓦文化（约公元前1900—前1400年）：（见下文所述）。

- 乔威文化（约公元前1500—前900年）：除孔坎海岸外，它在马哈拉施特拉邦有200多处遗址。塔皮河谷的高集中地点可归因于该

① 作者根据Shah（2020）整理。请注意，所有这些文化都是以最初的发现地名字命名的。

地区出现了大片高度肥沃的黑土壤。比玛河床的稀疏沉降模式可以解释为整个流域实际上是一个干旱地区。

在所有这些史前文化中，马尔瓦（Malwa）是值得注意的。该文化的主要遗址位于今天印度中西部的马尔瓦地区，主要可以追溯到大约公元前1600年到大约公元前1300年，经校准的放射性碳年代表明，这种文化的开始可能早在约公元前2000—前1750年（Singh，2008，227页）。马尔瓦地区，包括现代中央邦西部和中部的一大部分，以及拉贾斯坦邦东南部和马哈拉施特拉邦北部的一部分，曾经是史前文化的发祥地，在印度历史上建立了强大的国家级、地方和地区行政机构。传统上，这里河流纵横，是一片富饶的土地。该地区覆盖着高原上的稀树草原型植被和南部潮湿的落叶林。在过去的几千年里，"马尔瓦"这个名字可能一直保持不变。他们是古代雅利安部落，曾创立了一个历法，到公元前1世纪仍在印度广泛使用。从词源上看，"Malwa"源自梵语术语"Malawa"，根据"ma"和"wa"共祖词判断，其原义可以判定为"母亲的土地"。[①]

从历史上看，尽管印度支那半岛的民族语言在很大程度上属于南亚语系，但它受到了南亚佛教以及后来中国儒家思想的重大影响。佤族主要生活在缅甸北部，特别是掸邦北部和克钦邦东部，以及中缅边境附近和沿线的一个民族。在中国，佤族主要生活在云南省。佤族讲孟高棉语，属于南亚语系，佤族人使用至少三种不同的方言，在他们各自的词汇中通常包含音节 [wa] 或 [va]。佤邦以前是佤族土地的名称，佤族土地是佤族人民主要居住的自然和历史地区。实际上整个佤邦地区都是崎岖的山区，有陡峭的山丘和深谷（或洼地）。佤族的口传文献声称，他们的领土在遥远的过去比现在大得多，而且佤族的祖先领土为人类居住世界的中心（Chouvy，2010，44页）。如今，前佤邦的部分地区被纳入缅甸境内一

---

① 在现代文学中，它被定义为"拉克希米（印度财富女神）的居住地"。然而，这两个定义并不矛盾。

个未被承认的"国家"。

"Wat"的泰语发音为[wát]、老挝语为[vad]以及高棉语为[wōat]，这可能是源于梵语"vāṭa"（意思是"围场"），代表佛教寺庙或泰国、柬埔寨和老挝的任何一个神圣的地区，它肯定来源于"wa"和"wadi"的多语种术语。在泰国的日常语言中，"wat"是除清真寺或犹太教堂以外的任何礼拜场所。因此，"Wat Chin"是中国寺庙（佛教或道教），"Wat Khaek"是印度寺庙，"Wat Farang"是基督教教堂。在柬埔寨，"wat"被用来指代各种礼拜场所。吴哥窟（Angkor Wat，高棉语中的意思是"寺庙之城"或"首都寺庙"）是柬埔寨的一座寺庙建筑群，也是世界上最大的宗教纪念碑。它最初是为高棉帝国建造的一座印度教毗湿奴神殿，到12世纪末逐渐转变为一座佛教寺庙。瓦特位于高棉建筑高度古典风格的顶端，成为柬埔寨的象征，出现在柬埔寨国旗上，是该国吸引游客的主要景点。1992年，吴哥窟被联合国教科文组织列为世界遗产。

排灯节（Diwali或Deepavali）是印度教的灯节。它可以追溯到古代印度，作为夏收后的节日。节日的准备和仪式通常持续五天，但是排灯节的主要节日之夜正好是在公历10月中旬到11月中旬之间，是印度阴历月份最黑暗的新月之夜。这个节日在阿萨姆邦被称为"Dipawoli"，古吉拉特语、印地语与旁遮普语均称为"Divaḷi"，卡纳达语称为"Dipavaḷi"，信德语称"Divari"，泰米尔语称为"Tipavaḷi"，以及尼泊尔语称为"Swanti"，所有这些名词都包含共祖音节[wa]或[va]。排灯节是斐济、圭亚那、印度、马来西亚、毛里求斯、缅甸、尼泊尔、新加坡、斯里兰卡、苏里南、特立尼达和多巴哥以及巴基斯坦部分地区的法定假日。作为印度教最受欢迎的节日之一，它在精神上象征着光明战胜黑暗，善战胜恶，知识战胜无知，希望战胜绝望。

在汉文佛经中，最早的版本是东汉时期（公元25—220年）从梵文翻译而来的，帕塔利普特拉（Pataliputra，毗邻现代的帕特纳）是古代印度许多主要帝国的首都①，在中文中被称为"华氏城"或"华子城"。根据有关汉字的含义，这座古城应该是由一个姓氏为"华"的人命名的。正如第 5 章将要讨论的，汉字"华"（"hua"）在古代读作 [wa]，它被用来表示所有中国人的始祖。很明显，中国人在翻译佛经时想借用"华"这个名字来称呼一个印度的重要人物。那么，哪个印度人的名字（或者其简称）在古印度可以读作 [wa]？在孔雀王朝时期，帕塔利普特拉（位于摩羯陀）是世界上最大的城市之一，也是佛教的中心。阿育王派传教士把佛教从那里传播到世界各地。

很有可能梵文中的帕塔利普特拉（Pataliputra）这个词太难读懂，很难翻译成中文，因此被中国人翻译成"华氏城"这个中式术语。我甚至怀疑中国人称之为"华"的人是阿育王。从公元前 269 年到公元前 232 年，作为孔雀王朝创始人旃陀罗笈多·孔雀的孙子，阿育王几乎统治了整个印度次大陆。阿育王在征服邻国时虽然够残忍，但却促进了佛教的传播。他扩大了旃陀罗笈多的帝国统治范围，使之从今天西部的阿富汗延伸到东部的孟加拉国（Singh，2008，332 页）。因此很可能被中国人翻译为"华氏城"的"华"是对阿育王的简称。

如果我的判断是正确的，那么可以肯定的是，就像古代中国人一样（当他们将梵文文献首次翻译成汉语时候，汉字"华"的发音为 [wa]），古印度人也使用 [wa]（或其变体）作为"Ashoka"的第一个音节。也有另一种可能性：梵语音节 व（现在读 [va]）以及 अ（现在读 [a]）在 7 世纪被翻译成中文时，在发音上并没有太大的不同。尽管这方面的研究还缺乏证据，但已有的古汉语研究已经证明了这一点。② 这也揭示了古梵文的音译

---

① 它们包括南达帝国（约公元前 345—前 320 年）、孔雀帝国（公元前 322—185 年），笈多帝国（公元 320—550 年）和帕拉帝国（公元 750—1200 年）等。根据《印度教的简明百科全书》，即使到公元前 4 世纪，帕塔利普特拉还是东部最大的城市。古希腊历史学家和外交家梅加斯塔尼提到，这座城市延伸到恒河岸边，由 570 个木质栅栏的堡垒做保护，周围有一条深而宽的护城河，共有 64 个大门。参见 http://www.hindupedia.com/en/P%C4%81%E1%B9%ADaliputra。

② 例如，根据李方桂（2015，72 页），古音节 [ua]（或 [wa]）在某些汉语方言（例如闽南话方言——在宋代被广泛称为官方语言）的后期没有演变成 [a]。

अशोक（现在读"阿育王"）和汉字"华"（现在读 [hua]），随着时间的推移已经发生了变异。

后哈拉帕时期的文字是怎么说的？

梵语，源于梵语 "saṃskṛta"（意思是"装饰、培养、净化"），是一种古老的印度—雅利安语，其中最古老的梵文献是《吠陀经》。[①] 在梵语中，"Sanskrit-vak" 一词的意思是"梵的语言"，而"瓦克"（"vak"）一词的意思是"吠陀女神或一种拟人化的语言形式"。在这里，"瓦克"和"吠陀"一词是从共祖音节 [wa] 或 [va] 衍生而来的，"vak" 一词在古代非常流行，当梵文 "Sanskrit-vak" 第一次被翻译成中文时，只用一个汉字"梵"（古汉语发音可能是 [wan] 或 [wa]）表示 "Sanskrit" 或 "vak"，说明 "Sanskrit" 与 "vak" 在古印度可能是等价的或至少是可以交替使用的。事实上，南亚和世界其他地区的人们在古代使用音节 [wa] 的频率比现在更高。

在其他条件相同的情况下，书写体系越古老，就越有可能成为一个象形或会意文字系统——或者，考虑到一个拼音书写体系，字母就越有可能是从象形或会意符号中衍生的。我们在本章第一节中发现了一些影响梵文文字形成的现实因素。婆罗米文，创建于公元前 7 世纪，是世界上最重要的书写体系之一，由于它影响了后来在古印度和其他地方的书写体系，[②] 因此，它的符号可能源于现实世界。例如，婆罗米文字（"va" 或 "wa"），人们可能会发现它看起来像一个印度古代的兵器，称为"伽达"（"gada"，如本段开头所示）。伽达由木头或金属制成，基本上由一个安装在轴上的球形头部组成。伽达是主权、统治权威和统治权力的象征，是印度神话中猴子军队的猴子指挥官哈努曼神的主要武器。哈努曼以力量著称，在南亚和东南亚传统上受到摔跤手的崇拜。

---

① 请注意，"veda"（吠陀）不应与 "Vedda" 混淆，后者是斯里兰卡的一个土著居民，在种族上与印度南部的丛林土著民族和东南亚的早期人口在族性上应属同一民族。

② 请注意，婆罗米文和腓尼基语文的一些字母在图形上有相似之处。参见表 4–2 和书后阅读材料表 A–1。

此外，印度教的毗湿奴神四只手中的一只手上还拿着一个名叫卡莫达基的伽达。

在漫长的历史中，梵文书写体系在印度有不同的地区版本，如北部的萨拉达（克什米尔）、东部的孟加拉国、西部的古吉拉特以及各种南部文字，包括专门为梵文设计的格拉塔字母表。到公元1世纪，梵文形体在北方逐渐变成方形，而在南方逐渐变成圆形。到了公元4世纪，这两种书写体系之间的差异变得越来越明显。与此同时，从公元4世纪到8世纪，方形字体开始演变成笈多文字。笈多文字由当时的统治政权笈多国的国名命名，是由婆罗米文发展而来，并在整个笈多帝国及其征服的领土上传播。结果，笈多字母是天城文书和大多数后来的印度文字的祖先。婆罗米文和笈多文最明显的区别是后者使用更复杂的符号，这些符号可能来自更先进的武器来表示元音（表4-2）。

如果我对梵文婆罗米字母"va"和梵文天城体字母"va"的解释是正确的，那么这两种文字的象形意义（一个代表武器，另一个代表乐器）确实表明和平与战争在古代通常是轮回出现的。当然，上述解释并非是绝对或唯一的。在梵文书写体系中，更多的古代实物被单独或联合用作抽象符号（字母）。在这里，有一个事实值得注意：在总共49个天城文字母中，至少有33个包含T形符号（见表4-2）。如果一个真实世界的物体被古印度人用来表示这些天成文书中的"T"形符号，那么它应该是在古代人类自身的生存论中发挥了最关键作用的物体。为此，为什么不考虑它与印度战斧（如本段开头所示）的关系？这种战斧在梵语中被称为"parashu"或"parasu"，被认为是古印度最致命的近战武器。它也是湿婆神和战争女神杜尔加的武器之一，也是湿婆之妻帕瓦蒂的战士形态。

在许多古老的书写体系（如楔形文字、象形文字和汉字）中，与武器有关的符号被用作关键符号或部首。在婆罗米和笈多文——它们对天城文书体系产生了影响——中，表示"va"（或其变体）的文字看起来很像古代印度使用的各种武器。目前，还不可能准确地确定所有古代梵文符号具体都是从哪些象形或表意符号中衍生出来。

梵语起源于吠陀时期（约公元前1500—约前500年）的末期，也是《奥义书》（《吠陀经》的最后部分）即将撰写的时期，之后印度语法学家帕尼尼在公元前4世纪左右介绍了《奥义书》的精练版本。他的著作《八章》被认为是当今梵语语法和词汇的唯一来源。这门语言浩如烟海，有250多个词来形容"降雨"，67个词来形容"水"，65个词来形容"大地"。[1] 这证明了梵语与现代语言相比更难掌握。唉！即使是其中的一半都会导致梵语使用者放弃这种古老的语言。目前，梵语虽然仍是印度22种官方语言之一，但并不是日常交流的语言。

文化或文明并不一定意味着任何形式的个人自由。相比之下，文化要求其人民行为保持一致。这在中国或其他地方的建国史上都可以看到。

"瓦迪亚尔万岁！"

在过去的历史进程中，瓦迪从未在南亚消失过；他们的瓦迪文化也同样如此。提婆（又称德瓦，Deva 或 Diwa，Wadi 的反向变体）来自梵语，意译为天（乃天人之天，非天空之天），又称圣天。印度佛教中观派的创始人龙树的弟子，禅宗西天第十五代祖师，狮子国（今斯里兰卡）人，婆罗门种姓，约生活于公元3世纪。此外，德瓦是斯里兰卡的一个传奇民族，他们生活在纳迦、雅卡和拉斯卡（三个斯里兰卡的古老部落）中。在神话中的若沙恶魔王拉瓦纳的升天过程中，一些德瓦人迁移到其他地方，比如今天喀拉拉邦的北马拉巴，在婆罗门教到来之前，他们在那里信奉了佛教。

瓦迪亚尔（Wadiyar，也拼写为Wodeyer 或 Odeyer）是一个印度王朝，曾统治迈索尔王国（即印度南部的现代城市迈索尔）。在主要在印度卡纳塔克邦使用的德拉威语中，"瓦迪亚尔"一词的意思是"土地的领主"。瓦迪亚尔王朝从1399年持续到1761年，从1799年持续到1947年。总体来

---

① 参见 http://www.arianuova.org/en/sanskrit。

说，瓦迪亚尔家族统治了这个地区600多年：

- 瓦迪亚尔王朝是由亚杜拉亚·瓦迪亚尔于1399年建立的。他在维贾亚纳加拉帝国统治下统治迈索尔直到1423年……

- 王国在早期仍然相当小，是维贾亚纳加拉帝国的一部分。1565年维贾亚纳加拉帝国垮台后，迈索尔王国宣布独立，一直保持到1799年。克里希纳拉贾·瓦迪亚尔三世（1799—1868）统治期间，该地区被大英帝国控制。他的继任者把他们王室名字的英文拼法改成了瓦迪亚尔，取名为巴哈杜尔……

- 1947年，印度获得独立后，（瓦迪亚尔）将他的王国割让给印度，但一直是王公，直到1950年印度成为共和国。他成为"拉贾普拉穆赫"（Raja Pramukh）——1950年至1956年印度共和国迈索尔州元首的宪法职位——并担任统一的迈索尔州（现卡纳塔克邦）州长一职，直到1964年。当时他担任马德拉斯州（现在的泰米尔纳德邦）州长两年。直到1971年，印度宪法仍然承认他为迈索尔的王公。

- 王公于1974年去世。他的独子斯里坎塔·达塔·纳拉西姆哈·拉贾·瓦迪亚尔（Srikanta Datta Narasimha Raja Wadiyar，1953—2013年）一直是印度议会的议员。[1]

目前，亚杜维尔·克里希纳·达塔·查马·拉贾·瓦迪亚尔（Yaduveer Krishna Datta Chama Raja Wadiyar，1992年出生），又名查马·拉贾·瓦迪亚尔十二世，是迈索尔第27位、现在的有名无实的王公，也是统治瓦迪亚尔王朝的前首领。他的叔公斯里坎塔·达塔·纳拉西姆哈·拉贾·瓦迪亚尔在2013年去世时没有指定继承人，导致王位和家族首领空缺。2015年，在经过一年多的间隔期后，亚杜维尔·克里

---

[1] 作者根据http://www.mysorepalace.gov.in/Wodeyar_Dynasty.htm编辑整理。

希纳·达塔·查马·拉贾·瓦迪亚尔被斯里坎塔·达塔·纳拉西姆哈·拉贾·瓦迪亚尔的遗孀收养为她的儿子。由于收养关系，他正式成为瓦迪亚尔王朝的新首领。

参考文献

李方桂.上古音研究[M].北京：商务印书馆，2015.

[宋]赞宁.宋高僧传[M].北京：中华书局，1987.

徐晓旭.波斯人的希腊祖先：跨越族群边界的名祖神话[J].历史研究，2019（2）：111—133.

ACHITE M, OUILLON S, 2007. Suspended sediment transport in a semiarid watershed, Wadi Abd, Algeria (1973–1995) [J]. Journal of Hydrology, 343, Issues 3-4 (September): 187-202.

ALI M M, 2002. The Holy Qur'an, with English Translation and Commentary [M]. Dublin, OH: Ahamiyya Anjuman Isha'at Islam.

ALLCHIN B, ALLCHIN R, 1982. The Rise of Civilization in India and Pakistan [M]. Cambridge: Cambridge University Press.

AUSTIN P K, 2008. One Thousand Languages: Living, Endangered, and Lost [M]. Los Angeles, CA: University of California Press.

BAILEY H W, 1975. Indian Sindhu-, Iranian Hindu- (Notes and communications) [J]. Bulletin of the School of Oriental and African Studies, 38(3): 610–611.

BISHT R S, 1989. A new model of the Harappan town planning as revealed at Dholavira in Kutch: A surface study of its plan and architecture [M]// Chatterjee, Bhaskar (ed.). History and Archaeology. New Delhi: Ramanand Vidya Bhawan, pp. 379-408.

BOYCE M, 1989. A History of Zoroastrianism [M]. The Early Period. Leiden:

Brill.

BRYANT E, 2001. The Quest for the Origins of Vedic Culture [M]. Oxford: Oxford University Press.

CHADWICK J, 1968. The group sw in Mycenaean [R]. Minos, No. 9, pp. 62-65.

CHADWICK J, 1973. Documents in Mycenaean Greek [M]. Cambridge: Cambridge University Press.

CHOUVY P-A, 2010. Opium: Uncovering the Politics of the Poppy [M]. Cambridge, MA: Harvard University Press.

CLIFT P D, CARTER A, GIOSAN L, DURCAN J, DULLER G A T, MACKLIN M G, ALIZAI A, TABREZ A R, DANISH M, VANLANINGHAM S, FULLER D Q, 2011. U-Pb zircon dating evidence for a Pleistocene Sarasvati river and capture of the Yamuna river [J]. Geology, 40: 211-214.

COEDÈS G, 1968. The Indianized States of Southeast Asia [M]. Honolulu: University of Hawaii Press.

CORT J E, 2001. Jains in the World: Religious Values and Ideology in India [M]. Oxford: Oxford University Press.

DANINO M, 2010. The Lost River—On the Trail of the Sarasvati [M]. New York: Penguin Books.

DAVREAU R, 1978. Indus valley [M]// Reader's Digest (ed.). World's Last Mysteries [M]. Pleasantville, NY: Reader's Digest Association, pp. 22-34.

DONIGER W, 2010. The Hindus: An Alternative History [M]. Oxford: Oxford University Press.

DUNCAN J, 2019-1-20. 10 Civilizations That Sacrificed Human Children [R/OL], [2021-7-3]. https://listverse.com/2019/01/20/10-civilizations-that-sacrificed-human-children/.

FLOOD G, 1996. An Introduction to Hinduism [M]. Cambridge: Cambridge University Press.

GIOSAN L, CLIFT P D, MACKLIN M G, FULLER D Q, CONSTANTINESCU S, DURCAN J A, STEVENS T, DULLER G A T, TABREZ A R, GANGAL K, ADHIKARI R, ALIZAI A, FILIP F, VANLANINGHAM S, SYVITSKI J P M, 2012. Fluvial landscapes of the Harappan civilization [J]. PNAS, 109(26): 1688-1694.

GROSS R M, 1978. Hindu female deities as a resource for the contemporary rediscovery of the goddess [J]. Journal of the American Academy of Religion, 46(3): 269-291.

GUO R, 2017. An Economic Inquiry into the Nonlinear Behaviors of Nations: Dynamic Developments and the Origins of Civilizations [M]. New York: Palgrave Macmillan.

GUO R, YANG K, LIU Y, 2020. Explaining the human and cultural puzzles: A new development theory [J]. Technological Forecasting & Social Change, 155:119971.

GUPTA S P, 1995 (ed.). The Lost Sarasvati and the Indus Civilization [M]. Jodhpur: Kusumanjali Prakashan.

HASTINGS J, SELBIE J A, 2003. Encyclopedia of Religion and Ethics, Part 18 [M]. Whitefish, Montana: Kessinger Publishing.

IFRAH G, 2000 (trans. by David Bello). The Universal History of Numbers: From Prehistory to the Invention of the Computer [M]. New York: John Wiely and Sons.

KAUR R, 2014. Who were Dravidians in India? [R/OL], [2021-4-6]. https://www.mapsofindia.com/my-india/history/who-were-dravidians-in-india.

KEAY J, 2001. India Discovered: The Recovery of a Lost Civilization. Second Edition [M]. London: HarperCollins Publishers.

KEAY J, 2011. India: A History. Revised and Updated Edition [M]. New York: Grove Press.

KENOYER J M, 1991. The Indus Valley tradition of Pakistan and western India [J]. Journal of World Prehistory, 5 (4): 331-385.

KINSLEY D, 1988. Hindu Goddesses: Vision of the Divine Feminine in the

Hindu Religious Traditions [M]. Los Angeles, CA: University of California Press.

KOCHHAR R, 1999. On the identity and chronology of the Ṛgvedic river Sarasvatī [M]// Roger Blench and Matthew Spriggs (eds.). Archaeology and Language III; Artefacts, Languages and Texts. London: Routledge, pp. 257-267.

LA BLANC P, 2013. Indus epigraphic perspectives: Exploring past decipherment attempts and possible new approaches [R/OL]. University of Ottawa Research. University of Ottawa, [2015-12-18]. http://www.ruor.uottawa.ca/bitstream/10393/26166/1/Leblanc_Paul_2013_thesis.pdf.

LAWLER A, 2008. Indus collapse: The end or the beginning of an Asian culture? [J]. Science, 320: 1282-1283.

LIEBERMAN V B, 2003. Strange Parallels: Southeast Asia in Global Context, c. 800-1830 (Volume 1: Integration on the Mainland) [M]. Cambridge: Cambridge University Press.

LUDVIK C, 2001. From Sarasvati to Benzaiten, Ph.D. Thesis [D/OL]. University of Toronto, [2016-11-16]. https://tspace.library.utoronto.ca/bitstream/1807/15465/1/NQ58539.pdf.

MAISELS C K, 2003. Early Civilizations of the Old World: The Formative Histories of Egypt, the Levant, Mesopotamia, India and China [M]. London: Routledge.

MASSON C, 1842. Narrative of Various Journeys in Balochistan, Afghanistan and the Panjab [M/OL], [2015-12-16]. London: Richard Bentley. Available at http://www.harappa.com/har/masson310.html.

MCINTOSH J R, 2001. A Peaceful Realm: The Rise and Fall of the Indus Civilization [M]. Boulder, CO: Westview Press.

MCINTOSH J R, 2007. The Ancient Indus Valley: New Perspectives (Understanding Ancient Civilizations) [M]. New York: ABC-CLIO.

MOUNTJOY S, 2004. The Indus River [M]. New York: Infobase Publishing.

MUGHAL M R, 1997. Ancient Cholistan: Archaeology and Architecture [M].

Islamabad: Ferozsons.

MUIR J, 2009. Original Sanskrit Texts on the Origin and History of the People of India-Their Religions and Institutions, Volume 5 (1868-1890) [M]. Ithaca, NY: Cornell University Library.

PARPOLA A, 1994. Deciphering the Indus Script [M]. Cambridge: Cambridge University Press.

PENN J R, 2001. Rivers of the World [M]. Santa Barbara, CA: ABC-Clio.

POLLOCK G, TURVEY-SAURON V, 2008. The Sacred and the Feminine: Imagination and Sexual Difference [M]. New York: I.B. Tauris.

POSSEHL G L, 1990. Revolution in the urban revolution: The emergence of Indus urbanization [J]. Annual Reviews of Anthropology, 19(19): 261-282.

POSSEHL G L, 2002. The Indus Civilization: A Contemporary Perspective [M]. Lanham, MD: Alta Mira Press.

PRENTISS K P, 2000. The Embodiment of Bhakti [M]. Oxford: Oxford University Press.

RAO R P N, 2017. The Indus script and economics. A role for Indus seals and tablets in rationing and administration of labor [M]// Dennys Frenez, Gregg M. Jamison, Randall W. Law, Massimo Vidale and Richard H. Meadow (Eds). Walking with the Unicorn Social Organization and Material Culture in Ancient South Asia. Oxford: ArchaeopressArchaeology, pp. 518-525.

RAY H P, 2003. The Archaeology of Seafaring in Ancient South Asia [M]. Cambridge: Cambridge University Press.

ROBINSON A, 2015. Ancient civilization: Cracking the Indus script [J]. Nature, 526: 499-501.

ROSEN S, SCHWEIG G M, 2006. Essential Hinduism [M]. Broomfield, CO: Greenwood.

SCARRE C, FAGAN B M, 2003. Ancient Civilizations (2nd Edition) [M]. Upper

Saddle River, NJ: Prentice Hill.

SCHUG G R, ELAINE BLEVINS K, COX B, GRAY K, MUSHRIF-TRIPATHY V, 2013. Infection, disease, and biosocial processes at the end of the Indus civilization [J/OL]. PLoS ONE, 8 (12): e84814 DOI: 10.1371/journal.pone.0084814.

SERGENT B, 1992. Genese de l'Ihde. Paris: Payot [A]. Cited from White (2006, p. 28).

SHAH A, 2020. Beyond Harappa: The "Other" cultures (3000 BC-900 BC) [R/OL], [2020-4-7]. https://www.livehistoryindia.com/history-of-india-2000-years/2020/04/05/kalingas-king-kharavela-2nd-bce-1st-bce.

SINGH U, 2008. A History of Ancient and Early Medieval India: From the Stone Age to the 12th Century [M]. New Delhi: Pearson Education.

THAN T, 1976. Saraswati of Burma [J]. South East Asian Studies, 14, No.3: 433-441.

THAPAR R, 2004. Early India: From the Origins to AD 1300 [M]. Los Angeles, CA: University of California Press.

TRIPATHI J K, TRIPATHI, K, BOCK B, RAJAMANI V, EISENHAUER A, 2004. Is river Ghaggar, Saraswati? Geochemical constraints [J]. Current Science, 87(8): 1141-1145.

VIDALE M, 2018. A "Priest King" at Shahr-i Sokhta? [J] Archaeological Research in Asia, 15:110-115.

VISHNOI A, Jun 13, 2018. Harappan site of Rakhigarhi: DNA study finds no Central Asian trace, junks Aryan invasion theory [N]. The Economic Times, New Delhi, India.

VOHRA R, 2000. The Making of India: A Historical Survey [M]. New York: M.E. Sharpe.

WELLS B K, 2015. The Archaeology and Epigraphy of Indus Writing [M]. Oxford: Archaeopress Archaeology.

世界文明新史

郭荣星 著

下

A NEW HISTORY OF CIVILIZATIONS

国家行政管理出版社
NATIONAL ADMINISTRATION PRESS

5 中华文明

中华文明是东亚最早的文明，是世界上最早的文明之一，当然也是世界上唯一延续至今的古文明。中国最早的农业社会和王朝主要出现在黄河两岸的冲积平原。

中国的文字体系至少有3000年的历史，尽管经历了变迁和改革，但字体结构几乎没有实质性的改变。"华"来源于共祖词/音，在普通话中读作[hua]，在粤语中读作[wa]，在吴语中读作[wo]，原始汉语的发音很可能是[wa]（或其他变体）。有趣的是，"女娲"（中国神话中的母亲神）与《圣经》人物"诺亚"（Noah，其准确发音应是"诺瓦"，史前时期起源于西亚的神话名字）的发音非常相似，它们在各自的古语中的发音可能更相似（甚至相同）。

几乎可以肯定的是，对于中华文明早期发展至关重要的许多汉字发音都源于共祖音。在古汉语和世界各地的许多其他土著语言中，"wa"一词除了具有"房屋、家园、家乡和祖国"的含义外，还引申为具有神奇的或超自然力量等含义。尽管在全国其他区域也发现了早期文化，但中华文明在很大程度上是基于黄河的冲积平原。黄河是中华文明的摇篮，黄河的自然和环境特征对中华文明起源及演化的影响，在包括甲骨文在内的许多汉字中都有反映，但在现有的教科书中还没有详细解读。

中国的自然、地理和人文特征是解释中华文明在其漫长的动态发展历史中为什么具有一定的周期性、但从未间断的关键工具。然而，一些史学家对文明的摇篮的描述是不正确的，至少是不完整的。事实上，中华文明的产生，和世界各地其他土著文明的产生一样，都是对所处恶劣自然环境和周期性自然灾害挑战的回应。

华：一片神秘的土地

古代传说可信吗？

中华民族与其创造文明的历史，同许多其他古老民族和文明的历史一样，始于各种各样的传说和神话故事。世界上许多古代传说和神话故事本身，无论其是否真的在历史上发生过，现在都已是世界古典文学甚至整个人类文明的重要组成部分。中国也不例外。因此，读一读中国的古典文献是很有用的。

中国神话对史前的"三皇五帝"的描述有很多版本，其中一个版本是这样说的：三皇包括伏羲、女娲和神农，五帝是黄帝、颛顼、帝喾、尧和舜。在尧帝统治时期，中国的大片土地经常受到洪水的袭扰，阻碍了经济和社会的进一步发展。洪水对古人的生存危害非常大，以至于尧帝所统治的领地上没有谁能够独善其身，黄河和长江流域的大部分田地时常被滔滔洪水淹没（Lu，1998，46—47页）。中国古代文学经典之一的《书经》（也称《尚书》）引用尧帝的话来描述那场大洪水的恐怖：

尧帝说："哼！你们四位地方官听好了，滔滔的洪水正残害着生灵，水势包围了山岭，淹没了丘陵，浩浩荡荡，无边无际，势不可当。我们的人民正在呻吟、受难，你们能找到把洪水治理好的人吗？"【帝曰："咨！四岳，汤汤洪水方割，荡荡怀山襄陵，浩浩滔

天。下民其咨，有能俾乂？"】①

据中国古代文献记载，史前的大洪水持续了许多年。尧帝想找到一个能控制洪水的人。最后，他任命的负责控制洪水的人是大禹的父亲鲧。鲧花了九年多时间在河岸上修建了一系列堤坝，但都没有什么效果。由于没能控制洪水的肆虐，尧帝的继任者舜帝便将鲧放逐外地。作为鲧已成年的儿子，大禹继承了他父亲的治水事业。他仔细研究了河流的走向，发现了他父亲治水失败的原因。许多神话都表明，大禹对治理洪水付出了巨大的心血。后来，大禹与另一位传奇英雄后稷（又称稷王，被尊为"五谷之神"）一起，成功地设计了一套防洪体系，这对中华大地的经济繁荣和文明创建至关重要。大禹没有直接筑坝，而是因势利导修建了一套排涝或灌溉系统：在雨季将洪水排入大海，在旱季用水灌溉农田。他花费大量精力疏浚河道，这项传说中的工程在中国历史上享有盛誉，在中国许多古代典籍中被称为"大禹治水"。《书经》描述了大禹治水的巨大成就：

禹说："大水与天相接，浩浩荡荡包围了大山，淹没了山丘，民众被大水吞没。我乘坐着四种交通工具，顺着山路砍削树木作路标，和伯益一起把刚猎获的鸟兽送给民众。我疏通了九州的河流，使大水流进四海，还疏通了田间小沟，使田里的水都流进大河。我和后稷一起播种粮食，为民众提供谷物和肉食。还发展贸易、互通有无，使民众安定下来，各个诸侯国开始得到治理。"【禹曰："洪水滔天，浩浩怀山襄陵，下民昏垫。予乘四载，随山刊木，暨益奏庶鲜食。予决九川，距四海，浚畎浍距川；暨稷播，奏庶艰食鲜食。懋迁有无，化居。烝民乃粒，万邦作乂。"】②

① 引自 Wu（1982，69页）。最初见于英文文献，后由作者根据原中文文献翻译。以下所有类似引用均如此，不再具体说明。
② 引自 Yap 和 Cotterell（1975，24页）。

关于大禹传说的另一个关键主题是，他面对洪水灾害，发展文明和改善人们的生活状况。在恶劣的环境下最终控制洪水的过程中，土地管理、牲畜控制和农业技术等方面也取得了很大进展，这些发展是传说的组成部分，是人类为追求健康和社会福祉更广泛的例证。经济、社会的全面发展不仅促进了广泛的合作和大规模的空间一体化，而且促成了中华先人在黄河沿岸建立了最早的国家形态（尽管一些早期的叙事仍然缺乏考古证据）。[①] 根据传说，由于他采取了科学合理的防洪措施，大禹成功地阻止了洪水，提高了农业产量（因为洪水对农业具有破坏性）；后来，大禹的儿子建立了夏朝，开创了中国的王朝统治。

尽管孔子和其他古代大师们都称赞大禹和其他"圣人"的美德，并且禹是为数不多的被后人用"大"作称号的中国早期传奇人物，但关于他的故事仍然需要考古证据来证实，否则只能看作传说或史前故事。

寻找古人的足迹

中国早期的大部分历史，和世界其他文明的历史一样，都是由神话故事组成的。但一些神话故事可能并非无中生有，而是古人口头上代代相传的故事（尽管有夸张或虚构的成分），这本身就是古文明的一部分。女娲，被尊为娲皇，是一位不仅创造了人类，而且还抗击了自然灾害的女神。在中国神话中，她提炼出五颜六色的石头，并用它们来补充破裂的天空。她的名字最古老的形式是源于表示女性的象形符号（ ，在现代汉语中写为"女"）和一个用于烹饪的锅（最初写为本段开头所示的象形符号，现在写为"吕"或"鬲"）。[②] 因为"娲"这个字包含了广泛使用的炊具的象形符号，人们普遍认为她是中国古代最早使用炊具做

[①] 参见 Xu（2013，317页）。

[②] "鬲"在现代汉语中读作 [li]。但是，根据汉字发音基本规律，汉字"娲"的原始发音应该与"鬲"相同。因此，如果"娲"被解读为 [wa]，"鬲"也应该是这样，至少不是现代汉语中的 [li]。似乎现有的证据支持了这一判断："锅"（在普通话中读作 [guo]，在词源来源于"鬲"）在粤语和客家语中读为 [wo]（很可能来自 [wa]）。

饭的人。

"女娲"和"诺亚"（后者的准确发音应是"诺瓦"或"诺娃"）这两个听起来十分相像的名字揭示了史前中国和西亚文化交流的线索吗？这种可能性微乎其微。事实上，音节 [wa] 是人类最早使用的共祖音，不需要学习、借鉴，地球上的智人和一些灵长类动物都会。另外，几乎可以肯定的是，汉字"女"的发音 [nü] 是现代音，而不是古汉语中的发音。尽管还需要更严谨的证据，但了解粤语、吴语和许多其他被认为与古汉语相似甚至起源于古汉语的方言的朋友可能会知道，他们对"女"的发音不同于普通话。在古代，"女"与"诺"（现读为 [nuo]）有可能是同音字，尽管二者的古汉语发音还不清楚。在秦汉和之后的魏、晋、南北朝时期，"诺"一般代表"是""领命""受命"等常用语，而"女"与"诺"在发音和字义上相似可能反映了妇女在古代社会地位不高的现象吧。与其他共祖或较容易发出的音节（包括基于 w、m、b 或 p 等辅音的音节）相比，基于 n 打头的音节，如 [na]、[ne]、[ni]、[no]、[nu] 和 [nü] 等音节不容易发音，因此常常不被一些土著语言采用。例如，在中国南部的湖南省和其他讲"客家话"（客家人的祖先来自黄河流域，他们的语言基本保持原样）的偏僻或孤立区域，人们很少使用以 n 开头的音节。①

几千年来，无论是在古代还是在现代，中国人都尊称女娲为娲皇。"娲"在汉语中源于人类的共祖音，因此在几乎所有汉语方言中都被读作 [wa]，这和许多其他汉字不同。在传说中，女娲的母亲——华胥，是所有中国人的始祖，也是一位用她的名字命名的传奇国家（或部落）的首领。关于中国和古埃及文化的起源，有类似的神话：（1）埃及太阳神赖（Ra，源自共祖词"wa"，古埃及的主神）有一个儿子普塔（Ptah，源自共祖词"pa"，熟练工匠和建筑师的保护神）和一个女儿塞赫美特（Sekhmet，也被称为 Mut，源于共祖词"ma"，战争女神），后两者既是兄妹也是夫

---

① 注意，这里的分析仍然是初步的，未来可以对地理和气候对人类语言进化功能的影响进行更深入的生物测试，从而对其不同的口语进行测试。

妻；（2）中国的华胥也有一个儿子（伏羲）和一个女儿（女娲），后两者既是兄妹也是夫妻。有趣的是，这三个史前中国神话人物名字的古汉语发音都来源于 [wa] 或 [ba]（或类似变异音）。

汉字"华"的通常含义是"辉煌和壮丽"。在古代，它与另外一个汉字"花"的发音和字意都是一样的，可能都是源于商代甲骨文✹（代表"花朵"）。其实，[hua] 作为"华"的标准普通话发音在中国可能只有很短的历史，因为一般认为古汉语更接近粤语（"华"读为"瓦 [wa]"）或吴语（"华"读为"沃 [wo]"）。粤语和吴语是两种主要的汉族方言，分别在广东和上海及附近地区广泛使用。此外，"华"字在其他汉语方言中，也有类似于"瓦"或"沃"的发音。吴语可以追溯到吴国和越国——这两个古国出现在商代（约公元前 1600—前 1046 年）晚期到周朝（公元前 1046—前 256 年）早期，位于现在的江苏南部和浙江北部。不过，今天吴语完全是 6—8 世纪的隋唐时代的汉人后裔的语言（Starostin，2010，3 页）。"越"是"百越"的缩写（字面意思是"百个越部落"）。越国是由一个越族（其特征不同于粤人）部落在吞并吴国后建立的，于公元前 334 年被楚国打败。这是历史记载的中国北方与南方百越地区接触的开端。然而，直到秦朝时期，由于公元前 3 世纪中叶左右的军事征服，这个地区才开始大规模移民。①

粤语和吴语的历史比普通话要长得多，因此被认为与最早的（原始）汉语有着更密切的关系。因此，很可能"华"在古代被称为 [wa]。"wa"是一个共祖词，古代中国人广泛使用它来表示房屋、家园、祖国以及其他物质和精神上的超自然力量等。

单音节文字是怎样炼成的

事实上，大多数早期的汉字都是用非常简单的图画代表的，这一点与古埃及的许多象形文字基本就是完整的图画有所不同。

---

① 参见 Yue-Hashimoto（1972，1 页）。

汉字"华"的繁体形式是"華"（更早的形态如本段开头所示），这个字可能是古代中国人为传说中的始祖（华胥）所设计的起源地或生活过的理想国场景图：那个地方一定非常繁荣（用这个字顶部的两片花瓣表示）；那是个神秘的地方，包括山（每座山用《《表示），山与山之间还有一条河或山谷（所有这些都显示在这个字符的中间）；那个地方远离古代中国人（或该文字的设计者）居住的地方（因为在这个字的底部有一条蜿蜒的小径连接着地平线）。这个字很可能反映了身处险境的古代中国人对家园或"祖国"的美好遐想。在古代中国的经典文学中，陡峭、高而险峻的山峰常常被描述为具有神秘的魔力或神灵的地方；至少，居高临下的定居可以防止受到古代经常发生的洪水的袭击。

大多数关于华胥的故事在传统中国文学作品中只有模糊的描述，但是关于她的儿子伏羲的故事却不一样。伏羲被称为中国神话中最重要的文化圣人或神，他的主要贡献有：（1）建立八卦，开启了中国文化的源头；（2）发明渔猎工具、教人驯养野生动物，提高了人类的生产力；（3）改变婚姻习俗，结束了长期的母系社会；（4）发明文字，代替以往用绳子记录事件的形式。至于"伏羲"这两个汉字或其他任何可以代表伏羲的象形符号，在商代的甲骨文中还没有找到。实际上，"羲"这个汉字是周代为伏羲专门创造的。这个汉字的原形是由四个在中国古代有吉祥意义、能显示武力以及有超自然力量象征的象形符号（"羊""禾""戈""丂"）[①]组成的，这些符号在其他地方完全可以构成多个常见汉字。很显然，为了表达伏羲的重要作用，中国的古代文人在为他设计象形文字时，还是蛮拼的。代表"伏羲"的另一个汉字"伏"（现在读[fu]）是一种形声复合字。在每一个形声复合字中，都有一个表示意思的符号（或字根），另一个则表示声音。"伏"是由亻（其原始形式表示一个男人）和犬（其原始形式表示狗吠声），它的古音应该与我们今天读到的[fu]有很大不同（Guo，2010，173页）。根据粤语和吴语的发音，这

---

① 其中，"戈"和"丂"分别表示武器和供神之架。

个字的发音可能来源于共祖音 [ba] 或 [wa]。[①] 有很多证据支持以下假说:大多数现代发音以 f 开头的汉字都来源于共祖词 "wa" 或 "ba"。此外,另一个发音类似汉字 "吠",其现代普通话发音为 [fei],但在古代、至少在隋唐时期的发音为 [wa]。

可以说,至少在书写方面,中国人在节约资源方面做到了极致,也值得书写楔形文字的苏美尔人或书写象形文字的古埃及人学习。在这里,中国古代书写材料的匮乏可能是促使中国人使用非常紧凑的方块字,而不是笔画烦琐、空间上分布松散的楔形文字或绘制完美、图画般的象形文字的原因之一。然而,空间优化的书写风格也可能是汉字书写系统没有逐渐演变成字母的原因。以 "国" 为例, "国" 的繁体字为 "國",如果它在早期被某个不爱学习的 "败家子" 错误地写成 "口戈口",那么表示 "國"(现读为 [guo])的这个单音节字或许有机会演变为一个多音节复合词[②]。纯粹的象形 / 会意书写体系的缺点是,代表一种语言的所有单词所需的符号数量将达到数百个。

学界目前已有一些对汉字古音的各种各样的探索[③]。然而,他们对许多汉字的古音解读是有争议的,因为有些解读不符合第 1 章所述的推论。例如,一些基于普通话中的共祖音节 [ba]、[pa]、[ma]、[wa]、[wan] 和 [wang] 的汉字被破译为来自一些更绕口的音节(郭锡良,2010,7—9、16—17、342—343、413—414 页)。虽然我同意他们把一些现代的绕口音的汉字解读为 "大致来自各自的原始、古老的简单发音或共祖音节" 的结论,但我不同意他们对其他方面的解读。一个典型的例子是,汉字 "吠"(现读作 [fei])的古音被解读为 [biwat] 或 [biwei](郭锡良,2010,217 页)。显然,这种解读明显带有古希腊或拉丁风格;然而,[ba]、[pa] 或 [wa](或任何类似变体)中的一个(而不是多个或多个的组合)才应该

[①] 在一些有关伏羲的古代文献(如《周易》)中, "伏羲" 写为 "包牺" "庖牺" 等,其中现在读 [fu] 的第一个字被其他发音为 [bao]、[pao] 等的汉字所取代。

[②] 关于单音节与多音节语言的比较,参见第 1 章。

[③] 例如,郭锡良(2010)和李方桂(2015)。

是它的古音。

至于汉语是不是一直是单音节语言，现在还不得而知。在文字形成的初期阶段，古人往往是画一个抽象符号来代表一个物体或事件，这样早期的许多字读起来应该是多音节的。后来，为了某种需要，它们慢慢地演变成了单音字。

只有想不到，没有做不到

在中国的许多方言中，有些被认为与古汉语有着密切渊源。汉字"房"以及"屋"（本段开头所示的原始形式，最早见于商朝的甲骨文）在现代普通话中分别读作[fang]和[wu]，而它们在许多汉语方言中的发音更接近[wa]。从语音和象形含义上看，汉字、埃及象形文字以及苏美尔楔形文字各自所代表房子的符号都有不同程度的相似性，所有这些都可能来自共祖词"wa"。①只有在他们的文化随着时间推移变得更复杂之后，来自中国不同地区的人，就像世界其他地方的人一样，开始对他们的共祖语言进行复杂化、多样化改造。当然，环境在整个文化进化和发展过程中的重要作用不可忽视，例如，与美索不达米亚南部建筑材料比较匮乏的情况一样，但与古埃及建筑材料比较丰富的情况不同，黄河流域最早的房屋和定居点都是方形（有时是圆形）地基。例如，在河南省的裴李岗文化（约公元前7000—前5000年）中，当古人建造房屋时，他们首先在地面上挖出一个圆形或方形的地基（杨瑞霞等，2012），这种情况在位于今天山东、安徽、河南和江苏省黄河下游附近地区的大汶口文化（公元前4100—前2600年）遗址中也存在（CEEC，2004，81—83页）。

事实上，古代中国人所要做的就是就地取材，并最大限度地节约建筑材料。由于作为主要建筑材料的木材通常是直的，而不是弯曲或圆形的，所以早期的圆形建筑（非常原始，基本不采用坚固、耐用的材料）风

---

① 例如，参见第2章和第3章。

格在后来就基本没有采用。从技术上讲，当建筑材料的数量固定时，除了圆形外，方形框架是建造房屋最经济（即节省材料）的方法。[1] 例如，在位于今天的河南省西部的二里头文化（约公元前1800—前1500年）遗址中，宫殿和许多其他外部房屋都被大致设计成正方形（见图5-1）。然而，在后期阶段，这种经济或节省材料的技术逐步被其他更美观的技术取代（个别情况除外）。例如，在今天的甘肃省大地湾文化（约公元7800—前4800年）的整个发展过程中，房屋的地基已经从最初的圆形结构发展到中期的方形或矩形结构，最后发展到更为复杂的结构。[2] 自20世纪以来，艺术家和建筑师已经证明按黄金比例设计出的作品，或以矩形比例的结构设计，在美学观念上更容易令人接受。[3]

图5-1　二里头文化（约公元前1800—前1500年）的宫殿及周围房屋

注：（1）图中所示场景为河南省博物馆重建。（2）右下角所示的青铜爵为1984年在河南省偃师县二里头村出土。

---

[1] 类似的空间优化数学分析案例见后文。

[2] 参见 http://www.gsww.gov.cn/Web_Detail.aspx?id=2649。

[3] 在这种情况下，长边与短边的比率约为1.618（Summerson，1998，37页）。

史前文化在中国有着广泛的分布。那么，为什么是中国北方首先在文明上取得重大突破呢？长期以来，这一话题受到了广泛的关注。中国古代文化变迁背后的一个关键驱动力是中国南方和北方的生态与环境差异（姚大力，2014，153—154页）。我国南方地区，无论是山地、森林、湿地还是河流冲积平原，都有着丰富的自然生态资源；然而，适合生活不一定适合干事业，在古代南方的许多地方就是如此。那里的宜居环境可能会使人们不思进取：既然已经够"好"的了，就没有必要再做得"更好"了。中国北方的情况则完全不同：华北平原西北部背靠黄沙，冬春两季都刮西北风，还有一条桀骜不驯的黄河。总之，生活在黄河中下游及其支流的冲积平原的中华先人，如果没有点拼劲，是很难在那里生存下去的。因此，生活在艰难甚至危险环境中的古人，从来没有"好"过，更不知道什么是"最好"，他们唯一的生存法则是要不断通过"文化"来弥补环境上的缺陷。

从这方面看，关于大禹以及"大禹治水"的许多故事也许在历史上确实发生过，只不过具体细节不同罢了。但是，"大禹治水"精神是华夏儿女战天斗地的浓缩版。环境上的劣势促使人们不断提升自己的生存技能，提高了不同群体之间的互动程度，并强化集体合作精神。上述所有地理和环境条件都有助于提高社会组织和动员能力，这在中华文明的早期如此，在当代也一样。

❋ 中国：从神话走向现实

黄河沿岸大部分地区属于干旱或半干旱气候。冬天寒冷干燥，而许多地方在夏天又热又湿。降雨往往集中在夏季。然而，说这个地区在古代是高度肥沃和易于耕种是不正确的。许多中国人和世界各地的人抱怨说，正是由于中国人口的增长而加剧的森林砍伐和过度放牧，导致了黄河流域生态系统的退化、荒漠化和当地福利的低下。然而，这背后的主要原因不是人为的，而是自然的。[1] 事实上，早期沙尘暴事件发生在商代或之前。纵观世界各文明源地的发展历史进程，不难发现：文明的产生与发展不仅是城市化的过程，也是人类不断改造（如果不是战胜）恶劣自然环境、建立美好或宜居家园的过程（Guo，2009）。基于黄河流域的中华文明的早期发展形态更是体现了这一点。

夏朝真的存在吗？

夏朝（约公元前2100—前1600年）在古代历史编年史上被描述为中国的第一个王朝。《史记》《书经》《竹书纪年》等古代典籍对夏朝的描述，没有一个是建立在原始调查的基础上，也没有可靠的参考依据。不过，根据放射性碳测年数据表明，的确有相关的文化遗址最早出现在公元前2100年左右，与中国历史著作中所描述的夏朝同处一个时代（Fairbank 和 Goldman，2006，35页）。自20世纪中叶以来，考古学家在中国发现了各种文化遗址，表明一个不同于商的王朝或国家形态——无论它被称为什么——确实早于商朝的存在或至少存在于商的早期（或更早）。

黄河中下游平原的大面积洪水对那里的社会和文化产生了重大影响。而这一事件及其后果很可能在这些社会的集体记忆中保存了几代人（甚至更长），最终在公元前3000年末或公元前2000年初的大洪水中被正式记录下来。事实上，许多早期的中国文献，如《书经》与《诗经》都记载了大禹开始疏浚黄河的地方。吴庆龙和他的同事于2016年在《科学》杂志上发表的一篇论文中指出，黄河上游河谷的积石峡是一些灾难性洪水的发源地（Wu 等，2016）。此外，他们还估计，夏朝，如

---

① 例如，根据世界银行的数据，中国黄土高原流域恢复项目是此类项目中一个非常成功的项目，每年减少了当地2000万—3000万吨的土壤侵蚀，然而，这只减少了黄河的大量泥沙负荷约1%（World Bank，2006，55页）。

果它确实存在，可能开始于公元前1900年，比传统上认为的要晚几个世纪。

现有的考古发现也部分支持了这样的观点：二里头文化遗址——一个存在于今天河南偃师的青铜时代早期的城市社会——是商代早期某部落的都城（邹衡，1978）。这些关于洪水的发现也与黄河流域从新石器时代到青铜时代的重大社会政治变迁相吻合。[①] 所有证据表明，这些重大自然和社会政治事件的同时发生具有可靠的地质、史学和考古记录等方面的印证。这也许不仅仅是一个巧合，而是对一场极端自然灾害的深刻而复杂的文化反应的一个例证，这场灾难将生活在黄河沿岸的许多群体更加紧密地联系在一起。

这些古字符是什么意思？

许多与中国早期朝代有关的汉字被发现含有暴力和军事含义。例如，如果"华"的繁体字"華"反映的是人们对自己祖国图画般的描述与美好向往，汉字"夏"的早期形式看起来像一个强壮的、武装化的人（如本段开头所示）。后者应该是权力或统治的象征。这一解读也许不能让一些学者和爱国者满意，因为根据包括孔子在内的中国文人都认为中国早期统治者（包括尧、舜、禹等）是勤勉、无私、仁慈的。例如，在《论语》中，孔子对尧有如下赞扬：

大哉！尧之为君也。巍巍乎！唯天为大，唯尧则之。荡荡乎！民无能名焉。巍巍乎！其有成功也，焕乎！其有文章。

孔子的赞美词翻译成白话文，意思是："真伟大啊！尧这样的君主。多么崇高啊！只有天最高大，只有尧才能效法天的高大。（他的恩德）多么广大啊，百姓们真不知道该用什么语言来表达对他的称赞。他的功绩

---

① 参见Chang（1986）、Liu和Chen（2012），韩建业（2008）。

世界文明新史

多么崇高，他制定的礼仪制度多么光辉啊！"不过，关于这些统治者的真实故事，如果存在的话，可能不会像主流经典文献中所描述的那样。此外，山西南部遗址的最新考古证据显示，黄河中游的前商社会既残酷又暴力。①

事实上，中国古代的统治者可能与世界其他地方的古代暴君没什么不同。这一点可以用汉字"王"来证明：甲骨文（人和天）与金文（王）是汉字"王"的最古老的形式，其普通话读音[wang]可能来自共祖词"wa"。"王"还是627个现代汉字的部首，足以说明它在中国文化中的重要作用。其实，"王"的象形含义是斧头——中国古代的一种武器。这说明，至少在国家形成的初期阶段，武力是普遍存在的。这还可以从以下事实中得到证明：汉字"国"的繁体字（即"國"）的最早的形式（甲骨文和金文）是按照军事化的场景来设计的（或），其中右边部分来源于汉字"戈"（弋，中国古代常见的武器）。另外，汉字"我"的最初形态（朕）也代表了古代的一种武器。这些象形和会意文字表明，中国古代王朝几乎都是建立在频繁使用武力的基础上的。周朝以后，代表"国"的字写为"國"，比原来多了一个大方框（囗 表示"有围墙的土地"）。

传说中夏朝的最后一位国王为桀，他腐败无能，被商朝第一位国王汤推翻。事实上，所有现有的关于夏朝的文献，包括"夏"字本身，最早出现在周朝。在商代的文字记载中，没有关于"夏"的记载。因此，关于夏朝的真实故事，如果真的存在的话，可能和我们今天所知道的不一样。那么，周人为什么要塑造"夏"并用它来表示商朝之前的一个朝代呢？首先，代表"夏"的古汉字与周代流行的篆文"夒"[nao]很相似，后者的书写形式从周朝开始几乎没有改变。在58块商代甲骨文中发现了代表"夒"的人类与动物的混合形态（本段开头显示

---

① 更多关于4000多年前陶寺遗址（在今天的山西省南部）发生的残酷屠杀场面的证据。参见http://www.wenhuaku.cn/jiemi/2016/0810/6187.html。

了其中一个）。翻阅甲骨文，我们可以判断"夒"字代表了商朝国王的远祖。因此，很有可能是周朝的史官使用了一个类似的汉字来代表一个商代前可能（也许肯定）存在的朝代，现在称为"夏"。其次，即使商代之前的文化或王朝确实存在，但有关夏的故事是由周朝后的后世历史学家根据一些口头传说编撰的。他们知道商朝由兴到衰的故事，因此简单地认为夏朝的演变也是那样，这就是我们现在在史书中了解的夏朝和商朝兴衰演变的故事有许多类似之处的原因吧。

关于商代的文字记载

中国历史上最早的文字记录可以追溯到公元前14世纪。根据可靠的文献记载，商代统治的区域位于黄河下游的冲积平原。关于商的经典记载来源于各种古代编年史。殷墟（位于现代的河南省安阳市）被确定为商朝的最后一个都城，在殷墟的考古工作中，发现了11座主要的王室陵墓以及宫殿和仪式场所的地基，其中包括武器以及用动物和人类祭祀的遗骸。从已出土的数以万计的青铜、玉、石、骨和陶瓷制品来看，商代技术工艺和整个文明已非常发达。

安阳的殷墟出土了已知最早的中国文字，大部分是刻在甲骨（龟壳、牛肩胛骨或其他骨头）上的占卜辞。甲骨文提供了从政治、经济、宗教实践了解中国文明早期历史的可靠参考资料。甲骨文最早发现于1899年，来源追溯到现代河南安阳的小屯村。在1928—1937年的考古发掘中，共发现了20 000块甲骨文片，约占总发现量的1/5。甲骨文是为商代占卜的记录。作为一种成熟的书写体系，甲骨文出现于商代的中后期，即从公元前14世纪到前11世纪（Boltz，1986；Keightley，1996）。

---

① 参见http://www.guoxuedashi.com/jgwhj/?bhfl=1&bh=%E5%A4%92。注意，使用类似动物或混合人类和动物的象形文字来表示神、法老和其他关键人物在古埃及也是一种常见的做法（见第3章）。

② 此外，河南省贾湖遗址的考古发现表明，至少有17个刻在龟壳和其他物体上的符号是中国发现的最早的文字符号，其碳14检测日期为7762（±128）年（唐建，1992）。

其实，商代发明甲骨文字主要是为了占卜。占卜通常是在有巫师在场的情况下为商王进行的。有少部分甲骨文片是用于其他王室成员或与国王关系密切的贵族占卜活动。到了后来，商王亲自接过了占卜者的角色（Qiu，2000，61页）。为什么占卜在商代如此普遍（曾一度出现"无事不卜"的情况）？这可能源于商代经常遭受致命的洪水和其他自然灾害，而这些自然灾害是他们无法控制的。显然，这也可以从商朝频繁迁都中看出。[①] 据迄今为止发现的甲骨文中所能解读的，占卜内容往往是针对尊崇和崇拜的祖先，以及一些神灵。最常见的话题是描述以某种方式进行仪式是否令人满意，其他话题基本上是商朝王室关心的问题，从疾病、生与死，到天气、战争、农业、贡品，等等。

如图5-2所示的甲骨文片，长22.5厘米、宽19厘米，现为中国国家博物馆的收藏品。据考证，这片有"甲骨之王"之称的商代涂朱刻辞卜骨，正是1928年以前出土于安阳殷墟小屯村。卜骨正面122字，反面99字，共计221字，记述了商王武丁（？—公元前1192年）通过占卜判定有灾患发生，并收到了边境遭到土方等方国侵扰的报告。由于事情重要，整版刻辞涂满朱砂。这是研究商代地理、方国与军事制度的重要依据。由于卜骨包含的文字信息量最大，所以有"甲骨之王"之称。甲骨正面上所刻第一条卜辞是："癸巳卜，贞：旬亡祸？王占曰：'有祟，其有来艰。'乞至五日丁酉，允有来艰自西。[?]告曰：'土方征于我东鄙，哉二邑，舌方亦侵我西鄙田。'"上述文字可解读为：

在癸巳[上午9点到11点]占卜。贞问："这十天没有厄运吗？"王预言说："会有厄运的。在不同的时间会有麻烦发生。"五天后，在丁酉（午夜时分），确实发生了麻烦。有报道说："土方（邻近的敌国或部落）入侵了东部边境，占领了两个城镇，舌方（另一个邻近的敌

---

① 例如商代上半叶，即从约公元前1551年至约公元前1312年，商的都城至少迁址了5次，平均时间间隔只有50年左右（Guo，2012，12—13页）。

国或部落）也入侵西部边境的田地。"①

图5-2　记载商朝边疆战事的牛肩胛骨

来源：中国国家博物馆。

在黄河冲积平原，土地中含有一定比例的细砂。因此，它的黏土不像美索不达米亚的黏土，不适合用作书写的泥板；然而，中国南方有很多竹子。这就是为什么从周朝（公元前1046—前256年）开始，竹简被广泛用于书写材料的原因。然而，商代的领土仅限于中国北方黄河下游一带，因此那时的文字仅写在甲骨片而不是竹子上。②

周武王："我就是中！"

根据司马迁的记载，商朝曾五次迁都，最后一次是著名的"盘庚迁殷"（在盘庚统治时期迁往今天的安阳附近），这标志着商朝的发展进入了黄金时代。③帝辛（公元前1105—前1046年）是商朝最后一位国王，他被

---

① 作者根据图5-2翻译，括号内的文本由作者添加。其他早期的英文译本见 Keightley（1978，44页）和 Chang（1980，256页）。

② 关于环境对中国文字的影响，详见第1章。

③ 引自 Keightley（1999，233页）。

周武王于公元前1046年打败后自杀了。传说他的军队在关键的牧野之战中背叛了他。

公元前1043年，在周武王克殷商三年后去世，姬诵继位（公元前1055—前1021年），即周成王。由于成王年幼，天下初定，叔父周公恐诸侯叛周，于是亲自摄政治理天下。周公亲践天子之位，引起了管叔、蔡叔等弟兄怀疑，于是管叔、蔡叔联合商纣王帝辛之子武庚发动叛乱，背叛周朝。周公奉成王的命令，平复叛乱，诛杀了武庚、管叔，流放了蔡叔。然后，他通过阐释天命学说，同时容纳了重要的商代仪式，来对抗周朝的合法性危机；建立了封建制度，以维护周朝在其扩张的领土上的权威（Hucker，1978，33页）。虽然周朝比中国历史上任何一个朝代都持续得久，但王朝对中国的实际政治和军事控制只持续到公元前771年，因此形成了一个被称为西周的时期（首都在今天的西安附近）。

西周在中国历史上被认为是青铜器制造的顶峰时期。1963年秋天，在陕西省宝鸡市贾村出土一尊，现为宝鸡青铜器博物馆藏品（见图5-3）。尊的底部有122个汉字的铭文，铭文大意如下：

> 周成王五年四月，适逢对武王进行丰福之祭，周成王于丙戌日在京宫大室中对宗族小子何进行训诰，内容讲到何的先父公氏追随文王，文王受上天大命统治天下。武王灭商后则告祭于天说："余将国都前往到天下之中，由此统治四方民众。"周王赏赐何贝30朋，何因此作此尊，以作纪念。

何尊[①]的铭文表明，成王当时教导了一个姓何的年轻人，关于先王是如何治理国家的。何尊铭文被认为是"中国"一词最早的文字记录。其实，汉字"中"在古代不仅仅是指《汉语标准词典》中所定义的"中心、中央"等；它也有"是的、好、行"等意思，后者在一些现代

---

① 因该尊的主人姓何而命名，现为国家一级文物。

图5-3　何尊——公元前1039年制造的酒器

注：（1）何尊（高38.8厘米，顶口直径28.8厘米，重14.6公斤）；（2）在容器底部的中国铭文通常被识别为：唯王初雍（a），宅于成周。复禀武王礼福自天。在四月丙戌，王诰宗小子于京室，曰："昔在尔考公氏，克迹文王，肆文王受兹大命。唯武王既克大邑商，则廷告于天，曰：余其宅兹中国，自兹乂民。呜呼！尔有虽小子无识，视于公氏，有勋于天，彻命。敬享哉！"唯王恭德裕天，训我不敏。王咸诰何，赐贝卅朋，用作[?]（b）公宝尊彝。唯王五祀。（a）也可能为"遣"或"迁"，意思是"移动"或"迁移"。（b）可能是"周"或者"庚"。（3）空白处是由模具本身形成的。

来源：陕西宝鸡市宝鸡青铜器博物馆（文字部分除外）。

汉语方言中仍有使用。事实上，这个字的原始形式（如本段开头所示）在商朝和周朝早期被频繁使用。[①]用竖起的旗子作为象形符号是古今战争和其他军事对抗的常识（具有"守护、胜利"等意思）。在苏美尔楔形文字中，类似符号被用作代表城邦国"乌尔"名字的楔形文字符号。

随着时间的推移，周朝"分权型"封建制度变得效率低下，因为中央和地方侯爵之间的家庭关系在后世变淡，甚至敌对。周边地区的诸侯权力和威望与周朝不相上下。当幽王（公元前795—前771）死后，他的

---

① 见图5-3。此外，13卷藏书中记载的殷墟甲骨拓片、照片和复制品共41 956件，经鉴定，其中有297件包括这种古文字或与之类似的任何其他变体。参见 http://www.guoxuedashi.com/zixing/yanbian/1258wv。

长子成了国王。周朝的都城向东迁至洛邑（今称洛阳），标志着东周王朝（公元前770—前256年）的开始。东周的特点是周室王权的加速崩溃。儒家编年史对这一时期的早期阶段记载冠以"春秋时期"。[①]据司马迁所著的《史记》记载，公元前5世纪中叶，以"三家分晋"为标志，开始了第二个阶段，即"战国时期"。公元前403年，周朝廷承认汉、赵、魏为完全独立的国家；公元前344年，魏惠王甚至自称为国王。一系列国家相继崛起，然后又相继衰落，但周朝在这些冲突中只是一个次要角色。周赧王是周朝最后一位国王，在公元前256年秦军攻占周朝都城时被杀。

东周是中国哲学的黄金时代。这一时期的主要思想流派包括：儒家、法家、道家、墨家等。[②]尽管只有前三种学说在后来的朝代中得到了官方的庇护，但每一种学说都以不寻常的方式影响着其他学说和整个中国社会。

古代文献可靠吗？

秦朝统一了中国，从公元前221年延续到公元前207年。秦朝开国皇帝嬴政（公元前259—前210年）称为秦始皇。公元前3世纪中后期，秦国完成了一系列征服，结束了周朝最后一位君主周赧王有名无实的统治，并最终打败了战国七国中的其他六国，建立了大一统的秦朝。尽管兵力强大，但秦朝并没有维持多久。公元前210年，秦始皇帝死后，他的儿子秦二世无法控制整个王朝。几年后爆发了民众起义，秦帝国很快瓦解。几年后，强大的汉朝在公元前202年建立。

周朝和周以前的中国历史主要以《春秋》和《史记》为基础。这两本史书是中国公认的权威文献。然而，《竹书纪年》推翻了前两部经典著作中对中国古代历史的一些传统叙述。《竹书纪年》是约公元280年偶然出

---

① 注意，在中国古代，一年只分为两个季节——春季和秋季。
② 例如，参见Cheng（1997，445—480页）。

土的一部记载中国从最早时代到公元前299年的编年史竹简。下面是《竹书纪年》与经典文献存在的一些矛盾之处：①

1.《春秋》等经典指出，中国在尧、舜、禹时期实行的是禅让制度，这一制度被视为中华文明的独特之处，在历朝历代被广为推崇。然而，《竹书纪年》却描述了一个不同的故事：舜把尧囚禁起来，杀死他的同僚，夺取了王位；夏朝建立前，大禹曾与舜作战，将舜流放在苍梧，最终将舜杀死。

2.对于商朝初期重臣伊尹的故事，传统经典是这样记载的：商汤的孙子太甲继位后，不听伊尹的劝告，行事鲁莽。伊尹遂将太甲关在桐宫。经过多年的再教育，太甲深感遗憾，决定改变自己的不良行为。于是，伊尹欢迎他回京城，称赞太甲悔改。太甲回答说："过去，我违反了你的教诲。我希望你以后能继续指引我走上正确的道路。"然而，在《竹书纪年》中，上述正统的说法却被完全否定：伊尹放逐太甲，然后篡位。两年后，太甲抓住机会逃跑。他回到京城，杀死了伊尹，再次掌权。此外，他还以宽宏大量的态度对待伊尹的两个儿子，让他们共同继承父亲的农田。

遗憾的是，由于秦始皇"焚书坑儒"，东周或更早时期出版的中国历史书籍大部分被销毁。也许《竹书纪年》是当时仅存的极少数古籍之一。《竹书纪年》中的叙述与中国经典文献中的叙述相矛盾，因而被许多儒家学者所忽视。

---

① 作者根据这三部经典文献整理而成。见 Shaughnessy 和 Edward L.（1986；2006，185ff页）有关《竹书纪年》的更多细节。

文明是人类对洪水的集体应对

中国的早期朝代——包括传说中的夏、商、周——以及随后的大多数朝代都建立在黄河中下游冲积平原上。那么，为什么古代中国人倾向于在黄河沿岸而不是其他地方建立王朝呢？黄河是世界第六大河，是亚洲第三大河，仅次于长江和叶尼塞河。发源于青海省玉树藏族自治州东缘的巴彦淖尔山脉，黄河流经九省，流入山东省东营市附近的渤海。黄河水是黄色的，因为它含有大量从黄土高原携带的细粒悬浮黄土。沉积作用导致河道缓慢堆积，最终，黄河必须通过改道找到一条通向大海的新河道，以减少水阻力。当这种情况发生时，它会冲出平坦的华北平原，淹没沿途的农田、城市和村庄。

这些汉字是什么意思？

黄河在中国早期历史上起了非常重要的作用。在古代文献中，"水""河"实际上都是指黄河。尽管一些古典文献有为当时的政治需要而编造的不实内容，但黄河在中华文明的形成和发展过程中所发挥的关键作用却是毋庸置疑的。例如，甲骨文的"河"（如本段开头所示）[1]，由流淌的河和一个肩扛工具的人两部分构成，反映了黄河两岸华夏儿女在远古时期为了建设美好家园，不畏艰难、不怕牺牲，年复一年治理黄河的场景，这本身就是中华文明"人—地动力学"的重要部分。华夏儿女面对波涛汹涌的黄河发生的无数"战天斗地"的故事与西方文化中的"诺亚方舟"[2]等神话故事形成了完全不同的文化逻辑。华夏儿女百折不挠、义无反顾、迎难而上的执着精神也许可以用来解释为什么中华文

---

① 引自《甲骨文合集》，编号：30401。"河"字在晚期甲骨文中的写法虽有变异但结构大致相同，均特指黄河。

②《圣经》故事，讲的是诺亚如何依靠上帝的力量避免大洪水所造成的人类毁灭。

明是至今为止世界上唯一经久不衰的原生文明。重新认识中华文明的优秀成果对增强文化自信、实现中华民族的伟大复兴有着积极意义。

标准汉字的"河"是一个形声字，它是由一个代表语义的符号" 氵"（表示"水"）和一个代表发音的字符"可"（在现代汉语中读 [ke]）两部分组合。汉字"可"作为一个独立汉字或作为其他汉字的部首时也可作为会意符号，其含义是指一个人演奏乐器的情景。更具体地说，"口"用来表示人的嘴，而字符的其余部分则代表一种古代乐器。在古汉语中，"可"是"歌"的原形，现在的意思是"允许，同意，有能力、有价值，合适的等"。还有另一种关于"可"字起源的解释是指"丂"（供神之架），表示在神前歌唱。[①] 然而，就表意文字而言，这两种解释大致一致。"可"在普通话中被称为 [ke]，但在古汉语中被称为 [ka]（郭锡良，2010，25页）。带有这种发音的苏美尔楔形文字和古埃及象形文字词汇具有"大，伟大；土地，大地女神"等含义。在许多其他土著语言或文化中也大致如此，不为什么，就是因为它是人类早期的共祖词。

商朝的许多都城现在通常被称为"亳"，它在普通话中读为 [bo]，但在古汉语中可能被称为 [ba]（郭锡良，2010，37页），这是父权社会产生的共祖音节。虽然在商代甲骨文中，这个字的原形略有不同（本段开头是其中之一），它一般由两部分组成：上部分代表塔；下部分是一个人工土堆（里面有一个手状的标志）。最早见于甲骨文的另一个汉字，现在写为"京"（在现代汉语中的意思是"首都或都城"），看起来像是一座建在人工平台或土堆上的高楼（如本段右上角所示）。同时，在一些中国古代典籍中，这个字被简单地称为土墩。[②]"亳"与"京"这两个字代表了商代人居环境的特殊一面，对研究中国的早期文明有着重要的启示。显然，黄河下游的商朝人和他们的先辈为了避免频繁的洪水和

---

① 例如，见中国社会科学院（1965，214页）和刘钊等（2009，285页）关于这些甲骨文的原始信息。

② 这可以从《诗经》的"小雅·福田"一章得到验证："曾孙之庾，如坻如京"（意思是"曾孙的粮仓满了，就像一个小岛或山丘"）。

其他自然灾害，不得不在相对高的土地上建造家园。[①] 孟子后来生动地叙述了中国早期发生的洪水灾害，并由此产生了一个流行至今的汉语成语——人往高处走。

在周代的一些文献中，表示商朝都城的"亳"有时也被写成"薄"。后者最早发现于周朝，是形声字，其中"艹"（艸，表示"一对花或草"）是象形符号，而"溥"代表发音。有趣的是，"溥"也是形声字，其中氵（最初写为，表示"水"）是象形符号，而"尃"（其原形如本段开头所示，自上而下由田野里的一朵花和一只人手组成，均指"人工种植花卉的地区"）[②]，既有象形又有形声含义。"薄"的原意是"有水有花有草的地方"，这个字之所以在周代被用来代表商朝的都城，可能是因为它和"亳"在古汉语中是同音字（郭锡良，2010，37页）。但也可能存在政治问题，因为周朝早期首都的每个名字——丰京和镐京——都包含了汉字"京"。因为后者与"亳"（正如前一段右上角和左上角所示）在书写上非常相像，周朝的学者们可能被命令在他们的文章中使用不同的字来表示商朝的都城。这种将前朝都城改名的情况在中国历史上确实发生过。例如，清朝（公元1636—1912年）灭亡后，中华民国（公元1912—1949年）将首都设在南京后，于1928年将北京改名为"北平"。

尽管如此，商都城名称的变更从环境地理学上来看是说得过去的，特别是考虑到管仲（公元前723—前645年）和墨子（约公元前480—前420年）是最早使用"薄"来代表商代都城的。他们都是在黄河下游地区出生和生活的，因此他们的思想和写作风格深受黄河下游环境的影响。居住在黄河两岸的商代臣民及其先祖，为了避免洪水灾害，常在高耸的土堆上建起自己的城市（包括都城）。即使是在几千年后的今天，黄河下游两岸的许多地名中仍然包括"丘"（如"商丘""老丘"等）。受长期干旱

---

① 例如，"宅"（现代汉语中的"居所、房子"的意思）大致与"亳"下面的部分相同，在商代甲骨文中有"在人为加高的地面上建造的房屋"的原意。

② 注意，现写为"苗"或"圃"（代表"田间的禾苗或花草"）的甲骨文在郭沫若（1999，1461页）中标记为10022A、10022B和10022C。

少雨的影响，这些土丘及周围的土地大多是由黄河悬浮携带的细粒、冲积层（即黄土）组成，土壤相对贫瘠，缺乏植被。古代中国人在创造代表中国文化早期面貌（包括为都城命名方面）的象形文字时，遵循了"缺什么就想要什么"的原则。

在中国传统文化中，上述基本原则长期以来一直被那些受中国民间宗教或文化影响的人所应用。例如，如果一个婴儿出生时辰被"大师"判定为缺水的场合，通常建议用包含"水"或与水有关的偏旁/部首的汉字来起名字。其实，周朝的统治者或学者，在为黄河下游的旧都城（现在是其领地的一部分）改名字时，使用了表示"水"和"花草"元素的偏旁部首。然而，几千年来，面对"薄"这个既包含水也包含花草的吉祥字的中国人，所看到的却是恶劣的环境。这样，人们逐渐忘掉了这个字原意中的"草木丛生"；相反，人们现在习惯于把"薄"解释为"瘦小、穷等"。例如，"薄田"是指"不肥沃的田地"。[①] 的确，愿望很美好，但现实却很残酷。

事实上，在早期王朝或史前时期，所有生活在黄河下游的中国人都有以下两种选择：要么为了躲避严重的洪水，定居在地理位置安全但贫瘠的高地上；要么不得不在有季节性危险但仍然肥沃的低地定居。对于整个群体来说，这种空间上的不稳定关系加剧了黄河下游区域向存在不平等阶级关系的社会与文化的转型，同时也促成了黄河下游地区最早文明的诞生。

在黄河两岸修建越来越高的堤坝会加剧洪水的严重性：黄河频繁的毁灭性洪水和河道变化是由于河床不断抬升造成的，远远高于下游周围农田的水位。这主要是它从黄土高原携带大量的黄土造成的。的确，黄河是中国的悲哀，然而这条河也是中国的骄傲。最重要的是，周期性的洪水把中国人培养成世界上人口规模最大的民族。可能是由于黄河的周期性洪水特征，黄河被称为"中华文明的摇篮"，黄河流域也是中国早期历史上最繁荣的地区。当人口聚集在一起时，就需要一种文化来维持秩序。

---

① 关于"薄"的现代意义的更详细讨论可以参见 http://www.zdic.net/hans/%E8%96%84。

黄河、洪水与中国

中国古代文明的发展为"文明起源于人类对周期性洪水的反应"这一假说提供了更有力的证据。中国有一个漫长和可怕的与洪水共存的历史。黄河全长5000多公里，发源于西部的青藏高原，流经黄土高原，止于东部沿海。在文明时代，黄河洪水造成的人口死亡数量比世界上任何一条河流都多（Sinclair，1987）。同时，黄河也被誉为"中国的骄傲"，古代发生有关黄河的事件占了中国传统文化形成的主要部分。例如：

- 约公元前21世纪，洪水在黄河流域造成无数人死亡后，进入传说中的"大禹治水"时代。
- 约公元前1551年，商朝建立在黄河下游一个遭受严重洪涝灾害的地方。
- 约公元前1312年，为了避免黄河洪水造成的自然灾害，商朝朝廷进行了第五次，也是最后一次搬迁，将首都从今山东省曲阜市迁往殷（今河南省安阳市）。
- 公元前1046年，周朝在黄河上游的镐京（今西安附近）建立，史称"西周"。
- 公元前770年，周朝朝廷迁都洛邑（今黄河中上游河南省洛阳市），史称"东周"。
- 约公元前600年，老子出生在今天的河南省周口市鹿邑县，他后来任周王室守藏室史（管理藏书的官员），创立了道教。
- 公元前551年，孔子生于黄河下游的陬县（今山东省曲阜市）。他创立了儒家思想，包含了中国文化最重要的元素。

春秋时期和秦朝的历史文献表明，当时的黄河在其现在的路线上向北流动。这些记录表明，这条河在中游沿着山西和河南之间的边界流动，然后继续沿着河北和山东之间的边界流动，最后流入今天天津附近的渤海湾（Tregear，1965）。这条河在公元前602年离开了原来的河道，并完全向南移动到山东半岛以南。在战国时期，破坏堤坝、运河和水库以及蓄意淹没敌国成为一种标准的军事战术（Allaby 和 Garrat，2003）。公元11年的大洪水被认为是短暂的新朝（公元9—23年）灭亡的罪魁祸首，公元70年的另一场洪水使山东北部的河流基本回到了现在的河道（Tregear，1965）。公元1034年，发生在今天河南省濮阳市东部的一个决口，将河道分成三段，并多次淹没了今天河南、河北和山东的大片地区。宋朝朝廷花了5年的时间，试图将河道恢复以前的位置——在一年内使用了35 000多名民工、100 000名士兵以及220 000吨木材和竹子——直到公元1041年放弃了这个项目。随后，这条较为缓慢的河流在河南濮阳东发生决口，1048年将主要出口向北移至天津，到1194年，淮河河口被阻断。公元1344年的一场洪水让黄河河道回到山东南部。元朝的衰落与黄河有关。皇帝强迫庞大的队伍为这条河修建新的堤坝，恶劣的环境催生了明朝建立。1391年，河水从河南开封流入安徽凤阳，河道再次发生变化，1494年洪水过后才稳定下来。[①]

黄河在16世纪曾多次泛滥，最严重的洪水发生在1526年、1534年、1558年和1587年。所有这些洪水给下游带来了严重的破坏和灾难。1642年的洪水是人为的，是由明朝（公元1368—1644年）开封总督企图利用这条河摧毁李自成的农民军造成的。他挖开堤坝，企图淹没叛军，但却摧毁了自己的城市：洪水和随之而来的饥荒与瘟疫估计造成该市先前37.8万人口中的30万人死亡。在清朝，据估计，1887年的洪水造成90万—200万人死亡。10年后，在1897年的黄河决口后，黄河河道变成了现在的路线。[②] 1931年的洪灾估计造成400万人死亡，是有记录以来最严

---

① 参见 Tregear（1965，218页），Tsai（1996），Lamouroux（1998，554页）和 Gascoigne（2003）。

② 参见 Tsai（1996），Lorge（2005，147页）和 Xu（2003，47页）。

重的自然灾害。1938年6月9日，抗日战争时期，蒋介石领导的国民党军队在河南郑州花园口村附近扒开黄河大堤，使河南、安徽、江苏3省44个县市、5400平方公里的土地沦为泽国，近90万人死于非命，1250多万灾民流离失所。①

中华儿女在为了生存而战胜洪水的过程中，在土地管理、控制和农业技术方面也取得了很多成就。社会发展不仅促进了广泛的合作和大规模的防洪工作，而且导致了中国第一个王朝的建立。在过去的几千年里，黄河的治理是以大量的物质资本和人力资本为代价的，因此产生了各种技术和工具以及许多功能化的文化与艺术。

黄河河道的变化有时非常惊人，有时会发生数百公里的灾难性变化。在过去的几千年里，它经历了几十次大的变化和无数次小的变化，每一次都造成了巨大的人员伤亡和财产损失。所有这些特点都影响了中国人的生活方式，特别是那些靠近黄河的人。例如，通过对河南、山东、福建三省传统建筑的比较，我们可以发现，黄河下游地区的房屋要简单得多，当然，贵重材料的使用也相对较少。由于居住在中国东南部的汉族人口大多数是从黄河流域移民过来的，只有地理特征才能解释这种差异。古代生活在黄河沿岸的人们，为了逃离黄河肆无忌惮、灾难性的洪水，肯定会"背井离乡"。既然房子带不走，也就没有必要建得那么好了。

黄河流域内的食物短缺影响了中国人的饮食文化。与西方人不同的是，中国人日常饮食中脂肪和肉类所占比例要小得多。这立刻让我想起了是不是食物的数量和种类的短缺促使中国人发明了许多烹饪方法（包括炒、爆、熘、炸、烹、煎、贴、烧、焖、炖、蒸、煮等），以使食物更美味。其实，古人比我们更清楚"生猛海鲜"等食材的最好吃法就是"原汁原味"。可是，这些食材至少对进入农业社会后生活在黄河两岸的古人而言一直是稀缺资源，很难得到。

---

① 参见Lary（2004，143—170页）。

食物的匮乏导致了中国形成一种独特的"共餐"文化，即把一盘菜放在桌子的中央，这样每个人都可以共同分享，当然是尊者或长者优先，晚辈（如果有资格入席的话）在后。更多的时候，上述情况在一定条件下也促进了中国集体主义文化的发展。

孔子 vs 老子：谁站着说话不腰疼？

虽然儒家和道家在追求和平和良好行为上是相似的，但是这两个学派之间有许多不同之处，其形成的过程也与黄河有关。

孔子出生在黄河下游的曲阜。老子出生在鹿邑，他的大部分职业生涯先是在东周的都城洛邑（今河南省洛阳市）度过，后来传说是隐居在中国西部的山区，这些地区都位于黄河中上游。孔子和老子所生活的不同环境条件形成了各自思想的基础（见表5-1）。具体来说，生活在黄河下游的儒家，包括孔孟及其早期追随者，或是遭受了比道教创始人老子更严重的洪水灾害，或是对他们的长辈所讲的与洪水有关的故事印象更深刻。

受黄河流域不同环境的影响，儒、道两家在基本信仰、总体目标、个人行为目标、人生观、行为准则、社会观等方面都有各自独特的见解。例如，儒家思想的总目标是在生活中找到一个和平与和谐的地方；而道家则没有总体目标。道家的出发点是按照"道"（或顺其自然）的方式来

表5-1　儒家 vs 道家：一些基本事实

流派	儒家	道家
创始人姓名	孔子	老子
创始人出生年份	公元前551年	约公元前600年
创始人出生地/居住地	曲阜——黄河下游	洛邑——黄河中上游
创始人遭受了河水泛滥的影响程度	很严重	不严重
学说总目标	寻找和谐的社会	没有总目标
行为规范	强调伦理，重视道德修养	追求清静、无为

制定行为准则；而儒家的出发点是遵循一定的行为规范，与社会和谐相处。儒家认为，一个人应该通过教育和约束来促进思想品格的提高，并且需要处理好个人与家庭成员、政府及整个社会的复杂关系；而道家则认为自然的生活方式是好的，不应该通过改变自己来适应社会。

《孟子·告子下》中有一个故事。战国初期，有个叫白圭的水利专家非常出名。什么地方河堤有了裂缝、漏洞，渗出水来，他一到就能修好。后来，他被魏国请去当相国，魏国的国君对他很信任。有一次，孟子来到魏国，白圭在见他时表露出自己有非凡的治水本领，甚至自我吹嘘说："我的治水本领超过大禹！"孟子当场驳斥他说："你说的话错了。大禹治水是把四海当作大水沟，顺着水性疏导，结果洪水都流进大海，于己有利，与人无害。你的所谓治水，只是修堤堵河，把邻国当作大水沟，结果洪水都流到别国去，于己有利，与人却有害。这种治水的方法，怎么能与大禹的相比呢？"这就是成语"以邻为壑"的出处，比喻只图自己一方的利益，把困难或祸害转嫁给别人。

更多考古证据

浙江省杭州市余杭区良渚镇与平遥镇交界处，距杭州市西北约20公里处，原来的大部分土地是一个果园，有桃树和梨树，其南侧有很多现代化的高层建筑。没有人会想到，从公元前3500年到公元前2500年，那个果园曾经是一座宏大的古城，里面除了有大量的居民区遗迹外，还有宫殿、粮仓、祭坛等遗存。更令人难以置信的是，在附近地区，还有一个大型水利工程，农田灌溉渠错综复杂；而古城城墙的总长度5—6公里，像公路那么宽。

2009年，工人在距良渚古城西北约8公里的一个土堆附近进行地下施工时，发现了一大堆人工遗存。考古学家立即对遗址进行了勘查，发现位于两山之谷的遗存是一个人工筑坝。大坝很大，复原后高度接近20米，宽度达100米。北京大学考古年代学实验室应用放射性定年方法，确定含碳物质遗骸的年代为距今4700—5100年，证实了此前对遗址年代的判断。浙江省考古研究所的考古学家利用该地区的高分辨率卫星照片，发现有一个大型水坝的痕迹。调查显示，在良渚遗址西侧修建了一座300米长的大坝，最终证实了一个巨大的灌溉工程的存在①：

> 首次发掘于20世纪90年代，全长6.5公里的遗址被普遍称为良渚遗址外的大坝。2015—2016年的发现证明，那里有一个极其庞大而复杂的防洪水利系统。来自浙江和北京的中国考古学家利用美国间谍卫星观测日冕（Corona）在20世纪70年代发布的照片，得出了一个初步结论：良渚拥有中国最早的治水系统。根据地理信息系统（GIS）估计的地形数据表明，根据集水面积的计算，大坝可以承受短期内960毫米的连续降水量，换算过来，相当于可以抵御本地区百年一遇的洪水。

良渚文化（约公元前3300—前2200年）地处长江三角洲，其时代属于新石器时代晚期。上面提到的灌溉系统的建设，比中国传奇故事"大禹治水"还要早近1000年。2007年对长江沿岸史前人类遗址中的人类遗骸进行的DNA分析表明，良渚文化遗址中的单倍体O1的Y-DNA频率较高，因此可以将后者与现代南岛人和傣族（包括泰国人和老挝人）种群联系起来（Li等，2007）。如果这个结果是正确的，那么这表明良渚文化与中原的汉文明没有直接关系，因为在中国中部的其他考古遗址中没有单倍体O1的DNA数据。不过，这并不能排除它们——以及其他已知或未知古文明或文化（包括三星堆文明）之间可能存在史前关联或跨文化影响。就是没有也无所谓，它们毕竟都是在中华大地上创建的史前文明。从另一个角度来看，中华大地自古以来就是人类（既包括华夏儿女也包括其他民族）实现文明飞跃的"理想之地"，也是"追梦之地"。

---

① 参见 http://news.china.com/social/1007/20160316/22010472_all.html。

良渚文化被联合国教科文组织列入世界遗产名录，它比黄河流域的北方同时代人更早进入农业社会，社会发展也更为迅速（Higham，2009，198页；Zhang和Hung，2008）。然而，其他考古证据仍然支持黄河流域才是最早和最先进的文化（见图5-4）。良渚文化在距今4300—5300年前进入鼎盛时期，但在4200年前突然消失。最近的研究表明，人类住区的发展曾多次因水位上升而中断。这使得研究人员得出结论，良渚文化的消亡是由洪水等极端环境变化造成的，因为文化通常被泥泞或沼泽和砂质砾石层打断（Li等，2014）。

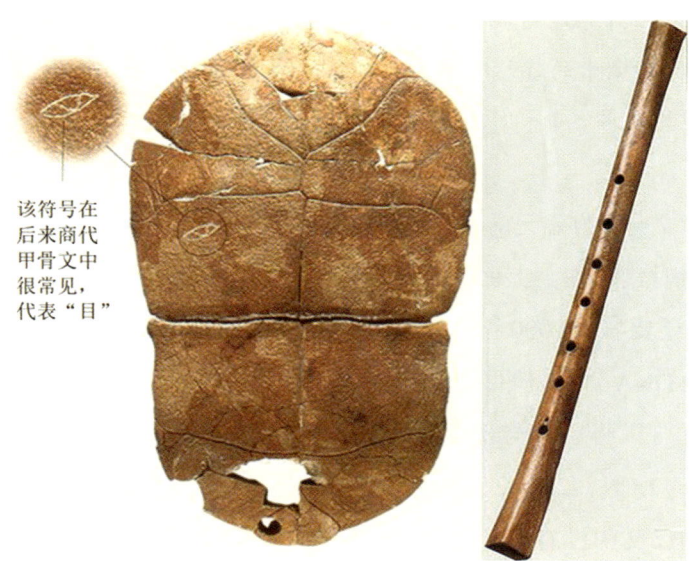

该符号在后来商代甲骨文中很常见，代表"目"

图5-4　河南省贾湖遗址的考古发现

注：（1）左侧龟壳上刻的符号是我国发现的最早文字符号，其碳14检测为7762(±128)年之前的产品（唐建，1992）。有趣的是，这个符号类似于埃及象形文字中代表眼睛的符号（ 　　　）。（2）右侧的骨笛距今7800—9000年（图片来源：河南博物院，郑州）。

 瓦迪文化，中国风格

蒙古人种可分为两个亚种：通古斯族或北蒙古人种和南蒙古人种。粗略地说，中国北方和蒙古的一些民族属于北蒙古人种（外表相对强悍），而中国南方和东南亚的绝大多数人（包括汉族）是南蒙古人种（外表相对弱小）。历史上，汉人在与北方"强悍民族"的许多战争中曾长期处于下风。[1] 因此，中国人在古代自西向东修建了一条万里长城，以防止北方敌人的入侵。在史前和中华文明形成的早期，身体相对弱小的汉人面对北蒙古人种时长期处于劣势必然产生一系列后果。其中之一就是文明的产生，因为只有通过文明（包括作为文明重要组成部分的技术和智慧），弱者才能生存下来。

为了了解汉语与印欧语系或其他语系的差异，我们需要研究这些语言产生的初始条件。关于蒙古语和相关部落语言的具体起源，语言学家传统上提出与通古斯语系和突厥语系的联系，包括更广泛的阿尔泰语系。无论正确与否，大致可以肯定的是：南蒙古人种（包括汉族）的体质比北蒙古族人种弱；由于狩猎采集社会普遍存在生活必需品的匮乏现象，弱小的南蒙古族必然被迫远离他们的故土。汉族是蒙古族中最弱的一个群体（或之一），是环境的压力和身体特征的共同影响使他们创造了一种非常独特的单音节语言。[2]

关注环境的影响

学术界对黄河的形成过程大致是这样描述的：黄土高原地区原来是一片汪洋的湖泊。大约1500万年前，从南印度洋推来的地球板块和欧亚

---

[1] 严格意义上讲，北、南蒙古人种的分类只适用于史前时代。在现代，一部分汉族人（尤其是生活在中国北方的汉族人）也被归类为"北蒙古人种"。

[2] 关于环境对中国汉语言及其各种方言的影响，见第1章。

大陆板块发生碰撞，把整个湖区在后来的数百万年间慢慢地推升起来，形成了今天的黄土高原（贾永欣，2011）。之后，洪水带着泥土在华北平原上堆集，便形成了目前黄河流域的自然地理特征。国内有不少人（包括研究历史的学者）对作为中华文明摇篮的黄河流域在早期生态环境的认识是不正确的。他们认为，是黄河流域早期良好的生态环境促进了中华文明的诞生。其实，这是一个伪命题。

黄河流域自古以来就是自然（特别是与干旱和洪涝有关的）灾害多发地区。经过对郭沫若主编的《甲骨文合集》选录的共计41 956件殷墟甲骨文拓片、照片和摹本的比较发现，其中刻有"雨"字的甲骨文片就有3825片之多。例如，在一片刻有不到60个字的甲骨（见图5-5）上就至少有11处出现"雨"字（注："雨"在甲骨文中写为 ）。和后来的历朝历代君主一样，商王经常占卜求雨或保佑农业生产有好收成。甲骨文中关于这方面的记载有"求雨于娥"（"娥"为商王的女性祖神）、"求雨于东"、"王求雨于土"、"秦（祷）禾于高且（祖）"（"高祖"是指商王的祖先）、"秦（祷）禾于上甲，尞十牛，卯十牛"（"上甲"是指商王的祖先，下同）等。另外，甲骨文卜辞也有因下雨太多成为水灾的记载，如"终日雨，大水"、"兹雨佳祸"（因下雨太多成为水灾）、"唯上甲惚雨"（上甲阻止下雨）等。[①]

纵观世界各文明发祥地的发展历史进程，不难发现：文明的产生与发展不仅是城市化的过程，也是人类不断改造恶劣自然环境、建立美好/宜居家园的过程（Guo, 2009）。基于黄河流域的中华文明的早期发展形态更是体现了这一点。例如，《竹书纪年》有14处描写了黄河流域的大旱天气（其中6处出现在商朝，8处出现在周朝）。另外，该书关于商朝末期的城市建设与环境状况有如下记载：

"［帝辛］五年夏，筑南单之台。雨土于亳。"

---

① 详见《甲骨文合集》（编号557、30175、33308、33310、34493，以及164、307、1785、2058、4108页）。

左边甲骨文的初步解读为：

壬子卜，蒱[a]：翼[b]癸申雨。允雨。

辛亥卜，蒱：翼壬雨。允雨。

[此处残缺]乙雨。癸丑卜，蒱：翼甲雨。甲允雨。

[此处残缺]卜，蒱鼎[c]：翼壬子雨。允雨。

[此处残缺]卜，蒱：翼戊丑雨。

□□（此处可能在早期被涂抹）。

乙卯卜：翼丙雨。……

图5-5　商朝与雨有关的甲骨文卜辞（拓片）

注：原作者对这部分甲骨文的解读有误，我们做了相应更正。（a）蒱为王室人名或官职名，下同；（b）"翼"为"翌"的异体字，代表明天，下同；（c）"鼎"与"贞"互为异体字，后者的甲骨文在前者的甲骨文上方增加了"卜"，表示卜问的意思。

来源：《甲骨文合集》（第1833页）。

这些文字的意思是"在帝辛——也就是商纣王——继位第五年（即公元前1071）的夏天，开始修筑南单台（即历史上著名的鹿台，位于今河南省鹤壁市淇县境内）。在亳这个地方，天空下起了土形成的雨"。目前学术界主流的观点是将这里的"亳"视为当今河南省商丘市附近（后者是商朝最早的都城）。其实，"亳"（甲骨文为𩫖或𩫜）在商朝有"国都"的含义，所代表的地方不止一个（原因是商朝经常迁都）。① 尽管《竹书纪年》的作者对"亳"的地理位置没有具体说明，但因为所描述的事件发生在殷商后期，应该是指当时在殷地的国都，而不是数百公里之外的商丘（当时

① 例如，唐代李泰主编的《括地志》表明："宋州谷熟县西南三十五里南亳故城，即南亳，汤都也。宋州北五十里大蒙城为景亳，汤所盟地，因景山为名。河南偃师为西亳，盘庚所徙者。"《水经·谷水注》中有"阳渠水又东经亳殷南，盖盘庚所迁。改商曰殷始此也"，而后来出版的《水经注》称："亳，本帝喾之墟，在豫州河、洛之间，今河南偃师城西二十里尸乡亭是也。"

地处黄河南岸、曾经作为商朝国都的商丘即便不是废墟，也早已远离人们的视线了）。殷商时期在政治中心出现土形成的雨，在古人看来是不吉利的怪异现象，因此在典籍中被记录下来了。《墨子·非攻下》也有黄河流域出现沙尘暴天气的类似记载："还至于商王纣，天不序其德，祀用失时。兼夜中十日，雨土于薄（亳）。"殷商时期出现沙尘天气的记载尽管是出现在春秋战国时期的文献中，但根据前面甲骨文的记载来判断，殷商时期黄河下游流域的自然生态环境已经相当恶化。目前，对春秋战国时期文献中的"雨土"一词还没有权威的定义，但不外乎有如下两种解释：一是"下土"，即现在通常所说的沙尘暴；二是在下雨时裹挟着泥土。无论哪种解释是对的，生活在黄河流域的人们在我国的商代（至少在春秋战国时期）就已经有"沙尘天气"的概念了。

中国的早期文化在很大程度上与黄河流域及其支流的地理和环境特征有关。一方面，考虑到汉人的身体弱小；另一方面，考虑到黄河流域的生活条件艰苦，不难理解为什么这么多汉字被发音为[wa]或其任何变体。这种语言特征在中华文明的早期就已基本存在。例如，寺洼是中国西部青铜时代的文化，由瑞典地质学家约翰·冈纳尔·安德森（Johan Gunnar Andersson）于1924年在甘肃省临洮县寺洼山发现。寺洼文化早期的文化遗存约在公元前3000—前2000年，不过最蓬勃发展的时期是公元前1300—前1000年。此外，位于今天的甘肃省大地湾文化（约公元前5800—前2800年）遗址附近，有大量的村庄和城镇名字以"wa"或"wan"做后缀。

当然，我们现在不可能弄清楚这些名字（包括寺洼和大地湾）是何时或如何被命名的——一些名字应该是现代的。然而，"wa"和"wan"是全世界许多土著语言中使用的共祖词，而且一般在早期的使用比近现代更频繁。在中国，这两个字在许多土著语言中发音的差异不太大。此外，汉字"屋"（现代发音为[wu]），在中国的许多方言中被读作[wa]或其变体，很可能在古汉语中也读作[wa]。这一点可以用另一个相似的汉字给予进一步证明："渥"在中国普通话中读[wo]，意思是"房子附近的水，或靠近水的房子"，表示在中国北方干旱和半干旱地方淡水的重要性。因为"渥"是形声字，其中"氵"代表"水"的象形符号，而"屋"代表发音。因此，在古汉语中，"渥"和"屋"的发音应该是相同的，都来自共祖音[wa]或其变体。

尽管洼地（等同于其他语音的[wadi]，在本书其他地方用抽象的"瓦迪"一词表示）在现代农业中的作用已大为减弱，甚至被忽视，但在中国前现代史上，特别是在干旱和半干旱气候的中国北方，它对中国人本身至关重要。考虑到中国北方在大部分时期降雨既不规律又不充足，种植洼地通常比种植高地有优势。清代刘书年（1801—1861年）在《刘贵阳说经残稿·洼地》指出："洼地（较涝地尤下）常有积水，遇旱年涸出，可播种。"中国人从农业社会向工业社会转型后，对农业相关名词（包括洼地）的关注度才有所下降。20世纪以来，农业在人类社会经济活动中的地位日益下降。然而，在中国历史的大部分时间里，洼地对文化产生了深远的影响。

洼地主要是指近似封闭的、比周围地面低洼的地形。"洼地效应"在中国是一个流行的金融和经济术语，它直接源于"水往低处流"的自然现象。更具体地说，产生"洼地效应"就是创造一个理想的经济地理环境，通过利用社会人文上的位势差，使其对各种生产要素具有更大的吸引力，从而形成独特的竞争优势，吸引外部资源流入和汇聚在一个地区，弥补其局部资源的结构性不足，促进本地区经济社会快速发展。一方面，每当雨水少而洪水少的时候，洼地（低地）在农业生产方面就比其他地区（高地）有着天然的优势。另一方面，在多雨季节或洪水泛滥时，生活在那里的人们就会遭受困难甚至灾难；而且，为了生存，他们必须发明创造各种技术（文化）。然而，并不是所有洼地（低地）都能带来文明。只有当干旱气候的频率高于多雨气候的频率时，洼地才有可能成为"聚宝盆"。

关于龙的故事

在中国，关于龙的故事起源于黄河沿岸公元前5000—前3000年的仰韶文化。在中国东北的红山文化（约公元前4700—前2900年）出土的盘旋的玉佩中，最早的一些龙制品是猪龙雕。[1] 盘龙或蛇形在许多早期中国文化中扮演着重要的角色。最早的汉字"龙"也有类似的形式。龙是中国传统文化中所设计神化动物中等级最高的动物，一度与中国的皇帝有着密切的联系，因此具有权力和威严。[2]

中国龙是中国神话和民间传说中的传奇动物。龙有许多类似动物的形状，如鳄鱼或蛇或两者的混合想象的生物。中国龙传统上象征着强大和吉祥的力量，特别是能控制降雨、台风和洪水。龙也是力量和幸运的象征。有鉴于此，中国皇帝通常用龙来象征其皇权和力量。在中国的日常语言中，优秀和杰出的人被比作龙。许多中国谚语和成语都提到龙，如"望子成龙"等。公元前2000年后期，类似于"龙"（繁体字：龍）的符号首次出现在甲骨文中。在过去的几千年中，特别是在中华文明的早期，中国人遭受了无数的河流洪水和野兽的袭击，其中的蟒蛇或鳄鱼可能与后来在传统文化中"龙"的形成有关。孟子（公元前372—前289年）讲了一个故事：

> 当尧之时，水逆行，泛滥于中国，蛇龙居之，民无所定；下者为巢，上者为营窟。《书》曰："洚水警余。"洚水者，洪水也。使禹治之。禹掘地而注之海；驱蛇龙而放之菹；水由地中行，江、淮、河、汉是也。险阻既远，鸟兽之害人者消，然后人得平土而居之。[3]

这段话的大意是，在尧帝的时候，水势倒流，在中国泛滥，蛇龙到

---

[1] 例如，见Giskin和Walsh（2001，126页）。
[2] 注意，神话中的凤凰是中国皇后的象征。
[3] 引自《孟子·滕文公下》。

处盘踞，人们无处居住；地势低的地方，就在树上搭窝栖身，地势高的地方，就挖掘洞穴。《尚书》上说："泽水警诫我们。"泽水，就是洪水。尧派禹治水。禹开挖河道，让洪水流注大海；驱逐蛇龙，把它们赶进荒草丛生的沼泽；水都顺着地中间的河道流泄，这就是长江、淮河、黄河和汉水。险阻排除了，危害人类的鸟兽消灭了，然后人们才能够在平地上居住。

在很长一段时间里，中国人自称"龙的传人"，中国皇帝把自己描绘成"真龙天子"。2000多年前，中国人的祖先（包括孟子）肯定知道这样一个事实，即所谓的龙只不过是一种凶猛而恶毒的动物——很可能是鳄鱼和水蟒的混合体。在史前时期，这些大型食肉动物在黄河、淮河的下游区域、沼泽地和其他较低的地方应该较为常见。

中国文化中的动物崇拜可能与古埃及文化有点相似。在古埃及，塔瓦雷特既是一位凶猛的恶魔，又是一位守护母亲和新生儿的受欢迎的神。最初，她被视为一个邪恶的神，被描绘成结合了鳄鱼和怀孕河马与人类的特点。后来，她的角色发生了重大变化，从一个侵略性的力量变成了一个保护神，成了法老的奶妈。[①] 索贝克神与尼罗河鳄有关，或以其形态出现，或以鳄鱼头的人类出现，尽管外表丑陋，也是古埃及人崇拜的神。从古王朝时期的几个不同的金字塔内发现的文献中显示，该神也与法老的力量和军事能力联系在一起，同时也是抵御危险的保护神（Bresciani，2005，199—200页）。索贝克神源自古王朝时期（公元前2686—前2181年），一直在古埃及万神殿中被人供奉，到罗马占领埃及为止。

关于中国人对龙的崇拜，仍然存在区域差异。例如，中国南方与龙有关的节日和纪念活动比北方多。最好的答案似乎是：现代中国南方（而不是北方）的一些文化习俗才能更真实地代表中华文明的早期形态。古人（现代人也一样）是相对薄弱的群体，他们一直在遵循一种非常务实的理念寻找精神上的保护，无论保护者是好是坏，或来自哪里。

---

① 参见 http://egyptian-gods.org/egyptian-gods-tawaret。

上有天堂，下有苏杭

早在父母开始将婴儿第一次发出类似于单词的声音（[ma]和[ba]）与自己联系起来之前，中国人（以及世界其他地方的人）就已经广泛使用另一个单词或音节[wa]来表示他们各自更重要的词（如"房子、土地、家园、祖国"等）。"wa"是人类的共祖词。在前面的章节中，我们讨论了苏美尔人、古埃及人，甚至古代哈拉帕人将"wa"（或其任何变体）用于他们各自的原始语言。事实上，即使在今天，讲粤语和吴语的人——他们历史上与中国北方有文化联系——仍然分别将"华"读作[wa]和[wo]。"粤"在闽南方言中读作[wua]，在粤语的不同方音中读作[wa]、[wu]或[we]，都和"华"的粤语发音[wa]很相似。

"吴"是会意文字（在普通话中读[wu]），长期以来，该字的原形被一些学者解读为一个男人在奔跑和叫喊的狩猎场景。这个定义没有任何地缘政治含义，因此不太可能被用来代表一个古老的国家。事实上，如本段开头所示，这个字的甲骨文（SLP，2010，711页）包括一个大正方形（□，在甲骨文中表示"城邑/封国"）。① 有一种表示"天"的甲骨文——见本段右上角（郭沫若，1999，2513页）——也包括一个类似的符号（□）。然而，对这两个甲骨文字的比较表明，鉴于它们在书写风格上的相似性，它们的象形/会意含义也可能有一定的联系，尽管商王朝的统治者将吴国视为一个遥远的国家，但它远不可以和对比，至少前者在字面上是"不正经的"。为什么这么说？

该甲骨文的下半部分的象形符号（见上段左上角所示）已经被解读为"夭"（中国社科院，1965，423页；和刘钊等，2009，73、577页）。作为一个单独的甲骨文，"夭"（现读作[yao]）的原始含义仍然需要进一步解读。然而，根据出土的包括"夭"的甲骨文片，我们可以判断它是用来代

---

① 这也适用于其他甲骨文，例如http://www.guoxuedashi.com/zixing/yanbian/9626jd。

表一个不寻常的人，很可能有不祥甚至邪恶的含义。① 可以自然地认为，如果人们给自己的国家起名字时，通常使用具有吉祥含义的字或词；但是他们如果给不喜欢甚至敌视的国家起名字时，情况往往相反。② 如果我的解释是正确的，那么代表"吴"字甲骨文的下半部分不应该是目前的主流解读的"天"；相反，它应该是"夭"。也许商朝人在给遥远而且桀骜不驯的吴国设计字时，可能会说：

> "可怜的吴啊，都说你离天堂很近，但我非要把你放在地狱旁！"

可以肯定的是，上述对吴国名字的解读，可以由以下事实来支撑：商朝的甲骨文中，表示今天中国东部和东南部广大偏远地区的文字（郭沫若，1999，3900、3937、3957页）中被解读为一具垂死的人体（现在写成"夷"）。可以肯定的事实是，商朝人非常憎恨他们——否则，为什么要用这样的符号来诅咒他们？

据司马迁《史记》记载，商朝晚期，周文王的伯父太伯（？—公元前1074年）逃离商朝的领土后，定居在今天的江苏南部、浙江北部和上海地区，并在那里建立了古吴国。非常有意思的是，古吴国最早名字有两个汉字：句吴。在周朝或以前的时代，使用两个字的名称作为国名是不常见的。那么，"句"（读 [gou]）是什么意思呢？现有文献没有说明，只是指出它的古汉语发音有可能是 [ko]（郭锡良，2010, 274页）。据此，"句"字早期可能是用来代表共祖音 [ka]（在许多文化中有"大、伟大、神圣"等意思）。

这样，"句吴"的早期发音（当然还有语义）也可能来源于共祖词

---

① 例如，在出土的甲骨文中，有两块（编号：21419和27939）被解读为包括以下文字："夭心亡"和"令亞夭馬入[?]"（郭沫若，1999，2751和3445页）。

② 例如，在俄罗斯，流经圣彼得堡的涅瓦（Neva）河有着"生命之源，活力之源"的含义；然而，"neva"一词在芬兰语中却没有这些意思。

"kawa"（或其他任何变体），包括的意思有"伟大祖国、神圣之地"等。如果果真如此，商朝给吴国起一个带有侮辱性的名字还是有理由的：怪就怪它敢在商朝面前自称"老大"。不过，看看后来被吴国欺负的越国国王勾践不得不去"卧薪尝胆"，就会对吴国的霸气略知一二了。吴国在春秋中后期曾一度是最强大的诸侯国之一。

好事变坏事，坏事变好事

事实上，关于中国南北差异及其对中华文明演化的影响，早在2000多年前就已经有人讨论过了。可惜的是，我们的一些学者太任性了，光顾得引进、附和西方学者的"沃土新月"（即肥沃的土地产生文明）理论了。其实，中华文明远比西方文明历史悠久，只是在最近的几百年里相对落后了。中国的经典作品不全是传说，也包含了许多硬道理，而这是在西方主流教科书中找不到的。例如，汉代的司马迁（公元前145年—？）在其著作《史记·货殖列传》中就指出了地域环境差异对文化影响的经验证据：

> 总之，楚越之地，地广人希，饭稻羹鱼，或火耕而水耨，果隋赢蛤，不待贾而足，地埶饶食，无饥馑之患，以故呰窳偷生，无积聚而多贫。是故江淮以南，无冻饿之人，亦无千金之家。沂、泗水以北，宜五谷桑麻六畜，地少人众，数被水旱之害，民好畜藏，故秦、夏、梁、鲁好农而重民。三河、宛、陈亦然，加以商贾。齐、赵设智巧，仰机利。燕、代田畜而事蚕。①

以上文字的大意是：总之，楚越地区，地广人稀，以稻米为饭，以鱼类为菜，刀耕火种，水耨除草，瓜果螺蛤，不须从外地购买，便能自给自足。地形有利，食物丰足，没有饥馑之患，因此人们苟且偷生，没

---

① 引自司马迁（公元前91年，911页）。

有积蓄，多为贫穷人家。所以，江淮以南既无挨饿受冻之人，也无千金富户。沂水、泗水以北地区，适合种植五谷桑麻，饲养六畜，地少人多，屡次遭受水旱灾害，百姓喜好积蓄财物，所以秦、夏、梁、鲁（现在的陕西、河南东部和山东南部一带）地区勤于农业而重视劳力。三河（即汉代的"河内、河东、河南"三郡，即今天河南省的黄河南北一带）地区以及宛、陈（即现在河南省的南部一带）等地也是这样，再加上经商贸易。齐、赵（现在的山东北部、河北一带）地区的居民聪明灵巧，靠投机求财利。燕、代（现在的北京以及河北、山西交界一带）地区的居民能种田、畜牧，并且养蚕。

与黄河流域形成鲜明对比的是长江中下游流域。无论是在现代或是在四五千年前的古代，二者的生态环境都有很大不同，且后者的社会经济发展受到"资源诅咒"效应的影响。例如，古代的楚地（也就是现在的湖北一带）也简称为"荆"，其中荆州作为春秋时楚国别称，是中国古代"九州"之一。从甲骨文"楚"字和金文"荆"字的象形/会意内容均可以看出，古代的长江中下游流域树木成林、灌木类植被十分丰富，具有优越的生态环境。然而，在中华文明早期的很长一段时间内，长江中下游流域是落后于黄河流域的，从而渐渐地使人们对"華"（将在下节介绍）和"荆"这两个象形/会意汉字有了不同的解读。毋庸置疑，繁茂的植被是人类从狩猎采集型社会进入农业文明的阻力之一（如果不是唯一），这可以从代表楚地的"荆"字在文化层面被人为赋予的贬义或负面内容看出。例如，除了"披荆斩棘""负荆请罪"等汉语成语外，许多古代经典用"蛮"（有"粗野、凶恶、不通情理"的含义）来形容古时荆楚之地的人文特征，如：

- "蠢尔蛮荆，大邦为仇"（《诗·小雅·采芑》）；
- "蛮荆久在化外，[周]宣王始讨而服之"（《东周列国志》第4回）；
- "[周]召穆公帅师追荆蛮，至于洛。……秋八月，方叔帅师伐荆蛮"（《竹书纪年》）；

- "[冯]绲前讨蛮荆，均吉甫之功"（《后汉书·李膺传》）；
- "蛮荆鲜人秀，厥美为物怪"（《金鸡》，宋·欧阳修）；
- "蛮荆，荆州之蛮也"（《朱熹集传》）等。

以上至少说明，在宋朝以前黄河流域与荆楚等南方各地存在相当大的社会经济差异。

在过去的几千年历史中，人类文明的起因与进化机制没有得到学术界的全面理解。即使在现代世界，仍然存在以下困惑：从比较静态的角度来看，许多具有相似自然、社会甚至政治因素（或条件）的国家的宏观经济表现完全不同（Sachs 和 Warner, 1997；Maynard, 2016）；而从比较动态的角度来看，许多国家和文明通常具有各自不同的非线性甚至周期性发展模式（Guo, 2017，138ff 页）。现有的关于"资源诅咒"的研究成果在运用到黄河流域时，需要特别的具体分析与鉴别。既然夏商时期的黄河远比近现代凶猛，给居住在黄河两岸的人民所带来的伤害也更严重，那么我们的祖先为什么不会一走了之，在更安全、更环境友好的区域建设家园？当然会！古吴国（约公元前 12 世纪－前 473 年）的建立就是最早的例子之一。如果古吴国的创建者（包括太伯及其追随者）确实是来自黄河流域的先期移民，那么如何解释地处长江下游、自然地理环境明显好于黄河中下游的吴国在其存在的大部分时期（特别是早期）的发展却相对落后于黄河流域呢？[①]

现有的甲骨文文献共计有 326 片记录关于"河"的甲骨文拓片、照片和摹本，大多是关于"祭河"或与黄河有关的占卜等记载。[②]这些原始文献说明，至少在这些文献出现的商朝中后时期，黄河与殷商的政治、经济、

---

① 现有的考古物证没有发现古吴国早期有文字使用的迹象；而现有的关于古吴国早期的介绍大都是后人完成的（如《左传》《史记·卷三十一·吴太伯世家第一》《楚辞》等），其中不乏虚假或杜撰的内容，因此考古发现应是首要（如果不是唯一）证据。

② 根据《甲骨文合集》（郭沫若，1999）整理而得。

社会活动是密切相关的。尽管商朝不断迁都以躲避黄河决口带来的灾难，黄河在殷商时期起到的作用是其他资源要素所无法替代的。黄河作为一种特殊的资源，其对人类文明发展的影响是非常复杂的。揭示中华文明博大精深的内涵需要了解黄河。

所缺的正是想要的

在过去几千年中，中华文明同世界上大多数其他土著文明一样，都是建立在干旱或半干旱环境中的。与闪族和印欧语言不同，汉语属于不同的语系。然而，人口超过世界1/5的汉族人也使用"瓦迪"（即"洼地"）来表示"海拔低于四周的土地"——类似于阿拉伯语和许多印欧语单词"wadi"的含义。此外，与大多数其他汉字在过去都经历了发音上的变异不同，中国人对"洼地"的发音在汉语的许多方言中都基本保持不变。汉字"田"，[①]在古汉语中可能与"地"（在甲骨文中没有这个字）是同音同义字。如果是这样的话，早期的中国人很可能使用"洼田"表示共祖词"wadi"。[②]清代散文家梅曾亮（1786—1856年）曾提醒决策者，要保护好荒山，否则将会对周边的土地（特别是洼地）产生严重的生态灾难。例如，他写道：

> 及余来宣城（地处安徽省东南部，江苏、浙江、安徽三省的交汇处），问诸乡人。皆言：未开之山，土坚石固，草树茂密，腐叶积数年可二三寸；每天雨，从树至叶，从叶至土石，历石罅，滴沥成泉。其下水也缓，又水下而土石不随其下；水缓，故低田受之不为灾，而半月不雨，高田犹受其浸溉。今以斤斧童其山，而以锄犁疏其土，一雨未毕，沙石随下，奔流注壑涧中，皆填污不可贮水，毕至洼田中乃止，及洼田竭而山田之水无继者。是为开不毛之土而病有谷之田，利无税之佣而瘠有税之户也。余亦闻其说而是之。[③]

---

① 参见第1章的详细描述。
② 汉字"窪田"也为日本的一个家族姓氏。
③ 引自梅曾亮（1855，10卷）。

洼地环境在中国古代文明中的作用比近代更为重要，这可以从汉字"洼"的繁体字部首看出。繁体字汉字"窪"的部首与一组曾经在中华文明中扮演或仍然扮演着关键角色的汉字部首相同。这些汉字包括"家""宝""宫""富""福""官"等。这里，所有这些字符的共同组成部分是宀，最初写为⌂（代表"房子"或"家庭"）。

为此，从这些汉字的象形含义可以看出，这些汉字大多与那些被中国人高度重视或对中国人至关重要的事情或人物有关。那么，为什么汉字"洼"（"窪"）也是作为中国古代的一个关键字？唯一的答案似乎是，"洼地"在中国古代的日常生活中扮演着至关重要的角色。让我们先看看汉字"窪"的象形意义：

宀 表示"房子"或"家"，

氵表示"水"，

圭 由两个"土"字构成，"土"的甲骨文写为Ω。

事实上，构成汉字"窪"的元素都是古代农民所需要的。在沙漠或半沙漠地区，洼地尤其适合农业。此外，黄河下游的早期文明可以从汉字的发明中理解。例如，现在有多达数千个汉字是基于艹（有时作为䒑），它们的旧形式是𦫳（指两朵花或草），大多数与人类的食物或其他经济和社会活动有关。和世界其他主要文明源地（可能中美洲奥尔梅克印第安文明源地，即夸察夸尔科斯河流域是唯一的例外）一样，黄河流域的自然地理条件相对较差，与干旱和洪涝相关的自然灾害频发有关，这也是这一区域相对于其他"环境友好型"区域（如长江流域）较早由狩猎采集社会进入农业社会的动因之一（Guo，2019，83—90页）。

我们不妨从汉字的发明来理解黄河流域早期文明形成的人—地动力学机制。例如，与中华文明最密切关联的两个汉字"華"和"黄"均用了草字头作部首。"缺啥想要啥"，这些象形/会意文字的构造不是偶然所为，很可能暗示了居住在黄河流域的先民对早日摆脱脆弱生态环境的渴望以及对创造"花草苍茂"型生态文明的美好向往。

方块字的文化，文化的方块字化

关于汉字

中国的书写体系始于商朝。然而，在周朝，特别是在春秋战国时期，汉字是在不同的地区独立发展和使用的。秦朝第一次对汉字进行了标准化，这样一直沿用到20世纪中叶（见表5-2）。在中国历史的大部分时间里，中国文字通常是用笔墨书写的。在公元2世纪初纸张被广泛使用之前，竹简和少数木简是中国人书写文件的主要载体。①

表5-2　汉字的不同形式或书写风格

名称/风格	描述	日	月	车	马
甲骨文	商代甲骨文				
金文	周代出现在青铜器上的铭文				
篆文	秦代官方书写形式				
隶书	汉代官方书写形式				
楷书	现代常规样式				
行书	快捷手写体				
草书	快捷手写体				

---

① 制浆造纸工艺于公元105年由汉朝太监蔡伦在中国发展起来，不过直到公元4世纪才在中国得到广泛应用。然后在7世纪传到日本，8世纪向西扩散到中亚，10世纪传到北非，12世纪传到西班牙，13世纪传到北欧（Braudel，1981，14页）。

世界文明新史

中国文字历史悠久，成为理解人类语言变异的最重要的媒介。然而，研究汉字的古音现在是一个具有挑战性的主题，正如南北朝时期颜之推（公元531—597年）在他的《颜氏家训》中所说的那样：

> 夫九州之人，言语不同，生民已来，固常然矣。自《春秋》标齐言之传，《离骚》目楚词之经，此盖其较明之初也。后有扬雄著《方言》，其言大备。然皆考名物之同异，不显声读之是非也。逮郑玄注《六经》，高诱解《吕览》《淮南》，许慎造《说文》，刘熙制《释名》，始有譬况假借以证音字耳。而古语与今殊别，其间轻重清浊，犹未可晓；加以内言外言、急言徐言、读若之类，益使人疑。[①]

一般来说，甲骨文在商代中后期已经成熟，但仍有相当一部分有待破译。在西周和其后的春秋时期，中国文字体系得到了实质性的发展，并成为现代汉语中仍被广泛采用的文字。然而，汉字在公元前5世纪的战国时期开始经历了重大变化。一方面，这主要是由于东周的分权，使得各个诸侯国能够以自己的方式独立行事。周初的中央集权几乎丧失，因此，汉字在这些诸侯国都有不同的书写方式。在这一时期，汉字的形式和书写风格有许多不同。另一方面，随着经济和文化的发展，汉字在这一时期更加流行，铸、刻、写汉字的材料和范围不断扩大。除青铜器铭文外，陶器铭文、竹帛铭文、货币铭文和印章铭文也大量出现。这就使得单个汉字在不同地区呈现出不同的形式或书写风格。

从宏观上看，战国时期的汉字书写是不同的。这种差异不仅存在于几乎所有的七个国家之间——楚、汉、齐、秦、魏、燕和赵。与以往的字体相比，战国文字最明显的特点是笔画任意简化，结构极其混乱（当然这是现代人的观点）。相对来说，"秦书"更接近于西周和春秋时期

[①]《方言》的作者是扬雄（公元前53年—公元18年）。《说文解字》的作者是徐慎（公元58—147年）。《释名》的作者是刘熙（东汉）。

的正统文字，更严谨，更具地域代表性。不同的写作风格给政令的贯彻执行和全国的文化学术交流造成了诸多障碍。在公元前221年统一全中国后，秦始皇颁布"书同文"令。汉字的统一促进了政治文化事业的发展，对中国的统一具有重要意义。

汉字作为管理工具

中国文字自产生以来就一直是中国政治文化的一部分。事实上，如果没有汉字在中国的广泛应用，在过去的2000年或更长的时间里，就不会有这样一个空间上稳定的多民族国家。汉字"田"（意思是"农田或曰地"）在中国古代也有"土地、领土、耕作与狩猎"等意思。这是非常容易理解的，因为在早期的农业社会中，农田曾经发挥着广泛的作用。然而，我认为一些与"田"相关的甲骨文在商代可能被定义为具有更复杂或多样化的地缘政治含义，但在一些文献中被错误地解读了。为了证明我的判断，我们先比较一下所有被解读为"田"的甲骨文（见图5-6）：

- 田，⊞ 和 ⊞ 同时出现在一枚甲骨上（见图5-6b）；
- ⊞ 和 ⊞ 同时出现在一枚甲骨上（见图5-6c）；
- ⊞ 和 ⊞ 出现在其他一些单独的甲骨上（叶玉森，1925）。[1]

坦率地说，如果如一些文献记载的那样，上述象形文字所代表的意义是相同的，而且都和"田"是一模一样的，那么为什么它们的写法在结构上彼此竟有如此大的差别？特别是，许多明显不同的符号竟写在同一枚甲骨上（如图5-6c所示），这令人非常不解。显然，这些符号的大部分（如果不是全部）并不是汉字"田"的变体字，而是另有所指。在甲骨文中，确实会有一些变体字，但变体不太可能如此频繁地出现——更不

---

[1] 作者根据http://www.guoxuedashi.com/zixing/yanbian/6161rq绘制。

世界文明新史

（a.1）中的六个字符的文字可能表示"国王带领或命令的一次狩猎活动"，与（b.1）中的文字几乎相同，但却与（b.2）或（b.3）或（b.4）没有相似之处。

（b.2）、（b.3）和（b.4）中的文字分别描述了在特定地方开展的与狩猎、烹饪和庆祝有关的活动或事件。

（c.1）和（c.2）中最右边的两个字在现有文献中被解读为相同的字；然而，它们实际上是故意被写成两种不同的形式。

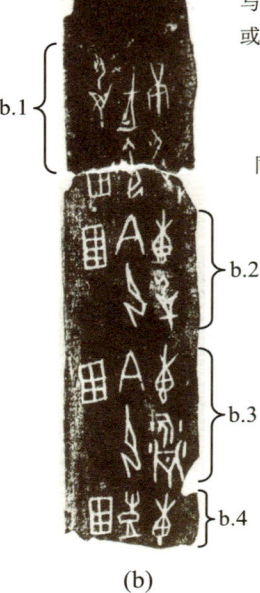

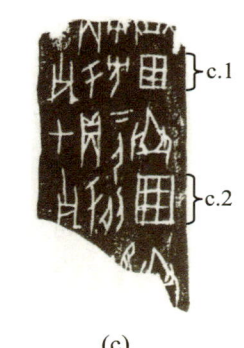

(a)　　　　　　　(b)　　　　　　　(c)

图5-6　甲骨文"田"在现有文献中被错误地解读了

注：（a）甲骨文（编号：33219），其中"田"被解读为"农地、田地、狩猎等"。（b）甲骨文（下半部编号：33218；上半部编号：32860；由作者拼接而成），其中 ⊞ 和 ⊞ 被解读为"田"；（c）甲骨文（编号：33211），其中 ⊞ 和 ⊞ 已被解读为"田"——参见郭沫若（1999，4040、4097、4098页）。然而，这四种文字都被错误地解读了，在商代，这四个字应该被设计为代表不同的地缘政治含义。

太可能出现在同一块甲骨上。的确，这是特别不寻常的，可能的答案是，它们是不同的文字，是商朝决策者出于不同的地缘政治目的而创造的"特色字"。那么，他们的具体地缘政治目的是什么？在象形含义上，如果上述每一个文字表示一块土地，那么这些文字被有意设计为包括不同数量的地块或区域。更具体地说，这些甲骨文被发现有以下数量的区块：4、6、8、9和12。

　　考虑到所有这些甲骨文字是以不同的图形设计的，因此它们可能具有不同的含义。我甚至认为，这些文字是商朝朝廷直接管辖的不同类型的地方行政单位。虽然尚不清楚它们在商代是如何称呼的，但所有这些地方行政单位①可能分别拥有4、6、8、9、12个次一级土地行政单位。事实上，商朝朝廷所做的一切都是为了方便自己收税：地方行政单位规模越大，它拥有的下属单位就越多，最后对它征收的税也就越多。而最简单（即四块地为一个行政单位，用"田"字代表）的土地管理形式最终演变成了标准的汉字"田"；而其他形式的土地管理，由于过于复杂，无法在实践中有效应用，最后逐渐消失，相应的文字也就自然消失了。

　　"田"在商代可能被用来表达"地、农田、狩猎"这样的一般意义，但其他结构复杂、被现代学者解读为"田"的字肯定被设计成有更多的意义，而不是简单地代表"田"。卡尔·马克思（Karl Marx，1818—1883年）曾描述过工业化前欧洲的一个例子，他说："如果你在某一个地方看到有垄沟痕迹的小块土地组成的棋盘状耕地，那你就不必怀疑，这就是已经消失的农业公社的地产。"②井田制作为一种耕作管理制度，将一大块土地分成九小块，以便于管理和税收。这种土地制度最早是谷梁赤（生于今山东西南部，战国时期著名经济学家）在公元前588年提到的。③然而，它可能早就存在了，可以追溯到商代。我的判断是基于这样一个事实，即这种制度可能在功能上源自甲骨文（如图5-6c和本段开头所示），它由九个方块组成，正好形成了一个汉字"井"。

　　总之，井田制应是商代在土地管理上的一项制度创新。而且，得益于其在特殊时期或特殊地缘背景下卓越的空间和组织效率，这一制度在后来的周朝得以继续采纳。这就是为什么孟子一再赞美和推荐它的原因：

---

① 注意，地方行政相当于农田的区块或土地行政单位，因为在古代中国和其他古代世界文明的早期，耕地几乎意味着古人物质世界的一切。

② 引自马克思（1881，19卷，452页）。

③ 参见《谷梁传·宣公·十五年》。有学者在没有仔细阅读有关甲骨文文献的情况下，却认为井田制可能仅是一种乌托邦式的理想制度（郭沫若，1978，29页）。

世
界
文
明
新
史

方里而井，井九百亩，其中为公田。八家皆私百亩，同养公田。公事毕，然后敢治私事，所以别野人也。①

事实上，"井田制"在商代的甲骨文中有详细的描述。但遗憾的是，在周朝以及后来文献中都没有对其进行解读。让我们首先看看在本段的开头显示的符号。②该甲骨文已被解读为汉字"圣"（《说文解字》中的发音为[ku]）。由于这个甲骨文字由 ◯（现写为"土"）和围绕着"土"的两个代表"手"（表示两个人的合作）的符号，因此这个字是会意文字，具有"联合、集体、协作开垦或种植"的含义。目前的文献对这一甲骨文字的解释可能是不准确的——它们没有提到它与商代地缘政治或经济的关系。事实上，该文字所揭示的不仅包括商代的农田和农业税收制度，而且还包括了商朝的"中心—边缘"政治经济关系。

对已出版的甲骨文影印件仔细研究表明，上面所述的现读为[ku]的字（现在写成"圣"）和"田"（包括上述五种形式）作为一个术语（我们不妨将之写为"圣田"），在商代已被广泛使用。鉴于这两个字的象形/会意含义，我们可以合理地判断所谓"圣田"的术语是用来表示不同目的。具体来说，它是指一种商朝首创的一种农田耕作制度，包括含有9块农田的井田制或任何其他形式的集体耕作制度（后者农田的块数可以是4块、6块、8块或12块等）。例如，商代关于"圣田"的描述，除了出现在图5-6c外，还出现在其他甲骨文献中（郭沫若，1999，4097页）：③

- "……国王颁布了集体耕地耕种令"【"……王令圣田"】——见第33212号甲骨；
- "……国王下令在西部边疆开垦更多的集体耕地，以获得丰收"

---

① 根据孟子的定义，每户可能要缴纳11.1%的地租或农业税，计算方法如下：（1/8）/（1+1/8）≈0.111。

② 详见图5-6c中c.2标注的内容。

③ 文献内容由作者重新解读和翻译。

【"……王令多圣田于西，受禾"】——见第33209号甲骨；

- "……国王下令在绊（一个隶属于商朝的西北小国）开垦更多的集体农田"【"……王令多绊圣田"】——见第33213号甲骨。

可惜的是，"圣田"这个经典术语的早期地缘政治意义在周朝及以后的文献中没有被提及。现在，大多数现代中国人只知道"圣"来自繁体字"聖"这一点（普通话发音 [sheng]，有"神圣"的意思）。然而，现代汉语中读 [ku] 的汉字"圣"（其在周代的书写形式如本段开头所示），与前面提到的繁体字"聖"（其简化形式也是"圣"）是两个完全不同的字。的确，了解"圣 [ku]"可以帮助我们破译发生在商代的不为人知的故事。

还有另一种可能性，那就是，在商代乃至周初，井田制只在远离京城的边远地区或文化落后地区实施。这一判决可以由两个甲骨文来见证：二彳（如图 5-6c 所示），现在写为"下人"或"下匕"，在现代汉语中都表示"劣等的"。这一点可以从这样一个事实来证明：这种井田制只在生活或工作在今天的山东省和陕西省的周代学者及官员的著作中被提到，这些地方在政治或文化上被商朝视为野蛮或从属国家。[①] 从安阳（商朝都城）到曲阜（商朝重要的属地，后来为周朝鲁国的都城）大约有 350 公里的路程，由于当时没有引进马匹，往返路程在商朝晚期要耗费十几天的时间。这样，专门委派的征税人员的开支可能会超过所征收税款，得不偿失。这意味着商王别无选择，只能在新征服的边远地区实行自治的农田制度（即"井田制"）。

公元前 1046 年，周朝取代商朝之后，它在中国西部的首都地区，虽然以前被后者称为蛮族地区，但现在成为整个国家新的政治中心。然而，由于低水平农业技术影响，井田制或至少是井田制的某些理念并没有被抛弃，而是得到了发扬光大。如《周礼·地官·小司徒》云："乃经土

---

① 此处省略了一个更详细的分析。

地而井牧其田野：九夫为井，四井为邑，四邑为丘，四丘为甸，四甸为县，四县为都，以任地事，而令贡赋。"据《诗经》记载，西周初期终南山（今陕西省西安市南部）的农业生产情景与井田制十分相似。例如，《诗经·小雅·信南山》是这样描述当时的农业景象：[1]

> 信彼南山，维禹甸之。畇畇原隰，曾孙田之。我疆我理，南东其亩。
> 上天同云，雨雪雰雰。益之以霢霂，既优既渥，既沾既足，生我百谷。
> 疆场翼翼，黍稷彧彧。曾孙之穑，以为酒食。畀我尸宾，寿考万年。
> 中田有庐，疆场有瓜。是剥是菹，献之皇祖。曾孙寿考，受天之祜。
> 祭以清酒，从以骍牡，享于祖考。执其鸾刀，以启其毛，取其血膋。
> 是烝是享，苾苾芬芬。祀事孔明，先祖是皇。报以介福。万寿无疆。

《诗经》是中国古代诗歌的集合体，大都创作于公元前11—前6世纪。诗词中的"中田有庐"指的是"在田地中央建的草房"，是古代实施井田制的一个特点。此外，以下是一个古老但仍然非常流行的中国成语："背井离乡"，意思是"被迫离开家园和农田"。值得注意的是，表示"农田"的汉字写为"井"，这恰恰说明，在现代汉语中的"井"（现代汉字通常是"水井"的意思）最初是指"集体式农田"（即"圣田"）。

到东周中期或末期，随着农业在技术上的进步，井田制基本消失了。但是，在中国传统文化中，土地以及对土地管理权一直是各个王朝统治者的命根子，可谓是：

> 普天之下莫非王土，率土之滨莫非王臣！

---

[1] 白话文版本参见《诗经》，王秀梅译（2015，505—509页）。

古人是如何翻译外文的？

单音节汉字现在可能是世界上仍然使用的最古老的书写文字。当然，中国的写作体系虽然是独立于世界其他国家发展起来的，但也包含了一些跨文化的影响。如第4章所述，具有文化含义的万字符（卍）最早流行于哈拉帕文化，已成为一些文化与宗教的标志性符号。在过去的1000—2000年，通过佛教经文在中国的翻译和传播，中国的书面语言受到了梵文的一些影响。许多汉语词汇是直接从梵文的佛经术语的音译而来的，其中还有一些新造字（如"梵"，现代汉语发音为 [fan]，古代汉语发音可能为 [wa] 或 [wan]）。到目前为止，这些材料为研究古代汉语提供了一个新的视角，成为汉语音韵学的重要工具，也是语音学的基本参考之一。事实上，佛教传入中国，不仅增加了"僧侣"等佛教专有名词，而且增加了汉语的词，如"和尚""尼姑"等人物术语及其他最常用的术语（如"过去""现在""未来""世界"等）。

对古代印欧语言的术语的汉译进行简要回顾，有助于我们研究古代汉语词汇、名称甚至其各自的古印欧语对应词的声韵变异。例如，欧洲名字"Alexander"或"Alexandria"，现在被翻译成"亚历山大"，在汉代的译名却是"乌戈山离"（有些文献可能将"戈"误写为"弋"）。如果古代汉语音译正确，那么可能存在以下两种情况之一：

（1）汉代中国人（至少是译者本人）大致将"乌戈山离"读为 [alexander]（而不是各自的现代汉语发音）；
（2）古欧洲人使用共祖词"Waka"（或其任何变体）来表示与"乌戈"的古汉语发音相类似的、现在已演变为"Alex"的词。[1]

---

① 这里我假设两个汉字"乌戈"（现在读 [wu-ge]）在汉代或更早的时候被用来粗略地表示音节 [wa-ka]，尽管在后来的朝代中它们的发音被解读为 [a-kua] 或 [u-kua]（郭锡良，2010，23、145页）。根据李方桂（2015，72页），音节 [a] 来源于某些汉语方言中的 [ua] 或 [u]（例如在被在宋代称为官话的闽南方言）。

值得注意的是，现有的古汉语音韵学研究（例如，见李方桂，1945和2015）通常是基于情景（1）而不是情景（2）。然而，在过去的几千年里，许多欧洲术语和名称的发音比其他土著语言（如粤语和吴语）的发音有更多的变异。[①] 此外，"Alex"一词在许多现代欧洲语言中被普遍认为是"亚历山大"的简写。但有可能"亚历山大"的名字比"Alex"要晚。然而，无论谁先谁后，基于其古代汉语音译——这也与第1章的推论一致，"Alex"和"Alexander"最初都源自共祖词"Waka"。我对第一个音节 [a] 源自甚至简单等同于 [wa] 的判断是基于希腊语术语"Anax"（意思是"国王、领主、领袖"）在迈锡尼希腊语中是"Wanax"（Palaima，2020，300—302页）。更多的跨文化证据已在第1章表1–1中给出。

可以肯定的是，拉丁音符"x"在古代并不存在（见书后阅读材料A之表A–1）。因此，拉丁语"Alex"和其他欧洲语言中的许多颠倒字母而成的词（包括但不限于"Axel"和"Lexa"）只存在于现代语言中。如果上面提到的古汉语音译是正确的，那么"Waka"应该是"Alex"的古变体（或者至少是原始变体）。当然，关于共祖词"Waka"最终如何在欧洲语言中演变成"Alex"，可能还有更多隐藏的故事。几乎可以肯定的是，虽然"亚历山大"一词的流行源于亚历山大大帝（公元前356—323年），但该词很可能创建得更早，并受到古代美索不达米亚类似术语或名称的影响。如第2章图2–3所示，"waka"在苏美尔语中的意思是"神/女神的地方"。因此，情景（2）可能比情景（1）更真实。

公元前6世纪末和5世纪初，巴比伦人和波斯人在爱琴海地区扩张（Tod，1951），这样的后果是，我们可以在一些希腊语文献中发现关于波斯民族名称的最早记载。在调查了希腊形式的波斯和伊朗人名之后，阿尔文·H. M.斯通西弗指出，外国人姓名——至少许多古波斯人名——

---

① 关于过去2000年或更长时间里拉丁文字系统演变的更详细描述，见书后阅读材料A（特别是其中的表A–3和A–4）。

的希腊音译非常不准确（Stonecipher，1918，1页）。[①] 因此，阿拉伯语和波斯语中的"Warka"一词很有可能是古希腊人借用苏美尔语中的"Uruk"（或"Waka"）一词来表示现在被称为"Alex"或"Alexandar"的词。这里，"Alex"和"Alexandar"的第一个音节，就像古代梵语中的"阿育王"（见第4章），在古代应该等同于[wa]（或任何类似变体）。[②]

梵文 वेद（Veda）是非常重要的印度宗教、哲学及文学术语，在古代中文文献中被翻译为"吠陀"（现代汉语称为[fèi-tuó]）。如果"吠陀"是"Veda"的音译，那么汉字"吠"在古代的发音应该类似于"ve"。[③] 事实上，"吠"由两部分组成："口"（表示"嘴巴"）和"犬"（源于原始符号 犮，表示"狗"）。因此，这个字最初被设计成用来表达狗吠声[wa]。在吴语和其他一些现代汉语方言中，这个字的发音类似于[wa]。"陀"的中文意思是"山丘，不均匀的"。因此，古人用"吠陀"来翻译梵文的重要术语"Veda"不是一个理想的译法（无论当时的音译正确与否）。坦白地说，从释义和音译两个方面来说，最合适的汉字现在应该是"伟达"。虽然我建议的汉语术语是一个音译，但它也有"伟大成就"的含义，这与这个梵语术语的含义（即"知识"）是一致的。

此外，梵文中的"Shiva"（或"Siwa"）和"Vishnu"（或"Viṣṇu"）是印度教三大神灵中的两位主神，最初分别被翻译成"湿婆"和"毗湿奴"。事实上，他们的现代汉语音译应该分别是"希瓦"和"威西努"。然而，目前尚不清楚上述在翻译上不一致的具体原因：到底是这两个名字的梵文变异了还是汉字变异了？或者是两个都发生了变异？

[①] 例如，希腊语中的波斯语名称"bagadata"（英文：baghdad，意思是"神的恩赐"）有三种不同的音译：Μεγαδτηz，Μαγαδτηz和Βαγαδτηz（徐晓旭，2019）。参见Stonecipher（1918，32—33、42、45—46页）了解更多的希腊—波斯名字。

[②] 我的判断是，现代拉丁语"亚历山大"的第一个音节的古音不是[a]，这可以由下面进一步证明：古人在汉代翻译古代拉丁语"亚历山大"的第一个音节时，没有使用汉字"亚"或"阿"——郭锡良（2010，1、11页）将这两个字的古音均大致解读为[a]。

[③] 尽管汉语和梵语的音译可能都发生了变异，但由于梵语"吠陀"与共祖词"wadi"相似，就此而论，梵语的变异应该比汉语的变异要小。

看来，历史原本就是一本糊涂账，有时不能太认真。

汉字：美中仍有不足

汉字是世界上最古老的书写文字。从使用者的数量来看，汉字也是世界上使用最广泛的文字之一。尽管汉字一般都是象形符号，但其中许多并不完全是象形或会意，而是包含大量的形声复合字（Norman，1988，59—61页）。鉴于汉语是单音节语言，许多汉字都是同音字，这在具体交流过程中会产生不便。实际上，最初被归类为形声字的大多数字符至少具有部分语音性质（Boltz，1994，67—72、149页）。更具体地说，在传统分类法中，至少有三类属于象形和形声起源，包括：

- 抽象符号，例如"上"和"下"；
- 语义组合字，例如"明"由"日"和"月"构成；
- 形声复合字，如"河"（现代读音为 [hé]，古音为 [ka]）包括"氵"（表示"水"）和"可"（现代读音为 [kě]，古音为 [ka]）。

中国科学家和语言学家在将元素周期表翻译成汉语时，运用"形声法"为《汉语词典》中没有收录的元素名称创造了几十个新的复合字。具体来说，在翻译拉丁语或任何新发现元素的外来词时，中国的科学家和语言学家通常在现有的汉字（其发音用表示拉丁文的第一个或关键音节）加上一个字根（表示该元素特征），从而创造出一个新的汉字。例如，"molybdenum"——代表一种银灰色金属——已经被音译成一个新的汉字"钼"（读 [mù]），其中"钅"表示"金属"。

汉字现在通常被称为方块字，在过去几千年中，汉字从早期的、通常是不规则的形式演变而来。这一演变背后的主要动力是自然环境，尽管还有许多其他因素。更具体地说，正是资源上的匮乏使人们尽可能高效地写作。让我们做一个简单的数学分析：假设在给定的书写材料上（比如墨水，书写长度以 z 表示），如果试图尽可能多地用象形符号（文字）来描绘或记录他想要表达的思想。更具体地说，如打算写一个二维（宽 x 高 y）象形字符，那么这个字符的表面积（用 s 表示）可以用 $s=xy$ 表示，$2x+2y=z$。通过让 s 对 x（或 y）的一阶微分为零，可以得到 s 可以优化（或最大化）的条件：$x=y=\frac{1}{4}z$。[1] 换句话说，在其他条件相同的情况下，方块字是书写一个包含最丰富信息字符的唯一方式。

中文是唯一一个至少部分遵循上述空间优化规律的书写方式。虽然古代中国人可能不完全理解这个定律的数学原理，但他们确实在书写和其他社会经济活动中使用了它。例如，黄河中下游附近地区的考古证据表明，在史前时代，古代中国人曾试图优化他们房屋的空间结构。[2] 让我们再举一个高度简化的例子。假设一块书写面（面积用 S 表示）可以均匀地分成 n 个块，每个块中可以写一个汉字。显然，我们有 $n=S/s$，其中 s 是每个字符占用的面积。如前所述，只有在上面写正方形字符时，s 才会最大化。因此，当所有汉字都以正方形形式写在 S 上时，n 将最小化。换言之，如果想在一个给定的书写材料上包含最多的汉字，那么在实践中，方块字可能不是一种理想的书写方式。

请注意，上述分析仅基于两个纯粹的数学练习——它没有考虑到古代中国的真实情况（如书写表面的形状和类型）。商代甲骨文以及一些不同风格的金文构成了中国最早的重要文字库。周代以后，竹简和木简被广泛用作主要的书写材料。所有这些不同的书写表面，必然也影响了汉字书写风格的形成和演变。可以肯定的是，由于中国古代用作书写表面的材料极不规则（如甲骨）或细长（如竹简），[3] 因此，方块形式是中国人写作的最佳方式。当然，我们还需要在这方面做进一步、更细致的调查。可以肯定的是，汉字是迄今为止世界上空间效率最高的书写系统。然而，

---

① 具体微分方程如下：$\partial S/\partial x=\partial (x(\frac{1}{2}z-x))/\partial x=0$，也就是说，$\frac{1}{2}z-2x=0$。

② 中国最早的房屋空间结构简析见本章第一节。

③ 例如，参见马如森（2010）关于甲骨文的分析，以及 Loewe（1997，161—192 页）和 Perkins（1998，24 页）关于竹简与木简的分析。

与其他基于字母表的书写系统相比，它也有许多缺点。

如第1章所述，多音节语言是减少同音字的唯一方法。事实上，在上万个汉字中，有几十个是多音节的，有的是双音节的，有的是三音节的。例如，在中文数字系统中，廿（读 [è-shí]）、卅（读 [sān-shí]）和卌（读 [sì-shí]）分别表示"20"、"30"和"40"。在翻译英语单词"mile"和"nautical mile"时，中国人使用"哩"和"浬"创造两个分别代表"英哩"和"海里"的长度单位。

"圕"是"图书馆"（繁体字：圖書館）这三个汉字的合成字。该字1924年由杜定友发明，1926年传入日本。这个新汉字后来被定义为单音节字（读 [tuǎn]）。"混凝土"是建筑工程中最常用的中文术语。但在实际工作中写这三个字既困难又费时。1953年，蔡方荫教授用一个新的易于书写的汉字"砼"取代了这三个汉字："砼"由"人工石"三个字构成，意思是"人造石"。同样，新汉字被定义为单音节 [tóng]。

在文化上，中国人倾向于用单音节来定义他们使用的所有汉字。然而，正如世界上大多数现存的人类语言所见证的那样，多音节语言包含了人类交流的大部分。不过，无论专家们如何将以上复合型汉字进行"单音节化"，现代人仍然把它们当作三音节词汇，很少有人能记住它们的单音节叫法。

也许这就是语言的发展大势吧，文明本身就是"简单问题复杂化"的过程。

参考文献

中国社会科学院考古研究所.甲骨文编 [A].北京：中华书局，1965.

考古学编辑委员会（CEEC）.中国大百科全书：考古学 [M].北京：中国大百科全书出版社，2004.

郭沫若. 奴隶制时代 [M]. 北京：人民出版社，1978.

郭沫若. 甲骨文合集 [A]. 北京：中华书局，1999.

郭锡良. 汉字古音手册. 增订重排本 [M]. 北京：商务印书馆，2010.

韩建业. 中国西北地区先秦时期的自然环境与文化发展 [M]. 北京：文物出版社，2008.

胡厚宣. 甲骨文合集材料来源表 [M]. 北京：中国社会科学出版社，1999.

贾永欣. 黄土高原的成因 [M/OL]. 科学智慧火花，[2020-02-28]. http://idea. cas.cn/viewdoc. action?docid=1392.

李方桂. 上古音研究 [M]. 北京：商务印书馆，2015.

[清] 刘书年. 刘贵阳说经残稿 [M]. 上海：商务印书馆，1936.

刘钊，洪飏，张新俊. 新甲骨文编 [A]. 福州：福建人民出版社，2009.

卡尔·马克思. 给维·伊·查苏利奇的复信 [M]// 马克思恩格斯全集. 第19卷. 北京：人民出版社，2006：430—452.

马如森. 甲骨金文拓本精选释译 [M]. 上海：上海大学出版社，2010.

[清] 梅曾亮. 柏枧山房集：卷十 [M/OL]，1855[2021-03-09]. https://baike. baidu.com/item/ 书棚民事.

[西汉] 司马迁.《史记》[M]. 北京：太行出版社，1997.

四川辞书出版社（SLP）. 甲金篆隶大字典 [A]. 成都：四川辞书出版社，2008.

唐建. 贾湖遗址新石器时代甲骨契刻符号的重大考古理论意义 [J]. 复旦学报（社会科学版），1992（3）.

诗经 [M]. 王秀梅，译注. 北京：中华书局，2015.

徐晓旭. 波斯人的希腊祖先：跨越族群边界的名祖神话 [J]. 历史研究，2019（2）.

杨瑞霞，鲁鹏，武慧华. 河南裴李岗文化聚落空间集聚分析 [J]. 地域研究与开发，2012（1）.

姚大力. 多民族背景下的中国边陲 [M]// 清华国学院. 全球史中的文化中国.

世界文明新史

北京：北京大学出版社，2014：147—200.

叶玉森.铁云藏龟拾遗：卷一[M].北京：北京大学图书馆，1925.

邹衡.关于探索夏文化的途径[J].河南文博通讯，1978（1）.

ALLABY M, GARRAT R, 2003. Floods（"Facts on File Dangerous Weather" series）(Revised edition) [M]. New York: Facts on File (J).

BOLTZ W G, 1986. Early Chinese writing [J]. World Archaeology, 17, No. 3: 420-436.

BOLTZ W, 1994. The Origin and Early Development of the Chinese Writing System [M]. New Heaven, CT: American Oriental Society.

BRAUDEL F, 1981. The Structure of Everyday Life, Civilization and Capitalism 15-18th Century, 1 [M], New York: Harper and Row.

BRESCIANI E, 2005. Sobek, lord of the land of the lake [M]// Salima Ikram (Ed.). Divine Creatures: Animal Mummies in Ancient Egypt. Cairo: The American University in Cairo Press, pp. 199-206.

CHANG K-C, 1980. Shang Civilization [M]. New Haven, CT: Yale University Press.

CHANG K-C, 1986. The Archaeology of Ancient China [M]. New Haven, CT: Yale University Press.

CHENG C-Y, 1997. The origins of Chinese philosophy [M]// Brian Carr and Indira Mahalingam (eds.). Companion Encyclopedia of Asian Philosophy (Routledge Companion Encyclopaedias). London and New York: Routledge, pp. 445-480.

CONFUCIUS, 1996. Analects of Confucius (lunyu) [M/OL]. Available at: http://www.confucius.org/lunyu/lange.htm.

FAIRBANK J K, GOLDMAN M, 2006. China: A New History (Second Edition) [M]. Cambridge, MA: Belknap Press.

GASCOIGNE B, 2003. The Dynasties of China [M]. New York: Carroll and Craft Publishers.

GISKIN H, WALSH B S, 2001. An Introduction to Chinese Culture through the Family [M]. New York: State University of New York Press.

GOUDIE A S, MIDDLETON N J, 1992. The changing frequency of dust storms through time [J]. Climatic Change, 20(3): 197-225.

GUO R, 2012. Introduction to Intercultural Economics [M]. Berlin: Springer.

GUO R, 2021. Cross-Border Resource Management-4E [M]. Amsterdam: Elsevier.

GUO R, YANG K, LIU Y, 2020. Explaining the human and cultural puzzles: A new development theory [J]. Technological Forecasting & Social Change, 155:119971.

HIGHAM C, 2009. Encyclopedia of Ancient Asian Civilizations [M]. New York: Facts on File (J).

HUCKER C O, 1978. China to 1850: A Short History [M]. Stanford, CA: Stanford University Press.

KEIGHTLEY D N, 1978. Sources of Shang History [M]. Berkeley, CA: University of California Press.

KEIGHTLEY D N, 1996. Art, ancestors, and the origins of writing in China [J]. Representations, 68, No. 56 (Special Issue: The New Erudition): 68-95.

KEIGHTLEY D N, 1999. The Shang: China's first historical dynasty [M]// Loewe, Michael; and Edward L. Shaughnessy (eds., 1999). The Cambridge History of Ancient China. Cambridge: Cambridge University Press, pp. 232-291.

LAMOUROUX C, 1998. From the Yellow River to the Huai: New representations of a river network and the hydraulic crisis of 1128 [M]// Mark Elvin; and Ts'ui-jung Liu (eds.).Sediments of Time: Environment and Society in Chinese History. Cambridge: Cambridge University Press.

LARY D, 2004. The waters covered the earth: China's war-induced natural disasters [M]// Selden, Mark; and Alvin Y. So (eds.). War and State Terrorism: The United States, Japan, and the Asia-Pacific in the Long Twentieth Century. Lanham,

MD: Rowman and Littlefield, pp. 143-170.

Li, Fang-kuei (1945). Some old Chinese loan words in the Tai languages [J]. Harvard Journal of Asiatic Studies, 8(3/4):333-342.

LI H; HUANG Y, MUSTAVICH L F, ZHANG F, TAN J-Z, WANG L-E, QIAN J, GAO M-H, JIN L, 2007. Y chromosomes of prehistoric people along the Yangtze River [J]. Human Genetics, 122: 383-388.

LI W; ZHU C, ZHENG C LI F, WANG X, LI L, SUN W, 2014. Holocene environmental change and its impacts on human settlement in the Shanghai area, East China [J]. CATENA, 114: 78-89.

LIU L, CHEN X C, 2012. The Archaeology of China: From the Late Paleolithic to the Early Bronze Age [M]. New York: Cambridge University Press.

LIU T, GU X, AN Z, FAN Y, 1981. The dust fall in Beijing, China, on April 18. 1981 [C]// Péwé, T.L. (ed). Desert Dust: Origin, Characteristics, and Effect on Man. Geological Society of America, Special Paper, 186, pp. 149-157.

LOEWE M, 1997. Wood and bamboo administrative documents of the Han period [C]// Edward L. Shaughnessy (ed.). New Sources of Early Chinese History: An Introduction to the Reading of Inscriptions and Manuscripts (Early China Special Monographic Series, 3). Berkeley, CA: Institute for East Asian Studies, University of California Berkeley, pp. 161-192.

LU X, 1998. Rhetoric in Ancient China, Fifth to Third Century BCE: A Comparison with Classical Greek Rhetoric [M]. Los Angeles, CA: University of South Carolina Press.

NORMAN J, 1988. Chinese [M]. Cambridge: Cambridge University Press.

PALAIMA T G, 2020. Basileus and Anax in Homer and Mycenaean Greek texts [A]. In: C. Pache with S. Lupack, C. Due and & R. Lamberton (eds.). Cambridge Guide to Homer [M]. Cambridge: Cambridge University Press, pp. 300-302.

PERKINS D, 1998. Encyclopedia of China: History and Culture [M]. London and

New York: Routledge.

PIPERNO D R, FLANNERY K V, 2001. The earliest archaeological maize (Zea mays L.) from highland Mexico: New accelerator mass spectrometry dates and their implications [J]. PNAS, 98(4): 2101-2103.

QIU X, 2000. Chinese Writing (Early China Special Monograph Series, No. 4) [M]. Transl. by Gilbert L. Mattos and Jerry Norman. Berkeley, CA: Society for the Study of Early China.

SHAUGHNESSY E L, 1986. On the authenticity of the Bamboo Annals [J]. Harvard Journal of Asiatic Studies, 46 (1): 149-180.

SHAUGHNESSY E L, 2006. Rewriting Early Chinese Texts [M]. Albany NY: State University of New York Press.

SINCLAIR K, 1987. The Yellow River: A 5000 Year Journey through China [M]. Chatswood, Sydney, Australia: Child and Associates Publishing.

STAROSTIN S, 2010. Reconstruction of Old Chinese Phonology [M]. Shanghai: Shanghai Education Press.

STONECIPHER A H M, 1918. Graeco-Persian Names [M]. New York and Chicago: American Book Company.

SUMMERSON J, 1998. Heavenly Mansions: And Other Essays on Architecture (Norton Books for Architects & Designers) [M]. New York: W.W. Norton.

TOD M N, 1951.A Selection of Greek Historical Inscriptions, 2nd edn [M]. Oxford: The Clarendon Press.

TREGEAR T R, 1965. A Geography of China [M]. Venice: Aldine Press.

TSAI S-S H, 1996. The Eunuchs in the Ming Dynasty (SUNY Series in Chinese Local Studies) [M]. New York: SUNY Press.

WHITE M, 2012. The Great Big Book of Horrible Things [M]. New York: W.W. Norton.

WORLD BANK, 2006. Reengaging in Agricultural Water Management:

Challenges and Options [M]. Washington, DC: The World Bank Publications.

WU K-C, 1982. The Chinese Heritage [M]. New York: Crown Publishers.

WU Q, ZHAO Z, LIU L, GRANGER D E, WANG H, COHEN D J, WU X, YE M, BAR-YOSEF O, LU B, ZHANG J, ZHANG P, YUAN D, QI W, CAI L, BAI S, 2016. Outburst flood at 1920 BCE supports historicity of China's Great Flood and the Xia dynasty [J]. Science, 353, Issue 6299: 579-582.

XU H, 2013. The Erlitou culture [M]// Anne P. Underhill (ed., 2013). A Companion to Chinese Archaeology. Oxford: Wiley-Blackwell, pp. 300-323.

XU X, 2003. The Jews of Kaifeng, China: History, Culture, and Religion [M]. New York: Ktav Publishing House.

YAN W, 2005. The beginning of farming [M]// Kwang-Chih Chang, Pingfang Xu, Sarah Allan, and Liancheng Lu (2005, eds.). The Formation of Chinese Civilization: An Archaeological Perspective. New Heaven, MA: Yale University Press, pp.27-42.

YANG L, AN D, TURNER J A, 2008. Handbook of Chinese Mythology (Handbooks of World Mythology) [M]. New York: Oxford University Press.

YAP Y, COTTERELL A, 1975. The Early Civilization of China [M]. New York: Putnam.

YUE-HASHIMOTO, O-K, 1972. Studies in Yue Dialects 1: Phonology of Cantonese (Princeton/Cambridge Studies in Chinese Linguistics) [M]. Cambridge: Cambridge University Press.

ZHANG C, HUNG H-C, 2008. The Neolithic of southern China-origin, development, and dispersal [J]. Asian Perspectives, 47 (2, Fall): 309-310.

世
界
文
明
新
史

6 中美洲文明

3000多年前，奥尔梅克人开创了中美洲的第一个文明。奥尔梅克文明大致源于公元前1200年，尽管在那之前也有农业发展的证据。中美洲接下来的文明是玛雅文明。尽管玛雅文明的历史可能要长得多，书写文字出现于公元前3世纪。

中美洲的文化和文明，虽然具有不同于东半球文明的一些独特元素，但其文明的发源同样依赖于那里流淌的大小河流。然而，中美洲的文明，包括奥尔梅克文明和玛雅文明，其社会经济活动并不明显依赖于气象和其他环境条件的周期性变化，这方面与东半球创造的早期文明有很大不同。这种环境上的独特性所产生的后果之一便是玛雅的长纪年历和短纪年历，后者完全不同于现代社会通用的公历。

"奥尔梅克"（Olmec）一词的含义在西方教科书中被解读为毫无任何文化或宗教含义的"橡皮人"，这可能是一种错误的解读。任何具有文明水平的群体都不会为自己或自己的文化起这样一个平庸的名字。它可能是后来人（如果不是欧洲人的话）对他们的称呼。相反，这个读起来有点像现代语言风格的"奥尔梅克"一词可能源于"waka"（或其任何变体，代表"神的地方"等）。这是一个共祖词，不仅在东半球所有主要文明中广泛使用，而且也应该在西半球土著文明或文化中作为一个神圣或超自然力的名称。

到目前为止，大量玛雅象形文字和绝大多数的奥尔梅克象形文字（或符号）仍然没有被破译，已经破译的文字也不一定完全正确。如果借鉴其他古文字中在象形和表意方面的一些共有特性和人类语言演变上的基本规律，在破译这些中美洲象形文字方面可能会有意想不到的发现。所有的早期人类在发展自己的文化时，都曾面临类似的环境压力、威胁和挑战，因此他们的文化（包括书写体系）在产生和发展过程中有一些类似的元素。

中美洲：多样性的环境

从低地到高地

中美洲位于连接北美洲和南美洲的狭窄陆地上，被两大洋（太平洋和大西洋）左右簇拥，地形变化很大，从环绕墨西哥河谷和马德雷山脉中部的高峰到北部尤卡坦半岛北部的低地平原。中美洲最高的山峰是皮科德奥里萨巴（Pico de Orizaba），这是一座休眠火山，位于墨西哥的普埃布拉和韦拉克鲁斯交界处。中美洲拥有各种生态系统、地形带和环境背景的复杂组合，主要分为两大类地理系统：低地（位于海平面以上至海拔1000米之间）和高地（位于海平面以上1000—2000米）。①

地势较低的中美洲一些区域最为常见的是亚热带和热带气候，这包括太平洋、墨西哥湾和加勒比海沿岸的大部分海岸线。高地的气候多样性非常大，从干燥的热带气候到寒冷的山地气候都有。总体来说，中美洲大部分区域气候温和，气温温暖，雨量适中。地区降雨量差异很大，既有干燥的瓦哈卡和北尤卡坦，也有潮湿的南太平洋和加勒比低地。

中美洲作为一个文化区域，其中还存在一些亚文化区。虽然中美洲所有文化都有一些共同特点，但不同亚文化区的一些文化要素上具有更高的

---

① 参见Carmack等（1996，9—11页）。

独特性。这些亚文化区通常与已知文化群体相关（例如，玛雅、瓦塞克和奥尔梅克等文化）。这并不是说，一个地区的所有人口都有共同的种族（实际上，在许多情况下，他们甚至没有说同一种语言），也不是说他们生活在一种单一的体制之内。同时，基于文化的相似性，各文化区域发生各种明显的互动，会影响它们政治（例如通过联盟和冲突）、经济和商业关系。

中美洲大多数低纬度地区的高海拔使它们拥有温带气候并全年保持夜间的凉爽，这使它们能够在环境上与东半球高纬度地区文明的瓦迪风格比较相似。中美洲高地一般包括两个独立区域：墨西哥中西部山区，以及危地马拉高地和墨西哥恰帕斯州。高地的地形、气候和土壤肥力变化很大。在墨西哥中西部，奥哈卡河谷、普埃布拉—特拉克斯卡拉河谷和墨西哥河谷历来是早期文化发展的重要地区。米什特克地区和格雷罗州的炎热干旱山谷是高原上最干燥的两个地区。

事实上，中美洲高地的情况与早期文明繁荣的古代世界其他地区的情况非常相似，例如南亚的冲积平原和印度河和克格尔－哈克拉河附近等区域。中美洲的高地农业文化掌握了储存水以及将水从山中的水源转移到可耕地等方面的技术。其中一个最为人所知的农业技术是"奇南帕"（chinampa，或称为"湖田"，它利用小型矩形浅湖床上的肥沃耕地来种植农作物）。"奇南帕"一词最初是由在墨西哥河谷居住的那华（或纳瓦）族人使用的。

在危地马拉高地，公元前800年左右曾出现一个玛雅社会，发现于今天危地马拉城西侧的卡米纳朱尤。在那之后的几个世纪里，玛雅人控制着佩滕（Petén）和太平洋低地的玉石及黑曜石来源。伊扎帕、塔卡利克阿巴伊和乔科尔的重要早期遗址，在公元前600年左右是可可的主要产地。中等规模的玛雅社会也开始在前古典时期的中后期开发玛雅北部的低地，虽然这在范围规模和影响力上与南部低地的大型文化中心还有差距。北部两个重要的前古典遗址包括科姆钦（Komchen）和朱比查尔顿（Dzibilchaltun）。玛雅象形文字中的第一个书面铭文也可以追溯到这个时

世界文明新史

期（约公元前250年）。大约在公元100年，玛雅城市出现了大范围的衰落和废弃现象，这被称为前古典崩溃，标志着前古典时代的结束。[1]

与高地一样，中美洲低地的环境也存在高度的差异性，从韦拉克鲁斯低地的热带气候到北尤卡坦的半干旱森林。为了克服环境的不利影响，古代中美洲人进行了一系列的农业技术革新。其中一项技术措施是在塔巴斯科（Chontalpa）遗址上发现的排水系统。另一个系统性的革新是使用"沟洫台田"（即在洼地修台田，如在伯利兹的前古典文化遗址所看到的那样）。然而，低地提供了多种可用的动植物资源。这些资源不仅可以用来代替农业，而且还可以用来交换其他商品。此外，广阔的海岸线为区域间的经济贸易活动提供了极大的便利。

寻找文明源地

古代中美洲环境的艰苦性与东半球不可相比。然而，它的古文化（如奥尔梅克和玛雅）中心的生态条件与中美洲其他地区相比仍然不尽如人意（见图6-1）。大约公元前5000年或更早时，墨西哥盆地（通常称为墨西哥谷）湖泊沿岸建立了定居点，那里的古人在湿地和湖底建造运河，并基于运河旁及运河之间的土地开垦农田，开展了早期的农业耕作。他们奇迹般地在水面和陆地之间创造了一个复杂的水田网络。简而言之，在接下来数千年里，主要文化发展演变的时间表大致如下：[2]

- 公元前4000年，在墨西哥和危地马拉太平洋沿岸平原索科努斯科地区沿海河口的贝壳丘遗址发现早期农业痕迹。

- 公元前3114年，在玛雅长纪年历中设置了一个神话般的基准日期（即3114年8月11日）。

- 公元前3000年，在墨西哥南部普埃布拉州／北瓦哈卡州的特瓦坎

---

① 参见 Acemoglu 和 Robinson（2012，143—149页）。
② 参见 https://earth-history.com/America/index.htm。

图6-1 中美洲的生态友好性

注：在地图中，生态友好度是用浅色（代表恶劣）与深色（代表友好）表示。

来源：http://eoimages.gsfc.nasa.gov/images/imagerecords/77000/77055/mesoamerica_mdl_present.png。

（Tehuacán）河谷发现了一种早期的玉米物种，随后演变成人类高度依赖的高产植物食品。

- 公元前2800年，莫纳格里罗（Monagrillo）陶器在巴拿马中部帕里塔湾附近的小定居点中被发现，该地区拥有丰富的沿海资源。做工上相对粗糙的蒙纳格里罗陶器存在了数百年。

- 公元前2300年，特拉帕乔亚（也称为佐哈皮尔科），即墨西哥盆地查尔科湖上的一个重要岛屿社区，开始生产中美洲最早的陶瓷雕像。

- 公元前1800年，定居型村落广泛出现，陶器也开始变得更加普遍。

- 公元前1600年，墨西哥湾科茨科萨科尔科斯（Coatzacoalcos）河沿线的村庄开始蓬勃发展。

- 公元前1400年，索科努斯科（Soconusco）地区村庄的墓葬中开始摆放陶瓷雕像、石碗和绿石珠等奢侈品。

- 公元前1350年，奥哈卡（Oaxaca）山谷第一座公共建筑出现于主要区域中心。

- 公元前1250年，在圣洛伦佐，先进的专业技术用于烧制独特的白色、灰色和黑色表面的陶器。

- 公元前1050年，在太平洋沿岸索科地区的陶瓷和绿石雕像碎片中出现奥尔梅克的文化特征。

　　中美洲首个复杂政治社会是由现在被称为奥尔梅克的民族创造的。奥尔梅克人生活在墨西哥南海岸，他们的居住地在大多数情况下都是炎热和潮湿的。奥尔梅克在中美洲的文化形成期之后繁荣起来，大约可以追溯到公元前1200—前400年。其实，早在公元前2500年，奥尔梅克人就在该地区繁衍生息，但到公元前1600—前1500年，早期奥尔梅克文化才开始出现，主要集中在韦拉克鲁斯东南部海岸附近的现代圣洛伦佐（San Lorenzo）。奥尔梅克地区长约200公里，宽约80公里，科扎尔科斯河水系贯穿其中。虽然尚不清楚在严格意义上奥尔梅克文化是否应被定义为河流文化，但奥尔梅克文化首先出现在各个河谷中（见图6-2）。

　　与东半球的古文明一样，奥尔梅克文明的早期传说与河流有关，尤其是夸察夸尔科斯河。根据传说，奥尔梅克神格扎尔卡特（Quetzalcoatl）坐在一条蛇皮制成的木筏上航行，直到消失在地平线上。格扎尔卡特是古代中美洲最重要的神之一，也被称为羽毛蛇，是鸟和响尾蛇的混合体（如本段开头所示）。他的名字是纳瓦特语中"quetzal"（意思是"翡翠羽毛鸟"）和"coatl"（意思是"蛇"）的组合。他在玛雅人、危地马拉土著民族和墨西哥湾沿岸的华斯泰克人中还有其他不同名字。他被认为是风和雨的神，是整个世界（包括人类）的创造者。

　　根据早期的神话传说，在墨西哥中部，格扎尔卡特也被视为牧师和商人的守护神，并被视为学习、科学、农业、手工艺和艺术之神（Cartwright，2013）。夸察夸尔科斯的意思是"蛇藏身的地方"（指有羽毛的蛇，是格扎尔卡特神的代表）。[①] 夸察夸尔科斯河是一条主要流经墨西哥

---

① 参见 http://www.explorandomexico.com/city/81/Coatzacoalcos/about。

图6-2　奥尔梅克时期（公元前1400—前400年）的文化遗迹位置

注：（1）所有名称均为现代名称。黄色代表现代村庄和城镇的名称。较小的红点标记为发现古代文物的地点。（2）左下角照片：圣洛伦佐纪念碑3号（也被称为"奥尔梅克巨头3号"，公元前1200—前900年），身高178厘米，保存于安特罗波洛博物馆（韦拉克鲁斯，墨西哥），引自http://www.flickr.com/photos/frida27/311233812/（根据知识共享署名2.0通用许可）。
来源：维基百科（文字说明除外）。

韦拉克鲁斯州南部的大河；它发源于尼尔特佩克山脉，穿越特万特佩克地峡地区的瓦哈卡州，向墨西哥湾方向流动数百公里。夸察夸尔科斯河有众多支流，包括埃尔科特（El Corte）、萨拉比亚（Sarabia）、哈尔特佩克（Jaltepec）、查尔奇贾尔帕（Chalchijalpa）、奇基多（El Chiquito）、乌斯帕纳帕（Uxpanapa）和卡尔扎达斯（Calzadas）等，所有这些河流或支流都可以行驶大小船舶。

从奥尔梅克到玛雅

奥尔梅克遗址包括现在的圣洛伦佐（San Lorenzo）、特诺奇蒂特兰（Tenochtitlán）、拉古纳德洛斯塞罗斯（Laguna de los Cerros）、特雷斯扎波特（Tres Zapotes）和拉文塔（La Venta）。拉文塔遗址是奥尔梅克遗址中最大的遗址之一，其历史可追溯到约公元前1200—前400年，主要发育于形成中期（约公元前1000—前400年）。拉文塔位于海岸沼泽地的一个岛屿上，俯瞰当时活跃的里约热内卢帕尔马河，拉文塔人可能控制着梅兹卡拉帕河和夸察夸尔科斯河之间的一个地区。奥尔梅克文明是第一个中美洲文明，为后来的文明奠定了许多基础。在其他"第一次"中，奥尔梅克人似乎实行放血祭奠，盛行对现代人来说非常残暴的"蹴球"，这几乎是后来所有中美洲土著文化的标志。[①]

特瓦克（纳瓦特语：Tewaka′，意为"众神之地"）河谷位于墨西哥普埃布拉州，是一个非常重要的地区，它不仅是早期玉米种植的地区，而且还是中美洲一些最古老的陶瓷制品的重要发祥地。位于墨西哥中东部的特瓦克河谷的马托拉尔（matorral）是沙漠和干旱灌木丛的生物群落。在西班牙语中，"马托拉尔"是"灌木或灌木丛"的意思。特瓦克河谷的马托拉尔山谷生态区包括普埃布拉州和瓦哈卡州的部分地区。这些地区位于周围山区的雨影（rain shadow）中，比周围地区干燥。历史上，特瓦克河谷对整个墨西哥都很重要，因为考古学家在那里发现了已知的最古老的人工栽培玉米。特瓦克河谷被认为是人类最早种植玉米的地方；而其他考古学证据表明，附近的巴尔萨斯（Balsas）河谷是大约在9000年前世界上第一个玉米被驯化的地方。[②] 两个山谷都比周围地区干燥。

今天的奥哈卡（Oaxaca）州有三个宽阔的河谷，即西部的埃特拉（Etla）、南部的奥科特兰（Ocotlán）以及东部的米特拉（Mitla），它们在奥哈卡中心海拔1400米处相互连接。这些河谷温暖半干旱，是萨巴特克（Zapotec）文明（约公元前700年—公元1521年）的发祥地。最早的农业村落位于河谷里面，那里的水供应更加丰富（Flannery，1985，446页）。每年从11月至次年5月属于旱季，但沿河流的两侧每年可以种植和收获

---

① 参见Diehl（2004，9—25页）和Pool（2007，2页）
② 例如，见Flannery和Marcus（2001，13—14页）和Matsuoka等（2002）。

两次作物。埃特拉和奥科特兰的河谷从西北到南被阿托亚克（Atoyac）河穿越，后者的定期洪水为一小块与河流接壤的土地提供水源。为了给远离河流的其他地方的作物提供灌溉，萨巴特克人开发并使用运河。通过使用小溪流的水，他们能够把水引到位于河谷地面400米以上的农田。考古学家发现了一个由大坝和东南侧山体运河组成的小型灌溉系统的遗迹。因为依赖自然水源的农田不足以支撑所有居民的生活，他们必须在土壤肥沃度较低的山麓上种植作物，因此需要人工灌溉（Marcus 和 Flannery，1996，147—148页）。

奥哈卡和其他地区较大定居点的演变与远距离贸易的发展密切相关。早期的简单易货贸易活动演变成了复杂的区域贸易组织，在那里，奥哈卡和其他地方的霸主垄断了黑曜石的开采和销售。尽管尚不清楚这些相互作用对萨巴特克文明的发展有什么影响，但很明显，奥哈卡河谷的居民在形成期（约公元前1500—公元300年）与奥尔梅克中心地带存在复杂的社会文化相互作用：

> 很快，磁矿镜（在奥尔梅克的祭奠仪式中很重要）、热带羽毛和陶瓷在高地地区［萨巴特克人的所在地］和低地地区［奥尔梅克人的所在地］之间存在广泛交易。在低地地区的影响在奥哈卡最为明显。公元前1150—前650年，奥尔梅克陶器和其他祭奠用品开始在那里出现，其中许多雕刻图像包含了带有独特的低地人——虎混合特征，这在奥尔梅克的精神领域占有重要的地位。此时，中美洲许多高地和低地地区开始拥有共同的宗教信仰，不过不同地区的神灵和宗教差异仍很大……①

---

① 引自 Scarre 和 Fagan（2003，446页），方括号内的内容由作者插入。"were-jaguar"这个半人半动物的词源于古语"were"（意思是"人或成年男性"）和美洲虎（奥尔梅克中心地带猫科类中的大型动物）。

必须指出的是，许多关于古代中美洲文明或文化术语及名称，尽管现在在西方教科书中已经广泛使用，但在前哥伦布时代从未被当地的土著居民使用过；相反，它们是欧洲人创造的，因为听起来或多或少有点拉丁味。奥尔梅克现在被描述为中美洲的第一个文明的名字。如果被称为奥尔梅克的中美洲人确实为其文化或他们自己起了一个名字，那么一定不会是现在这个读起来有点拉丁风格的名字，而是来自一个具有特殊含义的共祖词。此外，像"奥尔梅克"这个名字一样，"玛雅"在古代也没有被当地人用作代表其文明的名字。1502年，哥伦布最后一次航行到美洲。在洪都拉斯湾登陆后，哥伦布和他的船员被当地市场上一件漂亮的陶器所吸引，一名土著小商贩告诉他们，陶器是在玛雅潘制作的。在没有进行任何详细说明的情况下，哥伦布首次将"玛雅"作为中美洲人和文明的一个名称介绍到欧洲。

事实上，"玛雅"是一个共祖词，它在世界上许多语言中都作为流行术语或名称。在梵语中，"玛雅"的意思是"魔法或幻觉"。作为一个与女性有关的名字，"玛雅"在许多印欧和闪族语言中都有使用。但是，关于中美洲的情况，土著小贩提到的"玛雅潘"并不是我们今天所知道的整个玛雅文明，而是一个叫做"玛雅潘"（玛雅语：Mayapan）的城邦。然而，可以判断，就词源而言，玛雅语中的"玛雅潘"一词应该与其他人类语言中的类似词语有共同来源。具体来说，就像前面提到的多语种术语"Maya"一样，"pan"也起源于一个共祖词。例如，在希腊神话中，"潘"是牧羊人和猎人的神，是山野草场和森林的神。关于玛雅的情况，在现有文献中没有发现关于"玛雅潘"一词中后缀"潘"的含义的讨论。然而，我们可以认为它与中美洲的男性或父系事务有关，毕竟修筑城池的大部分工程，都是男人们的事情。

在那个时候，玛雅潘早已风光不再，城池已经废弃多年。但那个地方和那个地方的名字仍然存在，制造陶器的厂址也在那里。那座被考古学家称为玛雅城的废墟位于现代玛雅东南55公里处的梅里达（Mérida，现属于墨西哥的尤卡坦州）。在后古典时期（约公元900—1520年）的早期，它是该地区最重要的城市之一。

✿ 瓦迪文化，中美洲风格

逃离阿里多美

当提到中美洲的自然地理环境时，我们必须了解"阿里多美"（英文：Aridoamerica）这个术语。阿里多美表示横跨墨西哥北部和中部地区以及美国西南部小部分地区的文化区域。与中美洲的大部分地区不同，阿里多美有干燥的气候和地理条件。由于条件艰苦，这一地区在前哥伦布时期有着不同于中美洲邻国的文化和生存模式。考古学、历史和语言学证据表明，纳瓦人最初来自阿里多美，并在历史上有几次向墨西哥中部迁移的证据。大约从公元前600到前400年，纳瓦人在墨西哥中部迅速崛起，并扩展到奥托曼古安人、托托纳坎人和华斯泰克人占领的地区。[1]

奥尔梅克人集中在现在的圣洛伦佐市及其周围地区，那里独特的奥尔梅克特征可以追溯到公元前1200年或更早。尽管奥尔梅克文明的最早场景尚不清楚，但有一点或许可以肯定（仍然需要更多的考古证据）：奥尔梅克人来自阿里多美，或者至少是他们的祖先，就像所有其他中美洲人一样，曾在阿里多美居住或停留过，这是所有古代美洲印第安人从北美洲迁徙到中美洲的必经之地。他们也可能在中美洲的高地上有过生活经历。奥尔梅克文明的兴起得益于当地充满水的冲积土生态，以及夸察夸尔科斯河流域提供的交通网络。

---

[1] 参见Suárez（1983，149页）和kaufman（2001，12页）之更详细的分析。

在对奥尔梅克两个定居点①的生存模式的分析中，安珀·范德瓦克（Amber VanDerwarker）提供了一个多学科的解读，即政治复杂性的发展模式是如何与形成时期（即公元前1500年—公元300年）的农业实践和环境因素联系在一起的。利用多组植物和动物遗骸的数据以及同位素数据，并追踪玉米农业在形成时期后期的强化，她提出了令人信服的证据，证明奥尔梅克和后奥尔梅克的农业、狩猎和捕鱼等生活方式是由环境压力驱动的，以及必须根据所处的生态背景理解其作为制度化领导者兴起的原因（VanDerwarker，2006，11—21、198—201页）。如果上述两个奥尔梅克定居点的农业集约化和风险是奥尔梅克腹地形成时期的代表，那么奥尔梅克世界所面临的环境挑战可能与东半球古代文明（美索不达米亚、尼罗河、印度河流域和黄河流域）的环境挑战相比，如果不比后者更严重的话，至少是一样恶劣。

正是自然资源的稀缺为中美洲人提供了发展经济的动力，从而定义了中美洲风格的文化特征。这个道理和东半球的古文明是一样的。想一想，为什么在东半球的许多古文明中海贝被用作货币，而表示海贝的符号在玛雅书写系统中只表示"零或无"？唯一的原因是，不像东半球古时候的大多数古代文明，玛雅社会可以以非常低的成本获得海鲜，当然吃完海鲜后所剩下的外壳基本就是无任何用处的垃圾了。作为对比，可可豆却在玛雅社会被用作货币。要把某物品当作通用货币使用，该物品必须是非常稀缺或贵重。由于种植可可树和生产可可豆困难，使可可豆变得很有价值。可可树的低产量也使得可可豆在玛雅文明的大部分时期成为昂贵的商品，甚至在西班牙殖民地的早期也是如此。例如，在1544年之前，一块西班牙殖民地时期的墨西哥银币价值200粒可可豆。到1560年，一块银币的价值缩水到了40粒可可豆。②

---

① 即拉乔亚（La Joya）和贝祖潘（Bezuapan），均位于距低地奥尔梅克中心约100公里的图斯特拉山脉（Sierra de los Tuxtlas）。

② 参见https://www.numismaticnews.net/archive/cacao-bean-use-as-money-traced。

自然资源的稀缺性和空间分布上的不均匀性也为中美洲一些功能复杂的工艺品的生产或贸易提供了动力。精英阶层创造了对精致奢华手工艺品生产的需求，这些手工艺品定义了奥尔梅克以及后来的文化。许多奢侈品，如玉石、黑曜石和磁铁石，都来自遥远的地方，这表明早期的奥尔梅克精英阶层在中美洲有着广泛的贸易网络。例如，最有价值玉石的产地是危地马拉东部的莫塔瓜河谷，奥尔梅克黑曜石的产地在危地马拉高地的玉石产地，如查亚尔（El Chayal）和圣马丁·吉洛特佩克（San Martin Jilotepeque）或普埃布拉（Puebla），其距离从200公里到400公里不等（Pool，2007，26—27、151页）。格雷罗，现在是墨西哥西南部的一个州，或者更具体地说，巴尔萨斯河流域，似乎在奥尔梅克文化的早期历史中扮演了重要的角色。[①]

文化的兴衰

巴尔萨（Balsas，也称为Mezcala）河是墨西哥中南部的一条主要河流。它发源于普埃布拉州圣马丁河和扎华潘河的交汇处。从那里，它从西南流到西，进入一个通过格雷罗州的洼地，最后汇入太平洋。盆地气候因温带到亚热带而异，雨量季节性强，每年约90%的降水发生在5月至9月，山谷干旱地区的最高纪录为546毫米，高原地区上游降水量1200—1600毫米（Piperno和Flannery，2001）。巴尔萨河谷可能是世界上最早的玉米种植地之一，大约9000年前，玉米首次开始人工种植（Matsuoka等，2002；Kennett等，2006，121ff页）。所谓的"巴尔萨—特奥辛"（"Balsas teosinte"）现在被认为是现代种植玉米的直接前身，目前主要生长在巴尔萨河谷中部。根据古气候学研究，它可能在过去也在其他地方生长（Ranere等，2009）。

[①] 例如，梅兹卡拉文化的雕塑风格可能受到奥尔梅克人的影响，奥尔梅克人相反也影响了墨西哥谷特奥提瓦坎（Teotihuacan）古典时期大都市的雕塑发展（Coe and Koontz，2002，55页）。

巴尔萨文化是中美洲文化的名称，该文化位于当今巴尔萨河上游的墨西哥州。奥尔梅克风格的文物在格雷罗的一些地方出现的时间比墨西哥的维拉克鲁兹—塔巴斯科地区要早。目前，人们对梅斯卡拉文化的了解还很少，但一般认为它是在前古典时期的中晚期（公元前700—前200年）发展起来的，并延续到古典时期（约公元200—800年；但是，也有来自格雷罗阿穆科阿贝利诺遗址的相关物品被发现最早出现在公元前1530年。①

　　在中美洲运河灌溉的最初年代，工程技术应该不会太复杂，因为这些灌溉系统的遗迹很少保留至今。在约公元前600年以前，建造蓄水坝的技术含量不是很高，基本是用砂浆砌成，早期的蓄水坝建造更简单，是用松散的岩石建造的。对一些溢洪道进行了改进，并在一些溢洪道中使用了闸门。有些大坝甚至可以被归类为拱坝。在这段时间里，运河有些改变。使用了不同的横截面积，有些用石板作内衬。与此同时，农作物用更为谨慎的控制水灌溉，而不是早期所用的一些很随意的方法。在公元前550年—前200年，与灌溉相关的整个运河系统都有了显著的改善。河床的维护与疏通以及运河的开挖和水坝的修建，可能在当时是最重要的工程项目。在短时期内，渠灌技术得以显著提高。然而，这项技术在公元前200年后停止发展，大约500年的时间内没有重大的发展。大约在公元300年，开始有一些小的新发展。然而，在此后的整整1000年里，这项技术基本上保持不变。②

　　现在还不知道是什么原因导致了奥尔梅克文化的最终灭绝。一般认为，公元前400年—公元350年，奥尔梅克中心地带东半部的人口急剧下降，直到19世纪，该地区仍然人烟稀少。这种人口减少可能是奥尔梅克人赖以生存的环境发生严重变化的结果。这些变化使该地区不适合大批

---

　　① 参见Coe和Koontz（2002，55页），Evans（2013，315页）。
　　② 这一时期包括古典时期（公元200—800/1000年）和后古典时期的早期（公元800/1000—1300年）（Mays and Angelakis，2012，14—15页）。

农民居住，可能是由于构造变动或沉降，或是由于农业活动造成的河流淤塞引起的。[①] 一个关于形成时期的末期（公元100—300年）人口大量减少的理论认为，定居点的迁移是由于火山作用，而不是其他原因（Santley等，1991，3—24页）。形成时期的早期（公元前1400—前1000年）、晚期（公元前400年—公元100年）和末期的火山喷发迫使奥尔梅克人放弃他们的定居点（VanDerwarker，2006，50—51页）。

还有另一种可能：奥尔梅克最后一座城市被放弃是由于外族的入侵。如前所述，最初来自阿里多美的纳瓦人迁移到墨西哥中部。到了大约公元前600—前400年，纳瓦人在墨西哥中部迅速崛起。北方阿里多美干旱的气候和恶劣的生存环境，造就了纳瓦人强悍的文化传统，这使得他们可以轻而易举地应对那里的原住民。不管是什么原因，在奥尔梅克最后几座城市被遗弃后的几百年内，后续的文化就牢固地建立起来了。玛雅文明遍及今天墨西哥南部的恰帕斯州、塔巴斯科州以及尤卡坦半岛北部的金塔纳罗、坎佩切和尤卡坦州。玛雅地区也遍及中美洲北部地区，包括今天的危地马拉和伯利兹、洪都拉斯西部和萨尔瓦多最北部。考古学家还没有确定奥尔梅克人和玛雅人之间的关系，玛雅人是他们的后代、贸易伙伴，还是有其他关系？这是一个谜。有一种假说认为早期玛雅人主要是奥尔梅克人（Campbell和Kaufman，1976），这意味着奥尔梅克人从未消失。

在地形上看，玛雅地区通常被划分为三个松散的区域：南太平洋低地、高地和北部低地。玛雅高地包括危地马拉和墨西哥恰帕斯高地的所有高地。南部低地位于高地以南，是墨西哥恰帕斯州、危地马拉南部海岸、伯利兹和萨尔瓦多北部的一部分。北部低地覆盖了尤卡坦半岛的全部，包括墨西哥的尤卡坦州、坎佩切州和金塔纳罗州，危地马拉的佩滕省和整个伯利兹。墨西哥塔巴斯科州和恰帕斯州的部分地区也包括在北部低地。

---

① 参见 Diehl（2004），其中还引用了其他参考文献。

南部低地的玛雅中心在公元8世纪和9世纪逐渐衰落，之后不久就被遗弃了。有关玛雅文明衰落的非生态原因包括多种因素，如人口过剩、外族入侵、农民起义和主要贸易路线的崩溃。生态假说包括环境灾害、流行病和气候变化。然而，仍然有一个谜。气势宏大的玛雅城市在古典时期（约公元200—800年）之前竟没有修建围墙等城防设施。尽管此后情况发生了变化，但在欧洲人到来之前并没有发生重大变化。然而，玛雅人在古典时期的衰败和西班牙征服者的到来以及16世纪西班牙对美洲的殖民统治中还是幸存下来了。

"世界末日"之后

就知名度而言，也许玛雅人的其他任何发明都无法与"长纪年历"相提并论，后者被解读为与所谓的"2012世界末日预言"有关。[①]公元2000年后，人口不到200人的法国小村庄布加拉赫开始接待来自世界其他地方的游客。更为神秘的是，他们都是神秘主义信徒，认为当地的比加拉什峰（Pic de Bugarach或Pech de Bugarach）是逃过2012年"世界末日"的理想地点。

2011年初，当地市长让－皮埃尔·德洛德（Jean-Pierre Delord）开始向国际媒体表示，担心2012年成千上万的游客涌入这个小镇，甚至暗示他可能会动用军队来维持当地的秩序。2011年，共有1万人登上比加拉什峰的山顶；2012年3月，已经有2万多名徒步旅行者。他们认为比加拉什峰会出现不明飞行物（飞碟）。2012年12月，法国政府在比加拉什和比加拉什峰周围安置了100名警察和消防队员，并限制了更多游客的进入。

在土耳其，以弗所（小亚细亚古都）的一个叫斯利因斯（Sirince）的小村庄曾在2012年12月21日（玛雅历法上标记为13个伯克盾结束日期）接待过数千名游客，他们说，这是接近罗马天主教徒相信的圣母玛利亚升天的地区。他们相信她的正能量将有助于抵御灾难。同样，在塞

① 除非另有说明，本节所用资料均来自Guo（2017，246—248页）。

尔维亚喀巴阡人的塔坦杰金字塔状山峰也引起了许多人的注意，因为他们认为，人工金字塔结构埋在里面会在当天发射强大的力量盾，以保护里面所有的人。

在中国，多达一千名全能神邪教成员声称"世界末日"即将来临。在2012年12月14日的河南省，一名男子持刀袭击并打伤23名小学生。警方怀疑这名男子受到了"世界末日"邪说的影响。

北美在地理上是古玛雅文明的近邻。通过口口相传、电影、书籍、互联网等方式，这里涌现出了一个类似邪教的信仰体系，认为种种迹象表明，2012年12月21日当天会发生可怕的事情。2012年，美国加州搜寻外星智能（SETZ）研究所卡尔·萨根宇宙生命研究中心正在参与对地外情报的探索。在9月，那里的科学家们创建了一份2012年世界末日的特别报告，该报告在SETI和NASA网站上发布。根据他们做的民意调查显示，1/10的美国人担心他们能否在当年12月21日存活下来。最严重的关切包括：

- 未知行星与地球相撞；
- 地球与黑洞的亲密接触；
- 地球周围发生更多自然灾害；
- 地球磁极的移动。

2012年12月6日，澳大利亚总理朱莉娅·吉拉德（Julia Gillard）为澳大利亚triple J电台发表恶作剧演讲，她在演讲中宣称：

> 我亲爱的澳大利亚同胞们；世界末日即将来临。无论最后的打击来自食肉僵尸、恶魔地狱兽还是K-Pop的全面胜利，如果你想知道关于我的事情的话，那就是——我将永远为你们战斗到底。

在巴西，圣保罗市的市长通过储备食物和物资动员民众为世界末日做准备。在南马托格罗索州的科吉尼奥市，还有模有样地为灾难中可能出现的幸存者建造了庇护场所。在玻利维亚，埃沃·莫拉莱斯总统参加了在政府支持下组织的克丘亚和艾玛拉仪式，以纪念在提提卡卡湖南部的索尔岛举行的天文学"夏至"活动。在活动中，莫拉莱斯宣布这一天是"帕查库特克"（克丘亚语：Pachakutiq，意为"翻转、扰乱、改变世界的人"）的开始，意味着世界对生活文化的觉醒和疯狂资本主义的终结，他还提议解散国际货币基金组织（IMF）和世界银行。

没有比墨西哥、危地马拉、洪都拉斯和萨尔瓦多更热闹的了。这些曾经组成玛雅帝国一部分的中美洲国家，在玛雅遗址有专门组织的庆祝活动，以纪念13个伯克盾的结束。玛雅仪式于2012年12月21日黎明时分在蒂卡尔举行，在大美洲虎神庙前的主广场举行。在13个伯克盾的最后一天，从前由古玛雅人统治地区的居民以无比兴奋的心情庆祝他们所看到的一个新的、更好的时代的黎明。危地马拉的玛雅激进组织玛雅联盟（Oxlajuj Ajpop）反对将这个日期商业化。蒂卡尔遗址的技术顾问奥斯瓦尔多·戈麦斯（Osvaldo Gomez）抱怨说，在庆祝活动中，许多游客非法爬上了1979年联合国教科文组织（UNESCO）世界遗产——面具神庙（Temple of the Masks）的楼梯，给神庙造成了无法弥补的损失。

天哪！也许这就是古代玛雅人所说的"世界末日"表演吧。

随着2012年12月21日的过去，人们终于可以深吸一口气："世界末日"过去了。玛雅历法中的"世界末日"疑团终于烟消云散了。事实上，古玛雅人并没有预言2012年12月是什么世界末日或会出现任何灾难。这种末日预言是现代人的骗局。玛雅长纪年历由不同计数周期组成，一个计数周期的结束并不代表玛雅世界的结束，也不代表整个世界的末日。相反，它是一个拥有1 872 000天（或约5126年，即从公元前3114年到公元2012年）的周期在这一天结束。旧的周期结束后，新的周期就会开始。

❖ 破解玛雅文字

玛雅日历概述

2012年现象是一系列末世信仰的一部分，认为灾难性的事件将发生在2012年12月21日。这一天被视为长纪年历中长达5126年周期的结束日期。因为中美洲长纪年历曾被玛雅人广泛使用，所以它有时也被称为"玛雅历法"。

长纪年历（或长计数年历）是一种不重复的、以20进制和18进制为基数的日历。与国际标准公历不同，长纪历法实际上是线性的，而不是周期性的（或以太阳为基础的）。它以20或18为单位保存时间，如下所示：[①]

-  称为"kin"（金），表示一天；

-  称为"uinal"（乌纳），表示20个金（20天）；

-  称为"tun"（盾），表示18个乌纳（360天）；

-  称为"k'atun"（卡盾），表示20个盾（7200天或大约20年）；

-  称为"b'ak'tun"（伯克盾），表示20个卡盾（144 000天或大约394年）。

[①] 每个字形（Harri Kettunen教授的绘画）还有一个基本形式（Kettunen和Helmke，2018，55页）。例如，伯克盾的基本形式如图6-3所示。

上面的五个玛雅象形文字，每一个字的结构设计可能比世界上其他任何书写系统都要复杂得多。在现有文献中，还没有发现对其中任何一个符号进行可能的象形或语音上的解读，包括对其中特定部分的解读（更多讨论见下一节）。尽管如此，这些图示符号通常表示玛雅长纪年历中的日期。例如，玛雅日期8.5.3.10.15代表第8个伯克盾、第5个卡盾、第3个盾、第10个乌纳和第15天。通过使用修改的20进制计数法，长纪年历将一个神话创世日期（对应于公元前3114年8月11日）作为开始计算天数。在玛雅长计数中，上一次周期以长计数的12.19.19.17.19结束，下一个12.19.19.17.19自然会发生在2012年12月20日，随后于2012年12月21日开始第13个伯克盾（即13.0.0.0.0，新一个玛雅历法的周期）。

在残缺的玛雅文献中，只有两处提到了上面所说的第13个伯克盾。因此，无法确定古代玛雅人是否赋予第13个伯克盾其他方面的意义。大多数经典的玛雅铭文都仅仅是历史性的表述，并没有作出任何预言性的声明。然而，玛雅经典文献中有两处确实提到了第13个伯克盾的终结：托尔图盖罗（Tortuguero）第6号纪念碑和拉科罗纳象形文字楼梯12号。托尔图盖罗遗址位于墨西哥塔巴斯科最南端，可追溯到公元7世纪，由一系列主要纪念统治者巴拉姆·阿贾夫的铭文组成。其中一个铭文被称为托尔图盖罗第6号纪念碑，是已知的唯一一个涉及第13个伯克盾的细节的铭文（见图6-3）。部分文字模糊不清，大致可翻译如下：

> 它将于第13个伯克盾终结。
> 这是四位国王的三个K'ank'in [?]。
> 它将会发生一个会"看见"的。
> 在一个伟大的"委任状"上，
> 这是B'olon-Yokte' [?]的展示。[1]

---

[1] 引自Gronemeyer和MacLeod（2010，8页）。其他翻译版本参见http://www.calleman.com/content/articles/the_tortuguero%20_monument.htm。

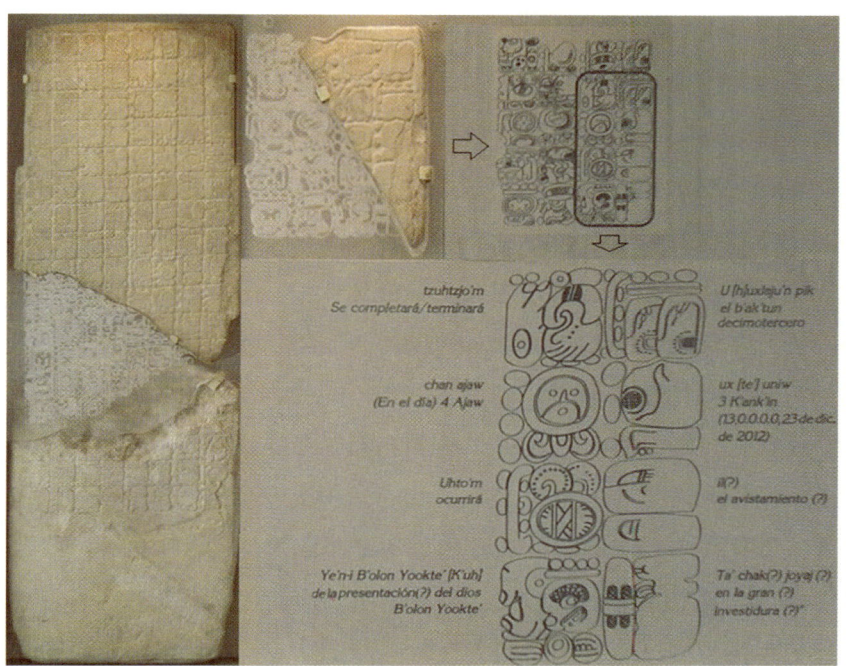

图6-3　玛雅"世界末日"之石：一个放错地方并被曲解的文化遗产

注：（1）第13（由玛雅数字 ▭▭ 表示）个伯克盾（b'ak'tun）符号由基本形式（▨），相当于正文中提到的头部变体▨）表示。（2）基于图中所示片段的解读（西班牙文）在上中部给出。（3）文字"（13.0.0.0.0, 23 de dic. de 2012）"（其中"23"应更正为"21"，而"dic."是"diciembre"的缩写，代表第12个月），该词错放在右侧第二行，应移至第一行，紧跟西班牙语单词"decimotercero"（即"第13"）。

来源：图片来自墨西哥塔巴斯科维拉赫莫萨人类学博物馆（作者对空间布局做了技术处理）。

　　　　　　　长360天的长计数日期是用玛雅数字写的。一个圆点（●）表示"1"，而●●，●●●，以及●●●●分别等于2、3和4。一个横线（—）等于"5"，贝壳状符号（如本段开头所示）用于表示零或无。使用这些符号的组合，玛雅人可以表示从0到19之间的任何数字。长纪年历需要使用零作为占位符，这是历史上最早使用的关于"零"的概念。迄今为止发现的最早的同时代长计数铭文是在墨西哥恰帕斯恰帕德科尔佐的第2块石碑上，显示的日期是公元前36年，尽管危地马拉塔卡利克阿巴伊的第2块石碑可能是最早出现的。[1] 在这些遗址中，有三处位于玛雅故土的西部边缘，三处位于更远的西部几百公里处，这使一些研究人员相信，长计数历法早于玛雅时代。

根据玛雅人流传下来的传说，第13个伯克盾（公元前3114年8月11日）标志着人类世界的诞生。长计数和西方历法之间的相关性已经被专家们计算出来了，这被称为修正的格林威治标准时间（GMT）或古德曼－马丁内斯－汤普森（Goodman-Martinez-Thompson）关联。另一种相关性将开始日期推迟两天，即公元前3114年8月13日。公元前3114年8月11日是公历中的一个日期，相当于儒略（Julian）历中的公元前3114年9月6日（Coe，1992，114页；Miles，1952，273页）。事实上，当西班牙人到达尤卡坦半岛时，长计数历法已经不再使用了，但是代表卡盾（k′atun）与盾（tun）的象形文字仍在使用。取而代之，玛雅人使用的是短计数年历。

2012年12月标志着另一个伯克盾的结束。尽管还不清楚长纪年历是什么时候发明的，谁是它的原始作者，但它已经与玛雅文明密切相关，玛雅文明的古典时期从公元200年持续到800年（Scherer，2007）。因为许多包括最早长纪年历的文物都是在玛雅本土范围以外发现的，所以日历很可能早于玛雅，也可能是奥尔梅克时期的发明。但反对奥尔梅克起源的一个论点是，奥尔梅克文明在公元前4世纪就结束了，比已知最早包括长计数日期的石制品要早几个世纪（Diehl，2004，186页）。然而，这并不重要，因为所有的中美洲民族，包括奥尔梅克人和玛雅人，都必然生长在同一棵中美洲文化树上。

在古典晚期（约公元600—800年），玛雅人开始使用简化版的"短"计数日历而不是"长"计数日历。[2] 短计数日历至今仍在玛雅社会中使用，

---

[1] 参见Boone和Willey（1988，68页），Diehl（2004，186页）和Coe和Koontz（2002，87页）以获取更详细的描述。

[2] 这方面的一个例子可以在蒂卡尔的14号祭坛上找到（Coe，1988，114页）。

它将20天的名称与13天的数字结合起来，交叉产生260个独特的日子，并用于确定宗教和仪式活动的时间以及占卜。每一天从1数到13，连续计数，然后再从1开始。然而，由于太阳历的一年大约是365.24个太阳日，因此无论是360天的"长计数"日历还是260天的"短计数"日历都不能用来精确预测季节性变化。

破解玛雅文字：一项艰巨的任务

玛雅人有详细而发达的书面语言，他们将其用在艺术作品上或用其来撰写书籍。他们的书面语言使用不同的图像和符号，有时用来描述一个短语，有时用一个单一的图像直接表示一个单词。鉴于这种语言以符号为基础，西班牙征服者称之为象形文字。目前，玛雅文字在中美洲是唯一被部分破译的文字系统。在危地马拉的圣巴托洛发现的最早的铭文可以确定是公元前3世纪用来记载玛雅日期的。

自16世纪西班牙人征服玛雅帝国以来，玛雅文字及其文化经历了各种灾难性打击。起初，西班牙人强迫他们的新臣民皈依基督教，用西班牙语讲话和写作。但早在玛雅人使用罗马字母表之前，他们就创造了自己丰富而优雅的文字。可悲的是，这些象形文字在玛雅人被征服后的几十年里就被消灭了。尽管西班牙征服者摧毁了大量玛雅文献资料，但他们的到来也促使了与玛雅文字相关的书籍向外部世界的推介。一般来说，与玛雅文解读相关的主要事件如下所述（按时间顺序）：[①]

- 16世纪：迭戈·德兰达（Diego de Landa），罗马天主教尤卡坦大主教区的西班牙主教是第一个记录玛雅文的人，历史学家把他描述为一个有争议的人物。他研究玛雅人的传统生活，但残酷地迫害美洲印第安人。特别是，他烧毁了数百份玛雅手稿，这些手稿在解读玛雅文字、玛雅宗教和文明知识以及美洲大陆的历史方面

---

① 参见https://www.pbs.org/wgbh/nova/mayacode/time-nf.html，另有说明的内容除外。

可能非常有用（Scarre 和 Fagan，2003，422 页）。

- 1832 年：一位名叫康斯坦丁·拉芬斯克（Constantine Rafinesque）的古怪的欧洲天才在他的时事通讯《大西洋杂志和知识之友》（*Atlantic Journal and Friend of Knowledge*）中宣称，在玛雅文中看到的点和条代表简单的数字——一个点等于"1"，一个横线等于"5"（将在本节后面详细讨论）。他还在公元前 36 年的雕文上发现玛雅人有一个代表"零"的符号。

- 1880 年：恩斯特·佛兹曼（Ernst Förstemann）是一位喜欢数学的德国德累斯顿的皇家图书馆图书管理员，他解读了玛雅人用来决定何时发动战争的天文表。他还破译了玛雅测量时间的"玛雅历法"。后来研究玛雅文化的学者用恩斯特的发现将玛雅日期转换为公历日期。

- 1881 年：英国外交官阿尔弗雷德·莫兹莱（Alfred Maudslay）使用大幅面玻璃平板相机，拍摄了玛雅遗址的非常详细的图像，包括清晰的铭文。他还对一些雕刻品做了制型纸的铸模。莫兹莱为玛雅研究提供了第一手的碑文语料库，使人们（特别是那些无法接触到玛雅文原件的学者们）进一步解读玛雅文成为可能。

- 20 世纪 30 年代：英国研究员埃里克·汤普森（Eric Thompson）破译了与历法和天文学有关的符号。与此同时，对象形文字的研究在这段时间几乎停止。

- 1952 年：莫斯科的俄罗斯语言学家尤里·克诺罗佐夫（Yuri Knorozov）假设，玛雅象形文字中的单个符号代表语音，很像英语字母。美国学者迈克尔和索菲科于 20 世纪 50 年代末在美国发表克诺罗佐夫的论文。否则，在冷战结束之前，西方学者可能无法获得他的重要发现（尽管不完整）。

- 1958 年：俄罗斯裔美国建筑师塔蒂亚娜·普罗斯科里亚科夫（Tatiana Proskourikoff）在墨西哥和危地马拉边境的一处玛雅经典

遗址工作，他证明了在一座神庙前的每一系列石碑上坐着的人物是一位国王（而不是上帝），石碑上不同的标记描绘了一位国王从出生到死亡的一生，而且，当一位统治者死后，玛雅人会开始在神庙竖立另一座石碑，详细描述另一位统治者的生活故事，首次发现这些雕文是用来讲述玛雅人的故事的。

- 1973年：两位年轻的美国学者琳达·舍尔和彼得·马修斯公布了帕伦克王朝的大部分历史，包括六位玛雅统治者的生活故事。

- 1981年：15岁的大卫·斯图尔特（David Stuart）发现，每个玛雅单词可以用多种方式书写，对相同的声音使用不同的符号。因此，一个字形可以以多种方式绘制。有了这个启示，学者们现在可以阅读许多曾经被认为无法辨认的铭文。

尽管对玛雅文字的完整解读还没有完成，但基于欧洲语言所完成的研究成果在后来为我们的研究起到了决定性的作用。现在，我们已经知道玛雅文由一组比较精细的象形—字母符号组成，主要出现在陶瓷、墙壁和树皮纸上涂鸦，用木头和石头雕刻，并用灰泥模制。雕刻和模塑的文字是被画了出来，但这种油漆很少能保存下来。玛雅书写体系是一个符号—音节系统，由表示象形含义的符号和表示音节的符号组成（如表6-1所示）。单个字符或符号可以表示语素或音节。玛雅文通常以两组排列的形式展现，对应名词或动词短语，从左到右、从上到下阅读。

然而，尽管当代语言学家能够对现有玛雅文字有一个大致的想法，但许多玛雅铭文仍然没有被完整地解读出来——这应该是早期欧洲人的失误。截至2018年，虽然现有玛雅文字中约有80%可以阅读，但只有约60%的文字含义可以理解（Ketunne和Helmke，2018，22页）。具体地说，解读玛雅文字中的问题包括以下方面。

表6-1　揭开玛雅文的神秘面纱：八个象形符号

象形符号	含义	音译
	太阳，白天，光明（？）	k'in-ni
	太阳入口（？），西	och-k'in-ni
	鱼	chay kay
	乌龟	a[h]k
	去死	Cham
	取，抓，接	ch'am (k'am)
	女性，女士，母亲	ix (ixik)
	强壮，年轻，公鸡（？）	Kelem

来源：Kettunen 和 Helmke（2018，79—85页）——由 Harri Kettunen 教授提供并授权使用。

（1）发音已被解读，但含义无法解释（这种情况在完全用语音符号书写的文字中更为常见）；

（2）含义已被解读，但发音不确定、模糊或者根本不知道；

（3）发音和含义只有部分被解读（例如，代表在一个成年人前举行仪式的字）；

（4）发音和含义只有一小部分被解读，或者根本不知道。[①]

---

① 引自 Kettunen 和 Helmke（2018，22页）。

寻找解读玛雅文的突破点

如果 Kettunen 和 Helmke（2018，22 页）的概括是正确的话，那么在象形（表意）和发音方面均被破译的玛雅文字的总数很可能还不到一半，在概率上可以计算如下：80%×60%=48%。与其他古代书写体系——苏美尔楔形文字、埃及象形文字和甲骨文——相比，玛雅文字被破译的比率不是太低。不过，正如在其他各章所述的那样，许多对古文字的解读并不完全正确。如果这种情况在解读玛雅文字中也存在，那么上述比例可能是最乐观的估计了。

在现代玛雅语言学家能够完全破译玛雅文字之前，还有很长的路要走。事实上，许多玛雅文，特别是那些在玛雅文明早期创建的象形符号中，不同人脸和表情很可能反映不同的语素或音节。如果是这样的话，那么这可能会为语言学家提供一个新的角度来解读玛雅文字，至少是解读那些在玛雅文明早期发明的象形文字。

考虑到许多玛雅象形文字在书写上异常复杂，每个象形文字中并不是其中所有符号都具有具体含义，当然其中一些必须具有。如果代表"kin"、"uinal"、"tun"、"k′atun"和"b′ak′tun"的五个象形文字包含音节，那么它们不同的发音口型可以帮助我们解读其各自象形文字的第一个音节。例如，"b′ak′tun"的符号张开的嘴最大，其次是"k′atun"，但代表"tun"的符号口型最小。而且，看看代表 uinal 的符号——它的上唇似乎要抬起，以便发出类似英语字母 U 的发音。

在美索不达米亚、古埃及、中国和中美洲发现的所有四种早期符号或表意文字系统中，玛雅文字的书写结构是最复杂的，也是最难破译的。如果没有众多专家的协同参与，单一力量不具备破译整套玛雅文字的能力。坦率地说，玛雅语言学家仍然需要一个新的角度来解读玛雅文字。为此，需要更多地注意玛雅字形本身的象形或表意含义。看起来很有可能如图 6-4 所示的八个玛雅文的发音与各自符号中的口型有某种关系。玛雅书写体系在经历了漫长的历史演变后，可能随着时间的推移而发生显著演变。在最后阶段，玛雅书写体系演变为一个更抽象或更简单的符号体系。例如，⬭⬭等类似符号是古代玛雅人设计用来表示 [wa] 音节的。这些符号的含义在现有文献中没有被提及。不过根据对这些符号的简单观察可以判断，它们可能最初来自人类的耳朵。耳朵是为人类提供听觉功能的关键器官。在巴西农村，当地人在新年假期相聚时，通常会上去互相拉耳朵，拧两下，这被认为是表达热情问候的传统习俗。

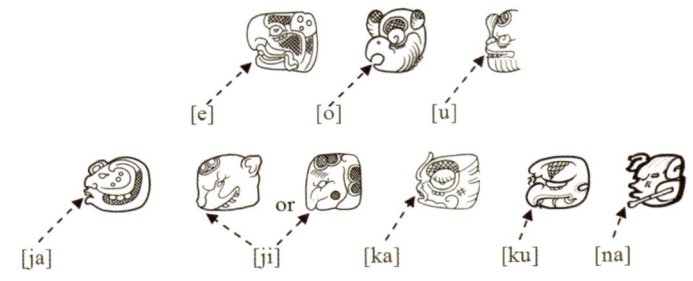

图6-4　解读玛雅音节符号的一个另类方法

注：（1）作者根据 Kettunen 和 Helmke（2018，74—76页）制作——感谢 Harri Kettunen 教授授权使用他绘制的这些图案。（2）本章后文讨论了大多数音节符号中包含的带有多条相交线的圆形和不规则形状的标志。

另一个表示 [wa] 音节的符号如本段开头所示[1]。它作为代表人脑袋的符号，在耳朵位置画有代表尖锐物（可能是一把小刀）的特殊符号。如何解释这个玛雅音节符号？在玛雅和其他新大陆古代社会中的一些宗教或祭祀仪式中，割掉人的器官甚至用活人做祭品是常见的现象。如果 [wa] 音节起源于人类哭声的判断是正确的，那么有理由相信古代玛雅人曾将音节 [wa] 比喻为割人类耳朵所产生的哭声。然而，[wa] 作为第一个共祖音节，还由其他图示符号表示。与苏美尔楔形文字和埃及象形文字一样，玛雅文字也逐渐从一个符号系统演变为一个符号音节系

[1] 图片来源：Kettunen 和 Helmke，2018，77页。

统，后者包含了更多抽象的音节符号元素。

更多发现，更多困惑

关于中美洲的古代文化和文明还有更多的谜团。例如，许多文化遗址位于河流附近。那么，古代中美洲文明能否被定义为河流文明呢？如果是的话，为什么古代中美洲文明与东半球的古代文明有如此大的差异？更令人不解的是，为什么玛雅人不像其他文明那样使用周期性的、以阴历或阳历为基础的历法，而是采用所谓的"长/短计数"历法？为什么古代中美洲人不能开发出像东半球所发明的相对复杂和精确的历法？也许答案是，在中美洲，人们对这样精确的历法没有需求！尽管玛雅历法也会周期性地计算日期，但它无法帮助确定对远离地球赤道地区的农业活动非常重要的季节性变化。

历法是一种为社会、宗教、商业或行政目的服务的计时系统。这是通过给时间段命名来实现的，通常是天、周、月和年。日期是在这样一个系统中指定的一个特定的日子。历法中的周期（如年和月）通常被设计为与太阳或月亮的周期同步。[1]许多文明和社会都设计了（或从其他文明中借鉴）一种适合自己的日历，并以此为基础，记录过去、规划未来。

除了玛雅文明中使用的"长计数"和"短计数"历法外，几乎所有其他历法都将连续的日子划分为"月"和"年"。在阳历中，一年近似于一个完整的季节周期所需的时间，传统上用于促进农业活动的规划。在农历中，月份近似于月相的周期。因为基于太阳周期的天数不是一个整数，所以一个阳历在不同的年份必须有不同的天数。例如，这可以通过在闰年增加一天来解决。这同样适用于阴历中的月份，也适用于阴历中一年的月份数。即使采用最现代的数学方法，一年也不能完全划分为长

---

① 当然在早期历法中只是非常初步，甚至是有很大误差的设计，因此古人需要经常修订、完善。

度一样的月份。

在西半球，玛雅人自己采用了所谓的"长计数"和"短计数"日历。在古代，玛雅人很有天文学天赋，他们经常研究月亮、星星和夜空的运行。玛雅人记录过去和最近的日食和月食、月相、金星和火星的周期、各种其他行星的运动以及天体的结合。这些记录还对未来的天体事件作出了预测。鉴于现有的技术，所有这些都非常准确，并表明玛雅天文学家的知识水平相当高（Carmack等，2006，55页）。

一般来说，以农业为基础的人类在历史上把一年分成不同的季节。这些季节在过去和现在都很重要，因为它们表明了直接影响农民生活的季节变化。然而，玛雅人没有仔细观察并及时记录季节性差异的习惯。例如，中美洲的"长计数"历法不是周期性的、以阴历或阳历为基础的历法；一个盾（tun）包括18个乌纳（uinal），每个乌纳（uinal）包括20天，合计只等于360天，比我们今天知道的一年至少短了5天。这意味着该历法不能用来记录季节。

"短计数"历法也不足以帮助中美洲农民管理他们的农业活动。"短计数"历法由20个13天的月份组成，被认为与宗教节日有关，也用来标记天体的运动和占卜。在历法中，日、月、年的名称大部分来自动物、花卉、天体和在中美洲具有象征意义的文化概念。这种历法或其前身（"长计数"历法）几乎被古代中美洲历史上的每一种文化所使用。[①] 然而，这些日历不能用于准确预测农业季节。

事实上，玛雅的历法，就像所有那些由最早的文明创造或应用的历法一样，是不成熟的，因为它们不能用来追踪或预测季节变化。然而，与其他旧历法不同的是，玛雅历法在玛雅文明的后期没有得到进一步发展。为什么玛雅人使用不寻常的日历系统？尽管存在许多其他原因，但下面的判断似乎是合理的：导致古代玛雅人创建日历的原始因素在后期消失（至少部分消失）。正如第1章和本书其他部分所讨论的，正是充满

---

① 即使在今天，危地马拉的一些玛雅人和瓦哈卡人仍继续使用现代化形式的中美洲日历。

挑战的环境孕育了最早的文明。毫无疑问，中美洲也是如此——奥尔梅克文明建立在有环境压力和挑战的地方。然而，与东半球孕育了最早土著文明的地方不同，中美洲拥有高度多样化的生态系统（见图6-2）。例如，根据Holdridge等（1971）和我的判断，早期中美洲文明可利用的腹地生态环境类型至少包括：

- 低地旱地；
- 低地微湿地；
- 低地湿地；
- 山前微湿地；
- 山前湿地；
- 山前雨林；
- 高原—干燥；
- 高地—寒冷。

也就是说，尽管中美洲最早的文明（奥尔梅克）最初是建立在环境恶劣的地方，但其后续文明可以轻易地选择附近环境友好的地方作为他们的家园。图6-5显示了墨西哥圣洛伦佐（奥尔梅克文明的主要源地）和危地马拉蒂卡尔（玛雅文明的主要源地）的月平均气温对比。当然，蒂卡尔的气候和其他环境挑战的季节变化要比圣洛伦佐的小得多。而非频繁或非周期性发生的环境事件，如河流洪水、气候和其他自然灾害，阻碍了古代玛雅人进一步发展其文化（包括改进不太完善的玛雅历法）。

所谓中美洲"长计数"日历应该是在相当于公元前3114年8月11日的日期开始的。然而，人们普遍接受的观点是，第一个记录下来的玛雅定居点是在公元前1800年左右在太平洋海岸的索科努斯科地区建立的，

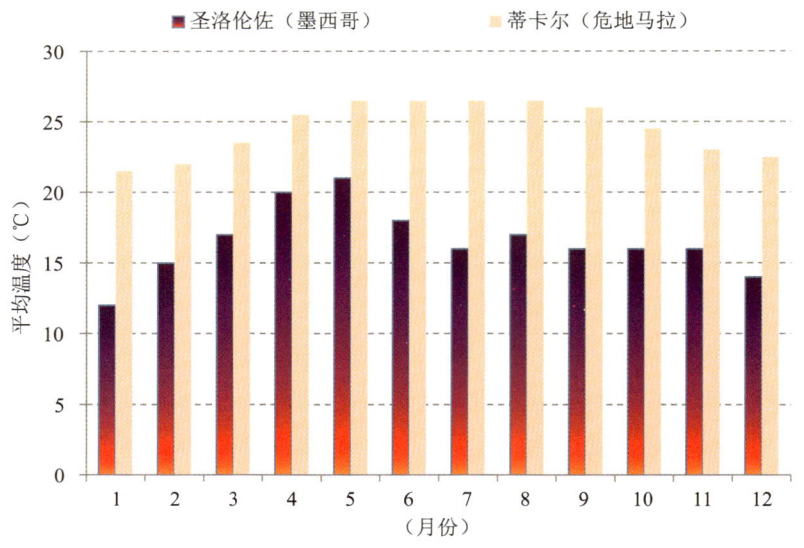

图6-5　圣洛伦佐（墨西哥）和蒂卡尔（危地马拉）：月平均气温

这被称为早期的前古典时期。[1] 学者们经常讨论中美洲文明何时开始。在伯利兹的库罗（Cuello）发现人类的定居遗迹（包括建造的纪念碑）最早可以追溯在公元前2600年（Hammond等，1976）。如果考古学家找不到任何证据证明中美洲早期文明的存在，我们必须得出结论，如果所谓的公元前3114的文明（或者在较低程度上称为文化）确实在中美洲存在的话，它可能来自其他地方。

在中美洲还没有发现其他在时代上与公元前3000年以前的南美洲早期文化相当（我们将在第7章详细讨论）的文化。目前还没有证据证明这些古老的中美洲和南美洲文化之间有任何交流或影响。由于地理位置彼此接近，它们在史前时期可能有某种形式的接触。

---

① 例如，参见Drew（2000，6页）和Coe（2002，47页）。

寻找消失的帝国

重新解读失落的世界

目前，中美洲许多与文化有关的术语和地名都是用西班牙语命名的。而它们的许多古代名字（包括最早的文化和文化遗址的名字），无论在古代是否存在，都永远不会为人所知。此外，即使使用一些旧名称，它们的原始含义也可能在中美洲断断续续的历史过程中消失了。例如，"奥尔梅克"这个名字来自纳瓦特语，意思是"橡胶人、橡皮人"（Coe，1968，42页）。然而，由于纳瓦特语只出现在后奥尔梅克时代，"奥尔梅克"一词及其当前的含义很可能只是后来民族赋予的，而不是奥尔梅克人自己曾经使用的名字（如果有的话）。否则，正如后面将要讨论的那样，拥有中美洲最古老文明的奥尔梅克人应该采用一个更为吉祥的名字。

瓦哈卡是中美洲以高原为基础的萨巴特克（Zapotec）文明的发祥地。有一种说法认为，"瓦哈卡"这个词来源于玛雅一种名为"Washim"的快速生长的小树的名字（Canfield，1981，3页）。由于瓦哈卡（Oaxaca）的发音 [waˈhaka] [1] 在墨西哥南部、加勒比海和中美洲大部分地区的许多土著方言中都有使用，这个词应该是哥伦布时代以前一直使用的名字。此外，位于瓦哈卡的地方现在成为国家公园瓦图尔科（Huatulco 或 Watuka，意思是"崇拜木材的地方"）。[2] 考虑到音节 [wa] 在其他古文明中有许多吉祥和神圣的含义（详见本书末尾的附录C），"Wahaka"和"Watuka"这两个词在古代中美洲可能还有我们今天不知道的其他类似的含义。

蒂卡尔（Tikal 或 Tik'al）是玛雅文明中最大的遗址之一，可以追溯

---

① 参见 http://www.mexconnect.com/articles/2815-oaxaca。请注意，"瓦哈卡"中的字母"x"代表清音后摩擦音 [ʃ]，相当于英语单词"shop"中的"sh"，它比字母 h 读起来更绕口。

② 参见 http://www.cruiseportinsider.com/huatulcohistory.html。

到形成期中期（公元前1000—前400年）。它位于现在危地马拉北部的盆地。该遗址是危地马拉蒂卡尔国家公园的一部分，1979年被联合国教科文组织宣布为世界遗产。"Tikal"这个名字是一个相对现代的名字，意思是"在水洞"，这显然指的是该地区的猎人和旅行者所使用的古老水库（Martin和Grube，2000，30页）。然而，蒂卡尔并不是该遗址最早的名字，而是在19世纪40年代发现后不久使用的名字（Drew，2000，136页）。一些考古学家发现，遗址上的象形文字将古城解读为"Yax Mutal"或"Yax Mutul"（Martin和Grube，2000，30页）。然而，这两个名字都是现代欧洲风格，不符合现代（更不是古代）中美洲土著语言传统。

在危地马拉北部、蒂卡尔以西约60公里处，有一个前哥伦布时期的玛雅考古遗址，在前古典时期和古典时期（大约公元前500年—公元800年）有人类文化遗存。该遗址曾是玛雅城邦的首府，位于当地一条名叫圣佩德罗的河岸附近。该遗址占地面积约1平方公里，由寺庙金字塔、公共广场、宫殿和住宅组成。它在20世纪被发现时被命名为"El Perú"。然而，在遗址上识别和解密的象形文字表明，遗址的古代名称是"瓦卡"。该遗址出土的蛇头徽章最初被认为代表"瓦卡"。这个想法来自在遗址中发现的一对被掠夺的石碑。一块石碑上的铭文包括一个"Ajaw"（代表国王）。这个符号下面是音节[ka]和[wa]（Guenter，2007）。把它们放在一起后，我们可以把它们称作"Waka' Ajaw"，意思是"国王的圣地"。

2012年10月，在瓦卡发现了这座陵墓及其遗骸。在圣路易斯华盛顿大学的大卫·弗雷德尔（David Freidel）博士带领的考古发掘中，主金字塔神庙中的坟墓被确认为属于卡贝尔夫人（Lady Ka'bel）——她是公元672—692年瓦卡王国的军事统治者。石像和一个雕刻成海螺壳形状的雪花石膏小罐子，从中露出一位老妇人的头和胳膊。罐子背面的玛雅象形文字包括"睡莲手女士"和"蛇王女士"两个名字。这两个名字都被认为是指统治瓦克王国的卡贝尔女士（Owen，2012年10月4日）。关于瓦卡（Waka'）的徽章铭文，南方卫理公会大学的斯坦利·保罗·根特

（Stanley Paul Guenter）博士指出，瓦克（wak）是代表蜈蚣或类似生物（或其中的部分）的一个词，"-a′"被称为关于水的词，因此，"瓦卡"被定义为"瓦克水"或"瓦克地方"。①

然而，由于将"wak"作为蜈蚣或类似生物（或其中的部分）的一个词在历史上已知的任何玛雅语言中都没有发现，根特博士的解释并不令人信服，因此在学术界也没有被完全接受。② 至少，它不应该代表"waka′"一词的原意。然而，如果"Waka′"真的是中美洲一个王国的名称，那么它一定被古代中美洲人用作吉祥而具有魔力的术语。事实上，"Tehuacán"（或"Tewaka"）在纳瓦特语中有"神之地"的意思，这在前文刚刚提到，术语"waka′"应该有类似的含义。当然，如果"wak"真的被用来指存在于中美洲的一种动物，那么这种动物应该是一种凶猛的动物（肯定不是蜈蚣）——想想看，许多最危险的动物在古代世界其他地方要么被视为神（女神），要么被视为拥有超自然力量的动物。

这个常用符号是什么意思？

"Ajaw"是前哥伦布时代玛雅人的政治头衔，其含义有"主"、"统治者"、"国王"或"领袖"等多种说法。它表示某一特定政体中的任何贵族领导阶层。代表"Ajaw"的玛雅文字还可以读为[a-ja-wa]或[a-jaw-wa]。如本段开头所示的符号包含在代表"Ajaw"的玛雅文中（如表6-2第一行所示），但在现有文献中未被破译。如果它是一个象形音节符号，它可以被破译为：由于代表[a-ja-wa]的字形的最后两个象形音节值由张口符号（表示音节[ja]）和耳朵状符号（表示音节[wa]）表示——这两个符号都在前文讨论过，"Ajaw"的第一个音节[a]可能来自最早的共祖音节[wa]（见第1章表1-1），只能由本段开头的符号表示。

---

① 更多细节参见Guenter（2007）。
② 例如，参见Kettunen和Helmke（2018，119页）。

表6-2　揭开玛雅文字的神秘面纱：它们的共同符号意味什么？

字形	含义	音译[a]	对常用符号（◉）的注释
	主（地主），国王，统治者	a-ja-wa	如果常用符号是音节，它只表示音节[a][b]
	主人，监护人	cha-nu	有多个常用符号，但其代表的发音是未知的
	蜈蚣，超自然生物的名字	cha-pa-ta	常用符号是不完整的，其符号的发音是未知的
	水，水体，湖泊，河	ha-a; a	常见符号，可能代表音节[a]或[wa][c]
	土地，大地	ka-ba	有两个不完整的常见符号，但其代表的发音是未知的

注：（1）所有这五个玛雅文（Kettunen和Helmke，2018，79—83页）都出现在古典时期（公元200—800年）甚至更晚时期的文献（Coe，1992）。因为它们都代表了玛雅社会最重要的名称和术语，所以其中的常用符号◉（可能源自更早的奥尔梅克符号⊗）也应该被古代玛雅人用来代表重要的意义。（2）如果这五个字的现代或古代音译包含一个共同音节，那么它应该是[a]或它的任何变体。因此，上述共同符号，如果是音符，只能读作[a]或其任何变体——第一章已证明，[a]音节源自早期的共祖音节[wa]（意思是"土地、房屋、家园、祖国"）。（a）基于Kettunen和Helmke（2018，79—83页）——由于玛雅书写系统尚未完全破译，本表中显示的一些音译可能不正确。（b）这可以通过以下事实来判断：（i）音节[ja]和[wa]分别由张口的头形符号和耳状符号表示；（ii）字形中没有其他符号可以用来表示音节[a]。（c）这可以从"水，河"在现代纳瓦特语中读[wa]这一事实来证明。

资料来源：作者（除非另有说明）。

事实上，类似于代表大地或田野状的玛雅符号◉与东半球最早的书写系统中采用的许多其他符号非常相似，这些符号具有家园、耕地、地主，甚至神或女神之地的原始含义。除了具有多条相交线条的圆形标志外，在大量表示玛雅社会至关重要的术语或名称的字形中还发现了许多类似但形状不规则的标志。我相信所有这些标志的设计都可能有相同或相似的含义。类似的情况可以在甲骨文中找到：这些符号在中国古代被用来表示各种类型的农田。此外，这个玛雅符号看起来像是早期奥尔梅克符号⊗的增强版，[①]前者被发现包含在许多代表玛雅社会重要的名称和

---

① 关于后一个符号的更详细的描述，参见阅读材料表C-1。

术语的文字中（见表6-2）。上述玛雅符号的发音被解释为 [wa]，这可以通过以下几点得到进一步的证实：在美国西南部和墨西哥北部使用的一组土著语言中，"田地"或"种植园"一词包括音节 [wa]。

还有另一种可能性。上面的符号是玛雅人用来表示太阳、上帝或太阳神的文字的变体，尽管后者也有自己的文字（例如，见第1章表1-3）。[①] 我的判断基于这样一个事实，即在大量玛雅铭文中发现了圆形符号或其任何变体，这些铭文表示对玛雅社会至关重要的术语或名称。太阳对古代玛雅人来说是最重要的。玛雅太阳神被称为"基尼希阿豪"（Kinich Ahau）。他是玛雅万神殿中的主神。在玛雅文化中，太阳与新的开端密切相关，太阳神与王权密切相关。因此，王室陵墓旁的一座庙宇上出现了太阳光，这可能意味着埋葬在里面的人是一个王朝的创始人。基尼希阿豪[②]会在天空中发光一整天，然后在晚上变成一只美洲虎通过冥界。一些玛雅王朝声称自己是太阳的后裔。玛雅人擅长预测日食、至点和分点等太阳现象，以及确定太阳何时到达顶点。

危地马拉发现了一座有1600年历史的玛雅神庙，名为夜太阳神庙。它有一系列引人注目的石碑，将玛雅太阳神描绘为鲨鱼、美洲虎和嗜血者的外形。这座保存完好的庙宇是一个更大的宫殿建筑群的一部分，是在2010年被发现的。庙宇的两侧装饰着1.5米高的灰泥面具，显示太阳神在一天中穿越天空时的面部变化。正午的太阳被描绘成一个双眼交叉、嗜血的远古生物，而最后一系列面具则类似于当地的美洲虎，它们在黄昏时分从丛林的沉睡中醒来。[③]

如前几章所述，包括音节 [wa]（或其任何变体）在内的许多古语词在世界各地土著语言的形成中发挥着重要作用。[④] 就其在中美洲文化中的作

---

① 正如其他地方所讨论的那样，古代世界的太阳神或任何其他与太阳有关的神（女神）通常有多个不同的名字。

② 阿豪也被称为玛雅诸神，在发音上，"Ahau"几乎与"Ajaw"同音。

③ 参见 http://the-maya.eu/MayanReligion/maya-sun-god。

④ 参见附录C中关于"wa"的衍生术语和名称。

用而言，"waka"（或其任何变体）的含义包括房屋、宫殿和圣地。还有另一种可能性："waka"一词来源于南美洲克丘亚语单词"Wak′a"；反之亦然。瓦卡是当今秘鲁经常使用的一个术语，在克丘亚人所说的土著语言中，瓦卡的意思是"保护之神"或"神圣的物体或场所"——他们主要生活在南美洲的安第斯山脉和高地（见第7章）。类似的术语也可以在东半球找到（都来自共祖词"waka"）。

更多的词源学证据可以证明中美洲的"wa"是一个共祖词。例如，奇瓦瓦是墨西哥32个州之一，位于墨西哥西北部，与美国两个州（新墨西哥州和得克萨斯州）接壤。西班牙语"Chihuahua"源于纳瓦特语的"Chiwawa"（原形可能是"Kiwawa"），它有两个意思："河流交汇的地方"和"干燥多沙的地方"。这两个美洲土著人的定义似乎相互矛盾，但其实有一定的文化内涵：就像在世界其他地方的土著文明一样，中美洲文明，特别是在它的早期阶段，也以瓦迪（即沙漠或半沙漠地带，季节性河流流经）为基础发展而来。此外，如果上述定义是基于它们的原始来源，那么我们可以大致得出以下判断：（1）纳瓦特语的"chi"来自共祖词"ki"或"ka"（在许多其他土著文明中的意思是"地方，伟大"）；（2）"wa"在纳瓦特语中表示"水、河或河水"和"干、沙或干沙"。第二种判断似乎与古代世界"wa"通常被称为"家、家园、祖国"的判断不同（见第2—5章）。然而，由于所有土著文明的人民通常在有季节性河流流过的沙漠或半沙漠土地上建立他们的第一个家园、城市和国家，所以这些判断彼此并不矛盾。

所有早期人类都首先使用"wa"来表示自己最重要的名字和术语。后来，为了区分这些同音词，他们开始使用多音节词或设计更复杂的象形和表意字符。古代中美洲人把巧克力当做饮料，有时与玉米等物质混合，用香料和鲜花调味，也把巧克力当做玉米粉蒸肉和其他食物的调味汁。西班牙语中的"可可"一词源于纳瓦特语中的"cacahuatl"，而纳瓦特语中的"可可"一词又源于玛雅象形文

字中的"卡卡瓦"（kakawa），后者的象形文字（见本段开头所示）[1]刻在许多玛雅陶瓷器皿上。大多数情况下，容器（一般是可可饮用容器）上的文字是祭祀内容。可可豆（或者玛雅语中的卡卡瓦，意思是"众神的食物"）是巧克力的原材料，也是中美洲常见的美食"米露"（Mole）和古老饮料"忒哈提"（Tejate）的主要原材料。表示卡卡瓦的铭文最常见于玛雅古典时期晚期（公元600—800年）的圆柱形容器上。[2]这些器皿上通常有描绘玛雅神话和皇室生活场景的精美图画。

在中美洲，还有许多土著语言术语和名字来自共祖词。特奥蒂瓦坎（Teotihuacan）是一座古老的中美洲城市，位于墨西哥山谷的一个小山谷中，位于现代墨西哥城东北约40公里处。该遗址总面积83平方公里，1987年被联合国教科文组织列为世界文化遗产。一般认为，该遗址建于公元前100年左右，一直延续到公元7—8世纪。在其鼎盛时期，特奥蒂瓦坎是前哥伦布时期最大的美洲城市，人口估计在125 000人或更多，成为当时世界第六大城市（Millon，1993，17—18页）。"特奥蒂瓦坎"这个名字最早是在公元550年左右，在这座城市沦陷几个世纪后由讲纳瓦特语的阿兹特克人命名的，这个词的含义被冠以"人成为神的地方"（Pérez de Lara，2005）或"有神之路的人的地方"（Millon，1993，34页）。

在纳瓦特尔语中，"Teotihuacan"的发音是[te.o:ti:'waka:n]，其中"teoti"大致与"tai"、"tay"或"ty"（或其部分组合）相近，后者经常出现在日本语、古汉语和东北亚（北美土著人可能的起源）其他古语言或现代语言中，所包含的意思是"大、太/台、伟大"等。此外，"wakan"一词源于共祖词"waka"，在南美洲安第斯和东半球的古文明中被广泛使用。例如，乌鲁克（苏美尔语中的瓦卡）是美索不达米亚南部的一个古老城邦；"洼嘎"在蒙古语中为"宫殿"的意思，也是今天蒙古首都乌兰巴托的旧称。

---

[1] 由Harri Kettunen教授提供。根据Kettunen和Helmke（2018，20页），在"ka"（张口）音节图左上角的一对小点被用作"音节加倍符号"（表示"kaka"）。

[2] 更详细的分析参见Hall等（1990），Kaufman和Justeson（2007），以及Coe和Coe（2013）。

因此，很可能所有这些术语，包括纳瓦特语术语"Teotihuacan"（或"Teoti Waka"），都具有相似的含义。通常情况下，大多数最古老的术语都包含共祖音[wa]。

破解奥尔梅克文字

玛雅人并不是中美洲第一个使用书写文字（或字符）的民族。在公元前3世纪出现已知的玛雅象形文字之前，该地区至少有三个文化区（即墨西哥湾南部海岸的所谓奥尔梅克中心地带、瓦哈卡山谷和危地马拉南部阿尔塔维拉帕斯高地山谷）可能存在一种较古老的书写体系。后来在两个不同的地区得以发展：一是墨西哥高地和危地马拉高地；二是恰帕斯与危地马拉太平洋海岸相邻的地区（Kettunen和Helmke，2018，12页）。目前存在的争议是，这些早期的"字符"到底是真正的文字，还是仅仅不代表任何特定语言的象形符号（Houston，2004，274—309页）。

考古学家在墨西哥东南部沿海地区发现了一块名为卡斯卡贾尔石块（Cascajal Block）的写字板，那里曾是古代奥尔梅克文明的中心地带。根据《科学》杂志2006年发表的一篇论文，这块蛇纹石上的刻符可以追溯到公元前1000年早期，共有62个符号或铭文（Rodríguez Martínez等，2006），其中一些解读如下：[1]

- 表示玉米；
- 表示菠萝；
- 表示权标头和拐杖（？）；
- 表示覆盖板条或蜻蜓（？）。

---

[1] 参见 https://www.evertype.com/gram/olmec.html。有关奥尔梅克文的更详细描述，请参阅书后阅读材料表C-1。

虽然对前两个符号的解读是合理的，但对最后两个符号的解读却不合理。事实上，最后两个符号中的一个似乎是勃起的阴茎，另一个看起来像一段阴茎和一把刀。一些晚期的玛雅文显示，玛雅国王使用过诸如"流血阴茎"或"伤痕阴茎"等作为自己的头衔（Jones，1994，79—86页）。例如，本段开头所示的符号描绘了一个带有划痕阴茎（左侧）和一个手持刀坐着的不成比例男子的肖像（右侧），这通常在玛雅社会中代表超自然性（Ardren 和 Hixson，2006）。这是用来恐吓民众的，与性无关。通过从人类阴茎放血的恐怖做法，代表玛雅国王或个人在王国内的重要性以及他在古典时期（公元200—800年）向人们显示其超自然和神圣地位。[①] 此外，这种实践对精英身份至关重要，因此这种独特行为一直延续到后古典时期（Chase D.Z. 和 Chase A.F.，1988），甚至到19世纪（Chuchak，2000）。

许多类似符号也出现在奇琴伊察（Chichen Itza）遗址出土的碑文中。奇琴伊察是哥伦布到达以前的一座大城市，大概是古代玛雅人建于公元6世纪左右，位于今天的墨西哥尤卡坦州。事实上，勃起的阴茎或男性生殖器的描绘很少出现在玛雅肖像或纪念碑上；取而代之的是，它主要出现在洞穴和其他曾经作为自动祭祀仪式的场所。例如，在乌克斯马尔（Uxmal）发现了各种古典时期雕刻的直立阴茎形状的石头，乌克斯马尔是一座古代玛雅城市，位于今天的墨西哥。此外，在中美洲，勃起阴茎的标志是地位或权力的重要标志。例如，Krocock（2002，152—170页）在奇琴伊察拉斯蒙哈斯神庙（1988年被联合国教科文组织指定为世界遗产）铭文中发现一个代表伤痕累累的阴茎的符号，正是唐阿豪女王的名字短语。然而，女性使用这种符号在现代人看来有点不合时宜，但这在古代，特别是史前社会却不算什么。也许，她的用意是给那些不服管教的男人们一个下马威吧。

在中美洲，还有许多前玛雅时期的象形字符，其中包括奥尔梅克字

---

① 参见 Ardren 和 Hixson（2006）。

符、后奥尔梅克字符和萨巴特克字符。目前，学术界对这些古代符号的破译或它们是否属于文字仍有争议。如前所述，卡斯卡贾尔石块上的奥尔梅克符号被认为可能是象形或表意文字（Rodríguez Martínez等，2006）。然而，并没有确凿的证据证明它们存在任何象形或语音成分。事实上，鉴于奥尔梅克语还不为人所知，所有判断都只是假设性的。一些考古学家对这块石碑表示怀疑。如发表在《科学》杂志上的一封信中对该杂志发表Rodríguez Martínez等（2006）的论文给予批驳，认为这些符号只是被用来装饰图案，而不是文字（Bruhns和Kelker，2007）。

地峡文字（也称为后奥尔梅克文字）大约在公元前500年至公元500年使用。该名称来源于墨西哥的特亨特佩克地峡，这是该文字的已知起源的地区。地峡代表墨西哥湾和太平洋之间最短的距离。最著名的现存地峡铭文刻在一块从拉莫贾拉遗址中发现的碑刻上，这座碑位于海湾沿岸，位于两个早期奥尔梅克遗址（特雷斯扎波茨和塞罗德拉斯梅萨）之间的位置。这座碑刻于1986年被发现，原是一座前古典晚期的纪念碑，是已知地峡文字中最长、最完整的文字。Justson和Kaufman（1993）试图对文字进行解读，并提出了一个破译方法。然而，在这一领域工作的其他学者尚未接受他们的解释。[1]

萨巴特克（Zapotec）文字是中美洲最早的书写系统之一。萨巴特克铭文出现在公元前400年至公元前200年建造的石碑上。它们中的大多数都是在奥哈卡州的阿尔布山的一个大型考古遗址中被发现的。该文字使用单独的符号来表示语言的音节。但该文字还没有被解读，因为不清楚该文字所依据的是什么语言——萨巴特克不是一种单一语言，而是一组几十种只在前哥伦比亚时期（公元前700年—公元1521年）由生活在今天墨西哥瓦哈卡山谷中的土著人使用的语言组成（Justson和Kaufmann，1993）。然而，对于萨巴特克文字的早期形式以及它与奥尔梅克和玛雅文字的关系，现代人知之甚少。该文字很早以前就被废弃并被玛雅文字所

---

① 例如，Houston（2004，274—309页）。

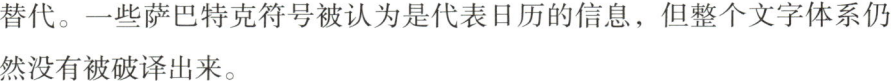

替代。一些萨巴特克符号被认为是代表日历的信息，但整个文字体系仍然没有被破译出来。

"我们不是橡皮人！"

目前在西方教科书中关于奥尔梅克文明的介绍大都是基于后人的一些传说，或者是讲欧洲语言的专家自己的解读。例如，西方文献中对"奥尔梅克"一词的定义基本是"橡皮人"。其实，这是讲纳瓦特语的阿兹特克人在公元15—16世纪给生活在海湾低地的人起的绰号。[①] 遗憾的是，这是奥尔梅克文化消亡2000年之后的事了。我们今天所知道的关于奥尔梅克文明的故事，并不是那些土著奥尔梅克人自己所讲的故事。毫无疑问，"Olmec"一词的原意，如果它是由奥尔梅克人自己定义的话，应该包括更重要的文化含义。至于具有"橡皮人"含义的"奥尔梅克"名字，根据常规，在早期可能并不存在。

不过，"无风不起浪"，奥尔梅克人和橡皮球（ulama，称为"乌拉玛"）之间确实存在某种关系。如下面所示，这种关系在奥尔梅克社会和整个中美洲具有更重要的文化或宗教意义。"乌拉玛"一词来自纳瓦特语和阿兹特克语的音译，是中美洲土著人流行的"蹴球"的名字，这种"蹴球"比赛非常残酷，参赛者往往会丧命，与宗教仪式联系在一起。在墨西哥和中美洲工作的考古学家已经出土了可追溯到公元前1600年的橡皮球，以及公元前1200年左右乌拉玛比赛的陶俑。在北部的亚利桑那州弗拉格斯塔夫和南部的洪都拉斯之间，考古学家发现了1500多个古老的乌拉玛球场，这些球场被奥尔梅克人以及后来的玛雅人和阿兹特克人使用（Klein，2018）。

在词源学上，"乌拉玛"一词来源于两个共祖音节 [wa] 和 [ma]（分别表示"房子、家园、祖国"和"母亲"）。在世界各地的文化中，它们都被用作共祖音节，形成代表各自文化的术语。例如，在伊斯兰教中，"乌拉玛"

[①] 参见 http://www.crystalinks.com/olmec.html。

世界文明新史

一词被用作伊斯兰宗教知识（包括伊斯兰教义和法律）的守护者、传播者和解释者。[①] 关于中美洲的乌拉玛，它不仅仅是奥尔梅克人、玛雅人和阿兹特克人玩的游戏，还是奥尔梅克和其他后来中美洲文化和文明的主要组成部分。由于比赛的残酷性，西班牙人禁止了乌拉玛比赛。现在，只有少数人在墨西哥练习乌拉玛，以保持古老传统的完整性。关于奥尔梅克与乌拉玛的词源关系，我们这样理解：

Olmec = "olme"（发音类似于 [ulama]）+ "c"（发音相当于 [ka]，为共祖词，表示"伟大或伟大的地方"）

如果"奥尔梅克"这个现代名字确实来源于奥尔梅克人或与其文化相关，那么"奥尔梅克"这个词应该有一个更早的、更吉祥的"土著"版本——它的所有文化和语言都在经历着时代的变迁。更具体地说，纳瓦特语代表"奥尔梅克"的单词很可能源自共祖词"waka"或其任何变体。以下是我的解释：

i "ol" [oːl] 源自共祖音 [wa]；

ii "me" ['meː] 如果在古代确实存在的话，只是被奥尔梅克人（尽管不是被后来的中美洲人）当作辅音对待；

iii 现代的三音节单词"Olmec"起源于双音节的共祖词"waka"（或其任何变体，具有"神之地"的含义）。

几千年来，人类文化和文明发生了重大变化。由于任何文化或文明的发展都是由发明新事物组成的，而人类的平均大脑容量几乎是固定不变的，因此必须忘记或忽视一些旧事物。在孕育奥尔梅克文化的土地上，

---

① 历史上，乌拉玛是一个强大的集团势力。在现代，尽管它逐渐失去了新的西方教育阶层的阵地，但它在穆斯林世界大部分地区的保守派群众中仍然有一定的影响力。

应该有一个更早、易读、更吉祥的名字（比如 "waka" 或任何其他变体，都意味着 "神之地" 等）。它是由奥尔梅克人自己创造和使用的，但被后来的中美洲人摒弃了。

❧ 新世界，旧故事

纳瓦：“哪个瓦是家？”

纳瓦特语（Nawatl）是生活在墨西哥河谷和墨西哥中部的纳瓦人所说的玛雅语中的一种。目前，纳瓦作为土著民族主要分布在墨西哥，其余在萨尔瓦多。在古典时期的纳瓦特也被简单地称为阿兹特克。在 16 世纪西班牙征服阿兹特克帝国时，纳瓦特语曾是墨西哥河谷和墨西哥中部使用的通用语。"阿兹特克" 一词被认为是 "白色土地" 的意思。[1] 它可能是指土著人的原始家园与雪景有关，暗示他们的祖先来自遥远的北方。

事实上，数万年前，当阿兹特克人（当时他们的名字可能是 "瓦卡"）的祖先离开他们远在西伯利亚或北美洲的家乡时，那肯定是一个被动的、不得已的决定。后来，当这些人在墨西哥山谷有了新家时，他们对家乡（雪景）的深刻记忆被一代一代地口头传递下来。唯一不同的是，他们家乡的名字，原来叫 "瓦卡" 的名字，经过一代一代的口口相传，现在变成了 "阿兹特克"。[2] 还有其他关于阿兹特克人的神话家园的描述，所有这些都是假设的。然而，阿兹特克人的原始家园被称为 "瓦卡" 也许是真的——所有语言都起源于一些共祖词汇。

事实上，"Nawa"（或 "Nava"）是一个来自 "wa"（或 "va"）的共祖词。虽然现在有不同的定义，但在欧亚大陆（如阿富汗、印度、印度尼西亚、

---

① 参见 https://www.britannica.com/topic/Aztec。
② 如第 1 章所述，许多现代词的第一个音节为 [a] 是从具有 [wa] 音节的现代词派生而来的。

日本、马来西亚、巴基斯坦、波兰、叙利亚和泰国）和南部非洲（如博茨瓦纳、纳米比亚、南非和津巴布韦）的不同语言中，它被广泛用作吉祥名称。在日语中，"Nawa"代表"绳子"。在史前时代，用绳子捆扎或紧固的方法，以及"结绳记事"的方法，在世界各地的古文化中处处可见。更广泛地说，"Nüwa"（中国神话中的母亲女神）和"Noah"（圣经中的人物）这两个名字听起来非常相像的词也源自共祖词"nawa"。

瓦塞克（Wastek），在西班牙语中拼写为"Huastec"或"Huaxtec"，是中美洲前哥伦布文明，曾占据墨西哥湾海岸附近的领地，包括韦拉克鲁斯州北部和墨西哥邻国的地区（Diehl，2000，184—185页）。根据公认的分类方案，古玛雅人的第一次分裂发生在公元前2200年左右，当时瓦塞克从玛雅分裂出去（Campbell 和 Kaufman，1985）。瓦塞克语虽然相对孤立，但与墨西哥及中美洲南部和东部的玛雅语有关。瓦塞克人是玛雅人的一个早期分支，他们沿着墨西哥湾海岸向北迁移（Foster，2002，274页）。瓦塞克文化遗留下来的遗迹包括几个大型考古遗址、一座保存完好的寺庙和大量石雕。在晚后古典时期（约公元1200—1520年），瓦塞克人发展了冶金技术来生产铜合金（Hosler 和 Stresser-Pean，1992）。瓦塞克地区在15世纪左右被阿兹特克帝国征服。

阿兹特克帝国（公元1428—1521年）以特诺奇蒂特兰（Tenochtitlán，即今墨西哥城）为核心，位于墨西哥山谷内的特克斯科湖的一个岛屿上。阿兹特克人是墨西哥中部说纳瓦特语的族群，他们在14—16世纪统治了中美洲大部分地区。纳瓦特语中的"Aztecatl"（单数）和"Aztecah"（复数）的意思是"阿兹特兰人"，这是当时纳瓦人的神话中的传奇之地。由于"az"与"waz"和"was"非常相似（后者在安第斯南美洲的许多土著语言中的意思是"房子"），阿兹特克帝国的原名在词源上与瓦塞克（Wastek）很一致，很可能二者是从同一个词"waka"演变来的。

奎尔纳瓦卡（Cuernavaca）是墨西哥莫雷洛斯州的首府和最大城市。在纳瓦特语中，"Cuernavaca"一词读作 [kwaw′nawak]（意思是"靠近森林的地方"），它由至少三个共祖词组成："kawa"、"nawa"和"waka"。此外，墨西哥山谷的古老核心是阿纳瓦克（Anahuac 或 Anawak），海拔约 2500 米，介于北纬 19° 和 20° 以及西经 98° 45′ 至 99° 20′ 之间。阿纳瓦克来自纳瓦特语，意思是"靠近水的地方"。"Anahuac"一词可以分解为："[w]ana" + "wak"，在东半球和南美洲的许多地方，"瓦纳"是一个吉祥的名字。瓦纳或其任何变体很可能也曾在中美洲使用过。此外，至少发现以下基于 [wa] 音节的玛雅术语与中美洲的日常生活密切相关：[1]

- waaj：玉米面、面包、玉米面和用这种面团生产的食品；
- waw：淡水龟；
- way：代表地下世界蜈蚣的钳子，表示水下世界的表面，也用来指房间；
- wayil：房间、围墙；
- wayib (wayab)：指宿舍（寝室或住所）。

寻找祖先的足迹

美洲的许多地方也发现了瓦迪风格的文化。例如，纳瓦霍（Navajo，美国西南部的一个部落）一词来源于提瓦语中的"Navahu"，它结合了"nava"（或"nawa"，代表"田地"）和"hu"（代表"河谷"）两个词根，字面意思是"大片田地"或"大片种植的田地"。[2] 提瓦语是提瓦（Tewa）人说的塔诺语的一种，主要分布在新墨西哥州圣达菲以北的格兰德河流域和亚利桑那州，是在美国西南部和墨西哥北部使用的一组相关的塔诺语。瓦尤（Wayu，也叫瓦玉、瓦希罗等）是哥伦比亚北部和委内瑞拉西北部瓜吉拉半岛的一个美洲土著民族。此外，在西印度群岛和南美洲大陆，

---

① 参见 Kettune 和 Helmke（2018，119 页）。一些相关玛雅文如附录 C 所示。
② 参见 https://www.etymonline.com/word/Navajo。

有几个土著民族群体被称为"阿拉瓦克人"（Arawak，详见第7章）。

在传统的北美印第安宗教卡奇纳（katchina）中，基瓦（kiva，来自共祖词"kawa"，意思是"大地穴"）是指普韦布洛和霍皮族人用于宗教目的的房间。尽管大多数现代的地堡都建在地上，但古代部落仍保留着一些地下地堡。这些地下室大多是圆形的，而不像地上的那样是方形的。基瓦的一些空间被用于公共目的及祭神仪式。最早也是最简单的例子是在公元500年至700年建在查科峡谷（Chaco Canyon）的基瓦（Schaafsma，2009）。基瓦是通过屋顶上的一个洞进入的。在建筑内部，有沿内墙建造的长凳。根据基瓦的布置和设计，还可能包括内部支撑和梁。基瓦的一个特征是地板上有一个洞或凹陷。这个洞被称为"源点"（sipapu），是为了象征关于所谓的"卡奇纳创世"故事中的一个重要事件。这条精神之路的追随者相信，世界上最早的居民是从地球的洞里出来的，来自一个较低的世界（Gilman等，2014）。

今天在许多美国国家公园里仍能看到几处基瓦遗址。在列入联合国教科文组织世界遗产名录的梅萨维德国家公园（位于科罗拉多州西南角）和班德尔国家纪念碑（在新墨西哥州洛斯阿拉莫斯附近）可以看到重建的基瓦。此外，在新墨西哥州的查科文化国家历史公园还有一个非常大的基瓦遗址。

截至目前，北美土著人仍使用以下以"wa"为前缀的姓氏：[①]

- Wachiwi：苏族语，意思是舞者、舞女；
- Waki：霍皮语，意思是庇护所；
- Wanata：达科他语，意思是骑战马的人；
- Wanekia：派尤特语，意思是创造生命；
- Wapun：波塔瓦托米语，意思是黎明；
- Washta：苏族语，意思是好；

---

① 参见 http://www.snowwowl.com/swolfNAnamesandmeanings.html，并经作者更正。

- Watseka：波塔瓦托米语，意思是漂亮的女人；

- Wauna：米沃克语，意思是歌唱中的雪鹅；

- Wawetseka：波塔瓦托米语，意思是美女；

- Wuti：霍皮语，意思是女性；

- Wakanda：苏族语，意思是拥有魔力。

"wampum"（万普姆）是"wampumpeag"的简写，它源于北美印第安土著语言，意思是"白色的贝壳珠串"。[①] 它是美国印第安人东部林地部落的传统贝壳珠，包括由北大西洋海螺壳制成的白色贝壳珠子和由西北大西洋硬壳蛤蜊制成的白色和紫色珠子。在欧洲人到来之前，万普姆被用于讲故事、仪式礼物和记录重要条约和历史事件。它也被东北部的印第安部落用作礼物交换，殖民者在与他们的贸易中采用它作为货币。

当欧洲人来到美洲，用万普姆作为货币与当地人进行贸易时，从1637年到1661年，万普姆在新英格兰被视为法定货币；直到1673年，它一直是纽约的货币，八个白色或四个黑色的万普姆等于一个斯图尔（stuiver，一种欧洲古银币）。那时，新泽西的殖民政府曾发布公告，将税率定为六白或三黑万普姆相当于一便士。黑贝壳比白贝壳更稀有，因此价值更高，这导致人们把白贝壳染成黑色，稀释了黑贝壳的价值。[②] 殖民者开发了更有效的生产万普姆的方法，导致通货膨胀，并最终使其作为货币被淘汰（Dubin，1999，170—171页）。

科廷·瓦迪："勿忘我！"

在许多美洲土著文化的口头民间传说中，特别是在美国西南部，蜘蛛祖母是一个重要的人物。在现有的美国英语文学作品中，她的霍皮语名字现在已经被音译为"Kotyang Wuti"、"Kotyang Wuti"和"Gogyeng

---

① 参见 http://www.etymonline.com/?term=Wampum。

② 参见 http://www.coins.nd.edu/ColCoin/ColCoinIntros/Wampum.intro.html。

Sowuhti"等。由于"Wuti"源于共祖词"wadi"，在这本书中，我使用近似的汉译名字：科廷·瓦迪（Kotyang Wadi），当然"Kotyang"仍然不是霍皮语对"蜘蛛"的准确音译。在霍皮神话中，蜘蛛祖母据说可以有不同的形状，其中一个是不知疲倦的老婆婆，另一个是蜘蛛。她有蜘蛛外形，住在地下——常常被描述为一个神圣的地方，在霍皮或"卡奇纳"宗教中被称为"基瓦"。当她被召唤时，她会在很多方面慷慨地帮助人们，比如提供建议或提供药物治疗等。

与其他美洲土著部落相比，霍皮人在美国南部土地定居、开垦的历史最长。根据现有文献，霍皮人被认为是在公元前500年左右从墨西哥向北迁移，此后一直生活在现在美国的四个州（科罗拉多州、新墨西哥州、犹他州和亚利桑那州）。传统上，霍皮人生活在高的台地上，以抵御其他部落的袭扰，也得益于附近高地提供的灌溉便利。起初，他们是一个个相互分散、互不隶属的狩猎和采集部落，居住在地下的坑屋里。公元700年左右，霍皮人开始成为农业民族，利用台地的径流种植玉米和其他植物。在这个时候，许多小分支开始聚集在一起，大村庄开始建立在台地之上。然而，在欧洲定居者到来之前，他们没有任何土地所有权、边界或分割的概念。

从公元900年到1100年，霍皮人地区出现了许多集体化风格的村庄。在接下来的200年左右的时间里，气候干燥导致该地区的人口聚集到更大的村庄（如奥莱比、阿瓦托维和乌派凯特）。大约就在这个时候，霍皮族人开始了"卡奇纳崇拜"。所有这些社会和经济转型表明，气候和地理条件的压力确实为古代霍皮人改变现状提供了动力。13世纪末，一场大规模的干旱迫使霍皮台地上的许多村庄被遗弃。然而，在随后的几个世纪里，霍皮人享受着和平的生活方式，直到西班牙人到达他们的领土。后哥伦布时代霍皮人的简史如下：[1]

———————————

① 引自Weiser（2020）。

- 1540年，在唐·佩德罗·德托瓦尔的领导下，西班牙人寻找传说中的七座黄金城。当他们寻找贵金属没有成功时，他们返回墨西哥，但继续保持零星接触。

- 1592年，西班牙人重新进入，天主教牧师还在阿瓦托维建立了一个传教团。从西班牙人和其他欧洲人那里，霍皮人得到了马、驴子、羊、牛；不幸的是，天花使霍皮人的数量从数千人减少到数百人。

- 1680年，霍皮人加入新墨西哥州的普韦布洛起义，迫使西班牙人离开西南部。尽管西班牙人成功地重新征服了普韦布洛人，但他们始终未能在霍皮人的领地中重新站稳脚跟。

- 16世纪末，纳瓦霍部落也在欧洲人的压力下，开始进入霍皮人的领地，对霍皮人的村庄进行突袭。霍皮人的生存之战一直持续到1824年，西班牙承认了墨西哥的独立，霍皮人的土地交给了新墨西哥政府。

- 1848年，美国和墨西哥签署了《瓜达卢佩—德伊达尔戈条约》，再次改变了霍皮人土地的管辖权。与此同时，纳瓦霍人继续攻击霍皮人，直到1864年霍皮人被迫进入保留地。

- 1870年，美国政府宣布对霍皮人的土地拥有所有权。霍皮人又一次被迫为拯救自己的土地而战斗，直到1882年他们被迫来到布莱克梅萨的保留地，美国政府在那里花了多年时间试图根除霍皮人文化。

- 1934年，人们对印第安人的态度发生了变化，导致了《印第安人重组法案》发布，该法案规定了美国政府保护和维护印第安人权利的义务。

- 1936年，霍皮部落理事会成立，旨在建立一个单一的霍皮人代表机构。

第二次世界大战结束后，霍皮人继续与美国政府通过法律程序争取领地的归属。然而，在美洲，去印第安化从未停止过。现在，美国土著人不仅失去了他们几千年以来拥有的土地，而且他们也在失去更多的身份和文化。霍皮这个名字来源于"Hopituh Shi-nu-mu"，它的意思是"和平的人"，或者说"和平的小人物"。最初，他们占领了亚利桑那州北部的几乎所有地区，从加利福尼亚到内华达州南部的部分地区。今天，和其他美洲土著部落一样，霍皮的土地被大幅削减。霍皮人认为他们的土地是神圣的，因为农业一直是古老文化或文明中最重要的部分。虽然目前还不清楚为什么古霍皮人会选择蜘蛛作为祖母女神，但在许多其他美洲土著神话中，也有类似的崇拜蜘蛛祖母的宗教传统。[1]

霍皮神话中最令人兴奋的一幕是，科廷·瓦迪（蜘蛛祖母神）和塔瓦（霍皮的太阳神）用自己的身体创造生成其他较小的神，最后是地球上的万物。事实上，这是创世纪的新大陆版本。在东半球，几乎每个土著文明都有一个关于创造人类的故事。不幸的是，正如前面提到的，美索不达米亚、古埃及以及中国神话中所述的许多线索可能不是原创的——相反，它们被后来的统治者有意或无意地误读甚至篡改了。

由于彼此之间以及与外界的长期隔离，美洲土著部落得以在前哥伦布时代有效地保存各自原汁原味的文化传统。一方面，毫无疑问，欧洲人的到来对这些文化造成了不可逆转的损害，其中一些文化的原始形态已经看不到了；另一方面，美洲土著文化的差异太大，无法用传统的历史方法来叙述。例如，以下是关于塔瓦（太阳神）和科廷·瓦迪（蜘蛛祖母神）的不同叙述版本：[2]

塔瓦是天神曼尼图（Manabozho）和蜘蛛女神苏斯汀纳科的女儿

---

[1] 参见https://mythus.fandom.com/wiki/Spider_Grandmother8。有关古安第斯人为何在秘鲁沿海崇拜蜘蛛的详细解释，请参阅第7章。

[2] 引自http://www.marvunapp.com/Appendix/tawa.htm。

诺维塞特（Nowutset）共同的儿子。根据传说，他和他的妹妹帕瓦（Pawa）是由提拉瓦（Tirawa 或 Gitche Manitou）授意给阿斯特·黑斯汀（Aste Hastin）的，他是第一个娶了阿斯特·埃斯坦（Aste Estan）的男人……然而，塔瓦的堂兄，伊德利维里松，却开始为第一批美洲土著人制造不幸，他使他们的田地干涸，赶走了他们的牛……伊德利维里松承诺，如果塔瓦把他的妹妹帕瓦作为新娘交给他，他将停止恐吓民众。塔瓦拒绝了，他和堂兄至今仍是死敌。

奥丁（Odin）召唤马尼图（Manitou）并派遣最伟大的勇士协助托尔对抗食神恶魔（Demogorge）。塔瓦通过指挥太阳对实体的净化效果来回应对武器的召唤；这一企图只会挫败恶魔的意志，因为恶魔吸走了他，其他的神也被派来一个接一个地阻止他。然而，最后一个站着的雷神（Thor）决定通过召唤真正的智慧，让太阳神阿图姆（Atum）从里面吃掉恶魔。这个效果会导致生物的味觉发生变化，塔瓦、托尔、其他众神和养育恶魔谷的死神都被安全释放。

现在，上述故事的作者，部分基于美洲土著神话，不仅为美洲土著的神和女神使用了一些欧洲风格的名字，而且还将古埃及太阳神、两个挪威神（一个是奥丁，即战神；另一个是雷神，又称奥丁之子）和一位重要的古希腊人物（食神恶魔）融入了这个令人兴奋的故事。从严肃的历史角度来看，这种故事毫无意义，因为它实际上是一个虚构的故事。由于各个人物跨越了数千年，听起来有点类似于中国"关公战秦琼"的滑稽笑话。不过，也不要太认真。在过去的几千年里，这只不过是创造神话和文化的真实（尽管不是正确的）方式罢了。例如，我们一般将生活在新大陆的土著人称为"印第安人"。其实，这是哥伦布所犯的简单错误，只不过后人（包括我们自己）将错就错地沿用下来了。

文明本身也许就是个错误。或许将来有一天，这个超越时空的荒唐故事，真的会成为一个新的神话甚至文化。

世界文明新史

旧瓦迪，新瓦迪

关于生活在新大陆土著印第安人的故事，虽然其中有一些已经纳入了西方文献，但大部分故事还不为我们所知。斯坦德·瓦蒂（Stand Watie，也称为 Standhope Uwatie，1806—1871年）出生于切罗基国家（现乔治亚州卡尔霍恩）的奥特卡洛加。他是乌瓦提的儿子，在切罗基语中有"老人"的意思。瓦蒂一直远离部落政治，直到1836年他签署了约耶寇塔条约（Treaty of New Echota），根据条约，一些切罗基人要将他们的领地上交政府，作为回报，政府在现在的俄克拉荷马州为其安排新的家园。作为这个条约的签名人，根据切罗基血法（Blood Law），瓦蒂将必死无疑：该法规定，任何转让部落土地的人都将被判处死刑。1839年6月，当刑罚被撤销后，瓦蒂虽然逃脱了死刑，但已位于切罗基政治的风口浪尖，他成为切罗基首席执行官约翰·罗斯的终身敌人。俄克拉荷马历史学会有如下记载：①

> 随着美国内战的开始，罗斯动摇了，形成切罗基联盟（Cherokee-Confederate）。然而，瓦蒂接受了联盟国军上校的职位，并培养了切罗基骑兵的第一团。罗斯担心政变，勉强同意了切罗基联盟。然而，利用一个机会，罗斯逃到联邦控制的领土。1862年8月，瓦蒂接替罗斯担任首席执行官……
>
> 尽管早期取得了一些成功，但到1862—1863年冬季，联盟开始对切罗基部落不断失去控制。尽管如此，瓦蒂的骑兵团继续骚扰联邦部队。1864年6月和9月，他在夺取JR威廉姆斯号联合汽船上取得了最大的军事成就并在第二次小木屋溪战役中获胜。1864年5月，瓦蒂被提拔为准将，1865年2月，他被任命为印第安领土的印第安分部的正式总司令。然而，到那时战争已经失败了。

---

① 作者根据http://www.okhistory.org/publications/enc/entry.php?entry=WA040编辑而成。

瓦蒂于1865年6月23日投降，他是最后一个这样做的联盟将军。随后，他于1865年9月担任亲南切罗基派往史密斯堡委员会的代表团成员。

根据俄克拉荷马州历史学会（Oklahoma History Society）的说法，美国内战结束后，瓦蒂一直流亡在乔克托部落，直到1867年，他才回到霍尼克里克重建家园。他于1871年9月9日在那里去世。斯坦德·瓦蒂有三个儿子和两个女儿。

古印第安人到美洲和整个美洲的具体情况，包括确切的日期和迁徙路线，仍有待继续研究和讨论。传统理论认为，这些早期移民是在第四纪冰川期海平面显著降低时，通过陆冰桥从欧亚大陆穿过白令海峡进入北美的。古印第安人的具体迁徙时间与路线仍然是争论的焦点。迄今为止，一般认为他们起源于中亚，在最后一次冰期结束时，或者更具体地说，在距今16 000—13 000年前的晚冰期最盛期，开始大量迁徙到美洲大陆（Bonatto和Salzano，1997）。关于古印第安人起源的其他理论也存在。

从词源上讲，玛雅语"kakawa"（代表"可可"）与以下术语有相似之处："kava"或汤加语和马尔克斯语中的"kawa"、"awa"（夏威夷语）和"ava"（萨摩亚语），都指太平洋中部和南部岛屿的一种作物；"kawakawa"（毛利语），指新西兰的一种传统医药。事实上，中美洲和太平洋岛屿上的人们都将这些听起来类似的术语用作他们最喜爱的食物和饮料，这可能在某种程度上证明了古代中美洲居民和太平洋岛民之间的海路接触（见第1章图1–1）。而且，由于中美洲的居民历史比太平洋岛屿要长，因此海路接触可能是从中美洲到太平洋岛屿，而不是从太平洋岛屿到中美洲。尽管如此，这一理论仍需要更多的考古证据。

当然，在史前时代，北美洲和中亚之间确实存在着文化联系。事实上，"Tuwa"和"Tuuwa"在东、西半球都有使用。"Tuwa"和"Tuuwa"（在印第安霍皮语中都是"大地"的意思）被称为霍皮的美洲土著部落用作姓氏，他们主要居住在美国亚利桑那州东北部的霍皮保留地。在东半球，图瓦人是生活在俄罗斯、蒙古和中国边境地区的一个民族。基因已经证明西伯利亚人和美洲土著人之间有着古老的联系（Malyarchuk等，2011）。根据莫斯科瓦维洛夫普通遗传学研究所的伊利亚·扎哈罗夫博士所揭示的遗传证据，现代图瓦人与美洲土著人的遗传关系最为密切。[①]

很奇怪的是，大多数亚洲图瓦人并不是生活在靠近阿拉斯加的东西伯利亚，而是生活在亚洲的地理中心。一定有很多关于这些民族的不为人知的故事。

参考文献

ACEMOGLU D, ROBINSON J, 2012. Why Nations Fail: The Origins of Power, Prosperity, and Poverty [M]. New York: Crown Business.

ARDREN T, HIXSON D, 2006. The unusual sculptures of Telantunich, Yucatán: Phalli and the concept of masculinity among the ancient Maya [J]. Cambridge Archaeological Journal, 16(1): 7-25.

BONATTO S L, SALZANO F M, 1997. A single and early migration for the peopling of the Americas supported by mitochondrial DNA sequence data [J]. PNAS, 94(5): 1866-71.

BOONE E H, WILLEY G R, 1988 (eds.). The Southeast Classic Maya Zone (Dumbarton Oaks Pre-Columbian Symposia and Colloquia Book 8) [C]. Washington, D.C: Dumbarton Oaks Research Library and Collection.

BRUHNS K O, KELKER N L, 2007. Did the Olmec know how to write? [J] Science, 315(5817): 1365.

---

① 参见 http://macroevolution.narod.ru/zaharov_indians.htm。

CAMPBELL L, KAUFMAN T, 1976. A linguistic look at the Olmec [J]. American Antiquity, 41(1): 80-89.

CAMPBELL L, KAUFMAN T, 1985. Mayan linguistics: where are we now? [J] Annual Review of Anthropology, 14 (1): 187-198.

CANFIELD D L, 1981. Spanish Pronunciation in the Americas [M]. Chicago, IL: University of Chicago Press.

CARMACK R M, GASCO J L, GOSSEN G H, 2006. The Legacy of Mesoamerica: History and Culture of a Native American Civilization [M]. Upper Saddle River, NJ: Prentice Hall.

CARTWRIGHT, M, 2013. Quetzalcoatl [EB/OL]. Ancient History Encyclopedia. [2020-5-1]. https://www.ancient.eu/Quetzalcoatl/.

CHASE D Z, CHASE A F, 1988. A Postclassic Perspective: Excavations at the Maya Site of Santa Rita Corozal, Belize [M]. San Francisco, CA: Pre-Columbian Art Research Institute.

CHUCHIAK J F, 2000. The Indian Inquisition and the Extirpation of Idolatry: the Process of Punishment in the Provisorato de Indios of the Diocese of Yucatán, 1563-1812 [D]. Unpublished PhD dissertation, Tulane University, New Orleans.

CLAYTON P A, DENT J, 1973. The Ancient River Civilizations. Western Man and the Modern World Series [M]. Amsterdam: Elsevier BV.

COE M D, 1968. America's First Civilization: Discovering the Olmec [M]. New York: The Smithsonian Library.

COE M D, 1992. Breaking the Maya Code [M]. London and New York: Thames and Hudson.

COE M D, 2002. The Maya [M]. New York: Thames and Hudson.

COE M D, KOONTZ R, 2002. Mexico: from the Olmecs to the Aztecs [M]. London and New York: Thames and Hudson.

COE S D, COE M D, 2013. The True History of Chocolate [M]. London: Thames and Hudson.

COE W R, 1988. Tikal: A Handbook of the Ancient Maya Ruins [M]. Philadelphia, PA: The University Museum of the University of Pennsylvania.

DIEHL R A, 2000. The pre-Columbian cultures of the Gulf Coast [M]// Richard E.W. Adams and Murdo J. Macleod (eds.). The Cambridge History of the Native Peoples of the Americas, II: Mesoamerica, part 1. Cambridge: Cambridge University Press. pp. 156-196.

DIEHL R, 2004. The Olmecs: America's First Civilization (Ancient Peoples and Places Series) [M]. London: Thames and Hudson.

DREW D, 2000. The Lost Chronicles of the Maya Kings [M]. Los Angeles, CA: University of California Press.

DUBIN L S, 1999. North American Indian Jewelry and Adornment: From Prehistory to the Present [M]. New York: Harry N. Abrams.

EVANS S T, 2013. Ancient Mexico and Central America: Archaeology and Culture History [M]. New York: Thames & Hudson.

FLANNERY K V, 1985. Guila Naquitz: Archaic Foraging and Early Agriculture in Oaxaca, Mexico [M]. New York: Academic Press.

FLANNERY K V AND JOYCE MARCUS, 2001. Richard Stockton Macneish 1918-2001—A Biographical Memoir [M]. Washington, DC: The National Academy Press.

FOSTER L V, 2002. Handbook to Life in the Ancient Maya World [M]. Oxford: Oxford University Press.

GILMAN P, THOMPSON M, WYCKOFF K, 2014. Ritual change and the distant: Mesoamerican iconography, scarlet macaws, and great kivas in the Mimbres region of southwestern New Mexico [J]. American Antiquity, 79(1): 90-107.

GRONEMEYER, SVEN; AND BARBARA MACLEOD, 2010. What could happen in 2012: A re-analysis of the 13-bak'tun prophecy on Tortuguero Monument 6

[J]. Wayeb Notes (European Association of Mayanists, University of Copenhagen), 34: 1-68.

GUENTER S P, 2007. On the emblem glyph of El Peru [J]. The PARI Journal (a quarterly publication of the Pre-Columbian Art Research Institute), 8(2): 20-23.

GUO R, 2017. An Economic Inquiry into the Nonlinear Behaviors of Nations: Dynamic Developments and the Origins of Civilizations [M]. New York: Palgrave Macmillan.

HALL G D, TARKA S M JR, HURST W J, STUART D, ADAMS R E W, 1990. Cacao residues in ancient Maya vessels from Rio Azul, Guatemala [J]. American Antiquity, 55(1): 138-143.

HAMMOND N, PRING D, BERGER R, SWITSUR V R, WARD A P, 1976. Radiocarbon chronology for early Maya occupation at Cuello, Belize [J]. Nature, 260: 579-581.

HAYES W C, 1964. Most ancient Egypt: chapter III (The Neolithic and Chalcolithic communities of northern Egypt) [J]. Journal of Near East Studies, 23 (4): 217-272.

HOLDRIDGE L, GRENKE W, HATHEWAY W, LIANG T, TOSI J, 1971. Forest Environments in Tropical Life Zones: A Pilot Study [M]. Oxford: Oxford Pergamon Press.

HOSLER D, STRESSER-PEAN G, 1992. The Huastec region: a second locus for the production of bronze alloys in ancient Mesoamerica [J]. Science, 257(5074): 1215-1220.

HOUSTON S D, 2004. Writing in early Mesoamerica [M]// The First Writing: Script Invention as History and Process. Cambridge: Cambridge University Press, pp. 274-309.

JONES T, 1994. Of blood and scars: A phonetic rendering of the penis title [A]. In: M.G. Robertson (1989, ed.). Seventh Palenque Round Table [M]. San Francisco,

CA: Pre-Columbian Art Research Institute, pp. 79-86.

JUSTESON J S, KAUFMAN T, 1993. A decipherment of Epi-Olmec hieroglyphic writing [J]. Science, 259: 1703-11.

KAUFMAN T, 2001. The history of the Nawa language group from the earliest times to the sixteenth century: some initial results. Project for the Documentation of the Languages of Mesoamerica [R/OL], [2017-5-10]. http://www.albany.edu/anthro/maldp/Nawa.pdf.

KAUFMAN T, JUSTESON J, 2007. The history of the word for cacao in ancient Mesoamerica [J]. Ancient Mesoamerica, 18(2): 193-237.

KENNETT, D J, VOOCHES B, MARTONANA D, 2006. An ecological model for the origins of maize-based food production on the Pacific coast of southern Mexico [M]// Kennett, Douglas J.; Winterhalder, Bruce (eds.). Behavioral Ecology and the Transition to Agriculture. Berkeley and Los Angeles, CA: University of California Press, pp. 103-136.

KETTUNEN H, HELMKE C, 2018. Introduction to Maya Hieroglyphs: Workshop Handbook [M/OL], [2018-12-16]. https://www.wayeb.org/resources-links/wayeb-resources/workshop-handbook/.

KLEIN C, 2018. The 3 500-year-old rubber ball that changed sports forever [EB/OL], [2020-4-24]. http://www.history.com/news/the-3500-year-old-rubber-ball-that-changed-sports-forever.

KROCHOCK R, 2002. Women in the hieroglyphic inscriptions of Chichen Itza [M]// T. Ardren (ed., 2002). Ancient Maya Women. Walnut Creek, CA: Altamira Press, pp. 152-170.

LORGE ALLAN P, 2005. War, Politics and Society in Early Modern China, 900–1795 [M]. London and New York: Routledge.

MALYARCHUK B, DERENKO M, DENISOVA G, MAKSIMOV A, WOZNIAK M, GRZYBOWSKI T, DAMBUEVA I, ZAKHAROV I, 2011.

Ancient links between Siberians and Native Americans revealed by subtyping the Y chromosome haplogroup Q1a [J]. Journal of Human Genetics, 56: 583-588.

MARCUS J, FLANNERY K V, 1996. Zapotec Civilization: How Urban Society Evolved in Mexico's Oaxaca Valley [M]. New York: Thames & Hudson.

MARTIN S, GRUBE N, 2000. Chronicle of the Maya Kings and Queens: Deciphering the Dynasties of the Ancient Maya [M]. London and New York: Thames & Hudson.

MATSUOKA Y, VIGOUROUX Y, GOODMAN M M, SANCHEZ G J, BUCKLER E, DOEBLEY J, 2002. A single domestication for maize shown by multilocus microsatellite genotyping [J]. PNAS, 99(9): 6080-6084.

MAYS L W, ANGELAKIS A N, 2012. Ancient gods and goddesses of water [M]// Andreas N. Angelakis, Larry W. Mays, and Demetris Koutsoyiannis (eds.). Evolution of Water Supply through the Millennia. London: IWA Publishing, pp. 1-19.

MCCRINDLE J W, 2010. Ancient India as Described by Megasthenes and Arrian (1877) [M]. New York: Kessinger Publishing.

MILES S W, 1952. An analysis of the modern Middle American calendars: A study in conservation [M]// Sol Tax (ed.). Acculturation in the Americas. Chicago: University of Chicago Press.

MILLON R, 1993. The place where time began: An archaeologist's interpretation of what happened in Teotihuacan history [M]// Berrin, Kathleen; and Esther Pasztory (eds.). Teotihuacan: Art from the City of the Gods. New York: Thames and Hudson. pp. 16-43.

OWEN J, 4 October 2012. Tomb of Maya queen found——"Lady Snake Lord" ruled centipede kingdom [EB/OL], [2017-2-10]. http://news.nationalgeographic.com/news/2012/10/121004-tomb-maya-warrior-queen-science-archaeology/.

PÉREZ DE LARA, J, 2005. Temple of the sun [J]. Archaeology, 58(6): 37-41.

POOL C A, 2007. Olmec Archaeology and Early Mesoamerica. "Cambridge

World Archaeology" Series [M]. Cambridge and New York: Cambridge University Press.

RANERE A J, PIPERNO D R, HOLST I, DICKAU R, IRIARTE J, 2009. The cultural and chronological context of early Holocene maize and squash domestication in the Central Balsas River Valley, Mexico [J]. PNAS, 106(13): 5014-5018.

RODRÍGUEZ MARTÍNEZ, M C, CEBALLOS P O, COE M D, DIEHL R A, HOUSTON S D, TAUBE K A, CALDERÓN A D, 2006. Oldest writing in the New World [J]. Science, 313(5793): 1610-1614.

SALAS G P, 1991. Economic Geology, Mexico [M]. Boulder, Colorado: Geological Society of America.

SAMUEL H, 21 December 2010. French village which will "survive 2012 Armageddon" plagued by visitors [N]. The Daily Telegraph (London).

SANTLEY R S, BERMAN M J, ALEXANDER R T, 1991. The politicization of the Mesoamerican ballgame and its implications for the interpretation of the distribution of ballcourts in central Mexico [M]// Vernon L. Scarborough and David R. Wilcox (eds.). The Mesoamerican Ballgame. Tucson, TX: University of Arizona Press, pp. 3-24.

SCARRE C, FAGAN B M, 2003. Ancient Civilizations [M]. Upper Saddle River, NJ: Prentice Hill.

SCHAAFSMA P, 2009. The cave in the kiva: The kiva niche and painted walls in the Rio Grande valley [J]. American Antiquity, 74(4): 664-690.

SCHERER A K, 2007. Population structure of the classic period Maya [J]. American Journal of Physical Anthropology, 132 (3): 367-380.

SQUIER E G, 2012. Ancient Monuments of the Mississippi Valley [M]. Farmington Hills, Michigan: Gale Sabin Americana.

SUÁREZ J A, 1983. The Mesoamerican Indian Languages. "Cambridge Languages Surveys" Series [M]. London: Cambridge University Press.

VANDERWARKER A M, 2006. Farming, Hunting, and Fishing in the Olmec

World [M]. Austin, TX: University of Texas Press.

WEISER K, 2020. The Hopi–peaceful ones of the Southwest [EB/OL], [2021-3-28]. Hopi Cultural Preservation Office, Kykotsmovi, Arizona. Available at https://www. legendsofamerica.com/na-hopi/.

7 南美洲安第斯文明

　　本章将探究最后一个主要文明源地的动态发展形态。概括而言，与其他文明源地相比，南美洲安第斯地区既拥有其他文明源地在人文、地理环境上的共有特征，也有一些其自身的特殊性。

　　前几章提到的"瓦迪"（wadi）一词在东半球古文明源地的含义是"干燥或季节性的河谷"，现在变成了克丘亚语的"Qhichwa"（意思是"温带河谷"）和艾马拉语的"Wana Q′awa"（意思是"干旱的河谷"）。考虑到它们在语音上的相似性，"Qhichwa"和"Q′awa"应该来自共祖词"卡瓦"（kawa）。卡瓦在古代安第斯文化中非常重要，因为它被那里的人们用来表示他们土地、语言、生活必需品，甚至他们自己的名字。另一个术语"瓦卡"（wak′a）被称为"保护之神"或"圣物之地"，在前哥伦布时期的南美洲安第斯文化和今天的秘鲁文化中被经常使用。

　　南美洲安第斯地区的早期文化非常独特，它同时基于农业与渔业，这与传统意义上的"文明源于农业"理论是不一致的。它是唯一一个拥有世界级的土著文明但没有使用其他古文明都采用的象形或会意文字的文明。安第斯的美洲土著人开发了一种与古代世界其他地方的书写系统不同的原始书写或计数系统（称为"奇普"）。南美洲安第斯的书写体系和它的古代文化的创立并不是偶然的；相反，它们是由那里独特的环境因素决定的。

世界文明新史

❦ 安第斯山脉概况

穿越安第斯山脉

安第斯山脉是世界上最长的大陆山脉，由南美洲西部边缘的一系列高地构成。安第斯山脉从北向南延伸，跨越七个国家：委内瑞拉、哥伦比亚、厄瓜多尔、秘鲁、玻利维亚、阿根廷和智利。安第斯山脉是亚洲以外世界上最高的山脉，宽约200公里，除了玻利维亚的弯曲地带宽约640公里。一般来说，安第斯山脉可分为三个部分：

- 阿根廷和智利的安第斯山脉南部（即卢莱拉科以南）；
- 厄瓜多尔、秘鲁和玻利维亚的安第斯山脉中部；
- 委内瑞拉和哥伦比亚的安第斯山脉北部（即努多德帕斯托以北），由三个平行山脉（即东科迪勒拉山脉、中科迪勒拉山脉和西科迪勒拉山脉）构成。

安第斯山脉的气候变化很大，这取决于纬度、海拔和离海的距离等因素的共同影响。温度和湿度从低海拔地区向高海拔地区下降。尽管降水量随着高度的增加而增加，但安第斯山脉最高耸的山脉中仍是半干旱的。南段多雨而凉爽，而北段通常多雨且温暖。

在这里，我们研究的兴趣在于与南美洲土著文明诞生有关的安第斯山脉中部。秘鲁地理学家贾维尔·普尔加·维达尔（Javier Pulgar Vidal）根据海拔、气候和土地使用情况，将秘鲁从西向东划分为八个"垂直地带"或生态地带。Sandweiss和Richardson（2008，93—104页）以及Quilter（2013，31—33页）进一步将该生态系统改编为安第斯山脉中部及其邻近地区的环境分类。具体而言，这些区域的特征（在图7-1中标记为A、B、C、D、E、F、G和H）及其对人类文化维持的影响可以概括如下：[1]

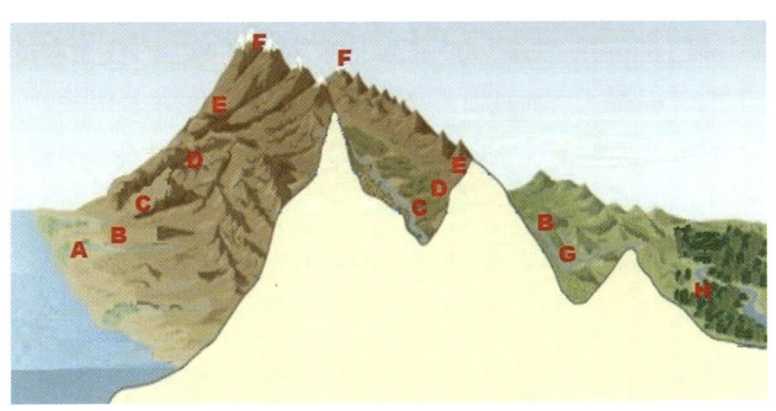

图7-1 安第斯山脉中部环境带的垂直剖面图

注：A、B、C、D、E、F、G和H区的定义见正文。

A.查拉（Chala）：从海岸线到海拔500米，由于受洪堡海流（也称为秘鲁海流）和安第斯山脉雨影的共同影响，其特点是沙漠气候条件。沙漠中散布着与海岸线垂直的河谷，为陆地植物或灌溉提供了淡水来源。太平洋沿岸洋流的营养物质上涌也催生了丰富的渔业。

B.云加（Yunga）：西侧海拔500米至2300米，东侧海拔1000米至2300米。东侧有森林覆盖的山坡，河谷有丰富的降水。西侧有更多肥沃的河谷，可以用于农业活动。

C.基希瓦（Qhichwa）：海拔2300米至3500米，主要由低谷组成，其中包含农业生产最丰富的土地，适合种植各种植物，包括玉米、南瓜、棉花以及其他水果和蔬菜。斜坡和季节性降雨的平稳上升使那里的地形呈现一定的阶梯。这类区域很重要，因为从那里开始，海拔更高的区域大气中的氧气浓度开始减少，并足以影响人类活动。"Qhichwa"一词在西

① 参见Quilter（2013，32—33页）、Jessica等（2015），作者据此进行了编辑和修改。

班牙语中通常被称为"克丘亚"（Quechua），是一种生活在安第斯山脉温带山谷土著人的语言，很可能是源自"kawa"，后者作为共祖词，也被发现在世界其他地方的许多土著文化中使用。

D.苏妮（Suni）：海拔3000米至3500米或4000米，气候寒冷潮湿。该地区的降雨量最大，而且通常是陡峭的岩石。在这些高海拔地区，最适合种植的作物是块茎（如土豆、红薯等）、藜麦以及从外部引进的谷物（如大麦和小麦）。

E.普纳（Puna）：海拔3500米至4000米或4800米。在这样高的海拔高度，一日之内温差非常大。普纳是最高的可居住生态区，气候通常干燥，因此限制了适合种植作物的区域（高原草原除外）。

F.詹卡（Janca）：海拔4800米到6768米，是安第斯山脉的最高地带。由于气温和氧气较低，该区域无法维持人类的持续存在，并且包含了冰川和雪盖，这些冰川和雪盖是低海拔地区河流的源头。

G.鲁帕—鲁帕（Rupa-rupa）：东侧海拔400米至1000米，气候温暖潮湿，植被茂密。鲁帕—鲁帕是一个本地术语，在西班牙语中通常被称为"塞尔瓦塞贾"（意思是"丛林的眉毛"）或"塞尔瓦奥特"（意思是"高丛林"）。

H.奥马瓜（Omagua）：东侧海拔80米至400米，由亚马孙热带森林组成，气候炎热潮湿，植被茂密，雨量充沛。"奥马瓜"是克丘亚语术语，在西班牙语中通常被称为"塞尔瓦巴哈"（意思是"下层丛林"）。

瓦泽亚：不要问我从哪里来

安第斯山脉的东、西两侧有两种截然不同的生态地理特征。在东侧，亚马孙河是世界上排水量最大的河流，甚至超过了世界七条最大的独立河流排水量的总和。亚马孙河流域是世界最大（但不是最长）的流域，约占世界河流总流量的1/5。仅在巴西，这条河的流域面积就比其他任何一条河的流域面积都要大。亚马孙河进入巴西的流量只有它最终排入大西洋流量的1/5。在秘鲁、哥伦比亚和厄瓜多尔，以及其他西班牙语国家，这条河通常都被称为"亚马孙河"。

在亚马孙河及其许多支流沿线，主要发生在雨季的高年降雨量导致了溪流和河流大量排放并造成大面积季节性洪水。亚马孙的许多支流在11月开始泛滥，并可能持续上涨到第二年的6月。然而，并不是所有的洪水都发生在同一时间段。例如，里约热内格罗河（巴西北部亚马孙河的一条支流）从2月或3月开始它的洪水期，6月开始消退；而里约马德拉河（巴西亚马孙河的另一条主要支流）的洪水期比亚马孙河的其他大部分支流早两个月。与主要河流及其支流接壤的广大低地地区，称为"瓦泽亚"（葡萄牙语：várzea，意思是"洪泛平原"），每年都会遭受洪水的冲刷。一般来说，瓦泽亚的土壤在洪水过后会变得非常肥沃，详情如下：

> 亚马孙流域只有3%—4%的森林面积是冲积平原。森林中约有一半是瓦泽亚森林，在洪水期间从安第斯山脉获得丰富的沉积物，冲积平原从河岸向外延伸80.5公里（50英里）。在雨季，河流深度可能会上升7.6米至15米（25—50英尺）。整个岛上的植被都从河岸上剥落下来，漂向下游。平静的河水里会生长成群的巨型维多利亚睡莲（Victoria amazonica），这种植物长得非常高，六英尺宽，边缘有直立的睡莲垫，整个植物就像一个巨大的绿色过山车。[①]

由于其与生俱来的土壤肥力和接近河流（可作为当地人的运输路线）的便利条件，瓦泽亚在历史上一直是早期人类的理想之地，它是亚马孙河流域人口最稠密的地区。亚马孙河每年都淹没这片土地，使其覆盖着一层肥沃的淤泥。由于大自然每年的补给，瓦泽亚是一种优质的农业用地，可以年复一年地耕种而不必休耕或额外施肥。因此，它的利用价值很高，在当地农民中备受关注（Kricher，1999，207页）。生活在瓦泽亚

---

① 引自Kricher（1999，18页）。

世界文明新史

的人们一直种植水稻、玉米、豆类、辣椒和香蕉等农作物。长期以来，人们普遍认为南美洲的土著文化或文明可能起源于安第斯山脉，并向东传播到亚马孙河流域。这一观点受到了考古学证据的挑战，考古学证据表明，巴西桑塔雷姆地区在塔帕霍斯河和亚马孙河交汇处附近出土了距今7000年至8000年的陶器和其他文物（Roosevelt等，1991）。这种陶器比在南美洲安第斯山脉发现的陶器要古老3000年（Kricher，1999，169页）。然而，这一发现不能充分推翻安第斯—秘鲁是南美洲土著文化摇篮这一广为接受的观点。

瓦泽亚每年洪水周期所沉积的肥沃冲积平原可以支撑一大批农业人口。巴西潘卓品塔达岩洞（葡萄牙语：Caverna da Pedra Pintada 意思是"彩绘岩洞"）的考古证据表明，人类至少在11 200年前首次在亚马孙地区定居（Roosevelt等，1996）。很长一段时间以来，人们一直认为亚马孙雨林人口稀少，因为不可能通过农业维持大量人口。[①]然而，其他人类学家的研究表明，实际上该地区在过去的一段时间曾经人口稠密。公元1500年，大约有500万人居住在亚马孙河地区，包括沿海定居点（比如马拉若岛）以及内陆居民点。到1900年，人口下降到100万人，到20世纪80年代初，人口还不到20万人（Park，1992，108页）。自20世纪70年代以来，许多地雕[②]被确认为是公元1—1250年土著人在被砍伐的土地上的作品（Pärssinen等，2009）。然而，至于亚马孙河流域在前哥伦布时代是否有文明（或文化），目前还没有进一步的证据。

有趣的是，在发音方面，葡萄牙语单词"瓦泽亚"（várzea）和共祖词"wadi"有些相似。这些词的创造者是否已经考虑到了它们各自所代表地理空间的一些地质水力特征？更可能的是，它们的相似性源于一个事实，即它们是共祖词——共祖词通常是在很早就被创造出来，用来代表过去

---

① 例如，考古学家梅格斯（Betty J. Meggers）声称，每平方公里0.2人的数量是雨林中通过狩猎维持的最大数量，需要农业来容纳更多的人口（Meggers，2003）。

② 地雕是一种大型设计或图案，通常长于4米，在地面上绘制，由碎屑岩或景观中类似的耐用物质形成，如石头、石头碎片、活树、砾石或泥土。

（也可能现在）对人类至关重要的相同或相似的事物。现在的问题是，如果"瓦泽亚"就像世界上其他为古代文明作出贡献的河谷一样，拥有发展农业和其他文化相关活动的优势，那么为什么它在前哥伦布时代没有诞生出文明呢？要回答这个问题，我们必须仔细研究亚马孙河的地理和环境条件。

目前，约68%的亚马孙盆地位于巴西，其余地区位于玻利维亚、哥伦比亚、厄瓜多尔、法属圭亚那、秘鲁、苏里南和圭亚那（Junk等，2011）。一般来说，瓦泽亚可分为两类：低瓦泽亚和高瓦泽亚。低瓦泽亚可按低洼的程度进一步分类，低洼地区的年平均水位高度超过3米，洪涝期每年超过50天；而高位地区的年平均水位高度小于3米，每年洪水期小于50天（Wittmann等，2006）。亚马孙河的水量异常丰富，提供鱼、海牛、海龟和海龟蛋、凯门鳄以及其他取之不尽的沿河食物。凭借这些丰富多样的物种资源，亚马孙作为一个栖息地，明显优越于南美洲大多数地区。

亚马孙河通常每年都会经历平均7—13米的水位波动，这会导致冲积平原每年被淹没10米，并会将河水带到20公里以外的邻近雨林地带（Goulding，1993）。洪水携带的泥沙使瓦尔泽河的土地更加肥沃，使鱼类和其他生物在雨季或高水位季节利用至关重要的森林廊道繁衍生息。浮游动物的繁殖在这段时间达到高峰，这种生物资源随着洪水退去而冲进邻近的河流，为鱼类提供了宝贵的食物来源，尤其是在幼鱼的生命周期阶段（Kricher，1999，193页）。不幸的是，这些肥沃的土壤和其他生态优势，虽然肯定是众所周知的对生物发展环境十分友好，但瓦泽亚并没有诞生世界级或任何有影响的土著文明。"瓦泽亚"和"瓦迪"在发音上有几分相似，但它们对人类和文明有着截然不同的环境和生态意义。

在安第斯山脉的西侧，有不同的生态景观：河流几乎都分布在秘鲁狭小的沿海平原上。与瓦泽亚不同的是，秘鲁的沿海河谷是地球上最干旱的地区（见图7-2）。每一条河都背靠安第斯山脉，正面是太平洋，中间是世界上最干燥的沙漠或干旱土地。也许在方圆几百公里都找不到比这里更差的地方了。它对一个土著文明的出现（或缺失）有什么意义呢？

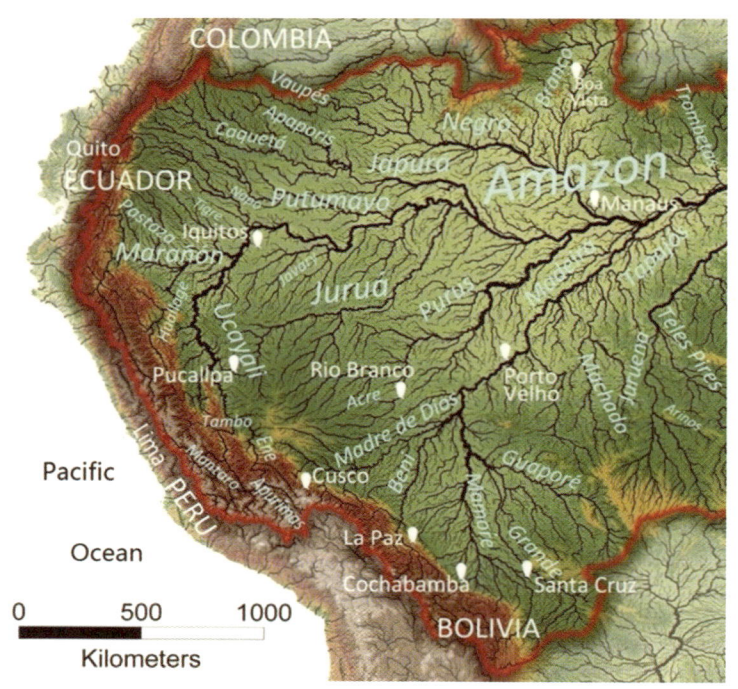

图 7-2 亚马孙河流域与秘鲁沿海

注：秘鲁中北部的放大图参见图 7-3。本图的英文标识保持原状以纪念我的独生子郭昌雷（1988 年 10 月 31 日—2020 年 8 月 16 日，他生前根据 NASA 地图特为本项目绘制）。

文明的摇篮在这里

现在让我们用"对比生态学"方法来比较这两个地区：（1）瓦泽亚作为一个拥有广阔土地和无限食物资源的地区；（2）安第斯山脉西部地区，秘鲁的农业用地受到空间的局限。和世界其他地方一样，在瓦泽亚也有战争，但那是出于报复、掠夺妇女、获得个人威望等类似动机（Chagnon，2013，473 页）。由于土地并不短缺，因此基本上没有基于争夺土地资源的战争。在瓦泽亚发生战争的后果通常如下：

> 一个战败的村落通常不会被赶出自己拥有的土地。胜利者也没有做出任何真正的努力来彻底征服被征服者，或向他索取贡品。其实，那样做是很难的，因为没有有效的办法防止失败者逃到漫天遍野的雨林。事实上，战败的村庄通常的选择，与其说是为了避免被征服，不如说是为了避免进一步的进攻。亚马孙河流域的定居点非常稀少，一片新的雨林可以很容易被发现和占领，而且不会经过另一个村庄的领土。此外，由于几乎任何雨林都适合耕种，在新的栖息地和在旧的栖息地一样可以开展自给自足的农业。[①]

然而，在安第斯山脉的西侧——南美洲最早文明的发祥地，上述的结局不再适用于战败的村落。随着人口对土地的压力越来越大，战争的主要诱因从复仇的欲望转变为获取土地和其他财产的需要。随着战争的起因变为主要是经济方面的，战争的强度和重要性也增加了。这可以在罗伯特·卡内罗（Robert L. Carneiro）1970年发表的论文看出：

> 一旦到了这个阶段，在战争中失利后的秘鲁某村庄所面临的后果与亚马孙河流域战败村落所面临的后果截然不同……群山、沙漠和大海，更不用说邻近的村庄，彻底阻挡了向各个方向逃走的路线。因此，一个在战争中战败的村庄只能面临严峻的后果。如果运气好的话，他们允许留在自己的土地上，而不是被杀掉或驱逐，但这种让步也得付出代价。代价是在政治上服从于胜利者，这种从属地位一般至少需要缴纳一笔贡品或实物税，而战败的村庄只有生产出比以前更多的粮食才能提供这种贡品或实物税。但是，从属关系有时会使被打败的村庄进一步丧失自治权，随后完全并入由胜利者主导

---

① 引自 Carneiro（1970）。

的下属政治单元。①

　　在前哥伦布时代的大部分时间里，由于自然和环境条件的不同，上述两个地区产生了完全不同的社会和文化后果。例如，颇具影响的印加帝国的建立是以安第斯山脉为中心，从公元1438年到1533年，除了秘鲁之外，现在还包括现代厄瓜多尔的大部分地区、玻利维亚西部和中南部、阿根廷西北部、智利北部和中部以及哥伦比亚南部的一小部分地区（在1438年之前它被称为库斯科王国）。在印加帝国时期，统治者利用征服或者和平同化的方式将南美洲西部的大部分地区并入其帝国版图。印加帝国的人口估计可能高达3700万人。然而，在葡萄牙人到达时，今天的巴西领土，包括亚马孙的大部分地区，估计有700万土著人口，大部分是半游牧民族，以狩猎、捕鱼、采集和移民农业为生。② 由于亚马孙的陆地面积比印加帝国大得多，上述数据意味着前者的人口密度比后者低得多。

　　有观点认为新大陆的农业起源于热带美洲。③拉斯瑞普甚至认为许多文化习俗也是如此（Lathrap，1977，713—752页）。最近在哥伦比亚南部的热带丛林中发现了数万幅距今约12 500年的绘画，这些考古发现支持了这样一个假设，即亚马孙河流域最早的文化从未比美洲其他地方发展得少。在这些"画卷"中，古人对动物和人类的史前描绘是画在绵延约12公里的悬崖上，上面还包括了一些早已灭绝的冰河时代动物的形象（Margaritoff，2020）。只要看一眼这些画，就会发现，如果这些画确实是古代美洲土著人画的，那么生活在亚马孙河流域的现代美洲土著人在过去一万多年的时间里，在技术和文化上是沿着退化而不是进化的路线图发展的。

　　　　────────────────

　　① 引自Carneiro（1970）。
　　② 数据来源：Levine（2003，32页）和McEwan（2006，93—96页）。请注意，估计的错误可能存在，因为尽管印加保留了很好的人口普查记录，但几乎所有记录都被西班牙人在征服过程中摧毁了（Levine，2003，32页）。
　　③ 例如，参见Sauer（1968，35—50页）。

事实上，南美洲土著文明背后的主要驱动力，及其文化的实质部分，主要是在安第斯山脉的西边地区而不是东边地区。这可以从"安第斯"（Andes）一词源于词根"anti"这一事实来判断，后者在当地语言中的意思是"东"。因此，人们很自然地认为，"安第斯"一词的发明者和使用者很可能居住在安第斯山脉的西部。

是的，正是在安第斯山脉的西部，南美洲的文化和文明首先繁荣起来了。

✤ 寻找文明的时空轨迹

新世界，新发现

美洲（包括南美洲、中美洲和北美洲）的史前文明始于一万多年前最后一个冰河期，那时人们从亚洲迁徙到这些地区。人们普遍认为，直到1492年克里斯托弗·哥伦布（Christopher Columbus，1452—1506年）"发现新大陆"、欧洲人来到美洲之前，这些群体一直与"旧世界"保持隔绝状态；他们移居北美时是狩猎采集者。

古印第安人到达美洲的具体情况，包括确切的日期和旅行路线，仍有待继续研究和讨论。目前最普遍的理论认为，这些早期移民在一万多年前从东西伯利亚和现今阿拉斯加之间的白令吉亚陆桥迁入，当时由于第四纪冰川作用，海平面显著降低。因此，这些人沿着劳伦蒂德冰原和科迪勒兰冰原之间的无冰走廊，追猎现在已经灭绝的更新世大型动物群。在另一条路线上，他们要么徒步，要么使用原始船只，沿着太平洋西北海岸迁徙到南美洲。①

在第一次迁徙的几千年后，一些狩猎采集者开始在美洲建立半耕半猎型村落。后来，在秘鲁的中北部沿海地区逐渐出现了一种复杂的文明，

---

① 参见 Hadmark（1979）关于古印度移民到美洲和整个美洲的详细描述。

这个文明被称为小北文明，也被称为"卡拉尔"或"卡拉尔—苏佩"文明。它是美洲已知的最古老的史前文明，也是古代世界独立和本土起源的六个文明遗址之一，繁荣于公元前30—前18世纪。它比中美洲的奥尔梅克文明早了1000多年。早在公元前3000年，南美洲安第斯山脉就已经有了非常先进的城市中心；或许，美索不达米亚的苏美尔是唯一一个城市复杂程度与其相似的地方。它与古埃及两个王朝的统一和埃及象形文字的出现发生在同一时期。

小北遗址位于南太平洋海岸的中北部，位于秘鲁利马以北150—200公里。核心文化区包括四条主要河流（苏佩河、帕蒂维尔卡河、福塔莱萨河和瓦乌拉河）的沿海河谷，这些河流共享一个沿海平原。这四个河谷的面积仅为1800平方公里（Haas等，2005）。每个河谷都有一组文化遗址（见图7-3）。由于小北文明赖以存在的土地受到四个独立河流系统的共同影响，因此它也可以被称为"姆泰不达米亚"（Multipotamia，即多条河流经过的土地）。

小北遗址的重要意义最早于1905年就被人们认识到了。阿斯佩罗（Aspero）遗址位于卡拉尔（Caral）所在的苏佩河口，早在1941年就被考古学家发掘过。不过当时的场面比较尴尬：人们根本没有认识到金字塔的存在，而是将其视为"天然的沙堆"（Mann，2005a）。这个遗址并没有引起太多的关注，因为它处于陶器文化以前的时期，没有陶器或黄金器物；再加上那里是在干旱寒冷的沙漠，当时的人们根本没有想到那是一个史前文明的遗址。

直到20世纪90年代末，秘鲁考古学家露丝·玛莎·夏迪·索利斯（Ruth Martha Shady Solís）等学者才开始揭示了阿斯佩罗的文化复杂性，原来那里有多个巨大的史前金字塔、庙宇、广场和住宅（Shady，1997）。2001年发表在《科学》杂志上的一篇论文介绍了苏佩河谷卡拉尔遗址的研究概况；2004年发表在《自然》杂志上的一篇文章介绍了在更广阔的河谷地区进行的实地调查和放射性碳年代测定，揭示了小北遗址的全部意义，

图7-3　秘鲁中北部的姆泰不达米亚（多河流）系统

来源：（1）主图引自 https://diggingperu.wordpress.com/context/the-norte-chico，由芝加哥伊利诺伊大学 Matthew Piscitelli 博士授权使用。（2）主图右下角为干旱的苏佩山谷中的卡拉尔（Caral）金字塔遗址（Håkan Svensson Xauxa，2004年8月15日）。

引起了研究者的广泛兴趣。[①] 直到那时，人们才开始认识到，南美洲最古老的文明早在公元前3000年就在安第斯山脚下被创造出来了，小北文明成为世界上最古老的文明之一。在那个时期，唯一具有这种城市复杂性的其他文明是美索不达米亚的苏美尔。

不像东半球的古代文明，如苏美尔文明、古埃及文明、哈拉帕文明

[①] 关于秘鲁北部地区考古进展的更多细节参见 Shady 等（2001）和 Haas（2004）。

和中华文明，它们在地理位置上大都很接近，或者保存或多或少的联系，小北文明是相当孤立的，它是唯一在新大陆于公元前3000年出现的文明。那么，为什么它会成为美洲最古老的文明呢？

姆泰不达米亚：一个新术语

在这本书中，"姆泰不达米亚"一词被用来表示三条或三条以上河流独立流过的地区。在地形上，三条或三条以上的河流系统一般会比任何单一河流产生复杂得多的流域或洪水冲积系统；事实上，姆泰不达米亚的水动力机制要比美索不达米亚复杂。美索不达米亚是一个包括两个独立河流系统（即底格里斯河和幼发拉底河）的地区。由于洪水和其他相关风险或环境挑战的可能性随着河流数量的增加而增加，使生活在受更多河流影响的冲积平原上的人类面临更多的挑战，因此有更多动力创造一种文明去克服这些挑战或威胁。与拥有东半球第一批古文明的河流（如尼罗河、底格里斯河、幼发拉底河、印度河和黄河）相比，安第斯—秘鲁的河流规模较小。然而，它们都靠近安第斯山脉，携带季节性的洪水。因此，居住在那里的居民比其他地方的居民从洪水中受益更多，同时也受到更多洪水的不利影响。

正如第1章所示，正是上述环境特征催生了各种土著文明。那么，正是这种环境特征导致了秘鲁的姆泰不达米亚文明的出现吗？让我们首先对福塔莱萨河（Fortaleza）和帕蒂维尔卡河（Pativilca）流域上下游的地理影响进行定量分析，如图7-4所示：位于距离海岸5—10公里的文化遗迹产生于公元前3200—前2400年；它们比大多数位于上游的遗迹在年代上要古老得多。通常情况下，生活在上游的人类面临的洪涝风险和生存挑战没有生活在下游的人类严重。这似乎符合这样的假说，即地理劣势总是激励人类提升其文化复杂性。距离海岸5公里内没有发现文化遗迹的原因，可能是临近海岸的区域不适合农业活动。当然，渔业社区仍然可以在那里建立，以便获得和利用海洋资源。然而，由于与农业相

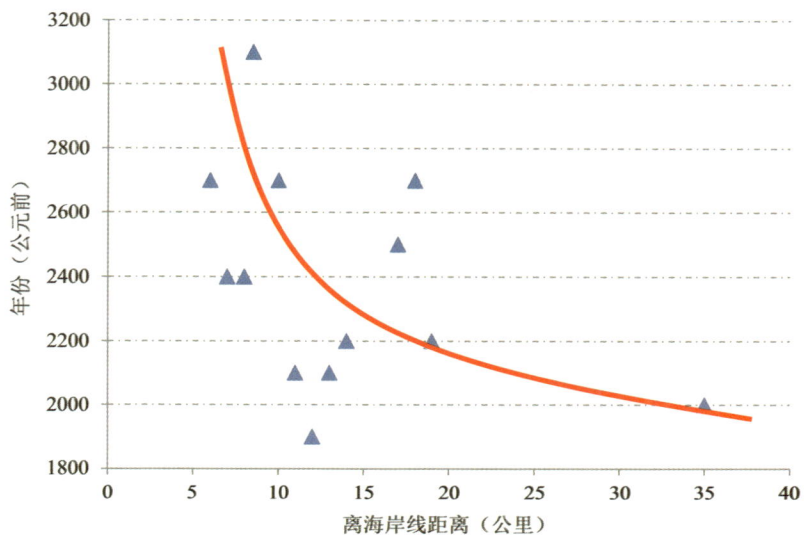

注:(1)所有日期均以放射性碳测年为基础。(2)如果一个地方(图中用三角形表示)有两个或两个以上的文化遗迹,则只选择最古老的遗址作参考。(3)文化遗址包括卡雷里亚(Carretia)、塞罗布兰科1(Cerro Blanco 1)、塞罗布兰科2(Cerro Blanco 2)、塞罗兰佩(Cerro Lampay)、华里坎加(Huaricanga)、华伊托(Huayto)、潘帕圣何塞(Pampa San Jose)、波维尼(Porvenir)、波托奥(Potao)、蓬塔和苏埃拉(Puntay Suela)、肖拉(Shaura)、乌帕卡(Upaca)和文托阿尔托(Vinto Alto)(见图7-3)。

来源:作者基于图7-3和Creamer等(2014,414页)的研究绘制。

比,捕鱼是一项简单的工作,自给自足的渔民不太可能将其平均生产规模扩大到农业生产的规模。他们也不需要比农民拥有更先进的工具和复杂的管理技能。

　　小北文明的发现使研究的重点从安第斯山脉的高地和毗邻山脉的低地(那里曾是查文文化和后来的印加帝国的中心)转移到秘鲁沿海,即太平洋的东南沿海地区。特别是,小北文明把古代秘鲁地区复杂社会的出现时间向前推进了1000多年。在这一发现之前,在公元前900年左右建立的查文(Chavín)文化被认为是该地区的第一个文明。① 考察了那里的

---

① 例如,参见Roberts(2004,153)和APWH(2011,28页)。

环境之后，查尔斯·曼恩（Charles C. Mann）博士认为，与其他文明相比，秘鲁沿海地区似乎是"原始"文明发展中的"不可能的，甚至是不正常的候选者"（Mann，2006，199—212页）。其实，这位学者说错了，他的所谓"不正常"应该是"正常"。君不见，非常正常的西欧，以及他现在居住的、被许多人认为是仅比"天堂"略逊一筹的美国，在他认为也许比小北的环境更正常吧，历史上却从来没有产生过任何意义上的本土文明。

姆泰不达米亚之所以具有重要意义，是因为其独有的特征，而不仅仅是因为其"不正常"的地理特征。除了在世界其他地方找不到的最复杂的河流系统外，它还有地球上最干旱的环境，周围有两个雨影，东面是安第斯山脉，西面有太平洋信风。在被人们认为该地区文明存在几个地区之间的全面互联之前，许多早期的实地调查都是在阿斯佩罗一个地区进行的。实际上，秘鲁中南部的整个地区有50多条河流，这些河流将安第斯融雪带向太平洋（Pringle，2001）。因此，这些水源广泛灌溉的发展被视为小北文明出现的决定性因素，这也使后者成为真正的姆泰不达米亚。这还可以从以下方面给予证明：所有这些纪念性建筑与其他文化标志都是在几个接近灌溉渠道的地方被发现的。

考古学家对社会复杂性的研究的兴趣可能部分源于他们试图将小北文明作为西半球的"文明摇篮"。理由是，它不同于南美洲的其他文明，而是在孤立于外部影响的情况下发展的（Mann，2005a）。多流域的贸易网络和交换系统是通过该地区最早的来自不同河谷的居民的流动与相互作用建立起来的。作为社会复杂性的先兆，他们创造了像"新石器革命"和"原始荒野"这样不太可能出现的奇迹般的文化发展。同时，考古学家也低估了那里曾经认为是不可能的奇葩但现在被坐实了的文化成就，那里一定曾经有精英阶层。[1]

---

[1] 参见Marwick（2003）和Gamble（2007，10—32页）。

河流文化的兴衰

在姆泰不达米亚，小北文明包括多达30个主要人口中心。它的另一个名字源自位于苏佩河谷的城市卡拉尔，后者是一个大型的、有丰富文物的文化遗址。小北文明的复杂社会比美索不达米亚的苏美尔文明晚了几百年，几乎与埃及金字塔的建造同时出现，比中美洲的奥尔梅克文明早了近2000年。它位于今天秘鲁的安第斯地区，被认为是全球六个独立土著文明发展的地区之一。它也是西半球两个独立的土著文明源地之一，另一个是中美洲的奥尔梅克。特别是，小北文明把安第斯地区复杂社会的出现时间向前推进了1000多年。

姆泰不达米亚在农业灌溉方面的成功可能有助于其社会和经济的繁荣。当这个文明衰落的时候，可以在更远的北方找到更广阔的运河——人们迁移到更肥沃的土地上，带走他们的灌溉知识和文化。不过，这离下一个伟大的秘鲁文化——查文——的崛起还有1000年的时间。大约在公元前1300年，小北文明开始衰落，沿海的南部和北部以及安第斯山脉的东部出现了更强大的文化中心。目前，历史学家对小北的研究仍在继续，还有许多悬而未决的问题没有解决。关于两个相关问题的辩论正在进行：小北文明的繁荣在多大程度上是建立在海洋食物资源的基础上，以及它所暗示的沿海和内陆地区之间的确切关系是什么。

从公元前30世纪到公元前18世纪，当整个姆泰不达米亚地区出现林林总总的文化中心时，小北文明开始繁荣起来。通过放射性碳测年，乔纳森·哈斯（Jonathan Haas）及其同事发现，在帕提维卡河和福塔莱萨河流域采集的95个样本中，有10个是公元前3500年以前的，这为早期古代人类定居提供了证据；从公元前3200年开始，那里开始出现人类社区的大规模建设（Haas等，2004）。相关文献显示，"公元前3200年之前的某个时间，也可能是公元前3500年之前可作为小北文明形成的开始日期"（Mann，2006，199—212页）。

然而，由联合国教科文组织（UNESCO）组织的一个跨学科小组进行的研究表明，尽管定居点在公元前3000年就存在了，但直到公元前2600年，那里的居住者才成为一个有组织的社会体系的一部分。在苏佩河的中下游河谷有一个"首都区"，这个地区是当时最杰出的社会文化中心。这一理论得到了社会文化信息和年代测定数据的支持，其前提是苏佩河谷沿线形成的社会系统首先影响了其他最近河谷沿线的人口。然后，定居点进一步扩展，到公元前2200年，它们的影响已经扩展到南方寒冷的埃尔帕莱索（El Paraiso）以及向北至包括圣塔（Santa）河谷的所有河谷（ABE，2009）。根据UNESCO的咨询机构评估，该文化发展的时间顺序如下：

- 远古时期（公元前3000年以前）：家族或世系群体开始占有土地。
- 古时期（公元前3000—前2600年）："首都区"的发展；广场和诸多大型建筑出现。
- 后中时期（公元前2300—前2200年）：建筑物的数量与规模继续扩大；建造大型平台和广场。
- 初晚时期（公元前2200—前2100年）：公共建筑改造；广场采用四边形平台框架。
- 后晚时期（公元前2100—前1800年）：公共建筑改造（使用较小的石头）；场地占用开始减少。[1]

此外，考古学家利用福塔莱萨和帕提维卡河流域的放射性碳测年，大概估计了从公元前3700年起小北文明发展的具体信息：

尽管小北文明遗址上有多达11个土墩和圆形庭院的废墟可能是在同一时期建造的，但随着时间的推移，土墩的总数有所增加。早

---

① 引自 ABE（2009）。公元前2600—前2300年是文化发展的一个空白期——作者注。

期，在公元前3700至前2800年的某时间段，最多有3处纪念性建筑的遗址……到公元前2700年，有6处；到公元前2600年，有7处；到公元前2200年，该地区有11处具有纪念性建筑是同时代建造的。这一数字至少持续了一个世纪，随后下降；在公元前2000年到前1700年，同时代的建筑只有3个到6个，并且公元前1600年以后，再也没有超过3个司时代建造的土堆和圆形宫廷遗址。[①]

永远的姆泰不达米亚

在小北文明衰落的几个世纪后，另一种安第斯文明在现代秘鲁应运而生。[②] 库皮斯尼克（Cupisnique）文化（公元前1500—前200年）被认为是存在于杰克特佩克河谷和秘鲁北部其他毗邻地区的最具影响力的文化之一。这个河谷的河床相对宽阔，两侧是冲积平原和海岸丘陵，陡峭地上升到大约800米。库皮斯尼克遗址包括太平洋东海岸附近的普埃马佩、中河谷的利蒙卡罗、上河谷的蒙特格兰德和坦布拉德拉以及圣帕布洛的昆图尔瓦西的几个定居点。考古学证据显示，尽管库比斯尼克人擅长制造精致的金器，但库比斯尼克被认为是一种前冶金文化。在后来的年代里，库比斯尼克人和查文人在他们消失之前融合产生了一个更大的文化。没有太多证据来证明为什么会发生这种情况。然而，如下一节所示，自然灾害或气候灾害可能是该地区或其他早期安第斯文明崩溃和诞生的原因。

在秘鲁北部库比斯尼克遗址的考古发掘过程中获得的一个奇怪发现：库比斯尼克人大约在公元前1500—前1000年繁衍生息，他们在沿海山谷建造了土坯寺庙，里面供奉了一个动物形态持刀的蜘蛛神。为什么

---

① 引自 Creamer 等（2014，412页）。
② 此外，考古学家还发掘了许多早期秘鲁海岸遗址，并断定在公元前2150年到公元前1000年在那里有政治实体存在（Pozorski 和 Pozorski，2006）。

沿海的安第斯定居者在那个时期会崇拜蜘蛛神而不是其他更强大动物神（女神）？

　　查文（Chavín）文明的出现时期是从公元前900年到公元前200年。现在还不清楚小北文明是如何影响查文文明的。然而，鉴于这两个文明在地理位置上比较接近，它们之间肯定有一些文化传承关系。查文文明是以文化遗址的现代名字"查文"（克丘亚语：Wantar Chawin，位于利马北部）命名的。查文位于两条河流交汇处的低地河谷上，附近还有其他高海拔的河谷。因此，居住在此地的人们不仅能够种植玉米等低地作物，而且也能种植土豆等高海拔作物。他们还在高海拔地区驯养美洲驼作为食物或用它们在陡峭的山坡上搬运重物。查文的宗教意义取决于它的地理位置。两条河流的汇合点在克丘亚语中被称为"Tinkuy"，这被认为具有强大的精神意义，并有利于宗教活动（Burger，2008，684页）。

　　事实上，在过去几千年中，基于姆泰不达米亚的小北文明同世界其他地方的土著文明一样，以瓦迪（wadi）型地理环境为基础。从广泛的意义上说，所有这些文明都包含了类似的环境因素。安第斯山脉西侧的姆泰不达米亚及其邻近沿海地区还有一个前文没有提到的环境条件。其实，南美洲安第斯山脉的赤道地区可以被定义为具有周期性的挑战，对人类的生存不利，但对文明的诞生却是机会。2015年7月初，秘鲁政府宣布进入为期60天的紧急状态。当时还没有发生什么灾难，但气象学家预测，在不久的将来可能会发生一场自然灾害。秘鲁之所以处于高度戒备状态，是因为有关灾难在当年早些时候在太平洋发生过。秘鲁和安第斯山脉西侧的其他沿海国家经常受到赤道气候定期变化导致的洪水袭击，因此，政府的预警是比较常见的。

　　与中美洲最早诞生文明的地方（即奥尔梅克文化遗址，位于北纬17°至18°）相比，孕育南美洲最早文明或文化的地方更接近地球的赤道。例如，"厄瓜多尔"（Ecuador）在西班牙语中表示赤道，这意味着厄瓜多尔这个国家正好位于赤道附近。拉斯维加斯（Las Vegas）文化可以追溯到公元前8000—前4600年，靠近今天的厄瓜多尔海岸。"拉斯维加斯"这个名字来自最著名的定居点所在地，它位于拉斯维加斯河附近，现在位于厄瓜多尔的圣埃琳娜市。古代的拉斯维加斯人只是发展原始的农业，基本上还属于狩猎采集者。尽管他们从不制作陶器，但他们确实使用了由骨头和贝壳制成的工具。他们还生产渔网和其他类型的纺织品。瓦尔迪维亚（Valdivia）文化于公元前4000—前1800年在玛纳布（厄瓜多尔中部沿海的一个省）繁荣起来。厄瓜多尔所有这些史前文化都未能发展壮大（Stothert，1985；Piperno和Stothert，2003）。然而，拉斯维加斯文化与其南部邻居（即小北文明）在地理位置上比任何其他中美洲文化或文明都更接近赤道。

瓦迪文化，安第斯风格

厄尔尼诺／拉尼娜：说我爱你不容易

安第斯高地和秘鲁低地之间的文化发展情况截然不同。在秘鲁安第斯高地（例如，阿亚库乔盆地），虽然也发现了早期遗址，但它们大多可追溯到前陶器时期的中早期（MacNeish等，1983）。相比之下，在安第斯山脉的低地，或者更具体地说，在秘鲁北部奇卡马（Chicama）河谷的沿海遗址，考古学家已经发现了更早的文化遗存，这将使瓦卡普里塔（Huaca Prieta）成为新大陆已知最早的文化遗址之一，可以追溯到大约公元前12 000—前11 000年（Quilter，2013，63页）。然而，对另外一些文化遗存的考古发掘表明，瓦卡普里塔的早期居民并没有种植玉米或烧制陶器，而是种植南瓜、辣椒和棉花，捕鱼，编织篮子和粗布。通过放射性碳测年分析，这种文化可以追溯到公元前2500年左右。如何解释上述差异？

要理解为什么许多南美洲文化或文明首先出现在赤道或赤道附近地区，我们必须考虑到安第斯山脉。显然，没有安第斯山脉，中南美洲西部沿海地区就不会有干旱和半干旱的环境，那里也不会有任何明显的季节性气候变化。图7-5显示了秘鲁利马的月平均气温，而雅加达（印度尼西亚）的气候变化不太明显，两个城市都靠近地球赤道。当然，上述安第斯山脉带来的周期性环境挑战并不是促成南美洲土著文化或文明诞生的唯一因素。安第斯山脉和赤道的大气动力学也共同为古代南美洲带来了更严重的、周期性的环境挑战，而古代南美洲人必须有足够的集体力量——也就是说，通过创造一种文化——来克服这些挑战。

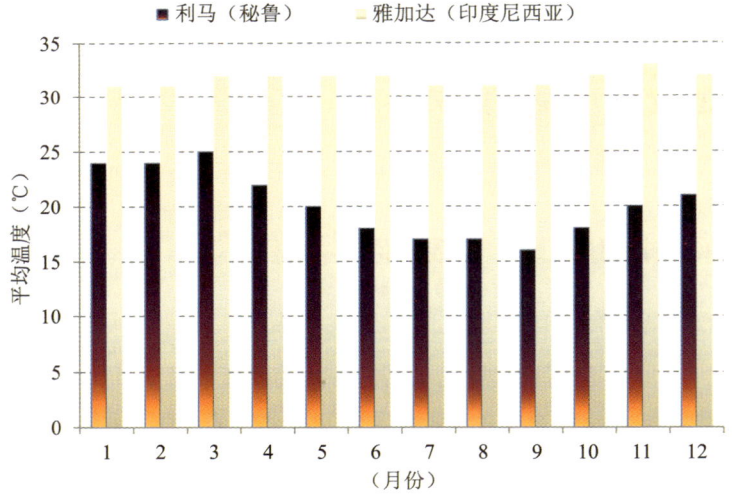

图7-5　利马（秘鲁）和雅加达（印度尼西亚）月平均气温

科学家发现，南太平洋的一股冷洋流——称为"秘鲁洋流"（或称"洪堡洋流"）——沿着南美洲西部海岸线向北流动，携带着安第斯山脉南部河流提供的营养物质，支撑着安第斯山脉中部海岸线附近丰富的渔场。如果洋流力度比正常水平强，则被称为"厄尔尼诺"（西班牙语：El Niño，意思是"小男孩"），这是一种不规则的循环流动，异常温暖的地表水从太平洋流向南美洲西海岸，并沿着南美洲西海岸流动，阻止营养丰富的冷深水上升流，并扰乱典型的区域和全球气候模式（见图7–6）。它也被称为"厄尔尼诺—南方涛动"（ENSO）循环。拉尼娜（西班牙语：La Niña，意思是"小女孩"）是厄尔尼诺的相反阶段。一次厄尔尼诺或拉尼娜的事件通常持续9—12个月，但一些事件可能持续数年。虽然它们的频率很不规则，厄尔尼诺与拉尼娜事件平均每2—7年发生一次。通常，厄尔尼诺比拉尼娜更常见。厄瓜多尔、秘鲁和智利沿海地区的异常降雨和洪水通常与厄尔尼诺现象气候条件有关。

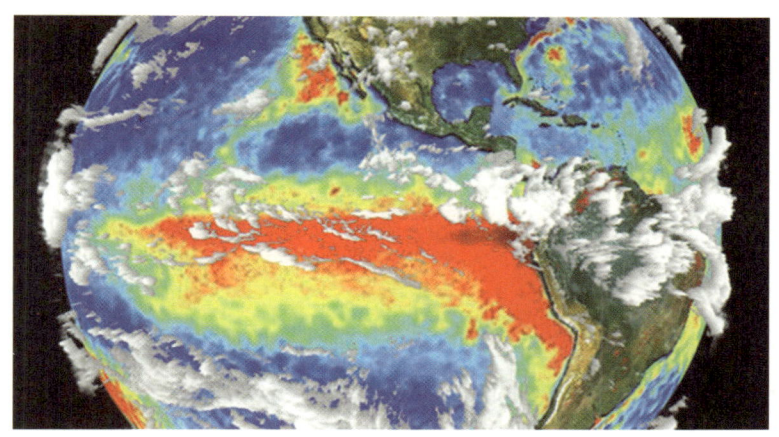

图7-6 厄尔尼诺事件爆发期的卫星照片

来源：https://mynasadata.larc.nasa.gov/phenomenon/el-nino-southern-oscillation。海平面颜色为人工处理结果（红色代表温度高于正常值）。

美国国家海洋和大气管理局（NOAA）用海洋厄尔尼诺指数（ONI）来识别热带太平洋厄尔尼诺（暖）和拉尼娜（冷）事件。该指数基于太平洋之赤道两侧海平面温度（SST）连续3个月异常变化的平均值：如果SST在5个连续重叠的3个月异常变化的平均值等于或大于+0.5°，则就会定义为厄尔尼诺（暖）事件；如果SST在5个连续重叠的3个月异常变化的平均值小于或等于–0.5°，则就会定义为拉尼娜（冷）事件。根据具体阈值（绝对值），还可以将上述事件进一步细分为弱（SST异常为0.5℃—0.9℃）、中等（1.0℃—1.4℃）、强（1.5℃—1.9℃）和非常强（≥2℃）事件。根据NOAA提供的数据，1951年至2020年发生厄尔尼诺（暖）和拉尼娜（冷）事件的年份如下（Rojas，2020）：

厄尔尼诺（暖）事件：
- 很强：1982—1983年；1997—1998年；2015—2016年。
- 强：1957—1958年；1965—1966年；1972—1973年；1987—1988年；1991—1992年。
- 中等：1951—1952年；1963—1964年；1968—1969年；1986—1987年；1994—1995年；2002—2003年；2009—2010年。
- 弱：1952—1953年；1953—1954年；1958—1959年；1969—1970年；1976—1977年；1977—1978年；1979—1980年；2004—2005年；2006—2007年；2014—2015年；2018—2019年；2019—2020年。

拉尼娜（冷）事件：
- 强：1973—1974年；1975—1976年；1988—1989年；1998—1999年；1999—2000年；2007—2008年；2010—2011年。
- 中等：1955—1956年；1970—1971年；1995—1996年；2011—2012年。
- 弱：1954—1955年；1964—1965年；1971—1972年；1974—1975年；1983—1984年；1984—1985年；2000—2001年；2005—2006年；2008—2009年；2016—2017年；2017—2018年。

尽管考古学家们还没有达成一致意见，"厄尔尼诺—南方涛动"

（ENSO）循环已经存在了很长的历史。① 然而，软体动物化石壳中氧同位素的证据表明，秘鲁沿海的ENSO变化在全新世（Holocene）早期已接近现代水平，4000—5000年前严重衰减。此外，由于暖异常向中太平洋移动，ENSO变化在6700—7500年前已经在秘鲁沿海向冷事件倾斜（Carré等，2014）。虽然ENSO循环对南美洲文化和文明的起源和演化所起的具体作用尚不清楚，但安第斯环境在南美洲所起的一般作用与东半球的作用相似。例如，缺少鱼类是厄尔尼诺现象最早被秘鲁渔民发现的原因。他们注意到每隔3—7年，海洋中几乎就没有鱼了。厄尔尼诺造成的鱼类减少可能非常严重；1972—1973年的一次厄尔尼诺事件几乎导致秘鲁渔业的彻底崩溃。②

虽然ENSO循环背后的内在驱动力仍不完全清楚，但安第斯山脉应该很关键。事实上，安第斯山脉不仅在ENSO循环的形成中发挥了重要作用，而且在南美洲最早文化的起源和演变中也发挥了重要作用。

安第斯地区和中美洲一样，都是环境差异性很大的地区，生活在环境差异性很大的高原和低地的人们相互依赖，获取各自基本的生活必需品。例如，到公元前2500年，安第斯山脉高地驯化了奎奴亚藜属植物（克丘亚语：kinwa或kinuwa，系苋科开花植物）、土豆和豆类，以戏剧性的方式改变了高海拔地区的饮食习惯（Scarre和Fagan，2003，480页）。但那里的农民需要低地商品，如盐、鱼和其他水产品。正是这种空间上的相互依赖，不断地促进了沿海低地和内陆丘陵高地群体之间的交流，文化或文明便应运而生。

为什么古人（不）崇拜蜘蛛？

在秘鲁北海岸的兰巴耶克（Lambayeque）河谷，有一座3000多年前库比斯尼克文化时期的庙宇。有趣的是，这座庙里有一个蜘蛛神的形象。

---

① 例如，参见Carré等（2014），Sandweiss等（2020）。
② 参见https://www.gulf-times.com/story/448730/El-Nino-s-effect-on-Peru。

所谓的蜘蛛神神庙于2007年11月首次被发现，这座神庙和其中的壁画都是美洲迄今发现的最古老的（国家地理新闻/National Geographic News，2008年10月29日）。在秘鲁早期（公元前1200—前400年）的许多其他遗址中也发现了蜘蛛神的形象。古代安第斯人崇拜蜘蛛似乎是一个相当奇怪的现象。

对现代人来说，提出任何与蜘蛛有关的话题都会首先让我们想起蜘蛛侠（或彼得·帕克），他是漫威中的超级英雄，最早出现在美国。不管怎样，由于工业化和现代化影响，蜘蛛几乎从人类城市生活的场景中消失了。然而，它们在古代并非如此——它们甚至成为许多古代文化的一部分，或受到古人的真诚崇拜。这可以从世界不同的地方或文化中有许多关于蜘蛛的神话或民间故事来证明。下面简要介绍几个例子：[1]

- 根据希腊神话，阿拉克涅（Arachne）向雅典娜（Athena，城市保护和战争女神）发起挑战，并因此变成了蜘蛛。

- 在霍皮人（美国印第安人）的创世故事中，蜘蛛祖母是大地女神，她与太阳神塔瓦一起创造了最早的生命，包括第一个男人和第一个女人。

- 在西非，蜘蛛被描绘成一个骗子神，叫作阿南西（Anansi），他总是挑起恶作剧来打败其他动物。他的故事是民间口头传说的一部分，并在通往牙买加和加勒比奴隶贸易的路途中广为传播。

- 在一个流行的切罗基（美洲土著）故事中，蜘蛛祖母给世界带来了光明。

- 在圣经《旧约·托拉》中，大卫在成为以色列的国王之前，被扫罗王派来的士兵追杀。他被一只蜘蛛保护着，蜘蛛在他藏身的洞穴入口处结了一张巨大的网。另外一个类似的故事说，真主要求蜘蛛保护穆罕默德（先知和伊斯兰教创始人）和阿布巴克尔（穆罕

---

① 参见Wigington（2020）和一些其他网络资料。

默德最亲密的伙伴和顾问）。

- 在新异教主义的一些传统中，蜘蛛网本身被视为女神和生命创造物的象征。

- 在一个凯尔特人的神话中，蜘蛛是一种典型的有益昆虫，它与织布机和纱布有联系。

- 在一个古老的英国民间故事中，如果一个人发现他的衣服上有蜘蛛，这意味着有钱了。在一些版本中，衣服上出现蜘蛛意味着将要过好日子了。

那么，为什么蜘蛛在古代的文化生活中扮演如此重要的角色呢？凭直觉，我们可以相信一个事实，狩猎网是早期人类进步和繁荣的标志。显然，与长矛狩猎相比，用网设置的陷阱确实有助于古人捕捉更多的猎物。然而，真实的故事可能更复杂。为了发掘完整的故事，让我们排除两个美洲土著的例子，因为霍皮族和切罗基族部落未能将他们的文化提升到前哥伦布时代之前其他文化的平均水平。伊斯兰的例子也没有被考量，因为它的文化不是建立在本土基础上的，可能借鉴了早期其他民族的故事。现在，在对剩下的例子进行简单的比较之后，我们可以很容易地观察到，所有故事的主人公或他们的前辈都曾经居住在岛屿上，或者居住在靠近海洋或其他水体的地方。

地理特征或条件对这些关于蜘蛛的神话或民间故事有影响吗？为了回答这个问题，让我们回到第1章，并简要说明以下问题：土著文化和文明是如何在几千年前诞生的。事实上，只有在人类实现了从狩猎采集社会向农业社会的重大转变之后，一种文化或文明才能最终出现。这意味着，任何文化或文明进步的整个过程都必须与放弃狩猎网和忘记蜘蛛（尽管是渐进式的，在时间上有所延迟）的过程平行，蜘蛛曾是古代人类创造各种网和网状器具的第一个灵感来源。难道不是吗？

为什么一部分古人将蜘蛛奉为神（女神）而另一部分古人却没有这样

做？这背后一定有各种各样的原因。如果你读了这本书的前面章节，你会发现没有提到蜘蛛对任何古代文明——美索不达米亚文明、古埃及文明、印度河流域文明、中国文明或中美洲文明——的宗教形成产生过影响。在其他文献中，对这些文明中的蜘蛛要么没有提及，要么只是很少提及。由于长期依赖农业，所有这些古代文明都放弃了以前与捕鱼或狩猎有关的传统；取而代之的是，他们现在有了更重要的，而且肯定是与农业有关的神和女神来崇拜。然而，在南美洲安第斯——世界上最早的土著文明诞生地之一，情况却截然不同。那么，为什么古代安第斯人对蜘蛛的追求竟如此狂热呢？[①] 坦白地说，如果上面比较文化分析是正确的话，那么它可以用来判断安第斯风格的蜘蛛崇拜有一个特殊的、双重的文化基础（下面的小节有更详细的描述）。

后来的安第斯人，包括印加人，放弃了崇拜蜘蛛神的传统。为什么他们不再遵循先辈悠久的宗教传统？目前还没有权威的解释。在现代，人类知道蜘蛛与许多迷信有关。在一些古老的谚语中，它们也被称为"天气预报器"，例如：

- 当蜘蛛数量变多并正在织网时，说明天气很快就会变得非常干燥。
- 当蜘蛛在中午前开始织网时，预示阳光明媚的天气即将来临。
- 如果你踩到蜘蛛，就会下雨。

似乎以上这些说法都基于潮湿的地方，或者是不喜欢下雨的人说的。相比之下，南美洲安第斯和其他五个土著文明诞生的古老地方一样，过去和现在基本是干燥的，因此生活在那里的人们与这些古老的谚语好像没有关系。否则，如果他们用蜘蛛来预测天气变化，如何解释他们的后

---

① 然而，如第6章所述，蜘蛛祖母（Kokyang Wadi）是美国西南部许多美洲土著文化中的重要人物。此外，它还包含在北美许多其他本土文化的口头传统和民间传说中。见 https://mythus.fandom.com/wiki/Spider_Grandmother。

代放弃了这种有益的做法？蜘蛛现在退化了吗？绝对不是。因此，最可能的原因是：后来的安第斯文化越来越依赖农业而不是捕鱼或狩猎。因此，后来的南美洲安第斯人和其他古代文明的人一样，逐渐忘记了曾经激动他们生产渔网的所谓蜘蛛神。

在遥远的过去，在新石器时代，远古世界许多地方的狩猎采集者甚至农民能够使用石器为自己谋生。然而，使用这些粗糙的工具捕鱼，特别是在广阔、深邃和仍然陌生的海域，很少能成功——除非有"姜太公钓鱼，愿者上钩"的本事或运气。这就是为什么生活在秘鲁沿海地区的远古人类——他们的生活必需品在早期主要依靠捕鱼（Moseley，1975；Moseley 和 Feldman，1988，125—134页）——在3000年前或更早崇拜蜘蛛的原因所在。毫无疑问，如果没有蜘蛛的出现，或者更具体地说，没有蜘蛛网的出现，古代安第斯人就不会得到任何灵感来造出渔网（或者至少他们不会那么早就造出渔网），因此，在最早的时候根本不可能存活下来，更不用说在后来创造文化或文明了。宗教创造是一种文化或文明出现的早期信号。在秘鲁沿海或其他地方，一定有与安第斯风格的蜘蛛神有关的隐藏故事，只是这些故事还没有被发现或破译。

如果说蜘蛛使古老的安第斯人得以在秘鲁沿海地区生存和生长，那么蜘蛛神神庙一定包含了许多关于早期安第斯文化的奥秘。古代安第斯人也会自称"蜘蛛侠"吗？

一个二元文化源地理论

小北文明是美洲最早的史前文明。然而，它完全没有制造或使用陶器的迹象，也几乎没有艺术品。它最令人印象深刻的成就是纪念碑式建筑，包括大型土石方平台土堆和下沉的圆形广场。有理由认为，为了管理这些大型文化项目，必须在多部落之间建立一个成熟的政府或协调机制。此外，考古证据还表明，那里存在纺织上的技术应用以及有可能存在对神的祭祀活动，这两者都存在于前哥伦布时期的一些安第斯文化中。

与东半球其他河流文明相比，小北文明所处的姆泰不达米亚的文化特征非常特殊。例如，没有任何证据表明政权存在的物质性基础，即防御设施的构筑，也没有任何类型或任何级别的战争的证据（Haas 等，2005）。残缺不全的尸体、烧毁的建筑物和其他暴力迹象等都不存在，定居点模式完全没有防御性。在没有战争的情况下发展复杂政府的证据与考古学理论形成鲜明对比。考古学理论认为，人类为了排他性地占有稀缺的资源，往往会从以亲属为基础的群体转移到类似"国家"的更大单位。即使如此，一些重要的资源还是存在短缺性的：如耕地，以及一些农产品（如棉花作物）。既然存在短缺，姆泰不达米亚为什么不像美索不达米亚或东半球的其他古文明那样，为争夺资源而发动战争？或者为避免外敌入侵而修建防御设施？

安第斯文化，包括小北文化，与旧世界的共同文化模式有所不同。在早期文明时代的很长一段时间里，那里一直缺乏陶瓷制品。虽然陶瓷的缺失显得异常，但纺织品的存在却令人感兴趣。20世纪50年代，秘鲁考古学家在秘鲁首都利马附近的印加行政中心普鲁楚柯（Puruchuco）发现了一艘藏在一处高级住宅地板上的船只。他们在里面发现了一组打结的绳子，叫做"奇普"（"khipu"，西班牙语中叫"quipu"）。印加人依靠一套奇普来记录他们遥远王国的故事。征服印加帝国的西班牙人发现，印加帝国是由一个高效的官僚机构联合起来的，这个官僚机构控制着劳动力、商品和服务的分配，利用一系列奇普发布命令并记录结果。奇普对土著居民来说是如此重要，以至于早期殖民政府不情愿地批准了它们继续使用，直到后来它们被西班牙人能够理解的字母文本所取代（Mann，2005b）。

安第斯文明的基础仍然存在一些未解之谜，特别是粮食资源的影响。20世纪70年代，佛罗里达大学的人类学家迈克尔·莫塞莱（Michael E. Moseley）教授指出，海洋经济一直是秘鲁沿海文明的基础和它早期繁荣的条件，后来被称为"安第斯文明的海洋基础"（MFAC）理论。[1] 显然，这一假设与学术界普遍认为的文明崛起是建立在集约农业基础上的共识背道而驰。MFAC假说受到了许多学者的质疑。例如，Raymond（1981）认为：（1）一些早期遗址中动物遗骸所代表的热量太少，不足以支撑一个简单的狩猎采集社会；（2）存在于前陶器时期遗址中的农业食品植物的潜在生产力被低估了；（3）当联系到秘鲁海岸的水文条件时，前陶器时期的晚期文化遗存地点的分布表明对河流冲积平原农业的依赖。

后来在卡拉尔和秘鲁内陆的文化发现可能会挑战MFAC假说：所有这些文化遗址都集中在利用四条从安第斯山脉下来主要河流季节性洪水的人工灌溉区域。由于粮食作物是在这些灌溉区种植的，因此MFAC假说不能在那里成立（Haas和Creamer，2006）。根据秘鲁南部海岸的考古证据，Beresford-Jones等（2018）指出了MFAC假说的错误，并找出了利用植物纤维制作渔网的海洋开发的详细技术方面与秘鲁海岸出现的社会复杂性之间的明确联系。根据他们的发现，从采集的野生韧皮纤维到种植的棉花产量的增加无意中促成了秘鲁沿海地区革命性的社会变革。

我也不完全同意MFAC假说，特别是它关于秘鲁沿海丰富的海洋资源孕育了安第斯文明的叙述（Scarre和Fagan，2003，480页）。然而，由于上述证据都没有证明农业在秘鲁海岸的古代社会中起着排他性的作用，因此似乎需要一个新的或修正的安第斯文明的假说。

正如第1章所讨论的那样，无限的、可再生的资源[2]永远不会促使人类发展文化和文明。相比之下，正是食物供应的匮乏，以及人类面临的其他威胁和挑战，催生了第一批文明（Guo等，2020）。然而，不可否认的是，安第斯的文化基础不同于古代世界的其他地方的文化基础。可以肯定的是，海洋开发在安第斯—秘鲁的发展进程中发挥了重要作用，或者说，至少安第斯—秘鲁的农业没有像在其他地区（这些地区孕育了具

---

[1] 有关更详细的说明，参见Moseley（1975），Moseley和Feldman（1988，125—134页）。
[2] 这里，除了灾害发生的季节，海鱼和其他海产品在古代的沿海社会应该属于这些资源。

有类似规模或意义的土著文明）那样发挥着排他性的重要作用。安第斯文化和文明的特点可以证明这一判断：

（1）安第斯人（特别是那些生活在低地或沿海地区并为最早的安第斯文明作出贡献的人）并不完全依赖农业；

（2）他们的食物结构主要由鱼类组成，其次是低地作物——这不像旧世界以谷物和小麦为主要食物的文明那样——很自然地没有促使他们发明陶瓷和农业社会所需的其他更新、更先进的工具；

（3）古代秘鲁人既崇拜月亮（印加农历是根据月亮创制的，用于农业活动），又崇拜一种名为"瓦卡塔卡"（Waka Taska）的金鱼神（暗示他们的日常活动与捕鱼有关），后者在北部沿海地区尤为明显。

正如本书其他章节所述，大多数古代书写系统都使用表示一块土地或耕地的符号来表示对这些文明至关重要的术语和名称。[①] 然而，安第斯是唯一的例外。鉴于安第斯的古老文化和文明与古代世界其他国家一样重要，为什么那里没有任何文字书写系统？如果第1章的判断是正确的，那么可以用它解释，为什么安第斯缺乏广泛的、排他性的农业，以及他们将捕鱼作为主要经济基础，是早期的安第斯人没有开发一个类似于古代世界其他国家的文字系统的原因。事实上，安第斯土著人确实开发了一种写作系统——奇普。然而，正如稍后将详细描述的那样，奇普与其他古代文明的书写系统有着显著不同。然而，以下因素可能是这一独特的安第斯风格写作体系的基础：

- 奇普是由绳结组成的，类似于渔网，它们都是由草、亚麻、棉花和其他纤维植物材料制成的；

---

① 关于这方面的跨文化分析，参见第1章。

- 与苏美尔象形文字泥板、埃及的纸莎草和中国的甲骨相比，奇普最适合渔民在海上漂浮的船只上工作时使用；
- 在古代世界的书写系统中，各种代表农田的符号经常出现在相关文字之中，而渔网被认为是安第斯奇普文字系统的早期基础；
- 不像古代世界其他地区人类主要食物来自相对稀缺的农产品，鱼和其他海洋资源被用作安第斯渔民的主要食物，后者在大多数情况下是可再生的，而且数量基本上可以被认为是无限的；
- 安第斯渔民没有食物短缺感和其他环境挑战的感觉（受ENSO周期影响的年份除外），因此，这就阻碍了包括书面语言在内的文化的进步（见第1章的模式分析）。

事实上，正是双重文化基础阻碍了安第斯人的文化进步（或者，用一个道德中性的词，"文化复杂化"）。它们也是安第斯文明中缺乏文字写作体系的主要原因之一。在秘鲁，虽然玉米作物的种植是在印加历法中的第8个月（称为"Yapaquick"）或第9个月进行的，但玉米的收获只能在9个月后、直到下一年印加历法中的第5个月（称为"Ayruhua"）或第6个月进行（见表7-1）。这意味着那里的古代农民确实需要一种技术或方法来保存或储存他们新收获的谷物数月之久。此外，他们需要非常仔细地计算如何在人与人之间以及随着时间的推移分配这些必需品。假设分配是在不平等的社会中进行的，或者在供给远远小于需求的社会中进行的，如果没有使用书写、计算工具，那么在管理上就会发生更多的复杂情况。

然而，所有这些在以农业为基础的社会中的困难和复杂情况，在以渔业为基础的社区或社会中是不可能存在的。首先，鱼不同于粮食或其他低水溶性碳水化合物制成的食物，在古代是不容易保存或储存的。因此，古代渔民不需要尽力获得尽可能多的鱼产品。其次，与农业活动相比，捕鱼活动更容易进行。秘鲁中北部海岸现在有两个主要的捕鱼季节，即4月至7月和11月至次年1月。然而，这并不意味着在剩下的五个月内不能捕鱼（在厄尔尼诺事件发生的时期除外），而后者正是当地产生农业文明的重要动力之一。可以合理地判断，古代安第斯人，尤其是容易捕到鱼的那部分人，从来没有谋生的负担。谁会在意那些农民为了生存而发明的"小把戏"呢？

后来，随着欧洲人的到来，生活在安第斯的美洲土著人还是被迫放弃了他们的"书写"文化，并开始学着使用拉丁字母。不过，如果上述的理论分析是正确的话，即使没有欧洲人的"帮助"，安第斯人也迟早会那么做的，只是来自欧洲的统治者希望他们"只争朝夕"罢了。

奇普：存在即合理

绳子是人类最重要的发明之一，在古代被广泛用作具有捆绑、测量、记录等功能的武器和工具。这些技术上的创新（如制作捕兽与捕鱼的网）大都和早期人类在史前狩猎采集活动有关。例如，中国周朝（公元前1046—前256年）早期所撰写的《周易》（或称《易经》）有如下相关记载：

> 太古时代，伏羲君临天下，向上观察天上的星象，向下观察地上的万物，观察鸟兽的皮毛纹理，以及大地的各种物产，近处取法人体的形象，远处取法万物的形象，于是制作出了八卦，以此沟通神明的德行，分析归类天下万物的变化情形。伏羲用绳索缠绕捕兽的网、捕鱼的罟，教导人们用来捕兽捉鱼……【古者包牺氏之王天下也，仰则观象于天，俯则观法于地，观鸟兽之文与地之宜，近取诸身，远取诸物，于是始作八卦，以通神明之德，以类万物之情。作结绳而为网罟，以佃以渔……】①

从上面的内容可以看出，现代汉字"网"在古代有两种写法：当它

---

① 引自 https://www.jianshu.com/p/20c3a20a5957。

用于捕兽时，中国的古人创造出的字是"网"；而当它用于捕鱼时，中国的古人创造出的字的"罟"。说明在狩猎采集社会中，捕兽与捕鱼是两种不同的活动，所用技术与技能当然也不同。后来，特别是到了现代社会，人们的记忆越来越远离并聚焦于农业社会以及工业化社会时，他们对"网"的不同功能当然也就不太关心了。另外，在古代有文字之前，绳子就像笔和纸一样，是古代人类用来记事的工具。这种技术不仅被安第斯山脉的祖先使用过，也被旧大陆的祖先使用过。例如，下面是《周易》对古代中国的记载：

> 上古朝代的人们冬天住在洞穴中，夏天露宿在野外，后来圣人教人民建筑房屋居住，上有栋梁，下有橼檐，以遮风避雨。这是取法于大壮卦。上古时代埋葬过世的人，只用木柴厚厚地覆盖，葬在荒野中，不建造坟墓，也不植树，服丧也没有一定的期限。后世的圣人教人民用内外双重棺椁来代替，这是取法于大过卦。上古没有文字，先民们靠绕绳来记事。但随着时代的发展，后世的圣人发明了文字，用文书契据来替代结绳，官吏用来处理政务，民众也用它来作查考的依据……【上古穴居而野处，后世圣人易之以宫室，上栋下宇，以待风雨，盖取诸《大壮》。古之葬者，厚衣之以薪，葬之中野，不封不树，丧期无数。后世圣人易之以棺椁，盖取诸《大过》。上古结绳而治，后世圣人易之以书契，百官以治，万民以察……】①

在认识小北文明之前，人们普遍认识到，前印加秘鲁人祖先使用的打结记录的起源可能追溯到中国（Jacobsen，1983）。其实，作为一种书写（或"原始书写"）系统，以记录绳串为基础的奇普（见图7-7）曾在小北文化中使用（Mann，2005b）。尽管在小北和其他后来的安第斯文化中，关于奇普的确切用法一直存在广泛的争议，但人们认为它只是一种用来记

---

① 引自 https://www.jianshu.com/p/20c3a20a5957。

录数字信息的助记符，例如买卖物品的计数。然而，这种所谓的书写系统的发现以及它在小北的使用方式仍然没有被破解。

图7-7 奇普：古代安第斯文化中的原始书写/记录体系

众所周知，印加人使用十进制计数法，在这种计数法中，大小不同的数字可以通过绳结的类型和绳结在绳子上的位置来表示。勒兰·洛克（Leland Locke，1875—1943年）是第一个提出奇普具有数字意义的人。从20世纪60年代末开始，马西娅（Marcia）和罗伯特·阿舍尔（Robert Ascher）夫妇对奇普的数字意义进行了研究，并开发了一种记录或计数系统（M. Ascher和R. Ascher，1969、1983和1997），至今仍在奇普研究者中广泛使用。哈佛大学人类学系的加里·乌顿（Gary Urton）和凯莉·布雷泽（Carrie J. Brezine）都认识到了奇普中非数字结构元素所包含的信息的深度。在对秘鲁中部海岸的普鲁楚柯（Puruchuco）印加行政中心的21个奇普进行计算机分析后，他们认为普鲁楚柯档案是第一个已知的例子，它记录了如何在印加行政层级上下传递信息（Urton和Brezine，2005）。

奇普结通常有以下三种：单结、长结和"8"字结。单结是一个简单的上手结。当绳索缠绕两次或两次以上后，就会相应地打一个长结。在"8"字结中，绳子形成数字8的形状，并穿过数字8孔的末端。每个结可以做成两个不同的方向，从而与结的轴线形成不同的倾斜。在数字奇普中，结的类型及其位置表示数值的差异。单结可以单独出现，也可以成簇出现。每个结可能代表10，100，1000或更大，所有这一切都取决于它的位置。较大的数位位于靠近主数位的位置。多个单结表示指定的10的倍数；例如，一组3个单一的结在数百位将意味着300。①

到目前为止，还没有足够的证据来证明奇普是否具有数据加减的功能。此外，关于打结绳的记录，尚不清楚印加行政系统的奇普管理员是如何记录物品身份的，这些物品包括（但不限于）人、动物、农产品和水产品以及制成品。对于在研究印加奇普文献中面临的最困难的问题，似乎还需要对现有的印加奇普文献进行进一步的仔细研究。

不管奇普是什么，有一点是肯定的：对于当时所有印加人来说，奇普已经足够好了，因为他们都知道"存在即合理"的真正含义。

瓦纳："我很丑，但很温柔！"

更多的安第斯文化

也许关于小北文明和查文文化的最神秘的故事，包括其各自文化遗址的古代名称到底叫什么，将永远不会为人所知。然而，它们对后世文化的贡献总是存在的。在秘鲁拉利伯塔德省特鲁希略以北、太平洋边的奇卡马（Chicama）河口有一处史前定居点——瓦卡普里塔（Huaca Prieta，又称Wak'a Prieta）。这是秘鲁北部前陶器时代的晚期（约公元前3500—前1800年）的文化遗存。考古学家在那里发掘了一座地下矿坑住所，曾

---

① 更详细的说明参见 http://khipukamayuq.fas.harvard.edu/Khipu-Explained.html。

经住在那里的居民不种植玉米，而是种植南瓜、辣椒、棉花，捕鱼，编织篮子和粗布。在今天的秘鲁人经常使用的术语是西班牙语单词"瓦卡"（huaca），而后者源于当地土著语（克丘亚语）中的"wak'a"（意思是"当地的保护神、神圣的物体或地方"）。

就像东半球本土的古代文明一样，小北和查文的文化源地也是位于河边。事实上，它们各自所依赖的河流系统比世界其他地方的其他土著文明所依赖的河流系统还要复杂。遗憾的是，这些河流的规模都不大，涵盖的流域土地面积太小，无法维持那里更大规模的文明发展。在狭窄的地理空间内发展起来的文明总是因为规模太小而无法长期生存（尤其是当自然或环境灾害或外部威胁突然发生时缺乏"腹地"）。当然，关于小北文明灭绝是自然或环境灾害造成的假说仍然需要更多的考古证据。然而，自然或环境灾害已经被发现是后来莫切文化——小北文明的北部邻居——衰落的罪魁祸首。

莫切（Moche）河谷，又称莫奇卡（Mochica）河谷，是秘鲁北部拉利伯塔德地区的一大片地区，它的农业耕种历史悠久。莫切文化主要出现在莫切河两岸。莫切人运用他们的水利工程知识，在山谷中发展了耕作技术，然后在秘鲁北部干旱的海岸线上发展起来。他们的文化从公元100年到500年得到蓬勃发展。那里的土地虽然大部分由沙漠组成，但借助莫切河的存在以及"文明"本身的创新机制，古代莫切人能够在干旱季节将旱地改造成肥沃的良田。在河谷中应用一种技术是所谓的"瓦查克"（wachake，一口靠近海边可以获取淡水的井），这使古代莫切人能够在沙漠中耕种。他们还开辟封闭式的田地，以保护农作物免受海洋湿气及风沙的侵蚀。

像其他安第斯沿海文化一样，莫切人生活在干旱和受厄尔尼诺影响的生态环境之中。迈克尔·莫斯利认为，第一次可确认的自然灾害可能是发生在公元564—594年的毁灭性干旱，这是从库斯科（Cuzco）和提提卡卡（Titicaca）湖之间的山脉冰川深处的环境变化中发现的。莫切河谷在公元600年之前再次被厄尔尼诺洪水淹没，尽管莫切河谷的文化中心被修复，但除了瓦卡因蒂（Wak′a Inti）和瓦卡基利亚（Wak′a Kilya）两处建筑外，大部分城市都被沿海沙丘所覆盖。公元650—700年，一场大地震袭击了安第斯山脉，山体滑坡的碎片阻塞了河流（Moseley，1978；Scarre和Fagan，2003，500页）。

所有已经灭绝的文化和文明，包括小北文明和莫切文化，是否已经完全离开了历史舞台？不完全是这样。正如苏美尔文明在很大程度上影响了美索不达米亚和欧洲的所有后来文明一样，南美洲安第斯的所有早期文化和文明从未消亡。它们在南美洲播下了第一批文明的种子，并影响了所有后来的文明。目前，在利马市中心的几乎每个地区都可以找到瓦卡（wak′a）这种"神物"。此外，作为神物的瓦卡通常分布在秘鲁亚马孙河流域最深处以外的几乎所有地区（特别是与前印加文化和印加文化聚居地区相关的地方）。

在南美洲安第斯山脉，蒂瓦纳库（Tiwanaku）和瓦里（Wari）被认为是印加帝国崛起之前最重要的两个文明。从公元300年到1150年，蒂瓦纳库自周围延伸到今天的秘鲁和智利，位于今天玻利维亚西部的蒂瓦纳库市。从公元950年到1000年，蒂瓦纳库的政治影响力一直持续增长。此后开始下降，到公元1150年结束。有证据表明，人口逐渐减少，一些纪念碑也遭到破坏，最有可能的解释是天气模式的变化，随着地下水位下降和农田系统崩溃，降低了种植粮食和维持大量人口的能力。[①] 由于蒂瓦纳库文化建立在大面积的旱地上，蒂瓦纳库人发展了一种独特的农业技术——利用卡塔里河和蒂瓦纳库河的水灌溉农田（Kolata，1993，183—198页）。

公元500—1000年，瓦里文明在安第斯山脉中南部和现代秘鲁沿海地区蓬勃发展。目前尚不清楚瓦里文化是否或如何与巴西亚马孙雨林中

[①] 据估计，湖水水位下降了12—17米。气候发生了巨大变化，这是该区域的典型情况（Baker等，2001）。

也被称为"瓦里"（Wari'）的现代土著族群有关。后者经常被称为"Pakaa Nova"，因为他们是在一条位于巴西西部叫"Pakaa Nova"的河边上被第一次发现的。它是马摩河（Mamoré）的一条支流，后者与其他一些河流（如贝尼河、瓜波尔河）汇合在一起，形成亚马孙最大的支流之一的马德拉河（Madeira）（见图7-2）。虽然现有文献中缺乏详细的描述，但似乎生活在亚马孙雨林的瓦里人在前哥伦布时代与安第斯山脉西边的瓦里文化没有产生过任何联系。以下报告可以证明这一点：

> 传统上，瓦里人（指生活在亚马孙雨林的瓦里人）与相邻部落（主要是 Txapakura 和 Tupi）时有战争发生。他们最常提到的敌人是图皮安卡里普纳（Tupian Karipuna）和乌鲁－尤－瓦乌－瓦乌（Uru-Eu-Wau-Wau）。随着20世纪初殖民者为种植橡胶而入侵他们的土地后，他们便失去了与这些敌人的接触，随后的战争是以白人为目标，他们将白人归类为敌人，即维贾姆（wijam）。这场战争一直持续到政府的"绥靖"政策：面对邻居和亲属残缺不全的尸体——他们经常被瓦里人杀害，后者是因武装袭击屠杀了他们的村庄而开展的报复——政府部门和当地的势力团体匆忙引导瓦里人放弃杀戮，但主要目的是为扩大当地经济活动，特别是橡胶开采。[①]

虽然他们的地理位置相距不远，但现在生活在安第斯山脉东侧的瓦里族人不太可能与曾经存在于安第斯山脉西侧的瓦里文化有任何历史联系。否则，人类学家将无法回答一个祖先已经创造了文明的民族为什么现在还生活在狩猎采集社会。很可能他们相似的名字只是暗示这两个名字都是独立地从一个共祖词派生出来的。现在生活在亚马孙河流域的许多土著民族仍然使用以"wa"作前缀或后缀名称（如附录B和附录C所示）。

---

① 引自 https://pib.socioambiental.org/en/Povo：Wari。根据这个消息来源，瓦里（Wari）族群没有关于他们整个族群的名称，"Wari"一词指第一人称复数的代词，包括"我们"或"人类"。

塔湾：天灵灵，地灵灵

蒂瓦纳库和瓦里这两个安第斯帝国的崩溃并没有立即伴随印加帝国的崛起。大约从公元1000年到1400年，另外两个重要的社会——今天被称为昌卡（Chanka）和克丘亚（Quichua）——在秘鲁中南部的安达拉斯（Andahuaylas）合并为强大的政体（Kurin，2016，3页）。"Andahuaylas"（或克丘亚语中的"Anta Waylla"）虽然有其他含义，但最初应该是"安第斯之主、安第斯之家"的意思，因为在克丘亚语中"Anta"来自"anti"，也即"Andes"（安第斯），而"Waylla"则来自共祖词"wa"。与"Waylla"类似的其他土著语名字包括：瓦拉（Wala，蒙古方言中的意思是"森林聚落"）在历史上是一个沿中国北方聚居的蒙古族部落；以及瓦拉瓦拉（Walla Walla，意思是"有许多水域的地方"）是美国华盛顿州的一个城市，靠近哥伦比亚河和蛇河。公元12世纪，印加帝国首次出现在今天的秘鲁东南部，与昌卡和克丘亚两帝国并驾齐驱。15世纪初，印加帝国开始扩张其土地，从公元1438年到1533年，印加帝国征服并吸收了邻国的国家和社会，成为南美洲唯一的主要力量。

事实上，"印加"（"Inqa"或"Inka"）并不是这个安第斯帝国的正式名称，它在克丘亚语中的意思是"太阳之子"，字面意思是"上帝、国王"或"王室血统的人"。印加人正式称他们的帝国为"Tawan Tinsuyu"（或"Tawantinsuyu"）——这是一块广阔的土地，分布在今天的厄瓜多尔、秘鲁、智利北部、玻利维亚、阿根廷高地和哥伦比亚南部，从北向南绵延500公里。在安第斯地区的一些土著语言中，"Tawantinsuyu"的意思是"四方的王国"或"四个部分合在一起"。库斯科（Cuzco）是印加帝国的首都，被认为是世界的肚脐，并通过公路辐射到四个角落/区（suyu）、北区（Chinchaysuyu）、东区（Antisuyu）、南区（Collasuyu）和西区（Cuntisuyu）。虽然"tawa"在现代的克丘亚语中被认为是"四"的意思，但古代安第斯人对它的定义肯定有更为重要或吉祥的含义。在北美洲，根据霍皮神话，塔瓦是太阳神，他创造了第一个生物，包括第一个男人和第一个女人。

"塔湾"具有更重要的含义这一假说可以从另一个克丘亚复合词蒂瓦纳库（"Tiwanaku"，印加帝国前身的名字）的词源学证据中得到支持。很可能是因为印加帝国（Tawan Tinsuyu）领土的扩张——至少与蒂瓦纳库相比——促使印加人称他们的帝国为"四方的王国"，他们这样做是为了表明他们的帝国比其任何前任（包括蒂瓦纳库）都要大得多。蒂瓦纳库（"Tiwanaku"，由"tiwa"和"naku"两部分构成）一词在印加传统中很重要，因为它被认为是创造世界的地方。从词源上讲，考虑到后缀"-naku"在克丘亚语中的含义包含"门、道"等，以及"Tiwanaku"通常被称为"上帝的门"或"太阳的门"，那么词"Tiwa"（或"Tiwan"）应该具有"上帝或太阳"的含义。在克丘亚语中，n的发音有时用来连接一个复合词的两个相邻音节，但没有具体的含义。这还可以从以下方面得到证明："Tawan"是复合词"Tawantinsuyu"的第一部分，在词源上与"tawa"相同（表示"四"，延伸意义包括"完全；完整"）。在许多其他语言中，后缀"-n"是很常见的，但很少被用来改变一个词的词意。[1]

古代人类通常有含义相同或相似、发音也相似的共祖词。在南美洲的安第斯山脉也不例外。事实上，"tawa"和"tiwa"都是可以互换的，或者是来自同一个共祖词。因此，这两个词在克丘亚语中应具有相同或相近的含义。现在，"tiwa"一词在安第斯地区有比"四"更重要的意义，它在其他地方也一样。想一想为什么提瓦（Tiwa）同时被用作美国新墨西哥州土著塔诺安语和印度东北部阿萨姆邦的一种汉藏语言的名称（见附录B.2）？古代人和土著人经常采用具有超自然含义的共祖词作为各自的名称。因此，很容易判断，在这些印加土著语言中，"tawan"或"tawa"具有"圣地"、"伟大的土地"或"上帝的土地"的含义。在其他地方的分析中，

---

[1] 例如，在希腊语中，古希腊牧羊人和猎人之神，潘（Pan），是从共祖词"pa"派生而来的。

"ta"（或任何其他变体均表示"大"或"伟大"）和"wan"（或"wa"及其任何其他变体，代表"土地""家园"等）的所有含义都源于世界上许多土著语言中使用的共祖词。

事实上，南美洲的安第斯地区在西半球拥有世界上主要的土著文明源地之一，而且肯定是南半球唯一的一个，它本身有许多明显的特点。现在，大多数历史学家都同意印加人有一种基于观测太阳和月亮的历法，记录了12个农历月的名称，以及它们与印加各种传统节日和农业周期的联系。根据可靠的历史资料，印加历法适合库斯科河谷的生态、文化和民族现实，是根据新月的周期性出现来计算的。这个历法的准确性是通过每两年到三年增加一个月（或第13个月）来实现的（Ziółkowski，2015，839—350页）。

在印加的农历中，第一个月实际上是从国际上通用的12月开始的，这是夏至在南半球和冬至在北半球的时期。这个月被称为"卡帕拉米"（克丘亚语：Capaq Raymi，意思是"伟大的太阳节"），因为卡帕拉米节将在这个月举行。在这个节日里，印加人向太阳贡献金银甚至生命。根据印加的历法，这个月也是种植古柯（coca）的季节（见表7-1）。

谁是瓦纳？

在秘鲁的安第斯山脉，瓦纳（艾马拉语：Wana，代表"干旱"）是万苏（Wansu）山脉中的一座山，海拔约5400米，位于瓦曼里帕西北部，昌库瓦纳（Chankuwana）东北部，瓦云卡（Wayunka）东部（请注意，每个地名中都包含音节[wa]）。瓦纳瓦卡（Wana Q'awa）是秘鲁安第斯山脉奇拉山脉的一座山峰，海拔约5200米。它位于库瓦努马的西北部。那么，所有这些文化对美洲，特别是对南美洲安第斯意味着什么呢？请记住，艾马拉语中的"Wana Q'awa"和东半球古文明的常用词"wadi"有着相似的含义——都是指干旱的河谷或低地。"Q'awa"一词很可能与"kawa"相同，后者在其他土著语言（如日语）中的意思是"河流"或"河谷"。浏览一下

表7-1　了解印加历法

印加月份	对应的公历月份	主要农业活动	印加名称
1	12	种植古柯	Capaq Raymi
2	1	除草	Camay Quilla
3	2	收获马铃薯和其他根茎作物	Hatun-pucuy
4	3	同上	Pacha-pucuy
5	4	保护玉米地不受鹿、狐狸的侵害	Ayruhua
6	5	收获玉米	Ayruhua
7	6	收获大土豆和种植其他	Inti Raymi
8	7	储藏马铃薯和其他农作物	Chahua-huarquiz
9	8	种植玉米和马铃薯	Yapaquiz
10	9	同上	Coya Raymi
11	10	无具体农活	Kantaray
12	11	玉米田灌溉	Ayamarca

来源：作者根据http://www.machupicchu-inca.com/inca-calendar.html 和Zuidema（2020）整理。

世界地图，你会发现在旧世界和新世界有许多地方都被称为瓦纳。例如：

- 瓦纳是巴基斯坦联邦管理部落地区（FATA）的一个城镇；
- 瓦纳是伊拉克底格里斯河摩苏尔大坝下游10多公里处的一个城镇；
- 瓦纳是尼泊尔东北部科西地区的一个村庄发展委员会；
- 在美国目前称为俄克拉荷马州的地区，有一个印第安部落，叫瓦纳富卡维（Wanafucawi）。

此外，在旧世界的许多语言中，瓦纳通常被用作女性的名字，这与南美的安第斯文明有所不同。艾马拉语是安第斯山脉艾马拉人所说的一种语言。但是，"艾马拉"（Aymara）一词是西班牙的名字，其原始名字至今还不为人所知。它是少数拥有100多万人的美洲土著语言之一。艾马拉语，连同基奇瓦语（Kichwa，即西班牙语中的克丘亚语）和西班牙语，是玻利维亚和秘鲁的官方语言。智利北部的一小部分社区也说这种语言，但在那里是少数民族语言。那么，为什么瓦纳在艾马拉语中被称为"干旱"（而不是其他吉祥的意思）？想想秘鲁安第斯山脉不友好的气候吧：无论生活在那里的古人喜不喜欢，瓦纳都与他们的日常生活息息相关，最终成为其文化中不可或缺的一部分。① 此外，在克丘亚语中，"瓦莱米"（walemi）表示"永不放弃的女人"，说明古代的安第斯人确实面临许多生态与环境上的挑战，只有"永不放弃"，才能生存下来。

是南美洲的安第斯人，而不是其他美洲土著人，包括生活在环境友好的亚马孙和北美洲的土著人，建立了与旧世界基于沙漠或半沙漠环境文明有几分相似的安第斯文明。安第斯人的祖先，经过漫长而危险的旅程，从非洲到中东，到中亚，再到东北亚和西伯利亚等地，并最终到达了安第斯南美洲。在他们迁徙的部分时间里，特别是当他们的远祖生活在西伯利亚和北美洲的大草原上时，曾有许多美好的时光，但从没有创建出文化或文明。然而，一到南美的安第斯时，这些男男女女开始有一种回家的感觉了。

与世界其他具有悠久文明传承历史的国家一样，印加帝国的兴衰也伴随着南美洲安第斯山脉的一系列冲突和战争。亚瓦·瓦卡（Yawar Waqaq，克丘亚语：Yawa Waka）是库斯科王国的第七位萨帕·印加（即统治者）。在克丘亚语中，"亚瓦"这个词指的是一个为自己的困境流下血泪的故事：亚瓦·瓦卡在小时候被绑架了，公元1380年左右，在他19岁时成功逃脱，即位后最终为他的帝国征服了一个更大的地区（de Gamboa，2016　47—53页）。印加帝国的衰落是国内混乱和西班牙征服的结果：

1493—1527年，瓦伊纳·卡帕克（Wayna Qhapaq，西班牙语：Huayna Capac）镇压叛乱，向北扩展边界，并在今天厄瓜多尔和

① 这一点与中国周代学者用代表"有草有水"的汉字"薄"来描述黄河下游的土地特征（见第5章）非常类似。

哥伦比亚的边界划定印加边界。

- 瓦伊纳·哈帕克突然去世后，他的儿子瓦什哈尔（Waskhar）被库斯科的贵族加冕。

- 瓦什哈尔不得不与同父异母的弟弟阿塔瓦尔帕（Atawallpa）分享帝国的权力。

- 阿塔瓦尔帕接管了对基多的统治，并在厄瓜多尔的北半部起义。

- 一场内战最终在基多附近爆发，瓦什哈尔被杀。

- 阿塔瓦尔帕继续向南挺进。

- 西班牙人于1532年到达，出人意料地俘虏了印加帝国最后一位皇帝阿塔瓦尔帕，并在此过程中屠杀和驱散了数百名他的士兵和随从。[1]

🌼 卡瓦—瓦卡：古人的万维网

母语怎么说？

如果考古结果是正确的话，那么一定有更多关于美洲印第安人来自旧大陆的不为人知的故事。尽管如此，不管他们说什么语言，他们和世界各地的人类同出一源，所有人在非洲有着相同的祖先，最重要的是，他们继承了相同的"wadi"基因。南美洲的安第斯文明与世界其他地区现存的其他文明一样，基本都是起源于干旱或半干旱的河谷，至少是以这些河谷为基础。从更广泛的意义上讲，后者都可以被定义为"wadi"或当地土著人创造的任何其他类似术语。而且，所有这些文明是人类第一批文明的核心部分，更是当今世界所有文明的"根本"。

---

[1] 引自 Cartwright（2016）。

　　与欧亚民族的文化和文明一样，安第斯的文化和文明与瓦迪型的环境密切相关，安第斯土著人的文化以各种称为"瓦卡"（wak'a，西班牙语：huaca）的神物为基础。对许多河流术语进行简单的比较，仍然可以发现一些语言上的相似之处：日语中的"Kawa"表示"河流"，艾马拉语中的"Q'awa"表示"河流"，克丘亚语中的"基希瓦"（Qhichwa）表示"河谷或山谷"。东亚的日本人和安第斯山脉的土著人被辽阔的太平洋隔开。然而，他们的祖先必须在过去某个地方认识对方，因此他们可能在欧亚大陆有一个共同的、虽然遥远的祖先（当然这仅是一个假说）。在这种情况下，他们也有一个共祖词，代表河流或河谷。根据第1章末尾的推论，安第斯山脉土著人广泛使用的所有上述艾马拉语和克丘亚语术语，包括"基奇瓦"本身，都是起源于共祖词"kawa"——"kawa"对古代安第斯人非常重要，后者只是用它来表示他们特殊的土地、语言和他们自己的名字。

　　'克丘亚'是西班牙语的名字，它的克丘亚语的名字是"基奇瓦"。克丘亚语是一种土著语言，今天有850万—1000万人讲这种语言，这些人主要生活在南美洲的安第斯山脉和高地（Adelaar，2004，167—168页）。该语言是美洲土著民族最广泛使用的语言之一。克丘亚语与艾马拉语都是印加帝国和其他早期安第斯文化中最常用的语言。① "基奇瓦"（Kichwa）这个名字最初被称为秘鲁安第斯山脉的"温带山谷"——一个适合种植玉米的地方。目前，这个地方在西班牙语中叫作"克丘亚"，但在克丘亚语中叫作"基奇瓦"。作为秘鲁八个自然地区之一，该地区海拔2300—3500米，由许多大峡谷组成，峡谷之间由夏雨补给的河流隔开。"Qhichwa"和"Kichwa"这两个词很可能来源于原始克丘亚语中的"kawa"，这也是一个多语种的共祖词。与旧大陆和新大陆的许多其他土著语言一样，克丘亚语也广泛使用音节[wa]。例如，克丘亚语中包含了

---

　　① 在殖民时代之前，西班牙编年史学家加西拉索·德拉维加和印加·加西拉索·德拉维加确实提到了一个叫克丘亚的民族（Adelaar，2004，179页）。

以下术语："wasiy"或"wasii"（我的房子）、"wasiyki"（你的房子）、"wasin"（他的房子）、"wasinchik"（我们的房子），等等。因此，可以很容易地判断，克丘亚语中的"房子"或"家"来自共祖词"wa"。

南美洲没有单一的克丘亚语；相反，语言学家称之为横跨南美洲西部大部分地区的方言链。在这条链中，说每一种克丘亚语的人可以听懂他们近邻所说的语言，但不能听懂离他们更远的语言。因此，讲南玻利维亚克丘亚语的人可能理解北玻利维亚克丘亚语，但不理解秘鲁所说的任何克丘亚语；说北玻利维亚克丘亚语的人听不懂阿根廷克丘亚语，也听不懂厄瓜多尔的克丘亚语。南美洲土著人说的克丘亚语多达40种。[①] 尽管克丘亚语存在许多空间上的差异，但大多数源自共祖词或音节的名称和术语没有任何明显不同的版本。他们中的一些人的语言甚至通过西班牙语从克丘亚语变成了英语，其中包括：

- Llama（美洲驼）：骆驼科南美的一种土著语名字；
- Lima（利马）：印加神话中真理之神的名字，由克丘亚语的"利马克"（Rimac）变异而来；
- Mama（妈妈）：印加女神的前缀或后缀；
- Pampa（潘帕）：大平原、大草原；
- Puma（美洲狮）：美洲狮的土著语名字。

目前，南美洲安第斯山地区的大多数（如果不是全部）地名都是后哥伦布时代的产物。我们无法知晓它们是如何被生活在小北（同样，"小北"也是一个现代的名字）文明源地的古人所称呼的。如果我们试着这样做，那么很可能是，西班牙语的瓦乌拉河（Huaura）的名字可能来自前哥伦布时代使用的一个术语。具体地说，克丘亚术语"Waura"、"Uqhu"和其他一些用来表示瓦乌拉河的术语是从共祖词"wa"或其任何变体派生而来

---

① 参见 http://www.native-languages.org/quechua.htm。

的。克丘亚语由居住在安第斯山脉不同地方的克丘亚人所说的各种方言或变化组成。瓦乌拉（Waura）的原名可能源于共祖词"wa"。在克丘亚语中，"uqhu"（或"Waku"）的意思是"沼泽"。瓦乌拉河是维系小北文明的四条河流之一。然而，如果这条河最早的名字确实存在的话，它应该是从共祖词"wala"衍生出来的。

圩湾文化，瓦迪风格

像所有其他创造了各自文明的土著民族一样，印加人把一切挑战他们生存的东西都当作神来崇拜。在印加神话中，蛇代表智慧和知识，代表了新生命的开始，因为蛇总是从它的藏身处出来（通常在地下）。此外，在库斯科的许多建筑中，印加三部曲（Inca trilogy）以三种动物（秃鹰、美洲狮和蛇）为代表，象征着世界的三种景象：秃鹰是印加人的神圣之鸟，印加人相信秃鹰能将上层世界与尘世联系起来；美洲狮是力量和智慧的象征，代表着"生命的世界"；蛇象征着下面的世界或阴世间。

在主要生活在南美洲安第斯山脉和高地的克丘亚人所说的土著克丘亚语中，瓦卡是一个代表受人崇拜的"圣物"，通常是某种纪念碑。它也可以指自然位置，比如巨大的岩石。一些瓦卡与崇拜和仪式有关。传统上，克丘亚人相信每个物体都有一个实体和两个灵魂（一个负责创造，另一个负责给予活力），通常会调用灵魂，使物体发挥作用。

瓦卡因蒂（Huaca del Sol，克丘亚语：Wak'a Inti，意思是"太阳之家/圣殿"）和瓦卡基利亚（Huaca de la Luna，克丘亚语：Wak'a Kilya，意思是"月亮之家/圣殿"）被许多学者认为是莫切帝国的早期首都。它们位于一座大山（Cerro Blanco，意思是"白山"）的东面，紧挨着莫切河的一条支流，周围是广阔的莫切河谷的中部地区。因蒂，也被称为"阿婆·蓬乔"（"Apu punchau"），是印加宗教中的太阳神，通常以人形出现，他的脸被描绘成一个金色的圆盘，光线和火焰从圆盘中延伸出来（如本段开头所示）。因蒂被称为印加人的祖先，是国家的主教，对他的崇拜在整个印加帝国都存在。因蒂的妹妹和配偶是月亮神（称为"基尔亚妈妈"），她被描绘成一个具有人类特征的银盘。基尔亚妈妈，或称"月亮妈妈"，被称为女性月经周期的调节者。月亮的盈亏被用来计算一个月的天数，印加的历法和节日就是以此为基础开始的。

由两个瓦卡（或wak'a）构成的主要结构是两个巨大的土坯砖平台：瓦卡因蒂金字塔和瓦卡基利亚人工平台。在二者之间约400米宽的开阔平原上，研究人员发现了许多坟墓，以及被一层约3米厚的沉积物覆盖的大规模制造的证据。历史上许多人曾住在这个区域。它的空间设计是为了不侵占农业用地，而且它的位置很好，可以获得食物、建筑材料和其他资源。

瓦卡因蒂是一座砖砌的土坯寺庙，到公元450年，已经完成了八个不同的建造阶段，所依靠的技术就是叠加：新的一层砖直接铺在旧的上面，因此建筑需要大量的砖。考古学家估计瓦卡因蒂由超过1.3亿块土坯砖组成，是美洲最大的前哥伦布土坯建筑；砖上不同制造商标记的数量表明，超过100个社区为建筑作出了贡献（Cameron，1990，43页）。瓦卡由四个主要层次组成。随着时间的推移，不同的统治者对这座建筑进行了扩建和重建。这座寺庙位于莫切首都的中心，似乎被用来举行各种仪式、礼仪活动，也被用作皇室住所和墓室。考古证据证明了这些功能。

瓦卡基利亚是一个由三个主要平台组成的大型综合体，每个平台都具有不同的功能。最北端的平台曾一度装饰有各种壁画和浮雕，被劫掠者摧毁。幸存的中部和南部平台一直是大多数发掘的重点。中央地台出土了多座很高的墓葬，墓葬中有各种精美的陶瓷，表明这里曾被用作宗教权贵的墓地。瓦卡基利亚被装饰在壁画上，这些壁画被涂成黑色、红色、白色和黄色。太阳和天气使这些壁画逐渐褪色，但在瓦卡内部仍然可以看到早期施工阶段使用的其他壁画。

乌卡亚利（Ucayali，其中"Uca"源于"waka"）是亚马孙的源头，后者由秘鲁中东部的阿普里马克河（Apurímac）和乌鲁班巴河（Urubamba）汇合而成。乌卡亚利河从这个交汇处向北蜿蜒约1465公里，穿过安第斯山脉以东茂密的森林，到达与马拉河的交汇处（见图7-2）。在秘鲁东部的乌卡亚利河上游河谷，有一种土著人叫"阿拉瓦克"（Arawak），说的语言也叫"阿拉瓦克"。"阿拉瓦克"和"乌卡亚利"的词根都是"瓦卡"（在克丘亚语中表示"保护之神、神圣的物体或场所"），这也是一个共祖词，在中美洲和许多旧大陆语言中都有相似的含义。然而，这些南美洲的阿拉瓦克人仍然远离安第斯文明的影响。他们居住在亚马孙河流域的北部和西部地区的安第斯山脚下，在那里他们与热带森林的其他部落分享生计。他们是定居的农民，也靠打猎和捕鱼为生，居住的定居点很小而且是自治的，几乎没有等级制度。

人类学家已经确认，阿拉瓦克人是南美洲和加勒比群岛的一个土著民族群体，他们所说的阿拉瓦卡语，目前年轻人大多不会讲，预示着该语言即将消亡。长期以来，人们一直认为阿拉瓦克人实际上是被欧洲白人所携带的他们不具免疫力的疾病所消灭的，但最近的研究也强调了西班牙人的残暴和压迫在他们的灭亡中所起的作用。据《大英百科全书》的编辑说，少量的阿拉瓦克人生活在南美洲，其中大多数人（超过15 000人）主活在圭亚那，占美洲土著人口的1/3。[①] 在苏里南、法属圭亚那和委内瑞拉也有较小的群体。

瓦卡变成了瓦卡+

"瓦科查"（克丘亚语：Wakacha；西班牙语：Viracocha）最初是秘鲁前印加居民崇拜的造物主神，后来被印加万神殿同化。根据当地的传说，他在提提卡卡湖上创造了太阳和月亮，提提卡卡湖是印加的圣地，地处现在秘鲁和玻利维亚交界处。

万查科位于秘鲁北部特鲁希略附近，是秘鲁第三大城市。它是特鲁

---

① 参见 https://www.britannica.com/topic/Arawak。

希略最重要的海滨小镇，拉利伯塔德的首府，也是莫切文化的发祥地之一。"万查科"在克丘亚语中有"美丽的湖和金鱼"的意思。[①] 莫切文化从公元100年到800年蓬勃发展，其社会形态可能不是作为单一国家政治组织存在的。相反，它们很可能是一群拥有共同精英文化的自治政体，正如今天幸存下来的丰富的肖像画和纪念性建筑所示。

在词源上，克丘亚词"wachaka"和"wakacha"分别由"waka"（共祖词，表示"上帝的地方"）和"cha"组成。对这几个克丘亚术语和名称——特别是那些与古代遗址（如查文文明）相关的术语和名称——的简要观察表明，"cha"是一个常用用法。很明显，这是因为"cha"（或其变体）比较容易发音。而且，它和其他常见的共祖音节（比如[wa]、[ma]、[pa]和[ka]）一样，被用来构建对印加人自己最重要的名称和术语。一个例子是，"大地"一词在克丘亚被称为"帕查"（pacha）。事实上，音节[cha]（包括它的一些变体，如[che]和[chi]）在克丘亚语中很常见："-cha"被用作许多派生词的后缀，表示"制造或成为某物或某人"；"-chi"被用作派生后缀，表示"让某人做某事；让或允许某事"。[②]

"Cha"在世界其他地方许多土著语言中也是共祖词。"黎明"一词在非洲斯瓦希里语中被称为"cha"。在几乎所有的人类语言中，"黎明"与"黄昏"相比，通常被视为吉祥的词语，这不需要更多理由说明。在一些斯拉夫语中，"-cha"被用作后缀，附加在普通名词的词干上（用来构成阴性或阳性名词，通常是增强或贬损的），或附加在已知名称的词干上。在蒙古语中，"cha"具有吉祥的含义，特别是有"神圣、纯洁或白色的含义"。有趣的是，所有上述语言证据确实支持安第斯南美洲和旧世界之间存在某种遗传联系的观点。当然，"cha"的多元文化用法只是起源于人类早期的共祖性，并不一定意味着它们之间有任何社会和文化上的影响。

---

① 资料来源：https://otracosa.org/brief-history-huanchaco。如下文所述，印加人奉金鱼（在克丘亚称为"瓦卡塔卡"）为神。

② 参见 https://en.wiktionary.org/wiki/-cha。

万查科是莫切、奇姆（Chimu）和印加时期的主要港口。它的原始居民是土著渔民，崇拜月亮和一种名为"瓦卡"（waka）的大型金鱼。万查科拥有全国最大的海滩，即潘帕拉克鲁斯（Pampa La Cruz）海岸，那里有柔软的海滩、烈日和冲浪者。当然，这并不是它闻名于世的原因——相反，这里出土的一个大型古代祭祀坑震惊了世界。考古人员在发掘过程中发现，祭祀坑内有大量祭祀物品，包括儿童遗骸和羊驼。如果从祭祀坑的面积来看，它的规模是非常大的，应该是一个王国级的组织修建的，其目的应该与王国的利益有关。鉴于此，考古专家推断，古王国统治者如此"虔诚"地举行祭祀活动，一定与当时的气候事件有关。

最可能的原因是居住在那里的人们试图消除厄尔尼诺效应。考古专家发现的证据表明，祭品是为了安抚厄尔尼诺极端气候事件。大量儿童遗骸是在一个面向大海的地方被发现的。[①] 有些儿童遗骸仍然有皮肤和头发，他们所戴的银耳环说明他们的牺牲是在隆重的宗教仪式下进行的。万查科是奇姆文化时期儿童祭祀的地方，祭祀活动主要发生在公元1200—1400年。研究人员发现了在雨水和侵蚀下幸存下来的小脚印。这些小脚印表明，这些孩子是从现在一个叫陈—陈（Chan-Chan）的地方走到其死亡之地的，在陈—陈废墟上，现有一座古老的土坯城，距离墓地只有不到两公里的路程。孩子们的骨骼上有伤，可能是在仪式上用刀造成的。脱臼的胸腔表明，祭司们可能试图取出孩子们的心脏（Romy，2018）。陈—陈是一座被毁坏或遗弃的城市，它不仅是奇姆王国的首都（公元1100—1470年），也是前哥伦布时期美洲最大的城市。它位于今天秘鲁的北部海岸，在利马以北480公里处的莫切河谷，位于太平洋和特鲁希略市之间。1986年，陈－陈被联合国教科文组织列为世界遗产。

然而，他们最虔诚的祭祀活动并没有拯救其王国和文化。公元1475年 印加帝国征服了奇姆王国，而后又在16世纪落入后来的西班牙征服

---

① 例如，有迹象表明，这些儿童在潮湿的天气中被杀害（Romy，2018）。

者手中。在过去的几千年里，虽然安第斯风格的文化和政治一再发生变化，但自然环境却没有发生变化。在现代社会，安第斯地区仍然遭受厄尔尼诺的毁灭性影响。1998年一个"超级"厄尔尼诺事件袭击秘鲁，造成300多人死亡以及数十亿美元的经济损失。最近的2017年厄尔尼诺事件发生在秘鲁，造成67人死亡，数千人被迫撤离，10万多所房屋和100多座桥梁受损或被毁。安第斯的文化和文明似乎与所有其他地方的古代文明一样，注定要伴随着各种自然或气候灾害。克服或避免这些灾难本身也是人类文明最重要的组成部分。

在安第斯和亚马孙地区，奇茶（克丘亚语：chicha）是一种发酵（酒精）或非发酵饮料。在西班牙征服前和征服后的时期，玉米啤酒一直是最常见的奇茶，当然奇茶也可以由其他野生植物制成。在克丘亚语中还有一个类似的词：钦查（chincha），既是名词（意思是"北方"）又是形容词（意思是"北方的"）。为什么印加人用这两个听起来很像的克丘亚语的词"chicha"和"chincha"来表达两个不相关的意思？一定有什么原因。可能存在以下情况：他们的家园被突如其来的洪水冲毁后，国王还把他们心爱的孩子献给金鱼神"瓦卡塔卡"（Waka Taska），因为女巫说过，只有真诚地献祭才能避免更大的灾祸。现在，面对他们家破人亡的悲惨现实，他们唯一能做的就是通过喝奇茶酒来寻求安慰。只是在那一刻，他们回忆起长辈们曾经讲过的关于祖先的故事：在一个遥远的北方（他们称之为"钦查"），那里没有灾难，也没有鬼神，所有的记忆都是快乐的时光。

上述语言证据表明，那些讲克丘亚语的安第斯人的祖先可能来自北方。通过对克丘亚语的"奇茶"（chicha）和"钦查"（chincha）以及汉语的"茶"（cha）进行简单的比较，可以发现新世界和旧世界之间可能存在一些语言联系。[①] 所有的中国人、其他东北亚人和印加人在古代是否都经历过类似的命运？当然，这种相似性可能只基于这样一个事实，即"cha"

---

① 请注意，在大多数东半球语言中，"茶"其实只有两种说法：一种是英语中的"tea"（发音类似于[te]），它很可能是从中国南方的一些方言中衍生出来的，这些方言是通过海洋丝绸之路传播的；另一个变异词"cha"是通过中国北方的欧亚丝绸之路传播的。

是古人（当然现代人也是这样的）张口就来的共祖词而已。然而，这个同音词可能在不同的民族语言中的含义不同。在南美洲，正是"cha"，特别是与"cha"相关的许多隐藏的故事，促使美洲土著人创造属于他们的语言与文化。

从塔湾到台湾

"赢—留—输—变"理论（见第1章）解释了为什么定居在远离中东地区白人与留在那里的人相比可能是失败者。根据这一逻辑，生活在新大陆上的美洲原住民应该比生活在远东地区的原住民的体质更弱，这是他们的祖先在16 000—13 000年前通过东西伯利亚和现在的阿拉斯加之间的白令吉亚陆桥迁徙到美洲的主要原因（见第1章图1-1）。当然，至少在那个时期，生活在远东的人口仍然比生活在欧亚大陆其他地区的人口要弱。另外，根据我们在第1章中讨论的理论和实证结果，身体较弱的人通常有更多的动机去创造复杂的社会和文化。

根据位于瓦尔迪维亚（Valdivia）以南不到200公里的佛得山（Monte Verde）的考古证据显示，智利南部早在18 500年前就有人居住，这可能会挑战现有的从旧世界向新世界迁移的模式。研究人员推测，瓦尔迪维亚和智利的第一批居民是通过海路而不是通过白令海峡的陆桥来到美洲的。佛得山位于智利南部的蒙特港附近，那里的古人类可以追溯到公元前16 500年（Dillehay和Ocampo，2015）。这一证据表明，美洲的人类聚居地比克洛维斯（Clovis）文化早1000多年，克洛维斯文化是在美国新墨西哥州发现的一种史前古印第安文化。显然，这与先前公认的"克洛维斯第一"模式相矛盾，该模式认为南美洲的定居始于公元前11 500年之后。佛得山的发现最初被科学界否定，但后来被一些考古学家接受。①

---

① 海岸景观维持人类生命能力的古生态学证据进一步支持了"海岸迁移"模型（Mandryk等，2001）。

美洲位于西半球，被称为新世界或新大陆。将"印第安人"一词用于美洲土著民族起源于克里斯托弗·哥伦布，他在寻找亚洲时认为自己已经到达东印度群岛。美洲被称为"西印度群岛"（这个名字现在仍然用来指加勒比海的岛屿）。这就产生了"印地安"和"印第安人"的名字。美洲许多地区仍然居住着土著印第安人。许多人还不同程度地保留土著文化习俗的各个方面，包括语言、宗教、社会组织和生存习俗。一些土著民族仍然相对孤立地生活在白人主导的社会中；还有一些甚至被认为至今仍然与世隔绝。

"wa"是第一个（如果不是唯一一个）联系着世界上的土著民族——无论是来自旧大陆还是来自新大陆——的语言线索。"wa"和"kawa"的跨语言应用证明了生活在安第斯山脉的美洲土著人在前哥伦布时代之前并不孤单。例如，前面所谈到的克丘亚语的重要词汇"卡瓦"在太平洋岛屿的土著语言中都有体现："kava"（即汤加和马尔克斯语的"kawa"）是太平洋岛屿的一种作物，而"卡瓦卡瓦"（kawakawa）是西南太平洋的毛利人传统医药。"塔尼瓦"（taniwa）在毛利人传统中是指超自然的生物，类似于其他文化中的蛇和龙。据说它们藏匿在海洋、河流、湖泊或洞穴中。一些塔尼瓦会吃人，或者绑架妇女，而其他的则被认为是一个部落的守护者。在毛利语中，"瓦卡"（waka）的意思是"船艇、独木舟"。这是非常重要的工具（当然用于代表它的词也肯定是个吉利词），因为捕鱼和船艇对祖祖辈辈生活在岛上的毛利人非常重要。2019年，"Te Herenga Waka"（波利尼西亚社会中用于宗教和社会目的的公共或神圣场所的名称）被正式列为惠灵顿维多利亚大学的毛利语名称。

太平洋上有三大群岛，即波利尼西亚、密克罗尼西亚和美拉尼西亚。生活在那里的大多数土著岛民都有共同的南岛血统。此外，与世界其他地方的土著语言一样，他们的土著语言也包括许多共祖词或音节。例如，在夏威夷语中，"Hawaii"一词类似于古波利尼西亚语的"Sawaiki"，两者都具有"家园"或"神的地方"的含义。此外，与"Hawaii"类似的同源词在其他波利尼西亚语中也有发现：如"Hawaiki"（毛利语）、"Savai'i"（萨摩亚语）和"Avaiki"（拉罗汤加语），其中每一个单词都包含共祖音节[wa]或[va]。台湾原本不是汉语名称；相反，它实际上来源于台湾岛西南部一个部落的民族名称，该部落大致被称为"Tayowan""Taiyowan""Taiouwang""Tyovon"等（Mair，2010）。很容易发现，所有这些名字都包括共祖词或音节[wa]（或任何变体）。

由于在东亚许多原始或现代语言中，音节[tai]或其变体[tay]、[taiy]、[taiyo]或[tyo]都有"大"（或"伟大"）的意思。此外，在台湾被称为"排湾"的土著人所说的南岛语系语言，前缀"tja"（意思是"我们的；在更大的程度上；更进一步"——见Ferrell，1982，15—27页），在发音上类似于"太"（其原汉字意思是"大"）。由于"wan"源于"wa"，这是一个共祖词，意思是"家、家园"，"台湾"一词的原始含义可以解读为"一大片家园"。①

"台湾"和"塔湾"——后者是印加帝国的正式名称"Tawan Tinsuyu"中的一部分——这两个词分别是在旧世界和新世界产生的，彼此并无联系。但是，这两个词有相同或相似的含义。事实上，所有人类都有着相同的家园（称为"wa"），最重要的是，他们有一个共同的人类祖先。

时代在变迁，人类在不断进步。但是，万变不离其宗：生活在地球上各个角落的人类原本都是一家人！

参考文献

ABE, 2009. Sacred city of Caral-Supe [EB/OL]. Advisory Body Evaluation (ABE), United Nations Educational, Scientific and Cultural Organization (UNESCO),

---

① 我在这里的判断是基于这样一个事实，即同属于原始南岛语的"Iawa"（现读为[jawa]，即"爪哇"）一词的意思是"（我 / 我们的）家"。

Paris. [2016-1-18]. http://whc.unesco.org/en/list/1269.

ADELAAR W, 2004. The Languages of the Andes [M]. Cambridge: Cambridge University Press.

APWH, 2011. AP World History: Course and Exam Description Effective Fall 2011 [M]. Princeton, NJ: Advanced Placement World History (APWH).

ASCHER M, ASCHER R, 1969. Code of ancient Peruvian knotted cords: Quipus [J]. Nature, 222(5193): 529-533.

ASCHER M, ASCHER R, 1983. The logical-numerical system of Inca quipus [J]. Annals of the History of Computing, 5(3): 268-278.

ASCHER M, ASCHER R, 1997. Mathematics of the Incas: Code of the Quipu [M]. New York: Dover Publications.

BAKER1, P A, SELTZER G O, FRITZ S C, DUNBAR R B, GROVE M J, TAPIA P M, CROSS S L, ROWE H D, JAMES P. BRODA, 2001. The history of South American tropical precipitation for the past 25 000 years [J]. Science, 291 (5504): 640-643.

BERESFORD-JONES D, PULLEN A, CHAUCA G, ET AL., 2018. Refining the maritime foundations of Andean civilization: How plant fiber technology drove social complexity during the preceramic period [J]. Archaeol Method Theory, 25: 393-425.

BURGER R L, 2008. Chavin de Huantar and its Sphere of Influence [M]// H. Silverman and W. Isbell (eds.). Handbook of South American Archeology. New York: Springer, pp. 681-705.

CAMERON I, 1990. Kingdom of the Sun God: A History of the Andes and Their People [M]. New York: Facts on File.

CARNEIRO R L, 1970. A theory of the origin of the state [J]. Science, 169 (no. 3947): 733-738.

CARRÉ M, SACHS J P, PURCA S, SCHAUER A J, BRACONNOT P, FALCÓN R A, JULIEN M, LAVALLÉE D (2014). Holocene history of Enso variance and asymmetry in the eastern tropical pacific [J]. Science, 345, 1045-1048.

CARTWRIGHT M, 2016. Pizarro and the fall of the Inca empire [EB/OL]. Ancient History Encyclopedia. [2017-2-28]. http://www.ancient.eu/article/915/.

CHAGNON N A, 2013. Noble Savages: My Life among Two Dangerous Tribes—the Yanomamo and the Anthropologists [M]. New York: Simon & Schuster.

CREAMER W, HAAS J, RUTHERFORD A, 2014. Peer-polity interaction in the Norte Chico, Peru, 3000–1800 BC [M]// Geoffrey E. Braswell (ed.). The Maya and Their Central American Neighbors: Settlement Patterns, Architecture, Hieroglyphic Texts, and Ceramics. London and New York: Routledge, pp. 405-425.

DE GAMBOA P S, 2016. History of the Incas [M]. New York: Palala Press.

DILLEHAY T D, OCAMPO C, 2015. New archaeological evidence for an early human presence at Monte Verde, Chile [J/OL]. PLOS ONE, 10 (November 18): e0141923. doi:10.1371/journal.pone.0141923.

FERRELL R, 1982. Paiwan Dictionary. "Pacific Linguistics" series C (No. 73) [R]. Canberra, ACT: Research School of Pacific Studies, The Australian National University.

FLADMARK K R, 1979. Alternate migration corridors for early man in North America [J]. American Antiquity, 44, No. 1 (January): 55-69.

GAMBLE C, 2007. Origins and Revolutions: Human Identity in Earliest Prehistory [M]. Cambridge: Cambridge University Press.

GOULDING M, 1993. Flooded forests of the Amazon [J]. Scientific American, 266: 114-120.

GUO R, YANG K, LIU Y, 2020. Explaining the human and cultural puzzles: A new development theory [J]. Technological Forecasting & Social Change, 155: 119971.

HAAS J, CREAMER W, 2006. Crucible of Andean civilization: The Peruvian coast from 3000 to 1800 BC [J]. Current Anthropology, 47(5): 745-775.

HAAS J, CREAMER W, RUIZ A, 2004. Dating the Late Archaic occupation of the Norte Chico region in Peru [J]. Nature, 432(7020) (December 23): 1020-1023.

HAAS J, CREAMERW, RUIZ A, 2005. Power and the emergence of complex polities in the Peruvian Preceramic [J]. Archaeological Papers of the American Anthropological Association, 14(1): 37-52.

JACOBSEN L E, 1983. Use of knotted string accounting records in old Hawaii and ancient China [J]. Accounting Historians Journal, 10(2): 53-61.

JESSICA H S, CHEW K, ROSS A H, VERANO J W, 2015. Craniofacial plasticity in ancient Peru [J]. Anthropologischer Anzeiger (Journal of Biological and Clinical Anthropology), 72(2): 169-183.

JUNK W J, PIEDADE M T F, SCHONGART J, COHN-HAFT M, ADNEY J M, WITTMANN F, 2011. A classification of major naturally-occurring Amazonian lowland wetlands [J]. Wetlands, 31(4): 623-640.

KOLATA A L, 1993. The Tiwanaku: Portrait of an Andean Civilization [M]. Oxford: Wiley-Blackwell.

KRICHER J C, 1999. A Neotropical Companion: An Introduction to the Animals, Plants, and Ecosystems of the New World Tropics [M]. Princeton, NJ: Princeton University Press.

KURIN D S, 2016. The Bioarchaeology of Societal Collapse and Regeneration in Ancient Peru [M]. Berlin: Springer.

LANNING E P, 1967. Peru before the Incas [M]. Englewood Cliffs, NJ: Prentice-Hall.

LATHRAP D W, 1977. Our father the cayman, our mother the gourd: Spinden revisited, or a unitary model for the emergence of agriculture in the New World [M]// Charles A. Reed (1977, ed.). Origins of Agriculture (World Anthropology). The Hague: De Gruyter, pp. 713-752.

LEVINE R M, 2003. The History of Brazil [M]. New York: Palgrave-Macmillan.

LOCKE L L, 1912. The ancient Quipu: A Peruvian knot record [J]. American

Anthropologist, 14: 325-332.

MACNEISH R D, VIERRA R K, NELKIN-TERNER A, LURIE R, COOK A G, 1983. Prehistory of the Ayacucho Basin, Peru, IV: The Preceramic Way of Life [M]. Ann Arbor, MI: The University of Michigan Press.

MAIR V H, 2010. How to forget your mother tongue and remember your national language [R/OL]. University of Pennsylvania, Philadelphia, PA, [2017-5-12]. http://www.pinyin.info/readings/mair/taiwanese.html.

MANDRYK C A S, JOSENHANS H, FEDJE D W, MATHEWES R W, 2001. Late quaternary paleoenvironments of Northwestern North America: Implications for inland versus coastal migration routes [J]. Quaternary Science Reviews, 20: 301-314.

MANN C C, 2005b. Unraveling Khipu's secrets [J]. Science, 309 (5737): 1008-1009.

MANN C C, 2005a. Oldest civilization in the Americas revealed [J]. Science, 307 (5703): 34-35.

MANN C C, 2006. 1491: New Revelations of the Americas before Columbus [M]. New York: Alfred A. Knopf, Inc.

MARGARITOFF M, 2020. Archaeologists found a 12 500-year-old "Sistine Chapel of the Ancients" in the Amazon jungle [EB/OL], [2020-12-1]. https://allthatsinteresting.com/serrania-de-la-lindosa.

MARWICK B, 2003. Pleistocene exchange networks as evidence for the evolution of language [J]. Cambridge Archaeological Journal, 13 (1): 67-81.

MCEWAN G F, 2006. The Incas: New Perspectives [M]. New York: W.W. Norton.

MEGGERS B J, 2003. Revisiting Amazonia circa 1492 [J]. Science, 302 (5653): 2067-2070.

MOSELEY M E, 1975. The Maritime Foundations of Andean Civilization. Menlo Park [M]: Cummings Publishing Company.

MOSELEY, M E, FELDMAN R A, 1988. Fishing, farming and the foundations of Andean civilization [C]// G Bailey, J Parkington (ed.). The Archaeology of Prehistoric Coastlines. Cambridge: Cambridge University Press, pp. 125-134.

MOSELEY M E, 1978. An empirical approach to prehistoric agrarian collapse: The case of the Moche valley, Peru [C]// Nancie L. Gonzales (ed.). Social and Technological Management in Dry Lands: Past and Present, Indigenous and Imposed. AAAS Selected Symposium Series, No. 10. Boulder, CO: Westview Press, pp. 9-43.

National Geographic News, October 29, 2008. "Spider god" temple found in Peru [N/OL], [2021-3-38]. http://news.nationalgeographic.com/news/2007/11/071112-peru-temple.html.

PARK C C, 1992. Tropical Rainforests [M]. London and New York: Routledge.

PÄRSSINEN M, SCHAAN D, RANZI A, 2009. Pre-Columbian geometric earthworks in the upper Purús: a complex society in western Amazonia [J]. Antiquity, 83 (322): 1084-1095.

PIPERNO D R, STOTHERT K E, 2003. Phytolith evidence for early Holocene Cucurbita domestication in Southwest Ecuador [J]. Science, 299(5609): 1054-57.

POZORSKI S, POZORSKI T, 2006. Las Haldas: An expanding Initial Period polity of coastal Peru [J]. Journal of Anthropological Research, 62(1): pp. 27-52.

PRINGLE H, 2001. The first urban center in the Americas [J]. Science, 292(5517), p. 621.

PULGAR VIDAL J, 1987. Geografía del Perú: Las Ocho Regiones Naturales, La Regionalización Transversal, La Microregionalización [M]. Lima: PEISA.

QUILTER J, 2013. The Ancient Central Andes (Routledge World Archaeology) [M]. London and New York: Routledge.

RAYMOND J S, 1981. The maritime foundations of Andean civilization: A reconsideration of the evidence [J]. American Antiquity (Society for American Archaeology), 46(4): 806-821.

ROBERTS J M, 2004. The New Penguin History of the World [M]. London: Penguin Book.

ROJAS O, 2020. Agricultural extreme drought assessment at global level using the FAO-Agricultural Stress Index System (ASIS) [J]. Weather and Climate Extremes, 27: 100184.

ROMY C, 2018. Exclusive: Ancient mass child sacrifice may be world's largest [EB/OL]. National Geographic, [2021-3-20]. https://www.nationalgeographic.com/science/article/mass-child-human-animal-sacrifice-peru-chimu-science.

ROOSEVELT AC, DA COSTA M L, MACHADO C L, MICHAB M, MERCIER N, VALLADAS H, FEATHERS J, BARNETT W, IMAZIO DA SILVEIRA M, HENDERSON A, SLIVA J, CHERNOFF B, REESE D S, J. HOLMAN A, TOTH N, SCHICK K, 1996. Paleoindian cave dwellers in the Amazon: The peopling of the Americas [J]. Science, 272 (5260): 373-384.

ROOSEVELT AC, HOUSLEY R A, JOHNSON M, 1991. Eighth millennium pottery from a prehistoric shell midden in the Brazilian Amazon [J]. Science, 254: 1621-1624.

SANDWEISS D H, RICHARDSON J B, 2008. Central Andean Environments [A]. In: Silverman H., Isbell W.H. (eds). The Handbook of South American Archaeology [M]. New York: Springer, pp. 93-104.

SANDWEISS D H, ANDRUS C F T, KELLEY A R, MAASCH K A, REITZE E J, ROSCOEA P B, 2020.Archaeological climate proxies and the complexities of reconstructing Holocene El Niño in coastal Peru [J]. PNAS, 117(15): 8271-8279.

SAUER C O, 1968. Agricultural Origins and Dispersals: The Domestication of Animals and Foodstuffs [M]. Cambridge, MA: The MIT Press.

SCARRE C, FAGAN B M, 2003. Ancient Civilizations [M]. Upper Saddle River, NJ: Prentice Hill.

SHADY R M, 1997. The sacred city of Caral-Supe at the dawn of the civilization in Peru (in Spanish: La ciudad sagrada de Caral-Supe en los albores de la civilización en el Perú) [R/OL]. Draft, Universidad Nacional Mayor de San Marcos (UNMSM), Lima, Peru, [2015-11-23]. http://sisbib.unmsm.edu.pe/Bibvirtual/Libros/Arqueologia/ciudad_sagrada/caratula.htm.

SHADY R, HAAS J, CREAMER W, 2001. Dating Caral, a Preceramic site in the Supe valley on the central coast of Peru [J]. Science, 292 (5517) (April 27): 723-726.

STOTHERT K E, 1985. The preceramic Las Vegas culture of coastal Ecuador [J]. American Antiquity, 50: 613-637.

URTON G, BREZINE C J, 2005. Khipu accounting in ancient Peru [J]. Science, 309: 165-167.

WIGINGTON P, 2020. Spider mythology and folklore [EB/OL], [2021-3-27]. https://www.learnreligions.com/spider-mythology-and-folklore-2562730.

WITTMANN F, SCHONGART J, MONTERO J C, MOTZER T, JUNK W J, PIEDADE M T F, QUEIROZ H L, WORBES M, 2006. Tree species composition and diversity gradients in white-water forests across the Amazon basin [J]. Journal of Biogeography, 33(8): 1334-1347.

ZIÓŁKOWSKI, M, 2015. Inca calendar [M]// C. Ruggles (eds). Handbook of Archaeoastronomy and Ethnoastronomy. New York: Springer, pp. 839-850.

ZUIDEMA R T, 2020. The Inca calendar, the Ceque system, and their representation in Exsul Immeritus [R/OL], [2020-4-29]. http://amsacta.unibo.it/2350/7/Cap2.pdf.

阅读材料

受篇幅所限，本部分仅包括相关图表，文字说明（英文）可在作者学术主页获取，链接如下：

https://www.researchgate.net/project/Wadier-A-New-History-of-Ancient-Civilizations.

A. 对拉丁字母起源的探究

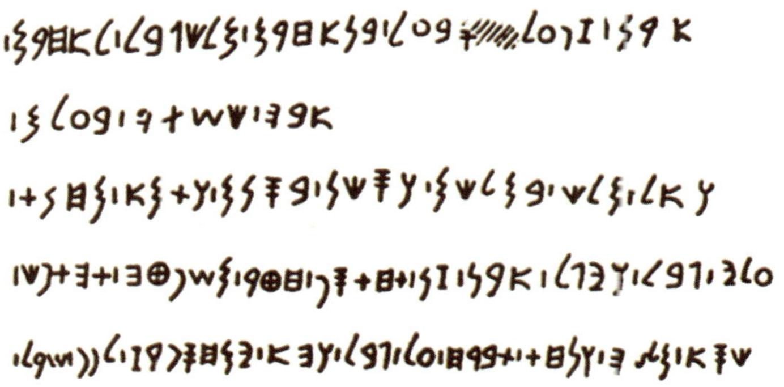

图A-1　比布洛斯国王亚希兰石棺上的铭文（约公元前11世纪）

注：（1）腓尼基文字从右到左阅读（表A-1显示了腓尼基字母对应的立丁语对应符号）。（2）腓尼基文（表示 Ahiram，即"亚希兰"）在第一行出现两次。（3 ）"比布洛斯"（Byblos）的腓尼基文读作 [gebal]，而出现在第一行和第四行中的三个腓尼基字母分别表示 G、B 和 L。
来源：维基百科公共资源，作者根据 Scarre 和 Fagan（2003，226页）整理。

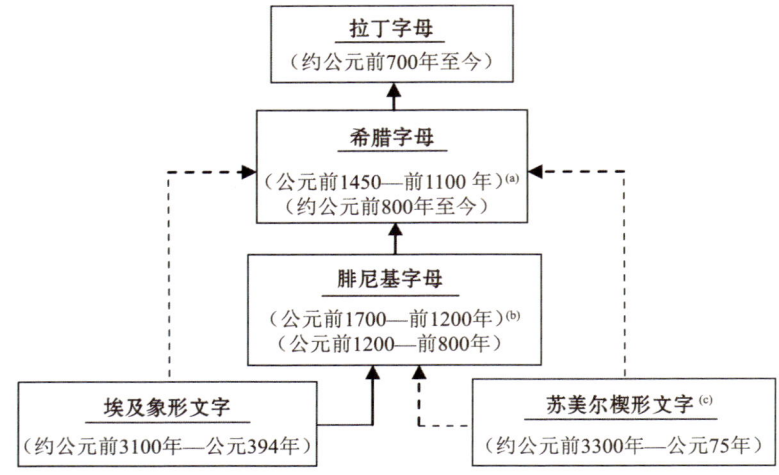

图例："——▶"表示西方主流文献中定义的联系；"---▶"表示作者另外建议的联系。

注：（a）为迈锡尼希腊语，包括线性文字A和线性文字B（见阅读材料C），但该文字与希腊字母不存在传承关系。（b）为"原始西奈文字"（见阅读材料C）。（c）还包括阿卡德语（公元前23世纪至20世纪）、亚述语/巴比伦语（约公元前2000年—公元75年）和其他楔形文字。

表A-1　腓尼基字母与希腊和拉丁字母对照

序号	腓尼基语	含义	希腊语（大写/小写）	拉丁语
1	𐤀	Ox	A / α	A
2	𐤁	House (?)	B / β	B
3	𐤂	Camel	Γ / γ	G[b]
4	Δ	Door	Δ / δ , ∂[a]	D
5	𐤄	Window	E / ε	H
6	Y	Hook	Υ / υ	W[b]
7	I	Weapon	Z / ζ	Z[b]
8	𐤇	Wall; courtyard	H / η	H
9	⊗	Wheel[c]	Θ / θ ϑ[a]	T
10	𐤉	Hand	I / ι	Y[b]
11	𐤊	Palm	K / κ	K

（续表）

序号	腓尼基语	含义	希腊语（大写/小写）	拉丁语
12	㇄	Goad	Λ / λ	L
13	ㄭ	Water	M / μ	M
14	ㄱ	Serpent	N / ν	N
15	ㆆ	Fish	Ξ / ξ	S
16	O	Eye; likely sun[d]	O / o	O
17	㇆	Mouth	Π / π	P
18	㇏	Papyrus		S
19	φ	Needle eye		Q
20	㇈	Head	P / ρ	R
21	W	Tooth	Σ / σ ς[e]	S
22	X	Mark	T / τ	T

注：本表仅供参考。由于大多数语言随着时间的推移而发生变异，与腓尼基字母对应的希腊和拉丁字母可能不正确。（a）旧式符号。（b）该字母在古典时代或之前没有出现过。（c）另一种解释见正文。（d）见第1章。（e）ς只在一个词的末尾使用。

来源：Scarre 和 Fagan（2003，227页），以及 http://www.omniglot.com/writing/phoenician.htm。

表A-2　五种书写体系字母或字符的统计

书写体系		直线样式	曲线样式	混合样式	所有样式
楔形文字		99.89%（906）	0.11%（1）	0.00%（0）	100.00%（907）
埃及象形文字	A	8.06%（54）	27.16%（182）	64.78%（434）	100.00%（670）
	B	16.00%（4）	48.00%（12）	36.00%（9）	100.00%（25）
腓尼基文		77.27%（17）	9.09%（2）	13.64%（3）	100.00%（22）
希腊文		62.50%（15）	8.33%（2）	29.17%（7）	100.00%（24）
拉丁文		57.69%（15）	19.23%（5）	23.08%（6）	100.00%（26）

注：（1）括号内的数字是字母或字符的数目。（2）楔形符号的统计数据基于 Borger（2007），其中一个楔形符号被视为一条线。（3）埃及象形文字的统计数据基于（A）Gardiner 的符号列表（Gardiner，1957）和（B）第3章表3-1。（4）腓尼基字母表的统计数据基于表A-1。（5）希腊语和拉丁字母的统计数字是基于各自的现代大写字母。

世界文明新史

表A-3　几个希腊字母的古典与现代发音比较

希腊字母	古典时代	现代
Β（β）	Beta	Vita
Μ（μ）	Mu	Mi
Ν（ν）	Nu	Ni
Τ（τ）	Tau	Taf
Υ（υ）	Upsilon	Ípsilon
Φ（φ）	Phi	Fi
Χ（χ）	Chi	Khi

来源：https://www.britannica.com/topic/Greek-alphabet。

表A-4　古典与现代拉丁文比较

时期	古典时期	现代时期
字母总数	23[a]	26
元音特征	长短元音；长元音用长音符标记；双元音"ae"只有长元音"i"；	只有长元音；重音符号表示重音音节；双元音"ae"的发音是"ay"
辅音特征	拉丁语"v"的发音和英语"w"一样，"c"总是发重音（即类似于"k"）；辅音"i"与字母"j"的发音相同	"C"和"g"在"a"、"o"和"u"之前发重音，但在"e"、"i"、"ae"和"oe"之前发清音；发清音的"c"与"ch"发音相同；辅音"i"被"j"取代

注：（a）G、J、U、W、Y和Z在不同时期没有使用。当然，这并不一定意味着所有基于这些字母的现代音节在古代不存在——其中一些音节可能由其他字母近似代表。例如，不含"w"的音节[a]在古代的一些语言中被发现与现代的、基于"w"的音节[wa]是等价的（参见第1章表1-1）。

来源：Gordon（1969）、Lowe（2013）和作者。

478

B. 重新解读苏美尔楔形文字

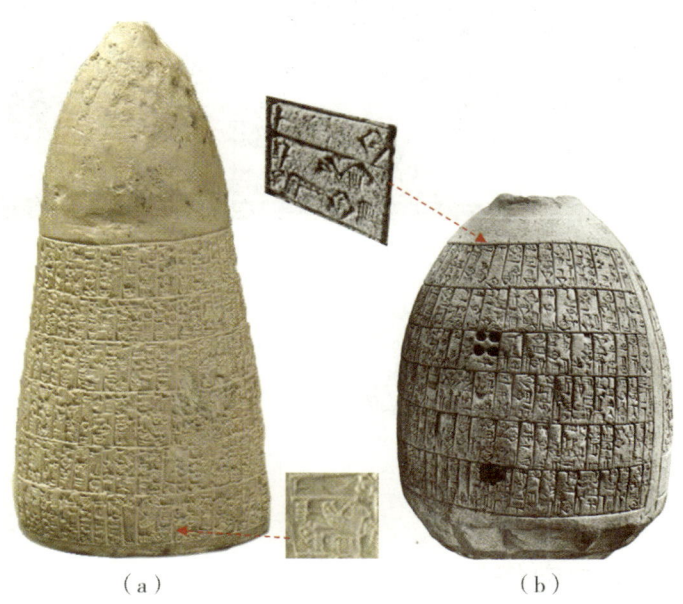

（a）　　　　　　　　　　　　　　　（b）

图B-1　苏美尔书记员的笔误：来自两个界碑（约公元前2500—前2340年）的证据

注：（a）黏土圆锥体：法国巴黎卢浮宫博物馆收藏（编号：AO 03004），为维基百科公共资源。从四个不同角度观看的照片可在 https://cdli.ucla.edu/dl/photo/P222532_d.jpg 获取。（b）黏土圆缸：美国耶鲁大学巴比伦收藏（编号：NBC 02501），从四个不同角度观看的照片可在 https://cdli.ucla.edu/dl/photo/P222533_d.jpg 获取。感谢CDLI根据一般学术惯例授予使用许可(http://cdli.ucla.edu)。

进一步说明：在通过将各自主图旋转90°后创建的放大图片中，在第一行楔形符号 ⊢◇（代表"梅西林"）以及第二行楔形符号 ⊨（代表"国王"）下面的楔形文字应该代表基什国的名字。代表基什（Kish）的主要楔形符号在图B-1（a）中被CDLI（见正文第9条）破译为 ◇，但在图B-1（b）中却被ETCS解读为 （见 http://etcsl.orinst.ox.ac.uk/edition2/signlist.php）和ePSD（见 http://psd.museum.upenn.edu/epsd/epsd/e3066.html）。显然，二者必定有一个是错误的。

图B-2 乌尔国的战争场面（约公元前2550年）

注：（1）该文物现藏于伦敦大英博物馆（编号121201）。（2）图中的国王站在最高处的中心位置，比其他人物都高，他的头伸出框架，以强调他至高无上的地位。他手中拿的东西不像士兵拿的长矛；相反，可能是一把用于指挥的旗帜，象征着权力。（3）在第二排，左边的乌尔士兵手持刀（或匕首）和棍子状的武器正在捕获右边的敌人。（4）在最下一排，四轮战车是由驴或类似家畜拉动的，这种原始结构的四轮车不适合长途旅行。

来源：维基百科公共资源（文字说明除外）。

C. 尚未解读文字概述

表C-1 比较世界各地尚未破解的古文字

文字/字符名称	书写样本	首次出现日期
哈拉帕/印度河		公元前3300—前3200年
原始埃拉米特		约公元前3000年
卢威		公元前2000年或更早
原始西奈		约公元前1900—前1800年
线性文字A		约公元前1850—前1400年
伊比利亚		约公元前4世纪
奥尔梅克		约公元前1000年
荣戈朗戈		约公元1200—1650年
奇普	见第7章图7-7	约公元前3000年

附　录

A. 世界各国的"Wadi"和"Wadi"相关姓氏

A.1　以"Wadi"为姓氏的国家/地区排名

国家/地区	人口（人）	排名
伊拉克	29 553	175
苏丹	8051	826
印度尼西亚	6331	2534
尼泊尔	3619	585
坦桑尼亚	3617	1834
沙特阿拉伯	3039	1430
埃及	2184	4028
马拉维	2115	1225
缅甸	1982	472
摩洛哥	1941	2688
巴勒斯坦	1352	736
叙利亚	1046	1395
印度	922	36 937
刚果民主共和国	903	9431
约旦	829	1940
也门	781	3103
伊朗	680	10 729

世
界
文
明
新
史

（续表）

国家/地区	人口（人）	排名
尼日利亚	648	21 484
泰国	510	24 547
巴基斯坦	506	7219
津巴布韦	464	5130
突尼斯	287	6363
尼日尔	214	3792
阿拉伯联合酋长国	203	4582
喀麦隆	203	11 863
乌干达	199	15 855
美国	197	120 041
阿曼	196	2292
科威特	186	2650
巴布亚新几内亚	185	5397
贝宁	183	7015
卡塔尔	127	2908
马来西亚	122	10 024
菲律宾	71	102 333
英格兰	71	42 557
利比亚	36	826
瑞典	32	21 451
加拿大	30	88 002
德国	23	154 647
南非	21	88 107
丹麦	19	21 938
黎巴嫩	17	10 576
荷兰	12	75 445
格林纳达	11	805
法国	10	293 920
索马里	9	3609
澳大利亚	9	103 403

（续表）

国家/地区	人口（人）	排名
孟加拉国	9	13 519
特立尼达和多巴哥	9	8360
巴西	9	381 419
以色列	8	62 196
巴林	4	6054
波兰	4	181 611
新加坡	4	22 053
博茨瓦纳	4	22 613
乍得	4	1226
多哥	4	3072
肯尼亚	4	37 494
加纳	4	12 535
挪威	3	79 530
奥地利	3	93 909
西班牙	2	113 133
阿尔及利亚	2	78 422
中国	2	20 728
其他24个国家[a]	1	

注：（1）姓氏分布统计数据来自全球40亿人的样本。（2）姓氏按发生率排序；出现次数最多的姓氏排名为1；出现频率较低的姓氏获得递增的等级；如果两个或两个以上的姓氏出现的次数相同，他们被分配到相同的等级。（3）姓氏分布统计数据可能被低估了，因为姓"Wadi"的人更有可能是土著人，或者来自其他人口普查进行得不够全面的地方。（a）这24个国家是东帝汶、爱尔兰、阿富汗、阿根廷、阿鲁巴、白俄罗斯、土耳其、文莱、布基纳法索、哥伦比亚、多米尼加共和国、波多黎各、瑞士、埃塞俄比亚、芬兰、洪都拉斯、韩国、科特迪瓦、毛里塔尼亚、墨西哥、塞内加尔、纳米比亚、俄罗斯和葡萄牙。

来源：https://forebears.io/surnames/wadi，作者编辑。

A.2 在语音上与"Wadi"相似姓氏的国家/地区

姓氏（音译）	出现次数	国家/地区
Wädi	1	瑞士
Wadí	1	墨西哥
Wadoi	1	巴布亚新几内亚
Waîdi	8	贝宁
Watdi	10	泰国
Waïdi	21	贝宁
Wadij	31	伊拉克
Wadiy	49	尼泊尔
Weadi	2	瑞典
Wuadi	4	尼日利亚
Waudi	289	肯尼亚
Wadyi	1	印度
Hwadi	39	尼日利亚
Wadei	325	沙特阿拉伯
Waadi	759	巴基斯坦
Waydi	17	印度尼西亚
Whadi	16	印度尼西亚
Waddi	566	摩洛哥
Waedi	156	印度尼西亚
Wadui	331	印度尼西亚；巴布亚新几内亚
Wadhi	566	印度尼西亚
Wadai	486	印度；贝宁
Wadii	731	摩洛哥
Wadih	5121	伊拉克
Wahdi	1297	印度尼西亚
Waidi	13 439	尼日利亚
Wajdi	3386	突尼斯
Wadie	29 081	埃及

（续表）

姓氏（音译）	出现次数	国家/地区
Waaidi	1	尼日尔
Wa'adi	1	索马里
Wadijh	1	巴基斯坦
Wadaai	1	巴基斯坦
Watdei	1	喀麦隆
Waedo	4	泰国
Waddil	6	菲律宾；苏里南
Waudu	28	巴布亚新几内亚
Wadhij	42	伊拉克
Wahhd	1	尼日利亚
Waidie	2	马来西亚
Wadda	2	尼日利亚；摩洛哥
Waidii	1	尼日利亚
Whaidi	26	尼日利亚
Waidei	35	尼日利亚
Waidai	17	喀麦隆
Waidy	1	利比里亚
Wayda	30	利比里亚
Wadhi	1	印度
Wadhi	1	印度
Waadh	2	乌干达
Wadhe	2	印度
Wadhi	9	阿尔及利亚
Wahdi	2	印度尼西亚
Wahda	7	印度尼西亚
Wadhy	6	印度
Wahdiy	6	印度尼西亚
Waidh	15	印度尼西亚
Wahye	13	印度尼西亚
Wadie	34	英国；冰岛

（续表）

姓氏（音译）	出现次数	国家/地区
Wahudi	359	印度尼西亚
Hwaidi	30	约旦；冰岛
Wahadi	621	印度尼西亚
Wadhai	2144	印度
Waddie	69	伊朗
Wödi	1	瑞典
Wadé	1	贝宁
Uadi	126	印度尼西亚
Wadj	93	塞内加尔
Wedi	2224	刚果民主共和国；毛里塔尼亚
Wodi	8812	尼日利亚
Vadi	24 137	印度；爱沙尼亚
Badi	137 175	印度；利比亚
Wada	51 709	尼日利亚；纽埃
Wady	5741	埃及；巴勒斯坦
Wade	248 729	美国；蒙特塞拉特
Wahadai	1	巴基斯坦
Wahaydi	9	阿富汗
Waidhai	1	印度
Wahadih	2	也门
Waddieh	1	美国
Wadahai	2	印度；巴布亚新几内亚
Waheidi	3	约旦
Wahaidi	6	约旦；文莱
Wadhaai	5	印度
Wahudie	25	印度尼西亚
Wahadiy	35	印度
Uadip	1	葡萄牙
Wojdi	1	喀麦隆
Wadoa	1	巴基斯坦

（续表）

姓氏（音译）	出现次数	国家/地区
Weudi	1	喀麦隆
Waîda	1	贝宁
Wedoi	1	新喀里多尼亚
Baïdi	2	法国
Waudé	2	美国
Wadaî	2	贝宁
Hwady	3	沙特阿拉伯；瑞典
Woedi	5	泰国
Wadaj	3	阿拉伯联合酋长国
Vadij	7	印度
Wuidi	9	巴布亚新几内亚
Woudi	11	喀麦隆
Badiæ	20	斯洛文尼亚
Wajde	30	波兰
Wedai	33	巴布亚新几内亚
Uatdi	47	泰国
Wodoi	1	巴西
Wediy	1	巴西
Wehdi	1	巴西
Veadi	1	尼日利亚
Wedei	34	巴布亚新几内亚
Whedi	1	尼日利亚
Uadio	1	尼日利亚
Wagyi	1	尼日利亚
Wwad	1	尼日利亚
Weedi	5	尼日利亚；危地马拉
Hwade	18	尼日利亚
Wadel	141	喀麦隆
Wejdi	6	突尼斯
Waad	0	（可能灭绝）

（续表）

姓氏（音译）	出现次数	国家/地区
Wedie	14	科特迪瓦
Vaydi	2	俄罗斯
Vadui	1	印度
Vadii	75	印度
Vaedi	12	伊朗
Uadit	1	印度
Uadis	1	美国
Vgadi	1	印度
Whady	1	美国
Weydi	1	印度
Waudy	1	美国
Watde	2	美国；苏丹
Wuade	2	墨西哥
Woidi	20	奥地利
Wodhi	1	印度尼西亚
Wodei	1	美国
Wodai	24	巴布亚新几内亚
Wadhy	70	巴西
Badij	1	印度
Batdi	499	泰国
Hbadi	2	毛里塔尼亚
Beadi	23	伊朗
Waduj	2	美国
Waada	26	卡梅隆
Wahde	8	瑞典
Wuodi	14	肯尼亚
Waede	139	泰国；巴布亚新几内亚
Uaddi	3	印度
Vhadi	3	印度
Vahdi	97	伊朗

（续表）

姓氏（音译）	出现次数	国家/地区
Uadhi	4	印度
Wedih	7	喀麦隆；毛里塔尼亚
Woddi	10	美国；喀麦隆
Uadgi	5	印度
Whada	36	尼日利亚；津巴布韦
Wadeh	253	摩洛哥
Vadip	28	印度
Vadei	417	斐济
Vuadi	2002	刚果民主共和国
Vadiz	12	美国
Woodi	24	乌干达
Vadio	58	刚果民主共和国
Vadih	11	印度
Vadid	36	印度
Huadi	20	印度尼西亚；马其顿
Wadaa	310	摩洛哥
Weada	11	布基纳法索
Waduy	19	印度尼西亚
Vadiy	1856	印度；以色列
Wahdy	23	印度尼西亚
Weidi	45	尼日利亚；尼日尔
Weddi	49	乌干达；毛里塔尼亚
Whade	20	美国
Vatdi	24	印度；喀麦隆
Hwada	54	津巴布韦
Weady	50	美国；尼日利亚
Waade	264	挪威
Vadoi	30	印度；巴布亚新几内亚
Wedh	28	印度尼西亚
Wada	8209	埃塞俄比亚

（续表）

姓氏（音译）	出现次数	国家/地区
Vasdi	37	印度；喀麦隆
Vadit	45	印度
Vadgi	41	印度
Waidy	35	印度尼西亚
Vaadi	75	美国；以色列
Vaudi	244	意大利
Vadyi	116	印度
Vaidi	140	印度；阿尔巴尼亚
Wayde	124	美国；澳大利亚
Wadha	1098	叙利亚
Wauda	275	印度尼西亚
Wadhe	288	印度
Wajdy	53	印度尼西亚；马尔代夫
Baydi	894	土耳其；摩洛哥
Wadde	418	印度；毛里塔尼亚
Vadis	291	乌克兰
Wodie	128	科特迪瓦
Hwedi	22	利比亚
Vadhi	794	印度；尼泊尔
Badui	2480	印度；巴布亚新几内亚
Baudi	2808	印度；津巴布韦
Badei	838	印度；巴布亚新几内亚
Badih	1015	摩洛哥
Wayda	1142	坦桑尼亚
Badhi	1657	印度；伊拉克
Wadje	1554	印度；尼日尔
Badoi	2835	罗马尼亚
Waida	2124	泰国；巴布亚新几内亚
Vadai	3005	印度；匈牙利
Baadi	2453	摩洛哥

（续表）

姓氏（音译）	出现次数	国家/地区
Vajdi	174	伊朗；匈牙利
Wadda	3161	冈比亚
Badai	7645	印度；喀麦隆
Wadea	4782	埃及
Baidi	5576	卡梅隆
Wadee	5728	埃及
Wajda	7424	波兰
Baddi	16 847	印度；摩洛哥
Vaddi	26 504	印度；卡塔尔
Vadie	58	美国；瑞典
Weade	283	美国；巴拿马
Waude	112	英格兰
Waide	2845	美国；北爱尔兰
Wadd-	2869	美国；圭亚那
Wade-	1913	英格兰

注：（1）本表中的姓氏是根据其与"Wadi"发音的相似度列出的。（2）姓氏分布统计数据来自全球40亿人的样本。他们可能被低估了，因为"Wadi"衍生姓氏的人更有可能是土著人，或者来自其他人口普查进行得不够全面的地方。

来源：https://forebears.io/surnames/wadi，作者编辑。

世界文明新史

B. 基于"Wa"的民族名称

B.1 以"wa"为前缀命名的民族分布情况

民族名称（音译）	所在国家/地区
Wa (or Awa, Kawa, Lawa, Lua, Va)	中国；缅甸；泰国
Waama	贝宁
Waamwang	新喀里多尼亚（法国海外领土）
Waata	肯尼亚
Wab	巴布亚新几内亚
Wabo	印度尼西亚
Waboda	巴布亚新几内亚
Wadaginam	巴布亚新几内亚
Waddar	印度
Wadi Wadi	澳大利亚
Wadikali	澳大利亚
Wadjabangayi	澳大利亚
Wadjiginy	澳大利亚
Wadjigu	澳大利亚
Wae Rana	印度尼西亚
Wa'ema	巴布亚新几内亚
Waffa	巴布亚新几内亚
Wagawaga	巴布亚新几内亚
Wagaya	澳大利亚
Wagdi	印度
Wageman	澳大利亚
Wagi	巴布亚新几内亚
Wagi (Twer)	乍得；苏丹
Wagri (Wagiri or Wagrians)	德国

（续表）

民族名称（音译）	所在国家/地区
Wahgi	巴布亚新几内亚
Wahgi (North)	巴布亚新几内亚
Waigal	阿富汗
Wailak	美国
Wailapa	瓦努阿图
Waima	巴布亚新几内亚
Waima'a	东帝汶
Waimaha	哥伦比亚
Waimiri-Atroarí	巴西
Waioli	印度尼西亚
Waiwa	巴西
Waja	尼日利亚
Wajarr	澳大利亚
Wajiara	哥伦比亚
Wajuk	澳大利亚
Waka	尼日利亚
Wakabunga	澳大利亚
Wakashan	加拿大
Wakawaka	澳大利亚
Wakhan	巴基斯坦；塔吉克斯坦；阿富汗；中国
Wakhi	阿富汗
Wakoná	巴西
Wala	所罗门群岛
Walak	印度尼西亚
Walangama	澳大利亚
Wales	英国
Wali	加纳；苏丹
Waling	尼泊尔
Walio	巴布亚新几内亚
Walla Walla	美国

（续表）

民族名称（音译）	所在国家/地区
Wallisian	瓦利斯和富图纳（法国海外领土）
Walloon	比利时；卢森堡
Walmajarri	澳大利亚
Walser	瑞士
Walungge	尼泊尔
Wamas	巴布亚新几内亚
Wambaya	澳大利亚
Wambon	印度尼西亚
Wambule	尼泊尔
Wamey	塞内加尔
Wamin	澳大利亚
Wampanoag	美国
Wampar	巴布亚新几内亚
Wampís	秘鲁
Wampur	巴布亚新几内亚
Wan	科特迪瓦
Wanambre	巴布亚新几内亚
Wanap	巴布亚新几内亚
Wancho	印度
Wanda (Vanda)	坦桑尼亚
Wandala	喀麦隆
Wandamen	印度尼西亚
Wandarang	澳大利亚
Wandji	加蓬
Wané	科特迪瓦
Waneci	巴基斯坦
Wangaaybuwan-Ngiyambaa	澳大利亚
Wangai (Wongi)	澳大利亚
Wanggamala	澳大利亚
Wangganguru	澳大利亚

（续表）

民族名称（音译）	所在国家/地区
Wanggɔm	印度尼西亚
Wangkayutyuru	澳大利亚
Wangkumara	澳大利亚
Wanka (Wanca, Huanca)	秘鲁
Wanmun	澳大利亚
Wannu	尼日利亚
Wano	印度尼西亚
Wantoat	巴布亚新几内亚
Wanukaka	印度尼西亚
Wanyi	澳大利亚
Waorani (Huaorani, Sabela, Waodani)	厄瓜多尔；秘鲁
Wapan	尼日利亚
Wãpha	尼日利亚
Wapisnana	圭亚那
Wappo	美国
Wara	布基纳法索
Wára	巴布亚新几内亚
Warac	圭亚那；苏里南；委内瑞拉
Warapu	巴布亚新几内亚
Wara-	澳大利亚
Wara-Waray	菲律宾
Wardaman	澳大利亚
Wardandi	澳大利亚
Warduji	阿富汗
Warexena	委内瑞拉
Warenbori	印度尼西亚
Wares	印度尼西亚
Wariapano	秘鲁
Wari (Oro Wari)	巴西（亚马孙雨林）
Waris	巴布亚新几内亚

（续表）

民族名称（音译）	所在国家/地区
Waritai	印度尼西亚
Wariyangga	澳大利亚
War-Jaintia	孟加拉国
Warji	尼日利亚
Warkay-Bipim	印度尼西亚
Warlmanpa	澳大利亚
Warlpiri	澳大利亚
Warluwara	澳大利亚
Warnabi (Warnavi, Warnahi, Warnower)	德国
Warnang	苏丹
Waropen	印度尼西亚
Warrgamay	澳大利亚
Warrwa	澳大利亚
Waru	印度尼西亚
Warumungu	澳大利亚
Waruna	巴布亚新几内亚
Warungu	澳大利亚
Warwar Feni	巴布亚新几内亚
Wasa (Wassa)	加纳
Wasco-Wishram	美国
Wasembo	巴布亚新几内亚
Washo	美国
Wasi (Ata, Pele-Ata)	巴布亚新几内亚
Waskia	巴布亚新几内亚
Wasu	巴西
Waswahili (Swahili)	坦桑尼亚；肯尼亚；莫桑比克；阿曼
Watakataui	巴布亚新几内亚
Wathawurrung	澳大利亚
Watiwa	巴布亚新几内亚
Watubela	印度尼西亚

（续表）

民族名称（音译）	所在国家/地区
Watut (Middle; North; South)	巴布亚新几内亚
Waube	巴布亚新几内亚
Waurá	巴西
Wauya	印度尼西亚
Wawa	喀麦隆
Wawoni	印度尼西亚
Waxiang	中国
Wayampi	巴西
Wayana	苏里南
Wayap	法属圭亚那
Wayoó	巴西
Wayu	尼泊尔
Wayu (Wayuu, Wahiro)	哥伦比亚；委内瑞拉

注：资料不完整，不包括大多数已灭绝的种族。

B.2　以 "wa" 为后缀命名的民族分布情况

民族名称（音译）	所在国家/地区
Adamawa	尼日利亚；喀麦隆；中非共和国；乍得
Ajawa	尼日利亚
Akwa	刚果共和国（布拉柴维尔）
Alagwa	坦桑尼亚
Alawa	澳大利亚
Anindilyakwa	澳大利亚
Arewa	尼日利亚
Auhelawa	巴布亚新几内亚
Auyokawa	尼日利亚
Awa	巴布亚新几内亚
Baniwa	委内瑞拉
Bantawa	尼泊尔
Barikewa	巴布亚新几内亚
Batwa (Twa, Abatwa, etc.)	卢旺达；布隆迪；乌干达；刚果民主共和国
Bawa	印度；巴基斯坦
Biriniwa	尼日利亚
Birwa	博茨瓦纳
Boselewa	巴布亚新几内亚
Bwa	刚果民主共和国
Chewa (Chichewa)	马拉维；莫桑比克；赞比亚；津巴布韦
Chippewa	美国
Chukwa	尼泊尔
Cisukwa	坦桑尼亚；马拉维
Damakawa	尼日利亚
Dargwa	俄罗斯
Dawawa	巴布亚新几内亚
Duhwa	尼日利亚
Duruwa	印度

（续表）

民族名称（音译）	所在国家/地区
Enindhilyagwa (Andilyaugwa, Anindilyakwa)	澳大利亚
Eruwa	尼日利亚
Ewa (Ewe)	多哥；加纳；贝宁；科特迪瓦；尼日利亚
Fungwa	尼日利亚
Futuna-Aniwa	瓦努阿图
Gapapaiwa	巴布亚新几内亚
Gagarwa	尼日利亚
Garrwa	澳大利亚
Girawa	巴布亚新几内亚
Gorowa	坦桑尼亚
Gupa-Abawa	尼日利亚
Guwa (Goa)	澳大利亚
Gwa	尼日利亚
Gwiwa	尼日利亚
Hewa	巴布亚新几内亚
Iku-Gora-Ankwa	尼日利亚
Iowa	美国
Isirawa	印度尼西亚（巴布亚）
Jarawa (Jarwa)	印度；安达曼群岛
Jawa (Java)	印度尼西亚
Kabwa	坦桑尼亚
Kagwahiwa (Eru-Eu-Wau-Wau, Ureuwawau)	巴西
Kaimoulawa	印度尼西亚
Kakwa	乌干达
Kaninuwa	巴布亚新几内亚
Karawa	巴布亚新几内亚
Kararkawa	美国
Karen, Mobwa	缅甸
Kashinawa	秘鲁
Kewa (East; West)	巴布亚新几内亚

（续表）

民族名称（音译）	所在国家/地区
Khowa	印度
Kichwa	厄瓜多尔；哥伦比亚；秘鲁
Kiliwa	墨西哥
Kiowa	美国
Kiowa Apache	美国
Kiyawa	尼日利亚
Koluwawa	巴布亚新几内亚
Korwa	印度
Kwa	尼日利亚
Kwa'	喀麦隆
Lawa (Eastern; Western)	泰国
Lhowa	尼泊尔
Maiwa	巴布亚新几内亚；印度尼西亚
Makhuwa	莫桑比克
Makhuwa-Moniga	莫桑比克
Mamanwa	菲律宾
Manyawa	莫桑比克
Mawa	乍得；尼日利亚
Miwa	澳大利亚
Morawa	巴布亚新几内亚
Mthethwa	南非
Mutwa	印度；巴基斯坦
Newa (Newar)	尼泊尔
Nyabwa	科特迪瓦
Ojibwa	美国；加拿大
Ottawa (Odawa)	美国；加拿大
Owa	所罗门群岛
Panawa	尼日利亚；坦桑尼亚
Parkwa	喀麦隆
Phowa (Puwa; Phula)	越南；中国

（续表）

民族名称（音译）	所在国家/地区
Poyanawa	巴西
Pwapâ	新喀里多尼亚（法国海外领土）
Rasawa	印度尼西亚
Rawa	巴布亚新几内亚
Rukwa	赞比亚；刚果民主共和国
Rungwa	坦桑尼亚
Rwa	坦桑尼亚
Safwa	坦桑尼亚
Sarwa	乍得
Sewa Bay	巴布亚新几内亚
Shanenawa	巴西
Shenwa	阿尔及利亚
Shuwa	喀麦隆；乍得；尼日尔；尼日利亚；苏丹
Siwa (Tiwan, Siwa Berber)	埃及
Sowa	瓦努阿图
Sukwa (Lambya)	坦桑尼亚；马拉维
Sumbawa	印度尼西亚
Sumbwa	坦桑尼亚
Suwawa	印度尼西亚
Taabwa	刚果民主共和国
Tagabawa	菲律宾
Tagbanwa	菲律宾
Tagbanwa (Calamian; Central)	菲律宾
Teiwa	印度尼西亚
Teshenawa	尼日利亚
Tewa	美国
Thawa	澳大利亚
Tiwa	印度
Tiwa (Northern; Southern)	美国
Tolowa	美国

（续表）

民族名称（音译）	所在国家/地区
Tonkawa	美国
Tswa	莫桑比克
Tuwa (Tuva)	美国；俄罗斯；中国；蒙古国
Tuxináwa	巴西
Ukwa	尼日利亚
Uwa	哥伦比亚
Wa (or Awa, Kawa, Lawa, Lua, Va)	缅甸；中国；泰国
Warrwa	澳大利亚
Watiwa	巴布亚新几内亚
Wawa	喀麦隆
Wejewa	印度尼西亚
Yanyuwa	澳大利亚
Yawa	印度尼西亚；巴布亚新几内亚
Yawanawa	巴西
Zaghawa	苏丹
Zaiwa (Jingpho)	中国；缅甸

注：资料不完整，不包括大多数已灭绝的种族。

C. 源于共祖词"wa"的词汇表

受篇幅所限，未能列出该表，感兴趣的读者可在作者学术主页获取，链接如下：

https://www.researchgate.net/project/Wadier-A-New-History-of-Ancient-Civilizations.

图表目录

图1-1　全球史前人类迁徙示意图　　　　　　　　　　　　　11

图1-2　人类文明的共同来源：语言证据　　　　　　　　　　28

图1-3　寻找共同的祖先来源：来自英语的证据　　　　　　　35

图1-4　三种最古老的书写体系：苏美尔楔形文字、埃及象形文字
　　　　和中国汉字　　　　　　　　　　　　　　　　　　52

图1-5　一个高度简化的文明演化模型：模拟结果（Guo等，2020）60

图2-1　古代美索不达米亚（早期城市）　　　　　　　　　　80

图2-2　汉谟拉比法典石碑（顶端部分）　　　　　　　　　　88

图2-3　乌尔大神塔（重建，原建于公元前2047—前2030年）　118

图2-4　纳拉姆·辛的胜利碑（约公元前2230年）　　　　　131

图3-1　下埃及的主要城市和遗址（约公元前3150—前30年）143

图3-2　上埃及的主要城市和遗址（约公元前3150—前30年）157

图3-3　吉萨大金字塔一瞥　　　　　　　　　　　　　　　163

图3-4　埃及象形历法：古埃及书记员可能错了　　　　　　173

图3-5　刻有埃及象形文字、通俗文字和希腊文字的罗塞塔石碑198

图4-1　巴基斯坦信德省莫亨乔·达罗大浴池（约公元前2500年）215

图4-2　公元前4000—前3000年印度河和克格尔-哈克拉河河道217

图4-3　印度河流域出土的印章　　　　　　　　　　　　　219

图4-4　哈拉帕文化的范围（公元前2600—前1900年）　　226

世界文明新史

图 5-1　二里头文化（约公元前 1800—前 1500 年）的宫殿及周围房屋　290

图 5-2　记载商朝边疆战事的牛肩胛骨　297

图 5-3　何尊——公元前 1039 年制造的酒器　299

图 5-4　河南省贾湖遗址的考古发现　312

图 5-5　商朝与雨有关的甲骨文卜辞（拓片）　315

图 5-6　甲骨文"田"在现有文献中被错误地解读了　330

图 6-1　中美洲的生态友好性　351

图 6-2　奥尔梅克时期（公元前 1400—前 400 年）的文化遗迹位置　353

图 6-3　玛雅"世界末日"之石：一个放错地方并被曲解的文化遗产　367

图 6-4　解读玛雅音节符号的一个另类方法　374

图 6-5　圣洛伦佐（墨西哥）和蒂卡尔（危地马拉）：月平均气温　378

图 7-1　安第斯山脉中部环境带的垂直剖面图　413

图 7-2　亚马孙河流域与秘鲁沿海　418

图 7-3　秘鲁中北部的姆泰不达米亚（多河流）系统　423

图 7-4　难道文化的产生与离海岸线的距离有关吗？　425

图 7-5　利马（秘鲁）和雅加达（印度尼西亚）月平均气温　432

图 7-6　厄尔尼诺事件爆发期的卫星照片　433

图 7-7　奇普：古代安第斯文化中的原始书写/记录体系　446

图 A-1　比布洛斯国王亚希兰石棺上的铭文（约公元前 11 世纪）　475

图 A-2　现代拉丁字母表的来源分析　476

图 B-1　苏美尔书记员的笔误：来自两个界碑（约公元前 2500—前 2340 年）的证据　479

图 B-2　乌尔国的战争场面（约公元前 2550 年）　480

表1— 首音节[a]可能源自[wa]的一些名称和术语　　　23

表1—2 不同语言对0—9数字的发音效率　　　43

表1—3 揭开人类书写符号来源的神秘面纱：以象形符号和语音

符号为例　　　51

表2— 关于"头"的楔形符号演变历史　　　125

表3— 这些埃及象形符号相应的拉丁音节都正确吗？　　　147

表4—1 不同书写体系中0—9数字的图形比较　　　251

表4—2 梵文从婆罗米文到笈多文和天城体/悉昙体的演变　　　256

表5—1 儒家vs道家：一些基本事实　　　309

表5—2 汉字的不同形式或书写风格　　　327

表6—1 揭开玛雅文的神秘面纱：八个象形符号　　　372

表6—2 揭开玛雅文字的神秘面纱：它们的共同符号意味什么？　　　382

表7— 了解印加历法　　　454

表A—1 腓尼基字母与希腊和拉丁字母对照　　　476

表A—2 五种书写体系字母或字符的统计　　　477

表A—3 几个希腊字母的古典与现代发音比较　　　478

表A—4 古典与现代拉丁文比较　　　478

表C—1 比较世界各地尚未破解的古文字　　　480

A.1 以"Wadi"为姓氏的国家/地区排名　　　481

A.2 在语音上与"Wadi"相似姓氏的国家/地区　　　484

B.1 以"wa"为前缀命名的民族分布情况　　　492

B.2 以"wa"为后缀命名的民族分布情况　　　498

缩写术语（含中英文对照）和注释

ABE	联合国教科文组织咨询机构评估（Advisory Body Evaluation of the UNESCO）
APWH	世界史大学预修课程（Advanced Placement World History），为美国和加拿大国家大学理事会的高等教育课程，向高中生提供大学水平的世界史课程和考试，旨在帮助学生更好地理解全球进程和联系的演变以及不同类型人类社会之间的互动
CDLI	《楔形文字数字图书馆倡议》（*Cuneiform Digital Library Initiative*），加州大学洛杉矶分校、牛津大学和柏林马克斯·普朗克科学史研究所的联合项目
CEEC	中国大百科全书总编辑委员会（*China Encyclopedia Editorial Committee*）
CMH	加拿大历史博物馆（Canadian Museum of History）
DNA	脱氧核糖核酸（Deoxyribo Nucleic Acid），是一种由两条链（核苷酸）组成的分子，它们相互缠绕形成一个双螺旋，携带合成核糖核酸和蛋白质所必需的遗传信息，是所有已知生物和许多病毒的生长、发育、功能和繁殖必不可少的生物大分子
ENSO	厄尔尼诺南方涛动（El Niño Southern Oscillation），是发生于赤道东太平洋低纬度地区的海-气相互作用现象，在海洋方面表现为厄尔尼诺-拉尼娜的转变，在大气方面表现为南方涛动
ETCSL	《苏美尔电子语料库》（*Electronic Text Corpus of Sumerian Literature*），牛津大学东方学院项目

GIS	地理信息系统（Geographic Information System）
MFAC	安第斯文明的海洋基础（Maritime Foundation of Andean Civilization）
NASA	美国国家航空航天局（National Aeronautics Space Administration），是美国联邦政府的一个行政性科研机构，负责制定、实施美国的太空计划等
PNAS	《美国国家科学院学报》（*Proceedings of the National Academy of Sciences of the United States of America*）
PSD	《宾夕法尼亚苏美尔语词典》（*Pennsylvania Sumerian Dictionary*），宾夕法尼亚大学人类学和考古学博物馆巴比伦部分
SETI	搜寻外星智能（Search for Extra-terrestrial Intelligence），由美国加州大学伯克利分校的空间科学实验室主办。该组织试图通过分析射电望远镜采集的无线电信号，搜寻外星智能生物存在的证据
UNESCO	联合国教育、科学及文化组织（United Nations Educational, Scientific and Cultural Organization）
Y-DNA	Y染色体DNA（Y-chromosome DNA），Y染色体是决定生物个体性别的性染色体的一种，雄性具有的而雌性所没有的那条性染色体叫Y染色体。由于Y染色体传男不传女的特性，因此在Y染色体上留下了基因的族谱，Y-DNA分析现在已应用于家族历史的研究，家族世系的遗传与进化和认祖归宗的基因鉴定

后 记

在我第一次使用"wadi"这个词之前，我还不知道它在许多语言中是一个非常流行的词。我以前的想法是发明一个可能被古人使用的多元文化术语。作为一个母语为汉语的学者，我也懂一些英语。我先前的逻辑是："wa"不仅非常接近汉语中的"我"，而且与英语单词"我们"（"we"）非常相似；而"di"只是从汉字"地"衍生出来的。当然，汉语，包括它的各种方言，不属于印欧语系；它与中东和北非（包括非洲之角）的亚非语系也没有关系。

有一天，大概在我的所谓发明完成后的2016年10月下旬，我意外地发现在中东的地图上有许多叫"wadi"的地方。这立刻让我想起了对它进行更深入的挖掘：与汉字"洼地"发音相同的"wadi"在阿拉伯语、希伯来语和许多印欧语中也有，而且含义也非常相似。如果我的分析逻辑是正确的，那么世界其他地区的其他民族，特别是土著民族，也必然使用相同或类似的术语。

事实上，[wa]这个短促的发音与猿、大猩猩和其他一些身体上与人类相似的动物在遇到困难或危险情况时发出的声音非常相似，当然和其他大型食肉动物所发出长音节咆哮截然不同。早期人类在交流时只能使用很少的音节。人们普遍认为，[ma]和[ba]或[pa]是人类最早发出的声音，这些是婴儿牙牙学语时发出的第一个类似单词的声音，父母倾向于将婴儿发出的这些声音与自己或与自己有关的事物联系起来，并随后将它们作为人类的共组词的一部分。然而，"wa"应该是人类说的第一个词。音

508

节 [wa] 的跨语言相似性应该是由人类语言习得的性质决定的。

"wa" 最早起源于人类的哭声。哭泣被认为是一种发泄，或者是强烈的情绪爆发的结果，比如痛苦、惊讶或喜悦。这个理论解释了为什么人们在高兴的事情和非常痛苦的事情中哭泣。正如婴儿来到人间的第一件事是哭泣，人类在进化和文化发展过程中也是如此。是的，我们的远祖在创造各种文明时经历了无数可歌可泣的事件。

哭在人类的生活中经常发生，尤其是在幼儿时期，或在当人们经历了一些异常痛苦的事件。而 "wa" 是由那些受到威胁的人的首选，他们努力通过它寻求外部力量（包括一些可能不存在的超自然力量）的保护。这样，"wa" 通常被人们用来表示那些与人类本身或他们的物质与精神财产最密切的事件。因此，"wa" 及其变体几乎被包括在全世界的所有人类语言（既有土著语言也有非土著语言）中。

我还记得，20世纪70年代末我第一次离开家乡求学，有人嘲笑我在讲话时对以 "f-" 为前缀的汉字发音不正确。例如，"房" 在普通话中读作 [fang] 我当时的发音是 [huang]（源于共祖音节 [wa]）。然而，当我发现 [wa] 是人类的共祖音之后，我便觉得我本不应该如此自卑。

现在，我甚至觉得我离我们的远祖在思想上更近了。最重要的是，探究人类与文明的真实故事也是文明的必要部分。

郭荣星

2021 年 11 月